Der Wüstenkrieg in Afrika
1940–1943

Janusz Piekalkiewicz

Der Wüstenkrieg in Afrika

1940–1943

Südwest Verlag München

Vorderes Vorsatz: Raum Tobruk, Juni 1942: Deutsche Panzer auf dem Vormarsch in Richtung ägyptische Grenze

Seite 2: Vor Bardia, Frühjahr 1941: Abendstimmung in einer Bereitstellung des Deutschen Afrika-Korps

Seite 4/5: Südlich von El Alamein, August 1942: Deutsche Verbände am Rand der Kattara-Senke

Hinteres Vorsatz: Bei Bir Hacheim, Mai 1942: Italienische Pak in Erwartung eines britischen Panzerangriffs

 Printed in Germany
ISBN 3-517-00873-7
Schutzumschlag: Design-Team, München
Karten: Hannes Limmer, München
Satz: Typodata GmbH, München
Druck und Bindearbeit: Mohndruck, Gütersloh

Inhalt

Vorwort

»Wir sind die Herren der Küsten Nordafrikas!« – meldet General Alexander am 13. Mai 1943 in einem Funkspruch an Churchill. Zwischen diesem Tag und dem Ausbruch der Feindseligkeiten in Nordafrika liegen 35 lange Monate wechselvoller Kämpfe.

Auf kaum einem anderen Kriegsschauplatz standen sich so viele Völker gegenüber: Italiener und Deutsche gegen Engländer, Australier, Inder, Gurkhas und Neuseeländer, Tunesier, Berber, Südafrikaner, Amerikaner, Franzosen, Juden, Tschechen und Polen, dazu in Ostafrika Äthiopier, Sudanesen, Eritreer, Somalis und Kongolesen.

Erst der Eintritt Italiens in den Krieg sowie der Alleingang des Duce auf dem Balkan und in Nordafrika wekken das verstärkte Interesse der deutschen Führung für den Mittelmeerraum.

Die strategische Lage Nordafrikas ist einerseits von der Tatsache bestimmt, daß das italienische Kolonialreich verteidigt werden muß, andererseits kann man von dort aus in die benachbarten britischen Besitzungen vorstoßen. Außerdem ist die Beherrschung Nordafrikas, Ägyptens und des Nahen Ostens bereits ein klassisches Problem, das schon die Strategie von Napoleon Bonaparte und auch des deutsch-türkischen Bündnisses von 1914 beeinflußt hat.

Interessanterweise sind weder vor dem Ausbruch des Krieges in Nordafrika noch während der Kämpfe Abmachungen zwischen dem Comando Supremo und dem Oberkommando der Wehrmacht für eine einheitliche Kriegführung im Mittelmeerraum getroffen worden.

Man hat zwar im Mai 1939 das deutsch-italienische Militärbündnis geschlossen und im August 1939 den italienischen Außenminister auf dem Obersalzberg empfangen, doch sind in der längeren Unterredung zwischen Hitler, v. Ribbentrop und Graf Ciano kaum militärische Themen angeschnitten worden. Auch während des Treffs im Frühjahr 1940 am Brenner haben Hitler und Mussolini weder einen gemeinsamen Kriegsplan festgelegt noch eine strategische Kooperation im Kriegsfall vereinbart.

Hitler soll gesagt haben: »Nördlich der Alpen führen wir Krieg, südlich davon die Italiener.« Er will Mussolinis Empfindlichkeit nicht verletzen, das Mittelmeer ist schließlich Italiens »mare nostrum«.

In der Tat, vom ersten Tag an, als der Duce in den Krieg eintritt, weiß Hitler nicht so recht, was er mit seinem südlichen Verbündeten und dessen neuem Kriegsschauplatz anfangen soll.

Eine verhängnisvolle Rolle im nordafrikanischen Krieg spielt Malta. Diese Insel – dreimal so groß wie Sylt – bildet den Schlüsselpunkt der britischen Seekriegführung im Mittelmeer. Das Seegebiet dort müssen alle deutschen und italienischen Nachschubkonvois passieren, und Churchill hat rechtzeitig erkannt, daß die Versorgung über See die empfindlichste Stelle seines Gegners auf dem nordafrikanischen Kriegsschauplatz ist.

Davon abgesehen wird Rommel zu keinem Zeitpunkt ausreichend unterstützt. Das Deutsche Afrika-Korps ist einfach zu weit weg, die strategische Absicht wird nie klar umrissen, und die vordringlichen Operationen an der Ostfront verbrauchen zu viele Kräfte. Dennoch drängt sich die Frage auf, ob es den Engländern ohne Versenkung des größten Teils der Nachschubtransporte für die deutsch-italienischen Kräfte in Nordafrika gelungen wäre, Rommels Truppen noch vor Erreichen des Suezkanals zu stoppen.

So aber stehen die Achsentruppen in Afrika von Anfang an auf verlorenem Posten.

Der Verlag

Schauplatz

Eine laue Vollmondnacht, Mitte Juni 1940. Die weißen Mauern der Häuser von Bardia schimmern zartgrün. Sterne glitzern am Himmel. Die Stadt schlummert schon. Man kann das Zirpen der Grillen und fernes Hundegebell hören. Der Mond, anfangs wie ein glutroter Lampion, steigt allmählich und wird immer heller. Die fernen Anhöhen entlang der ägyptischen Grenze sind in schwach silbrigen Dunst gehüllt. Von Zeit zu Zeit ertönt das jämmerliche Winseln der Schakale.
Plötzlich zerreißt durchdringendes Sirenengeheul die Stille der Nacht, und aus dem Osten von Ägypten her wächst das Dröhnen Dutzender unsichtbarer Maschinen am dunklen Himmel. Die italienische Flak eröffnet zuerst einzeln, dann immer heftiger das Feuer. Die ersten Bomben gehen nieder und explodieren mit gewaltigem Getöse im Hafen. Schon bald erhellen brennende Öltanks die Silhouette der Stadt.
Der erste Nachtluftangriff, einer von unzähligen, die diesen Erdteil bis zum Frühjahr 1943 heimsuchen werden, ist in vollem Gange. Der Zweite Weltkrieg hat nun auch Nordafrika erfaßt.

Der Soldat in Libyen

(Taschenbuch für die Truppe)
Februar 1941
Gedruckt in der Reichsdruckerei

I. Land und Leute in Libyen

1. Geschichtliches

Libyen, das alte Numidien, war einst ein kulturell hochentwickeltes Land, dessen Küste große Städte trug und dessen fruchtbarer Nordteil die Kornkammer des alten Rom war. Nach der Römerzeit wechselten ständig seine Herren. Bald waren es Beduinen, bald germanische Stämme, bald Araber und schließlich die Türken. Noch heute erinnern Ruinenstädte sowie die Reste griechischer Tempel und römischer Siedlungen an die große Vergangenheit des Landes. Zum Teil liegen diese Überbleibsel alter Kulturen noch tief unter dem libyschen Sand vergraben. Aber schon jetzt sind viele von ihnen von den Italienern ausgegraben worden.
Libyen wurde im Jahre 1912 durch Italien erobert. Die an Nordafrika interessierten Großmächte hatten Italien damals den Türken gegenüber freie Hand in Libyen zugesichert. Gegen Ende des Jahres 1911 begann Italien den Krieg gegen die Türken, den sogenannten Tripolis-Krieg. Dieser zog sich bis in das Jahr 1912 hin. Durch diesen Krieg wurde die Macht der Türken in Nordafrika gebrochen; an seinem Ende stand die Eroberung Libyens durch Italien. Die Kämpfe um die endgültige Besitzergreifung gegen einzelne arabische Stämme und noch in Libyen verbliebene Teile des türkischen Heeres dauerten indessen noch bis zum Jahre 1914 an. Im Weltkrieg (Ende 1914) kam es zu Aufständen in ganz Inner-Libyen. Unter Führung der aufständischen Senussi aus der Oase Cufra wurden die Italiener auf die Küste zurückgedrängt. Noch am Ende des Weltkrieges waren fast überall die Eingeborenenstämme Herren des Landes.
Mit der faschistischen Umwälzung in Italien wurde eine neue, tatkräftigere Kolonialpolitik eingeleitet. Im Jahre 1923 begann die Niederwerfung der Senussi. Der damalige General Badoglio schob als Militär-Gouverneur von Libyen im Jahre 1927 die Grenze des italienischen Machtbereiches bis zum 29. Breitengrad nach Süden vor (südlich Giarabub bis südlich Gadamès). Anschließend schlug General Graziani in langen, oft schweren Kämpfen eine Gruppe aufständischer Eingeborener nach der anderen, eroberte die ganze Cirenaica und im Jahre 1930 die Oasen von Cufra. Die endgültige Befriedung Libyens war im Jahre 1931 abgeschlossen. Nunmehr begann die Zeit der friedlichen Erschließung und Besiedlung der Kolonie. Schon heute nach wenigen Jahren tragen weite Teile Tripolitaniens und der Cirenaica den Stempel tatkräftiger italienischer Arbeit. Weite Wüstengebiete sind schon jetzt wieder zu Kulturland geworden.

2. Die Bevölkerung

Die Bevölkerungszahl Libyens ist im Verhältnis zur Größe des Landes – etwa 1,780 Mill. qkm – sehr gering. Sie beträgt etwa 820000 Einwohner. Davon sind etwa 100000 Weiße, 720000 Eingeborene verschiedener Rassen und Rassenmischungen. Dem landschaftlichen Aufbau des Landes entsprechend nimmt die Bevölkerungsdichte von Süden nach Norden zu ...
Die rassische Herkunft der eingeborenen Bevölkerung ist mannigfaltig. Ursprünglich standen sich Berber und Araber in scharfem Gegensatz gegenüber. Die ersteren waren das seßhafte Bauernvolk, während die letzteren das kriegerische und räuberische Herrenvolk darstellten. Daneben finden sich vielfach Abkömmlinge von Negerstämmen sowie Mischlinge der verschiedenen obengenannten Rassen ...
Schließlich haben noch die Juden einen großen Anteil an der libyschen Bevölkerung. Sie sind zum Teil vor langer Zeit, zum Teil aber auch erst in neuer Zeit eingewandert.

Bengasi, die Hauptstadt der libyschen Provinz Cyrenaika, von den Griechen im 5./4. Jahrhundert v. Chr. gegründet, ist in den Jahren 1930–1939 völlig modern gestaltet worden

Meist leben sie als Händler oder Handwerker in den großen Siedlungen des Küstengebietes.
Die Landessprachen sind italienisch und arabisch. Auch die Eingeborenen sind größtenteils des Italienischen mächtig.

3. Sitten und Gebräuche der Eingeborenen
Die Religion der Eingeborenen ist fast durchweg muselmanisch (mohammedanisch). Sie nimmt im Leben des Eingeborenen einen sehr großen Raum ein. Die vorherrschende Eingeborenensprache ist das Arabische verschiedener Dialekte und verschiedener Färbungen. Einzelne kleinere Volksgruppen, wie z.B. die Tuareg und Tebu, haben noch ihre eigene Sprache. Die ehemalige Sprache der Berber wird kaum noch verstanden.

4. Die libysche Landschaft
Libyen als Ganzes ist eine Wüstentafel, die durch steile, felsige Geländestufen in einzelne Hochflächen aufgelöst ist. Über die völlig ebenen oder leicht gewellten Tafelflächen ragen vereinzelte plumpe Gebirgsmassive bis zu 1000 m Höhe auf, der Djebel es Soda, das Massiv el Harudj und im Süden die Ausläufer des mit seiner Hauptmasse auf dem Boden von Französisch Äquatorialafrika liegenden Hochlandes von Tibesti. Die Tafelflächen selbst sind von anfangs flachen, doch gegen die Tafelränder hin immer tiefer eingeschnittenen Trockentälern (Wadi, Uadi) gekerbt.
Im Nordwesten (in der Landschaft Tripolitanien) bricht die Wüstentafel mit dem mehrere hundert Meter hohen Steilrand des Djebel Nefusa gebirgsartig gegen die »Djefara«, die Küstenebene von Tripolis, ab. Im Nordosten grenzt sie mit dem Djebel Achdar in der Landschaft Cirenaica unmittelbar ans Meer. Zwischen Tripolitanien und der Cirenaica greift die Große Syrte tief ins Land ein, und hier grenzt größtenteils flaches Gelände ans Meer.
Weitaus der größte Teil Libyens ist völlig unfruchtbare und von wenigen Oasen unterbrochene Wüste ...
50 bis 100 km landeinwärts der Steppenzone beginnt die völlig kahle und tote Wüste. Die Wüste besteht keineswegs nur aus Sand, sondern Stein-, Kies- und Sandwüsten wechseln miteinander ab ...
Die bedeutendsten Städte Libyens sind Tripolis und Bengasi, beide an der Küste gelegen. Tripolis mit über 100000 Einwohnern, davon 35000 Italiener, liegt inmitten einer großen Küstenoase in Dattelpalmen- und Ölbaumhainen. Die Stadt macht mit ihren weißen Häusern einen freundlichen Eindruck. Das moderne Euro-

päerviertel hat schöne Straßen und zahlreiche prunkvolle Gebäude. Die von den Eingeborenen bewohnte Altstadt zeigt in ihren engen Gassen noch echt orientalisches Leben. Der Hafen hat einen bedeutenden Verkehr.
Die zweite größere Stadt des Landes ist Bengasi (50000 Einwohner, davon 15000 Italiener), an der Westküste der Cirenaica. Sie hat wie Tripolis eine moderne Europäerstadt und eine von Eingeborenen bewohnte Altstadt. Der Hafenverkehr ist ebenfalls beträchtlich.
Die übrigen städtischen Ansiedlungen des Landes sind von geringer Bedeutung. Eng drängen sich in den Oasen die aus Lehm gebauten Kastenhäuser aneinander. Weit auseinander liegen dagegen die Häuser der italienischen Kolonisten im Hinterland von Tripolis und in der Cirenaica, in denen in den letzten Jahren etwa 30000 Italiener angesiedelt wurden. Zu den festen Siedlungen kommen die Zelte der Nomaden, die mit ihren Herden über die Steppe ziehen.

Nur für den Dienstgebrauch!

Militärgeographische Beschreibung

von

Nordost-Afrika

Text- und Bildheft

Abgeschlossen am 28. November 1940

Generalstab des Heeres
Abteilung für Kriegskarten und Vermessungswesen. (IV. Mil.-Geo.)
Berlin 1940

Dieser geheime »Fremdenführer« soll den Soldaten des Deutschen Afrika-Korps die Orientierung in dem fremdartigen Gelände erleichtern

Nur für den Dienstgebrauch!

Militärgeographische Beschreibung von
NORDOST-AFRIKA
Text- und Bildheft
Abgeschlossen am 28. November 1940
Generalstab des Heeres, Berlin 1940

Die Geländeformen und Bodenverhältnisse

Im Gegensatz zu der westlichen Sahara und dem Hinterland von Tripolis ist die eigentliche libysche Wüste kaum von tief eingesenkten Trockentälern (Wadis) zerschnitten, sondern sie bildet eine zusammenhängende Wüstentafel, die gegen das Meer beziehungsweise gegen ein mehr oder minder schmales Küstenvorland mit einer teilweise getreppten Steilstufe abfällt.
Diese Stufe ist am höchsten in der Cyrenaika, wo sie bei Barce und Cyrene eine Höhenspanne von insgesamt 500 bis 600 m umfaßt (höchster Punkt des Plateaus im Djebel el Akdar 880 m). Etwas niedriger ist die Küstenstufe in der östlich anschließenden Marmarika (Djebel Akabar oder Djefua zwischen Tobruk und Sollum) und am schwächsten ausgeprägt im ägyptischen Anteil der Küste, wo eine weitere Geländestufe, die auf eine Tafelfläche von rund 200 m Meereshöhe hinaufführt, weit von der Küste zurückbiegt.
Das von zahlreichen Trockentälern in ein sanftwelliges Hügelland aufgelöste Kalksteinplateau der Cyrenaika senkt sich ebenso wie das anschließende Tafelland der Marmarika sanft nach Süden, so daß ein breiter Landstreifen sich von der Großen Syrte über die Oase Siwa und die Kattara-Senke bis nach Alexandrien hinzieht und unter 100 m Meereshöhe bleibt. In der 8000 qkm großen Kattara-Senke sinkt er sogar bis auf −135 m unter den Meeresboden.
Aus dieser niedrigen Zone steigt die Wüstentafel langsam nach Süden an.
Erst südlich des Wendekreises ragen aus der allmählich auf 500 m ansteigenden Wüstentafel höhere Gebirge auf ... Zwischen diesen Gebirgsmassiven und der Küste heben sich über die Wüstentafel nur kleinere Plateaus, Hügel und Felskuppen inselartig auf, die aber das Bild der endlosen geschlossenen Tafelfläche nicht wesentlich unterbrechen.
Dagegen sind mehrere große Kessel bis zu 100 und mehr Kilometer Durchmesser in die Tafel eingesenkt. Sie sind meist an allen Seiten, zumindest aber an einer Seite von felsigen Steilwänden bis zu mehreren 100 m Höhe eingeschlossen und bergen die Oasen, die als Stützpunkte des Lebens in diesem riesigen toten Gebiet von entscheidender Bedeutung sind ...
Da die Oasen mit ihren Dattelpalmen die einzigen Wasserstellen und die einzigen Stellen mit Vegetation darstellen, bietet die Libysche Wüste im Gegensatz zu großen Teilen der westlichen Sahara keinen Raum für Nomadenvölker. Die Bevölkerung der Oasen ist seßhaft, bedarf allerdings der Kamele zur Verbindung mit der Außenwelt.

Der Verteidiger einer Oase ist bei sonst gleichem Kräfteverhältnis im Vorteil, da er im Besitz des Wassers ist ... Zwischen den Oasen breitet sich die Wüste in den drei Hauptformen der Felswüste (»Hamada«), Kieswüste (»Serir«) und der Sandwüste (»Erg«), in Ägypten vielfach ebenfalls Serir genannt, aus. Dazu treten die Salztonböden der »Sebkhas« ...

Bodenbedeckung
Im weitaus größten Teil der Libyschen Wüste und der Arabischen Wüste fehlt jede Vegetation mit Ausnahme der unmittelbaren Nachbarschaft der Oasen. Dagegen weist die Küstenzone eine spärliche steppenhafte Vegetation auf, die als Weide für Kamele und Esel dient. Sie wird nach Osten hin immer schmaler und ist vor Alexandria häufig von Wüstenflächen unterbrochen, die fast unmittelbar bis ans Meer reichen ...
In den Oasen ist die Kulturvegetation (Dattelpalmen, Gärten, Gerstenfelder) zum Teil sehr üppig, die natürliche Vegetation außerhalb des Kulturlandes beschränkt sich jedoch auf büschelförmig wachsendes Gras und vereinzelt stehende Sträucher. Wirksame Deckung gegen Fliegersicht bietet diese Vegetation nicht.

Klimatische Verhältnisse
In dem ganzen behandelten Gebiet liegen die Tagestemperaturen auch im Winter sehr hoch. Mittagstemperaturen von 30° C werden in der Libyschen Wüste auch in den Wintermonaten häufig erreicht. Höchsttemperaturen von 40 bis 50° C sind keine Seltenheit. Nur in der Küstenzone werden die Mittagstemperaturen durch die Nachbarschaft des Meeres gemildert. Im Winter setzt hier auch die freilich selten geschlossene Wolkendecke gelegentlich die Temperaturen herab.
Sehr empfindlich ist die nächtliche Abkühlung besonders bei klarem Himmel. In der Wüste sinkt die Temperatur in den Stunden nach Mitternacht bis auf wenige Grade über Null, ja im Winter nicht selten unter den Gefrierpunkt ...
Die starke nächtliche Abkühlung gerade in den heißen Wüstengebieten zwingt die im Freien lagernde Truppe zur Mitnahme warmer Kleidung und wollener Decken, wenn auch die Temperatur tagsüber so hoch steigt. Mitnahme von Leibbinden wird empfohlen.
Die meist geringe Luftfeuchtigkeit läßt die Tageshitze leichter ertragen. Unangenehme Schwüle herrscht zuweilen in den Wintermonaten an der Küste nach Regen oder bei bedecktem Himmel. In der Wüste kommt das Gefühl der Schwüle auch bei sehr hohen Temperaturen selten auf. Infolge starker Verdunstung hoher Wasserverbrauch des Körpers, auch wenn Transpiration äußerlich wenig merkbar. Das Trinkbedürfnis ist daher sehr groß. In der Libyschen Wüste rechnet man an heißen Tagen mit 4 bis 5 Liter pro Kopf... Sehr hohe Temperaturen und extreme Lufttrockenheit treten bei Südwind auf, der unter dem Namen »Ghibli« (in Libyen) oder »Chamsun« (in Ägypten) bekannt ist. Er tritt besonders im Juni, dann wieder Ende September bis Anfang Oktober auf, fehlt aber auch in den Wintermonaten nicht. Selten hält der Ghibli bzw. Chamsun länger als zwei bis drei Tage an ... Auf den Menschen wirkt der Ghibli außerordentlich erschlaffend. Stark erhöhter Wasserbedarf, sehr häufiges Benetzen der Schleimhäute erforderlich.
Zu beachten ist die starke Blendwirkung des hellen, nicht von Vegetation bedeckten Sandes. Unebenheiten in den Bodenformen sind bei hohem Sonnenstand oft gar nicht zu erkennen. Ebenso schwer lassen sich Fahrspuren vom Flugzeug ausmachen, außer in den Morgen- und Abendstunden. Verwendung von Sonnenbrillen oft unerläßlich.

Regen
Nur das Küstengebiet empfängt spärliche Niederschläge, deren Menge von Westen nach Osten abnimmt ... Bereits 25 bis 30 km von der Küste entfernt ist die Regenmenge praktisch null.
Die Regen fallen fast ausschließlich in den Wintermonaten. Die Hauptmenge fällt im Dezember und Januar. Doch sind die Regen meist nur von kurzer Dauer. Selbst unmittelbar an der Küste werden durchschnittlich nur 20 bis 25 Regentage im Jahr gezählt ...
Südlich der Küstenzone ist mit Regen praktisch nicht zu rechnen, obwohl gelegentlich auch in der Vollwüste einzelne Regenfälle, ja selbst heftige Güsse beobachtet werden. Sie sind jedoch sehr selten.

Wasserversorgung und sanitäre Verhältnisse
Es ist unbedingt nötig, bei Unternehmungen in der Libyschen Wüste sich vorher zu vergewissern, ob die Ergiebigkeit der vorhandenen Wasserstellen für den erwarteten Bedarf ausreicht ...
Die Wasserstellen der Libyschen Wüste liegen vor in Form von Quellen bzw. Grundwasseraustritten, gegrabenen Brunnen und Wasserlöchern. Ferner ist eine beschränkte Anzahl von Artesischen Brunnen vorhanden, aus denen das Wasser unter Druck herausströmt. Ein Teil der Quellen ist brackig oder schwach salzig, ihr Wasser kommt daher als Trinkwasser nicht in Frage ...
In den Oasen kann der Grundwasserspiegel daher meist auch abseits der offenen Wasserstellen ergraben werden. Vegetation (Palmen, Schilf) ist stets ein Zeichen von Grundwasser in geringer Tiefe. Das frisch aufgegrabene Grundwasser kann ohne Gefahr getrunken werden. Bei Genuß der Wassers aus offenen Wasserstellen in verkehrsreichen Oasen besteht die Möglichkeit der Typhusinfektion, doch ist die Wahrscheinlichkeit nicht groß, wenn unter den Anwohnern der Oase keine Typhusepidemie herrscht ...
Auf der zwischen den Oasen liegenden Wüstentafel, vor allem auch im Bereich des Großen Libyschen Sandmeeres, fehlen selbst die kleinsten Wasserstellen auf Tausende von Quadratkilometern. Die wenigen Wasserstellen dieser Gebiete bestimmen die Führung der Karawanenwege, so die berühmte Karawanenstraße Darb el Arbai'in, die aus dem Sudan über Charga nach Unterägypten führte, heute aber durch den modernen Verkehr im Niltal außer Kurs gesetzt worden ist ...

Im allgemeinen ist das trockene Klima Nordafrikas gesund und für den Europäer trotz der Hitze zuträglich, zumal in den Wintermonaten ...

Zugangswege nach Ägypten

Gesamtbeurteilung

Zwischen Italienisch-Libyen und Ägypten kommen praktisch nur zwei Wege in Frage:

1. Längs der Küstenzone nach Alexandria und von dort nach Kairo. Es besteht Straßen- und zum Teil Bahnverbindung. Straße zwischen Sollum und Alexandria teilweise nicht in gutem Zustand und besonders nach Regen schwer passierbar. Streckenweise gut ausgebaut. Näheres siehe unter Einzelangaben.

Das Gelände ist außer nach Regengüssen fast überall abseits der Straßen befahrbar.

Im S bildet die Steilstufe der Kattara-Senke ein wirksames Geländehindernis. Ebenso im Winter die Salzsümpfe dieser Senke (Sebkhas).

Der Rand der Kattara-Senke wird auf zwei Wegen erreicht: a) Von Matruk nach S (Straße nach Oase Siwa, auch Telegraphenleitung), b) Straße von El Alamein nach Mingar Abu dweis.

2. Wüstenweg über die Oase Siwa (zu erreichen über die italienische Oase Giarabub oder von Sollum aus) zur Oase Baharja (schwierige Strecke, nur Autopiste, streckenweise durch Sand).

Von Baharja Autopiste nach Alexandria. Direkte Querverbindung zum Nil noch nicht erprobt, führt über bewegtes, zum Teil schwieriges Gelände. Von Baharja sind die Oasen Farafra und Dachla auf schwierigen, wenig erprobten Wüstenrouten zu erreichen.

Dachla ist durch gut markierte Autoroute mit Charga verbunden, Charga mit dem Niltal durch Eisenbahn und Autopiste. Dieser zuletzt genannte Weg von Siwa nach Charga erfordert eine gut ausgerüstete Expedition und dürfte schwerlich mit größeren Verbänden zurückgelegt werden können.

Beobachtungsturm in einer der zahlreichen Oasen am Rand der Cyrenaika

Wichtige Straßen in Italienisch-Libyen

Die wichtigste Verkehrsader in Italienisch-Libyen ist die große fahrbare Küstenstraße, die Litoranea, die von der tunesischen Grenze bis zur ägyptischen verläuft und die

Die Küstenstraße säumen Moscheen und ansehnliche Grabstätten bedeutender Mohammedaner

beiden »Inseln« des nördlichen Libyens: Tripolitanien und die Cyrenaika verbindet.
An diese asphaltierte Straße ist eine Reihe von Straßen ohne Unterbau und Autorouten, sogenannte »Pisten« angeschlossen. »Pisten« sind markierte Routen auf fahrbarem Untergrund. Gute, auch für schwere Lastwagen jederzeit brauchbare Straßen vermitteln den Zugang zu den Oasen Ghadames, Mizda, Nalut, Hun, Murzuk, aber im allgemeinen sind die Pisten im Süden Libyens die einzigen Verkehrswege, im besonderen fehlt es an guten Straßenverbindungen zwischen dem Süden Tripolitaniens und dem Süden der Cyrenaika.
Die beste in die Sahara führende Straße verbindet Tripolitanien mit Ghadames; andere Wege führen von Tripolitanien nach den Oasen des Fezzan und nach dem Tibesti, von der Cyrenaika nach Kufra und nach Giarabub.

Die Küstenstraße (Litoranea)

Die Küstenstraße ist eine breite Straße von militärischer Bedeutung, die im Jahre 1937 eingeweiht wurde und über mehr als 1800 km längs der libyschen Küste entlangführt, außer in der Cyrenaika, wo sie von Tokra nach Derna die Hochebene des Djebel Akdar benützt.
Die Straße umfaßt einen ebenen, vollständig asphaltierten Fahrdamm von 5 m Breite und zwei seitliche Fußwege von 1 m Breite; der Fahrdamm besteht aus Lagen von Kalkschotter, die mit Asphalt bedeckt sind. Die Strecke umfaßt lange, geradlinige Abschnitte, die durch große Kurven verbunden sind, die Steigungen sind geringfügig. In gleichmäßiger Entfernung können in den Häusern der Straßenaufseher Reparaturen an Kraftwagen vorgenommen werden.

Erfahrungen über Benutzung von Kraftwagen in der Libyschen Wüste

Die Felswüste ist fast überall mit gewöhnlichen PKW's und LKW's zu befahren, und zwar können bis zu 70 Stundenkilometer eingehalten werden. LKW-schwierig sind die lockeren Geröllhalden und die Flugsandstrekken. Man soll niemals einen Wagen allein auf Wüstenfahrt schicken, sondern möglichst Convoi fahren.
Um festgefahrene Wagen wieder flott zu bekommen, benutzt man wie in der westlichen Sahara auch in der Libyschen Wüste Maschendrahtgeflechte bis zu 3 m Länge. Daneben sollen von Lastwagen auch Bretter mitgenommen werden. Die Maschendrahtstreifen werden unter die Vorder- und Hinterräder gestoßen und der Wagen ruckartig angefahren. Bretter werden unter die Vorderräder geschoben, wobei der Wagen angehoben werden muß. Bei kombinierter Anwendung von Maschendraht und Brettern ist jeder Wagen flott zu bekommen.
Bei Fahrten durch Sandfelder und Dünen hat sich die Verwendung von 12 m langen Strickleitern, deren Sprossen aus zähen Bambusstäben bestehen, gut bewährt. Die Sprossen haben einen Abstand von 20 cm, höchstens 30 cm.
Leichte Wagen haben sich besser bewährt als schwere. Gut bewährt hat sich der starke Fordwagen Modell A mit 9zölligen Tiefdruckreifen. Diese Reifen haben sich in allen Wüstengebieten der Erde eingebürgert. Gute Erfahrungen hat man mit dem leichten Ford gemacht, der möglichst mit 7,5zölligen Reifen ausgerüstet sein soll. Beim Befahren von Sandstrecken sollen die Reifen nicht so stramm aufgepumpt werden.
Bei geeigneter Fahrweise sind selbst die 70 bis 100 m Strichdünen der Libyschen Wüste zu überwinden, da sie meist aus hartgewehtem Sand bestehen und nur an ihrem Westfuß eine gefährliche Frischsandzone aufweisen.
Der langjährige Expeditionsleiter L. E. d'Almasy gibt auf Grund seiner Erfahrungen bei der Durchquerung des großen libyschen Sandmeeres folgende Methode an:

»Man rast mit 80 Stundenkilometer gegen den vollkommen senkrecht erscheinenden Hang an. Die Blendwirkung des gelben Sandes ist so stark, daß man unmittelbar am Fuß der Düne trotz tiefschwarzer Augengläser keinerlei Konturen im Sand erkennen kann. Der einzige Anhaltspunkt, den das Auge findet, ist die scharf gegen den tiefblauen Himmel abgezeichnete Kammlinie der Düne. Diese senkt sich, sobald der Wagen zu steigen beginnt, mit beängstigender Geschwindigkeit nach unten. In dem Augenblick, wo sie zum Stillstand kommt, heißt es den Wagen mit scharfem Ruck nach rechts oder links zu reißen, weil die Höhe des Dünenrückens erreicht ist.
Um über den Westhang einer Düne zu dem Korridor zwischen zwei benachbarten Dünen hinabzugelangen, ist es am besten, auf der Höhe des hartgewehten Rükkens Anlauf zu nehmen und dann in scharfem Bogen genau rechtwinklig zum Hang nach unten zu lenken. Selbst bei hoher Geschwindigkeit muß man bereit sein, augenblicklich in den nächstkleineren Gang hinunterzuschalten, um nicht in dem weichen Treibsandstreifen stecken zu bleiben.
Bei umgekehrter Fahrtrichtung von W nach O sind zur Auffahrt auf die Düne Stellen auszusuchen, an denen der Treibsandstreifen fehlt. Diese sind zu markieren, damit man beim Anlauf die Stelle nicht verfehlt.
Es ist zweckmäßig, in den frühen Morgenstunden zu fahren, weil dann der Sand infolge der starken nächtlichen Abkühlung härter ist und besser trägt.
Im allgemeinen ist die Durchquerung von Dünengelände mit so großen Schwierigkeiten verknüpft, daß sie unbedingt auf gewagte Einzelunternehmungen beschränkt bleibt. Dabei muß auch hier Convoi mit mindestens 2 Wagen gefahren werden.
Hinsichtlich des Kühlwasserverbrauches wird angegeben, daß bei Vorhandensein von Kondensatoren (die bei Spezialwüstenwagen nie fehlen) ein täglicher Ersatz von 4,5 Liter Kühlwasser nötig ist. Bei heißem Südwind (Ghibli), Windstille oder Rückenwind kann sich der Wasserverbrauch jedoch verdoppeln. Es empfiehlt sich dabei, den Wasservorrat für den Kühler auf die doppelte Reisedauer zu bemessen. Als Trink- und Brauchwasser werden je Mann und Tag etwa 4,5 Liter gerechnet (in den Wintermonaten). In der Nähe der Küste ist der Verbrauch geringer.

Karger, zerklüfteter Landstrich im Fezzan, dem südlichen Teil von Libyen

Bei Fahrten ohne Streckenmarkierung ist die Fahrtrichtung durch Kompaßrückpeilung und die zurückgelegte Kilometerstrecke sorgfältig zu bestimmen. Es empfiehlt sich, für solche Fälle ein »Logbuch« anzulegen, in dem ein Mann laufend zurückgelegte Entfernungen und Richtung notiert. Bei Verfehlung anzufahrender Wasserstellen kann man durch graphische Anfertigung eines »Bestecks« (maßstabgerechte graphische Eintragung der zurückgelegten Strecken und Winkel auf der Karte) den Standort einigermaßen festlegen. Jede andere Orientierung versagt erfahrungsgemäß. Wird mit Nachschub gerechnet, so ist die Strecke zu markieren.
Fahrspuren halten sich in den Teilen der Wüste, in denen selten Flugsand auftritt, jahrelang, ja jahrzehntelang. Flugsand kann sie jedoch rasch vorübergehend oder dauernd verwischen. Sandstrecken sind dabei besonders sorgfältig zu markieren.

Nur für den Dienstgebrauch!

Militärgeographische Beschreibung von
TUNIS
Text- und Bildheft
Abgeschlossen am 10. Oktober 1941
Generalstab des Heeres, Berlin 1940

Größe und Lage
Das französische Protektorat Tunis ist der östliche Teil der sog. Atlasländer. Es umfaßt einen Raum, der politisch und geographisch eine selbständige Einheit bildet. Mit 125130 qkm Fläche ist Tunis so groß wie der vierte Teil Frankreichs. Seine größte NS-Erstreckung beträgt etwa 760 km, die durchschnittliche OW-Erstreckung 200 bis 250 km.
Tunis grenzt im W an Algerien, im SO an Libyen. Die N- und O-Grenze wird vom Mittelmeer gebildet.
Tunis hat als Gegenland von Sizilien große strategische Bedeutung. da die Straße von Sizilien, die Verbindung zwischen dem westlichen und dem östlichen Mittelmeer, zwischen dem Kap Bon und Sizilien nur 140 km breit ist. Nur wer im Besitz beider Küsten ist, kann die Straße von Sizilien wirksam sperren.

Politische Verhältnisse und Verwaltung
Die politische Organisation von Tunis gründet sich auf dem Vertrag von Kassar Said, bekannter unter dem Namen Vertrag von Bardo, der am 11. Mai 1881 zwischen Frankreich und dem Bey von Tunis abgeschlossen wurde, sowie auf der Konvention von La Marsa vom 8. Juni 1883.
Diese Verträge respektieren die Souveränität des Bey, jedoch ist dieser verpflichtet, bei Reformen im Verwaltungs-, Rechts- und Finanzwesen die Einwilligung des französischen Generalresidenten einzuholen. Dadurch sichert sich Frankreich den wesentlichen Einfluß auf die Regierung des Landes.
Die Zentralgewalt liegt in den Händen der Regierung, die von dem Bey und dem Vertreter Frankreichs ausgeübt wird. Der Bey und die ihm unterstehenden eingeborenen Minister und Beamten haben nur Verwaltungsbefugnisse und stehen unter der Kontrolle des französischen Generalresidenten. Letzterer wird von dem überwiegend aus Franzosen bestehenden Ministerrat und zwei beratenden Versammlungen, dem Grand Conseil und dem Conseil Supérieur, unterstützt.

Nur für den Dienstgebrauch!

Militärgeographische Beschreibung

von

Tunis

Text- und Bildheft

Abgeschlossen am 10. Oktober 1941

Generalstab des Heeres
Abteilung für Kriegskarten und Vermessungswesen (IV. Mil.-Geo.)
Berlin 1941

Bereits im Herbst 1941 läßt das Oberkommando des Heeres diesen geheimen »Fremdenführer« von Tunis herausgeben

Die lokale Verwaltung liegt in den Händen der Eingeborenen, wird jedoch von den Franzosen überwacht. Das nördliche und mittlere Tunis steht unter Zivilverwaltung. Die grundlegende Verwaltungseinheit ist das Caidat, von dem meist mehrere zu sog. Contrôles civils, der französischen Überwachungseinrichtung, zusammengefaßt sind.
Das südliche Tunis ist Militärterritorium, in dem die Verwaltung durch den Service des Affaires Indigènes versehen wird. Es ist in vier den Caidats entsprechende Bezirke unterteilt.

Bodenverhältnisse
Die Bodenverhältnisse zeigen zwischen Gebirgen und Ebenen große Unterschiede. In den Gebirgen haben die Hänge nur eine dünne Bodenkrume oder sind sogar durch Waldverwüstung und Abspülung ganz von dieser entblößt, so daß vielfach das nackte Gestein zutage tritt. In den Tälern finden sich Lehmböden.
Die Böden der zwischen den einzelnen Gebirgen liegenden Ebenen oder Hochflächen sowie des Sahel bestehen überwiegend aus Mergeln und lehmigen Sanden, die in der Trockenzeit überall auch abseits der Straßen befahrbar sind.
Die Oberfläche der Schotts und der im westlichen Sahel liegenden Sebkhen werden von Salzkrusten oder Salztonböden gebildet. Im Winter haben die tiefsten Teile derselben zeitweilig eine Wasserdecke, und auch in der Trockenzeit ist ihr Boden nicht tragfähig. Die Schotts und Sebkhen werden daher vom Verkehr umgangen.
In der Djefara wechseln Strecken festen Bodens mit weiten Strecken ab, die von Sandanwehungen bedeckt sind. Diese, sowie die vielfach sanderfüllten Trockenbetten der periodischen Flüsse sind abseits der Straßen und Spurwege (= Pisten) nur schwer zu passieren.
Feste Bodenarten, die in der Regel auch abseits der Wege passierbar sind, überwiegen in der Dahar-Hochfläche. In der Sandwüste des Erg findet sind nur vereinzelt zwischen den Sanddünen fester Boden. Für Kraftwagen ist dieses Gebiet praktisch unpassierbar.

Bewachsung
Die Gebirge des nördlichen Tunis sind teilweise mit dichten Wäldern aus Korkeichen, Steineichen und Aleppokiefern, teilweise mit Buschwald bestanden. Südlich des Tunesischen Rückens sind die Gebirge kahl oder höchstens mit kümmerlichem, immergrünen Busch (= Maccia) bedeckt.
Die verbreitetste natürliche Vegetationsform ist die Steppe, deren Gras- und Krautvegetation im Winter und Frühling nach dem Regen recht grün und üppig sein kann, die im Sommer und Herbst jedoch grau und vertrocknet daliegt.
In den Ebenen des nördlichen und östlichen Tunis hat die natürliche Vegetation überall dem Ackerbau oder Wein- und Fruchtbaumkulturen Platz gemacht. Besonders die kilometerweiten Ölbaumplantagen des Sahel geben der Landschaft ein besonderes Gepräge.
Im S wird auch die Steppe immer magerer und der Boden ist nur dürftig von kleinen Kräutern und Gräsern bedeckt. Nur in den Oasen findet sich, hervorgerufen durch künstliche Bewässerung, eine üppige Vegetation, deren markantester Vertreter die Dattelpalme ist.

Militärische Beurteilung
Die Gebirge haben vielfach schroffe Formen und sind in der Regel verkehrsfeindlich. Da sie aber von zahlreichen Tälern und Senken unterbrochen und gegliedert werden, sind sie stets leicht zu umgehen. In den Ebenen bieten die Oberflächenformen keine Schwierigkeiten. Die Böden sind, abgesehen von der Sandwüste und den Schotts, bei Trockenheit meist gangbar und befahrbar. In der Regenzeit ist die Gangbarkeit in der Regel schlecht.
Die Bewachsung setzt Truppenbewegungen nur an wenigen Stellen, so in den Oasen oder den Gebirgen des nördlichen Tunis, Widerstand entgegen. Wenig übersichtlich sind die kilometerweiten Ölbaumhaine des Sahel.
Die Küste ist, soweit sie Steilküste ist, für Truppenlandungen nicht geeignet. An der Flachküste werden Lan-

Neben Ruinen aus römischer und phönizischer Zeit sowie Kunstdenkmälern aus den ersten Jahrhunderten des Islam findet man in Tunesien modern errichtete Ortschaften

dungen vielfach durch Klippen, geringe Wassertiefe und Lagunenbildung erschwert.

Klima

Tunis gehört, wie ganz NW-Afrika, zu der großen Zone des Mittelmeerklimas, das durch milde, feuchte Winter und trockene, heiße Sommer gekennzeichnet ist. Durch die Grenzlage zwischen dem Mittelmeer und der Sahara wird das Klima von Tunis weitgehend beeinflußt. Je nach der Jahreszeit überwiegen in den verschiedenen Landesteilen die Einflüsse der einen oder der anderen Region und gestalten das Klima äußerst mannigfaltig.
Im Sommer stellen die Temperaturverhältnisse hohe Anforderungen an Europäer. Im Winter sind die Temperaturverhältisse günstiger; dafür sind infolge der winterlichen Niederschläge die Flüsse beim Fehlen von Brücken schwer zu überqueren und sind Truppenbewegungen abseits der Straßen erschwert.
Die günstigsten Zeiten sind Frühjahr und Herbst, in denen die gesamten Nachteile des Winters nur selten auftreten und die sich vor dem Sommer durch günstigere Temperaturverhältnisse auszeichnen.

Der Wasserhaushalt

Der Wasserhaushalt von Tunis wird von der Oberflächengestalt, der Bodenbeschaffenheit und besonders dem Klima des Landes bestimmt. Namentlich der schroffe Unterschied zwischen Regen- und Trockenzeit ist für die Wasserführung der Flüsse von größter Bedeutung. Drei große Gebiete lassen sich in bezug auf den Wasserhaushalt unterscheiden: Nordtunis, Mitteltunis und Südtunis.
Die Flüsse bilden außer zur Zeit des Hochwassers (Winter) keine militärischen Hindernisse. Eine Ausnahme macht der Medjerda in seinem Mittellauf, wo er zwischen 10–12 m hohen, fast senkrechten Lehmufern fließt, die eine Überquerung des Flusses sehr erschweren. Die Wasserversorgung des mittleren Tunis ist, von den wenigen ausdauernden Quellen in den Gebirgen abgesehen, auf die Grundwasservorräte und Regenwasserzisternen angewiesen. Das Wasser derselben hat nur mittelmäßige Qualität und muß vor Gebrauch filtriert werden. Größere Wassermengen für die Versorgung von Truppen sind nur an den in der Karte 5 angegebenen Orten vorhanden. Die größeren Städte des Sahel wie Sfax und Sousse werden durch Wasserleitungen aus den Quellen der feuchteren westlichen Gebirgsketten versorgt.
Die Flüsse bieten nur bei gelegentlichen Hochwassern (Winter) militärische Hindernisse.
Die Wasserversorgung des südlichen Tunis ist fast ausschließlich auf die Grundwasservorräte angewiesen. Im Gebiet der Schotts gibt es größere Grundwasservorräte, die z.T. artesischer Natur sind, in den Oasen der Schwelle von Tozeur (im NW des Schott Djerid), den Oasen von Nefzaoua (im SO des Schott Djerid) und in den Oasen der Schwelle von Gabès. Das Wasser ist oft magnesiumhaltig und kann nur filtriert genossen werden.
Im südlichsten Teil, dem Militärterritorium, finden sich einige ergiebige Quellen am Rande des Steilabfalls des Dahar-Plateaus bei Matmata und Foum Tatahouine

sowie größere Grundwasservorräte in der Küstenebene (Djefara) vornehmlich bei Zarzis, Médenine und Ben Gardane.
Die Überquerung der oft breiten Betten der nur gelegentlich Wasser führenden Flüsse wird vielfach durch Steilufer und in den Flußbetten angehäufte Sandmassen erschwert.

Sanitäre Verhältnisse
Der Aufenthalt in Nordtunis stellt für Europäer wegen des milden Mittelmeerklimas nur geringe Anforderungen in bezug auf die Akklimatisation. Ungünstiger sind die Verhältnisse im südlichen Tunis mit seinem Übergang zum Wüstenklima.
Während die Wintermonate namentlich im Küstenbereich sehr mild sind und keine klimatischen Schwierigkeiten bereiten, ist der Sommer bedeutend anstrengender, da die Hitze mitunter monatelang andauert, ohne daß aus dem ewig blauen Himmel ein erfrischender Regen fällt.
An die Truppe, die sich im Lande fern von den bewohnten Gebieten befindet und keine festen Unterkünfte hat, werden natürlich auch im Winter bedeutend höhere Anforderungen gestellt. Hauptsächlich geschieht dies bei den plötzlichen wolkenbruchartigen Gewitterregen und bei NW-Winden, die oft eine fühlbare Temperatursenkung bewirken. Es ist darum unbedingt nötig, für warme Kleidung Sorge zu tragen und wasserdichte Zelte mit sich zu führen.

Straßen
Das Straßennetz (Straßen 1. und 2. Ordnung) ist im nördlichen Tunis und im Sahel dicht. Im mittleren Tunis wird es durch eine Anzahl guter Naturstraßen (Pisten) ergänzt, die jederzeit befahrbar sind und auf denen z. T. Autobuslinien verkehren.
Im südlichen Tunis findet sich nur die parallel zur Küste verlaufende Straße Sfax–Tripolis, von der in Gabès und in Médenine einige kürzere Abzweigungen ins Innere und zur Küste abgehen. Die Pisten im Südtunis sind vielfach in weniger gutem Zustande und nur in der Trockenzeit befahrbar.

Militärische Beurteilung
Im nördlichen und östlichen Tunis ermöglicht das dichte Bahn- und Straßennetz schnelle Truppenbewegungen und eine rasche Durchdringung des Landes. Im Süden werden die Truppenbewegungen durch das Fehlen eines ausgebauten Straßennetzes erschwert.

Nachrichtenverbindungen

Militärische Beurteilung
Das Nachrichtennetz in Tunis ist seiner Lage entsprechend als zufriedenstellend zu bezeichnen. Draht und Funk ergänzen einander. Da alle Drahtleitungen oberirdisch verlaufen, ist eine Störung dieser Anlagen leicht möglich.

Zugänge des Gebietes

Militärische Gesamtbeurteilung
Die Grenzen von Tunis sind im N und O durch das Meer geschützt. Landungen größerer Truppeneinheiten mit schwerem Gerät sind nur in den fünf großen Häfen: Biserta, Tunis, La Goulette, Sousse und Sfax möglich. Infolge ihrer Lage an der Straße von Sizilien sind vornehmlich die drei erstgenannten wichtig. An den kleineren Küstenplätzen oder an freier Küste können höchstens kleinere Einheiten mit leichtem Gerät landen. Die SO-Grenze gegen Libyen ist, besonders im Gebiet der südtunesischen Küstenebene, offen, genießt aber durch ihren wüstenhaften Charakter gewissen Schutz. Die W-Grenze gegen Algerien ist im S durch das große östl. Erg, das höchstens für kleine Kamelreitereinheiten passierbar ist, gut geschützt. Nördlich der Senke der Schotts ist sie auf weite Strecken offen und bietet an zahlreichen Stellen gute Zugangsmöglichkeiten, besonders im Medjerda-Tal (Bahn und Straße) und östl. Tebessa.

Hilfsmittel
Die Beschaffung von Baumaterial ist fast im ganzen Lande schwierig. Steinbrüche und Kiesgruben fehlen außer im N fast völlig. Nutzholz fehlt im S. Auch im N ist es in der Regel verhältnismäßig schwierig, Holz aus den in den Gebirgen liegenden Wäldern herbeizuschaffen.
Die Unterbringung der Truppe ist nur in den größeren Städten (Tunis, Biserta, Sfax, Sousse) in öffentlichen Gebäuden und Privatquartieren (im Europäerviertel) in beschränktem Maße möglich. Im übrigen ist die Truppe auf Biwak angewiesen.
Infolge der unhygienischen Lebensweise der Bevölkerung ist die Ungezieferplage überall groß. Das Auftreten von Malaria macht im Sommer Prophylaxe nötig.
Die Verpflegung der Truppen ist zum Teil aus dem Lande möglich. Die Fleischvorräte, in Gestalt von Herden (in Nordtunis Rinder, in Mittel- und Südtunis Schafe), sind ausreichend. Mit größeren Getreidevorräten kann nur kurz nach der Ernte (Frühsommer) gerechnet werden. Versorgung der Truppe mit Gemüse und Früchten ist nur in geringem Maße möglich.

Zeiten
Für militärische Operationen haben sowohl Sommer wie Winter gewisse Nach- und Vorteile. Im Sommer stellt die Hitze an die Truppe größere physische Anforderungen, auch ist die Wasserversorgung schwieriger. Dafür sind die Naturwege (Pisten) und das Gelände abseits der Straße in der Regel besser benutzbar als im Winter (Regenzeit). Auch ist es meist möglich, die Flüsse bei gesprengten oder zu schwachen Brücken zu durchfurten. Im klimatisch angenehmeren Winter ist die Benutzbarkeit der Pisten vielfach unsicher, die größeren Flüsse können nicht durchfurtet werden. Frühjahr und Herbst sind die günstigsten Jahreszeiten für Operationen, da sie die Vorzüge des Sommers und Winters teilweise vereinigen.

Personen

Hans-Jürgen von Arnim

Nachfolger des Generals der Panzertruppe Nehring sowie später von Generalfeldmarschall Rommel, ein angesehener Sproß des pommerschen und schlesischen Uradels.
Am 4. 4. 1889 in Ernsdorf/Schlesien als Sohn eines preußischen Generals geboren. Nach dem Abitur ist er als Fahnenjunker beim 4. Garde-Regiment zu Fuß. Im August 1909 zum Leutnant ernannt, nimmt v. Arnim am Ersten Weltkrieg als Bataillonsadjutant und Kompanieführer teil. Nach dreimaliger Verwundung wird er Ordonnanzoffizier und Adjutant im Stab der 4. Garde-Infanteriedivision.
1919 in die Reichswehr übernommen, findet v. Arnim sowohl bei der Truppe als auch im Generalstab Verwendung. Im Herbst 1931 wird er zum Bataillonskommandeur im Infanterieregiment 2 (Ostpreußen) ernannt. Ab Sommer 1934 ist er als 1. Stabsoffizier in der 22. Infanteriedivision (Bremen) und ab Oktober 1935 Kommandeur des Infanterieregiments 68 (Brandenburg). Nach seiner Beförderung zum Generalmajor übernimmt v. Arnim im April 1938 die Heeresdienststelle Schweidnitz.
Ab 8. 9. 1939 Kommandeur der an der Westfront stehenden 52. Infanteriedivision, die 1940 unter seiner Führung am Frankreichfeldzug teilnimmt; am 1. 12. 1939 zum Generalleutnant befördert. Beim Angriff auf die Sowjetunion ist v. Arnim Kommandeur der 17. Panzerdivision, die bei Brest-Litowsk, Smolensk, Kiew, Brjansk und im Raum Tula im Einsatz steht.
Am 11. 11. 1941 übernimmt der inzwischen zum General der Panzertruppe beförderte und mit dem Ritterkreuz ausgezeichnete v. Arnim das XXXIX. Panzerkorps am Wolchow, mit dem er den Cholmer Kessel freikämpft. Am 3. 12. 1942 wird er nach Tunesien beordert, um die 5. Panzerarmee aufzustellen.

Albert Kesselring

Generalfeldmarschall der Luftwaffe, der gegen die britische Wüstenarmee den Krieg aus der Luft befehligt, ist ein Mann von schlichter Lebensweise, dabei ein fachlich hochqualifizierter Soldat.
Am 20. 11. 1885 in Marksteft/Unterfranken geboren, tritt Kesselring, der aus einer Brauerfamilie stammt, 1904 als Fahnenjunker in das 3. Bayrische Fuß-Artille-

Hans-Jürgen von Arnim

Albert Kesselring

Walther Kurt Nehring

rieregiment (Metz) ein; 1907 ist er Leutnant. Durch eine Ausbildung an der Artillerie- und Ingenieurschule in München wird Kesselring Spezialist für das Vermessungswesen. Im Ersten Weltkrieg findet er anfangs als Oberleutnant Verwendung bei der Truppe, dann in verschiedenen Stabsstellungen, zuletzt im Generalstab. 1919 von der Reichswehr übernommen, tut er im stellvertretenden Generalkommando des III. Bayerischen Korps (Nürnberg) Dienst. Nach Truppenkommandos in Amberg, Erlangen und Nürnberg wird er zum Major befördert. Am 1. 10. 1922 in die Heeresleitung nach Berlin versetzt; 1930 Oberst, Artillerieregiment 4 (Dresden).
Ab 1. 10. 1933 wird Kesselring Verwaltungschef des neuen Luftfahrtkommissariats, am 1. 3. 1935 zum Generalmajor, am 1. 4. 1936 zum Generalleutnant befördert. Ab Juni 1936 ist er Chef des Generalstabes der Luftwaffe; es untersteht ihm das gesamte Fliegerausbildungswesen. Kesselring organisiert auch die Flak- und Flugnachrichtentruppen, wird am 1. 6. 1937 General der Flieger und Kommandierender General des Luftkreises III (Dresden).
Ab Oktober 1938 ist er Chef der Luftwaffengruppe (Luftflotte 1) in Berlin. Im September 1939 wird diese Luftflotte 1 der Heeresgruppe Nord zugeteilt und ist maßgeblich an den Kämpfen gegen die polnische Armee und an der Zerstörung polnischer Städte beteiligt.
Im Januar 1940 übernimmt Kesselring die Führung der Luftflotte 2 (Westfront) und wird am 19. 7. 1940 direkt zum Generalfeldmarschall befördert. In der Schlacht um England (Sommer 1940–Mai 1941) erlebt seine Luftflotte 2 eine empfindliche Niederlage. Beim Überfall auf die Sowjetunion (22. 6. 1941) erfolgt der Einsatz der Luftflotte 2 bei der Heeresgruppe Mitte. Ab 5. Dezember 1941 ist Kesselring Oberbefehlshaber Süd der deutschen Luftwaffe für den Mittelmeerraum und Nordafrika.

Walther Kurt Nehring

Kommandierender General des Deutschen Afrika-Korps, Oberbefehlshaber der 5. Panzerarmee und engster Vertrauter des Gründers der deutschen Panzerwaffe, Generaloberst Guderian. Nehring ist ein hochgeschätzter Taktiker und Theoretiker.
Am 15. 8. 1892 auf Gut Stretzin/Westpreußen als Sohn eines Gutsbesitzers geboren, besucht er das Realgymnasium in Danzig. Nach dem Abitur tritt er am 16. 9. 1911 als Fahnenjunker in das Infanterieregiment 152 (Marienburg) ein, absolviert die Kriegsschule in Anklam und wird im Februar 1913 zum Leutnant befördert.
Im Ersten Weltkrieg nimmt Nehring als Zugführer an den Schlachten bei Tannenberg und an den Masurischen Seen, später in Litauen und Kurland teil. Im Frühsommer 1916 wird der Oberleutnant auf eigenen Wunsch zum Armeeflugpark 8 abkommandiert. Durch einen Absturz verwundet, wird Nehring nach seiner Genesung dem in Nordfrankreich kämpfenden Infanterieregiment 22 zugeteilt und im Juli 1918 erneut schwer verwundet.
1919 wird Nehring in die Reichswehr übernommen. Im März 1923 zum Hauptmann befördert, dient er im Infanterieregiment 2 (Allenstein). Vom Oktober 1923 bis Oktober 1926 erhält er eine Generalstabsausbildung und ist danach in der Operationsabteilung des Truppenamtes (dem späteren Generalstab des Heeres) tätig.
Von 1929 bis 1931 führt Nehring die 1. Kompanie der 6. (Preußischen) Kraftfahrabteilung, die erste vollmotorisierte Kompanie der Reichswehr. Im April 1931 Major, übernimmt er ab 1932 als 1. Generalstabsoffizier (Ia), zusammen mit Oberstleutnant Guderian, die Inspektion der Kraftfahrtruppen im Reichswehrministerium. Hier ist er maßgebend am Aufbau der neuen Panzerwaffe beteiligt.
1936/37 Besuch der Wehrmachtsakademie, danach ab Oktober 1937 – jetzt als Oberst – Kommandeur des Panzerregiments 5 (Wünsdorf). Im Juli 1939 wird Nehring zum Chef des Generalstabs des XIX. Panzerkorps (Gen.d.Pz.Tr. Guderian) ernannt, mit dem er am Polenfeldzug teilnimmt. In gleicher Funktion ist er im Frankreichfeldzug 1940 bei der Panzergruppe Guderian.
Im August 1940 Generalmajor; ab 26. 10. 1940 Kommandierender General der neu aufgestellten 18. Panzerdivision. Im Rahmen der Heeresgruppe Mitte ist Nehring ab 22. 6. 1941 am Unternehmen »Barbarossa«, dem Überfall auf die Sowjetunion, beteiligt. Er kämpft mit seiner 18. Panzerdivision bei Brest-Litowsk und überschreitet eine Woche später bei Borisow die Beresina.
Am 24. 7. 1941 wird er mit dem Ritterkreuz des Eisernen Kreuzes ausgezeichnet und im Februar 1942 zum Generalleutnant befördert. Nachdem Generaloberst

Erwin Rommel

Ettore Bastico

Rommel als Oberbefehlshaber die deutsch-italienische Panzerarmee Afrika übernimmt, wird Nehring von der Ostfront nach Libyen beordert und am 9. 3. 1942 zum Kommandierenden General des Deutschen Afrika-Korps (DAK) ernannt.

Erwin Rommel

Oberbefehlshaber der Panzerarmee Afrika, der die bewegliche Kampfführung meisterhaft beherrscht. Bei Freund und Feind anerkannt, ist er einer der besten Panzersoldaten Deutschlands und der wohl populärste General der Wehrmacht.

Am 5. 11. 1891 in Heidenheim/Brenz (Württemberg) als Sohn eines Schulrektors geboren. 1909 tritt er in das 6. Württembergische Infanterieregiment 126 ein, rückt 1914 als Leutnant ins Feld und kämpft an der Westfront, in Rumänien und den Dolomiten. Er wird schwer verwundet und zum Oberleutnant befördert. Für die Eroberung des Monte Matajur erhält Rommel am 10. 12. 1917 den Pour le Mérite. Bei Kriegsende ist er Hauptmann im Stab des Generalkommandos 64. In der Reichswehr erst Kompaniechef des Infanterieregiments 13, dann – nach achtjähriger Dienstzeit – Taktiklehrer an der Infanterieschule Dresden. In seinem Buch »Infanterie greift an« gibt Rommel Überlegungen zur Infanterie-Ausbildung wieder. 1933 wird er als Major Kommandeur des Jägerbataillons in Goslar, 1935 zum Oberstleutnant befördert und 1938 zum Leiter der Kriegsschule in Wiener Neustadt ernannt. Vorher ist er Verbindungsoffizier der Wehrmacht beim Stab des Reichsjugendführers.

Hitler, durch Rommels Buch aufmerksam geworden, bestimmt den Autor zum Kommandeur des Führerbegleitbataillons. Am 1. 8. 1939 Generalmajor, wird Rommel mit Ausbruch des Zweiten Weltkrieges Kommandant des Führerhauptquartiers. Vor dem Westfeldzug übernimmt er auf persönlichen Wunsch hin im Februar 1940 die 7. Panzerdivision (Heeresgruppe v. Rundstedt). Bei der Offensive im Westen an der Einkesselung der belgischen Armee beteiligt, erreicht er am 5. Juni die Somme und am 8. Juni 1940 Rouen. Am 1. 1. 1941 zum Generalleutnant befördert, wird Rommel ab 14. 2. 1941 Kommandierender General des Deutschen Afrika-Korps mit dem Auftrag, Tripolitanien zu halten und die große Syrte zu sichern.

Ettore Bastico

Nachfolger von General Gariboldi, der als einer der tüchtigsten und erfolgreichsten italienischen Heerführer gilt.

Am 9. 4. 1876 in Bologna geboren, studiert Bastico nach dem Abitur an der Universität von Modena, doch entschließt er sich bald, die militärische Laufbahn einzuschlagen. 1896 wird er bereits zum Leutnant beim Infanterieregiment 3 befördert; danach Besuch der Militärakademie, die er 1906 als Oberleutnant verläßt. Als Hauptmann wird er 1912 im Italienisch-Türkischen Krieg Kommandant eines Luftschiffes.

Nach Ausbruch des Ersten Weltkrieges wird Bastico dem Generalstab zugeteilt. Für seine Tapferkeit mehrfach ausgezeichnet, avanciert er 1917 zum Oberst. Von

Italo Gariboldi (rechts)

1919 bis 1923 hält Bastico als Professor für Kriegsgeschichte Vorlesungen an der Marineschule in Livorno.
Ab Herbst 1923 bis 1927 Kommandeur des Infanterieregiments 9, wird er am 1. 6. 1928 zum Generalmajor befördert und übernimmt als Kommandeur die 14. Brigade »Gorizia«. Im Mai 1932 wird Bastico Generalleutnant und von 1932 bis 1935 Kommandeur der 1. Infanteriedivision, danach mit der Aufstellung der 1. Schwarzhemden-Divison »XXIII-Mars« beauftragt. Mit dieser Division wird er nach Eritrea (Ostafrika) beordert. Beim Überfall auf Äthiopien (1935) nimmt er mit der 1. Schwarzhemden-Division teil.
Im Dezember erfolgt die Beförderung zum Generaloberst. Bastico befaßt sich jetzt mit der Aufstellung des III. Armeekorps und wird dessen Kommandierender General. Sein Korps zeichnet sich im Februar 1936 besonders in der Endphase der Kämpfe in Äthiopien aus. Als das III. Armeekorps im Dezember 1936 aufgelöst wird, übernimmt Bastico als Kommandierender General das II. Armeekorps.
Ab April 1937 befehligt er im Spanischen Bürgerkrieg die italienischen Freiwilligen, die sich bei den Kämpfen in Asturien und bei der Einnahme von Santander hervortun. Im August 1938 zum Armeegeneral befördert, unterstehen ihm zuerst die 2. und ab Juni 1940 die 6. Armee als strategische Reserven Italiens.
Seit 1939 gehört Bastico auch dem italienischen Senat an. Trotz Überschreitung der Altersgrenze bleibt Bastico im aktiven Dienst und wird im Dezember 1940 Befehlshaber und Gouverneur der italienischen Dodekanes-Ägäis-Inseln.
Am 10. 6. 1941 löst Bastico General Gariboldi als Oberbefehlshaber der italienischen Streitkräfte in Nordafrika und als Gouverneur von Libyen ab. Somit ist ihm auch das Deutsche Afrika-Korps unterstellt, und es kommt bald zu ernstlichen Auseinandersetzungen mit Generalleunant Rommel.

Italo Gariboldi

Nachfolger von Marschall Graziani als Oberbefehlshaber der italienischen Streitkräfte in Nordafrika.
Am 20. 4. 1879 in Lodi geboren, studiert er nach dem Abitur an der Universität von Modena, tritt dann in die Armee ein und kämpft 1911/12 in Libyen während des Italienisch-Türkischen Krieges. Gariboldi zeichnet sich durch seine konstruktive Arbeit im Generalstab aus und ist zu Beginn des Ersten Weltkrieges Hauptmann.
Im Krieg dient er im Generalstab der 4. Armee. 1928 zum Generalmajor befördert, wird Gariboldi erst Kommandant der Militärakademie von Modena und dann der Generalstabsakademie in Parma. 1935 übernimmt er als Generalleutnant und Kommandeur die Division »Sabauda«, mit der er 1936 nach Ostafrika beordert wird. Nach der Eroberung von Äthiopien ist er Militärgouverneur von Addis Abeba und danach Chef des Generalstabs der italienischen Armee in Ostafrika. 1939 wird Gariboldi nach Italien zurückberufen, zum Generaloberst ernannt und für kurze Zeit Kommandeur des Armeekorps von Triest. Anschließend übernimmt er den Oberbefehl der 5. Armee in Libyen.
Ab 1940 ist er stellvertretender Oberbefehlshaber der italienischen Streitkräfte in Nordafrika und nach der Ablösung von Marschall Graziani Oberbefehlshaber für Nordafrika sowie Gouverneur von Libyen.

Rodolfo Graziani

Oberbefehlshaber der italienischen Streitkräfte auf dem nordafrikanischen Kriegsschauplatz, der sich voll und ganz für seine Aufgabe einsetzt. Doch wird ihm dieses Schlachtfeld zum Verhängnis.
Am 11. 8. 1882 wird Graziani in Filettino/Frosinone als Sohn eines Arztes geboren. Er beginnt nach dem Abitur zunächst mit dem Jura-Studium in Rom, tritt dann aber 1903 in die Armee ein und dient im 1. Grenadierbataillon auf Sardinien, 1908 bis 1912 als Oberleutnant in Eritrea, danach bis 1914 in Libyen.
Graziani nimmt im Ersten Weltkrieg an den Kämpfen der italienischen Nordfront teil und wird zweimal verwundet (bei Colle della Baretta und bei Monte Melago). 1915 ist er Hauptmann und 1916 Major.
Nach dem Kriegsende bekommt Graziani wieder ein Kommando in Afrika. Er führt mehrere »Befriedungsoperationen« durch, um die Freiheitskämpfe der Eingeborenenstämme niederzuwerfen: 1922/23 besetzt er mit seinen Truppen nach einer blutigen Säuberungsaktion Djebel in Tripolitanien.
1923 wird Graziani, jetzt der »Stahlharte« genannt, zum

Rodolfo Graziani

Harold Alexander

Generalmajor befördert. Er läßt quer durch die Libysche Wüste einen mehrere tausend Kilometer langen Stacheldrahtzaun mit Wachttürmen in einem Abstand von 100 Metern errichten.
1925 beginnt Graziani mit dem Rückzug aus den von Rebellen gehaltenen nordöstlichen Teilen Libyens. 1930 zum Generalleutnant und 1932 zum Generaloberst befördert, gelingt es ihm erst 1935, den Widerstand der Senussi-Stämme zu brechen und Fezza sowie die heilige Oase Kufra zu besetzen.
Nach Beendigung des Aufstandes wird Graziani stellvertretender Gouverneur in den von ihm unterworfenen Gebieten Libyens, 1935 auch Gouverneur von Italienisch-Somaliland. 1936 führt er während des Überfalls auf Äthiopien als Oberbefehlshaber die Südarmee, die von Mogadischu (Italienisch-Somaliland) aus nach Norden vorstößt. Graziani hat sich in dieser Zeit ein Tropenfieber zugezogen, an dessen Folgen er noch Jahre später leidet.
Am 21. 5. 1936 zum Marschall, nach der Unterwerfung von Äthiopien (1936/37) zum dortigen Vizekönig ernannt. Durch seine harten Unterdrückungsmethoden setzt er sich dem Haß der Einwohner aus und wird am 19. 2. 1937 Opfer eines Attentats. Seine schweren Verletzungen erlauben erst am 20. 11. 1937 den Rücktransport nach Italien. Seinen Posten in Addis Abeba übernimmt der Herzog d'Aosta. Für seine Verdienste wird Graziani am 7. 12. 1937 zum Marchese von Neghelli erhoben.
Am 1. 11. 1940 überträgt man Graziani nach dem plötzlichen Tod von Marschall Balbo den Oberbefehl der Streitkräfte in Nordafrika und den Posten des Gouverneurs in Libyen.

Harold Alexander

Oberbefehlshaber der alliierten Truppen und Nachfolger von General Auchinleck, Soldat durch und durch, ein Mann von hoher Kultur, mit großem Einfühlungsvermögen und diplomatischem Geschick.
Am 10. 12. 1891 geboren, ist er der dritte Sohn des 4. Earl of Colendon. Nach seiner militärischen Ausbildung in Harrow und Sandhurst tritt Alexander 1911 bei den Irish Guards ein; er wird der beste Läufer des Regiments. Im Ersten Weltkrieg führt er in Frankreich ein Bataillon, wird dreimal verwundet und erhält eine Reihe von Auszeichnungen. Im März 1919 ist er mit der alliierten Militärmission in Warschau. Im gleichen Jahr kommandiert er in Nordrußland die baltische Landwehr im Kampf gegen die Rote Armee. Während der Zwischenkriegszeit erhält Alexander mehrere Kommandos, u. a. an der indischen Nordgrenze.
Nach Ausbruch des Zweiten Weltkrieges wird er Kommandeur der 1. Division der British Expeditionary Force (Gen. Lord Gort) in Frankreich. Als Kommandierender General des I. Korps am 31. 5. 1940 nach England zurückgekehrt, ist Major General Alexander maßgeblich an der erfolgreichen Evakuierung der britischen Truppen aus Dünkirchen beteiligt. Ab Juni 1940 in England Kommandierender General im »Southern Command«, dem wichtigsten Verband zur Abwehr der bevorstehenden deutschen Invasion. Sein Verdienst zu

Claude John Eire Auchinleck

dieser Zeit: Einführung unorthodoxer Trainings- und Kampfmethoden bei der britischen Armee. Nachdem die Gefahr einer deutschen Landung gebannt ist, wird Alexander im Frühjahr 1942 nach Burma entsandt, um das Oberkommando auf dem von Japaner bedrohten Territorium zu übernehmen. Hier organisiert er angesichts der japanischen Überlegenheit eine erfolgreiche Rückzugsoperation.

Am 15. 8. 1942 vertraut ihm Churchill das Oberkommando im Mittleren Osten an. Damit untersteht Alexander auch General Montgomery, der neue Befehlshaber der britischen 8. Armee, der den Vormarsch Rommels bei El Alamein stoppen soll. Alexander ist sowohl bei seinen Offizieren als auch Soldaten beliebt, weil er immer für sie eintritt, auch wenn es einmal Kritik von oben gibt.

Er spricht fließend deutsch, französisch, russisch und sogar Urdu, die indisch-mohammedanische Soldatensprache. Montgomery über Alexander: »... der einzige Mann, dem jeder General in unterstellter Position gern dienen würde« (the only man under whom any general would gladly serve in a subordinate position).

Claude John Eire Auchinleck

Dieser distinguierte Offizier mit ernstem Gesicht, einer Kombination von Paradeprofil und undurchschaubaren Pokerzügen, ist der Gegner von Erwin Rommel, der für ihn zum Schicksal wird.

Am 21. 6. 1884 in Aldershot/Hampshire geboren, entstammt Auchinleck einer Offiziersfamilie und studiert zunächst am Wellington College.

1903 entschließt er sich zu einer Ausbildung an der Militärakademie in Sandhurst. Danach beginnt seine Laufbahn in Indien; dort tritt er dem 62. Punjabis Regiment bei.

Zu Beginn des Ersten Weltkrieges kämpft Auchinleck als Captain mit seinem Regiment im Rahmen der indischen 2. Brigade ab Oktober 1914 am Suezkanal gegen die Türken, danach im Mesopotamienfeldzug mit dem Expeditionskorps von General Allenby sowie bei der Eroberung von Bagdad. Den Krieg beendet Auchinleck als Major.

1919 nimmt er an der Befriedung von Kurdestan teil und wird zum Lieutenant Colonel befördert. 1920 besucht er das College des Generalstabs in Quetta (Indien). Von 1922 bis 1926 ist Auchinleck Stellvertretender Generalquartiermeister des Hauptquartiers in Indien. 1927 absolviert er das Imperial Defence College und wird danach verschiedenen Stäben zugeteilt. Von 1930 bis 1932 ist er im Rang eines Colonel als 1. Generalstabsoffizier des Indian Staff College tätig.

1933 und 1935 kämpft Auchinleck als Kommandierender Brigadier der Peshawar Brigade die Revolte afghanischer Stämme an der Nordwestgrenze Indiens nieder. 1936 bis 1939 als stellvertretender Generalstabschef in Indien und von 1939 bis 1940 als Kommandant im Rang eines Generals im Distrikt Meerut.

Nach seiner Rückkehr nach England im Januar 1940 übernimmt Auchinleck als Kommandierender General das IV. Korps. Im Mai 1940 wird er Befehlshaber des englisch-französischen Expeditionskorps in Narvik/Norwegen, danach Kommandierender General des V. Korps in Südengland und verantwortlich für die Verteidigung der Südzone (Southern Command).

Im Dezember 1940 löst ihn General Alexander ab, da Auchinleck bis Juni 1941 als Oberbefehlshaber die Führung der britischen Truppen in Indien übernehmen muß.

Am 21. 6. 1941 wird er als Nachfolger von General Wavell nach Kairo berufen, der an seiner Stelle nach Indien versetzt wird.

Bernard Law Montgomery

Der wohl populärste aller britischen Heerführer und eine der interessantesten Erscheinungen des Zweiten Weltkrieges, ein Asket mit originellem Humor.

Am 17. 11. 1887 wird Montgomery in Kensington/London als Sohn eines anglikanischen Geistlichen geboren. 1908 beendet er seine Ausbildung an der Militärakademie in Sandhurst und wird als Offizier nach Indien versetzt, mit Kriegsausbruch am 23. 8. 1914 nach Frankreich abkommandiert und einen Monat später verwundet. Erst 1916 kehrt er als Captain nach Frankreich zurück und kämpft in seinem Korps an der Somme. Ab 1918 gehört Montgomery zur Besatzungsmacht in Deutschland, erfährt anschließend bis 1920 eine Ausbildung in der Generalstabsschule, bekommt dann ver-

Bernard Law Montgomery

Archibald Percival Wavell

schiedene Kommandos, darunter auch in Irland. Zwischen 1931 und 1934 ist er während des arabischen Aufstandes in Palästina, danach drei Jahre als Chefinstrukteur an der Stabsschule in Quetta (Indien). Jeden Morgen pflegt er mit seinen Offizieren einen Geländelauf zu machen – zu deren stetem Schrecken, denn »Monty« läuft sehr schnell.
1937 Rückkehr nach England und Übernahme der 9. Infanteriebrigade, 1938, als Major General, Kommandeur der 8. Division, die zur Sicherung während jüdisch-arabischer Unruhen in Palästina eingesetzt wurde. Nach Ausbruch des Zweiten Weltkrieges ist Montgomery bis 1940 als Kommandeur der 3. Division in Frankreich und einer der letzten, der Dünkirchen verläßt. Danach wird er Kommandierender General des V. Korps in England, ab Dezember 1941 Oberbefehlshaber des Südostkommandos in England im Rang eines Lieutenant General. Ab 13. 8. 1942 Oberbefehlshaber der 8. Armee in Ägypten: »Ich habe seit Dünkirchen mit den Deutschen abzurechnen«, sagt er.

Archibald Percival Wavell

Oberbefehlshaber im Mittleren Osten, der die erste siegreiche Schlacht des Britischen Empire im Zweiten Weltkrieg geführt hat. Er gehört zu den fähigsten britischen Strategen, engagiert sich genauso für die Mechanisierung der Armee wie für eine perfekte Ausbildung des Offizierskorps. Er scheitert jedoch an der Führungskunst des Wüstenfuchses Rommel.

Im Mai 1883 wird Wavell als Sohn einer Offiziersfamilie geboren. Nach Beendigung des Studiums an der Universität Winchester besucht er die Militärakademie in Sandhurst und tritt in das berühmte schottische Infanterieregiment »Black Watch« ein. Mit seinem Regiment nimmt Archibald Percival Wavell bis 1903 am Burenkrieg in Südafrika teil.
Danach ist er an der Niederwerfung der Stämme an der Nordwestgrenze Indiens in der Region Zakha Khel beteiligt. 1910 zum Captain befördert, studiert er in Moskau die russische Sprache. Ab 1912 absolviert er das Stabs-College in Chamberley und wird anschließend in das Kriegsministerium berufen.
Im Ersten Weltkrieg kämpft Wavell in Frankreich und wird 1916 verwundet. Nach seiner Genesung ist er bis Juni 1917 in Rußland als Verbindungsoffizier bei der Kaukasus-Armee, anschließend beim Expeditionskorps unter General Allenby in Palästina im Krieg gegen die Türkei. Auf diesem Kriegsschauplatz beginnt Wavell sich mit Theorie und Taktik des Wüstenkrieges zu beschäftigen. Von 1910 bis 1920 ist er Generalstabschef der britischen Truppen in Ägypten.
Nach Großbritannien zurückgekehrt, arbeitet er zunächst im Kriegsministerium und wird nach seiner Beförderung zum Lieutenant General Kommandeur der 2. Infanteriedivision. 1937 zum Oberbefehlshaber der britischen Armee in Palästina ernannt, ist Wavell ab April Oberbefehlshaber Middle East (Mittelost) und damit oberster Chef der britischen Armeen in Ägypten, Sudan, Ostafrika, Palästina, Transjordanien und auf Zypern.

LA DOMENICA DEL CORRIERE

	NEL REGNO	ESTERO
Anno	L. 15,-	L. 30,-
Semestre	» 8,-	» 16,-

Per le inserzioni rivolgersi all'Amministrazione del *Corriere della Sera* - Via Solferino, 28 - Milano.

Si pubblica a Milano ogni settimana

Supplemento illustrato del "Corriere della Sera"

Uffici del giornale:
Via Solferino, 28 - Milano

Anno XXXVIII — N. 6 | 9 Febbraio 1936 - Anno XIV | Centesimi 30 la copia

Le Camicie Nere al passo di Uarieu. I militi della Divisione XXVIII Ottobre, dopo aver resistito per due giorni agli assalti delle truppe scelte dei ras Cassa e Sejum, attaccano alla baionetta sbaragliando definitivamente gli assalitori. (Disegno di A. Beltrame).

Prolog

Mussolini hat schon immer den Wunsch, ein großer Diktator zu sein, der wahre Schöpfer und Exponent einer erneuerten »männlichen Stärke« Italiens. Er plant, das Römische Imperium wieder ins Leben zu rufen. Das größte Hindernis: Die wichtigsten Teile des ehemaligen Römischen Weltreiches befinden sich in der Hand von Mächten wie England und Frankreich, die gefährlich stark sind.
Mit Ausnahme von Liberia, das unter dem Schutz der USA steht, bleibt Äthiopien das einzige Land in Afrika, das europäischen Herrschaftsgelüsten widerstanden hat. Bereits in den neunziger Jahren des vorigen Jahrhunderts haben die kolonialen Ambitionen Italiens in diesem Gebiet einen ernsten Rückschlag erlitten.
Schon im Februar 1935 läßt Mussolini Einheiten der Armee und der faschistischen Miliz von Italien nach Somaliland und Eritrea verlegen. Bis zum Überfall auf Äthiopien im Oktober 1935 befinden sich hier etwa 250000 Mann.
Am 3. Oktober 1935 befiehlt der Duce seinen 18 Divisionen, ohne Kriegserklärung in Äthiopien einzumarschieren. Den starken italienischen Fliegerkräften und Panzerverbänden hat die schwache äthiopische Armee nichts dergleichen entgegenzusetzen. Sie versucht trotzdem, mit ihren altertümlichen Ausrüstungen dem Feind tapfer Einhalt zu gebieten, und bekämpft mancherorts die Panzer mit Pfeil und Bogen.
Dennoch ist der italienische Vormarsch äußerst langsam. Die Luftstreitkräfte wollen die Kampfmoral der Verteidiger untergraben und führen Terrorangriffe gegen die Zivilbevölkerung durch.
Der Völkerbund proklamiert zwar wirtschaftliche Sanktionen gegen Italien und verkündet enthusiastisch, daß er, der Völkerbund, in jener Stunde »erst wirklich geboren wurde«. Aber die Sanktionen sind wirkungslos; sie werden keineswegs konsequent durchgeführt und zum Beispiel von Polen als erstem Staat regelrecht ignoriert. Vergeblich richtet Haile Selassie, der Negus, Kaiser von Äthiopien, einen aufrüttelnden Hilferuf an den Völkerbund.
Hitler hatte den Abessinien-Konflikt – so hieß das Land im deutschen Sprachgebrauch bis 1945 – genutzt, um durch Mißachtung der Völkerbund-Sanktionen die Spannungen mit Italien abzubauen, die durch die Österreich-Krise von 1934 entstanden waren. Er versicherte sich so der Dankbarkeit des Duce – der erste Schritt zur Achse Berlin–Rom war getan.
Seit Ende Januar 1936 versprühen italienische Geschwader über den dicht besiedelten Landstrichen Äthiopiens das tödliche Senfgas, das alles Leben vernichtet, das Boden und Wasser völlig vergiftet.
Da Äthiopien über keine Luftabwehr verfügt, tragen die italienischen Luftstreitkräfte entscheidend zum Sieg der Angreifer bei. Die zahlreichen Proteste Äthiopiens beim Völkerbund wegen ständiger Verletzung internationaler Verträge durch Italien und Bombardierung von internationalen Rotkreuz-Ambulanzen finden kaum Beachtung.
Am 20. April 1936 räumen die äthiopischen Truppen ihre Hauptstadt, und Kaiser Haile Selassie begibt sich nach London ins Exil. Damit ist der Krieg praktisch beendet. Marschall Badoglio marschiert jetzt mit seinen Verbänden in Addis Abeba ein.
Am 9. Mai 1936 beschließt Mussolini, Äthiopien unter die volle Souveränität des Königreichs Italien zu stellen, dessen Herrscher den Titel »Kaiser von Äthiopien« annimmt. Äthiopien erhält auch einen Vizekönig, der gleichzeitig Gouverneur von Somaliland und Eritrea ist. Zum ersten Vizekönig wird Marschall Badoglio ernannt.
Das Kolonial-Imperium Mussolinis umfaßt jetzt neben Äthiopien: Libyen mit seiner gut 1500 Kilometer langen, strategisch äußerst wichtigen Mittelmeerküste, das im Osten an Ägypten anschließt, sowie Eritrea und Somaliland an der Ostküste Afrikas. Die italienischen Besitzungen in Ostafrika haben gemeinsame Grenzen mit den dortigen britischen Kolonien.
Seit September 1939 muß der Duce voll Neid zusehen, wie sein Bundesgenosse Hitler von einem Sieg zum anderen schreitet. Doch im Sommer 1940 ist es soweit: Die französische Armee ist fast zerschlagen, und Großbritannien steht – angesichts der ganzen NS-Macht, die mit den wichtigsten strategischen Rohstoffen von Stalin versorgt wird – auf scheinbar verlorenem Posten.
Am 9. Juni 1940 wird die Niederlage Frankreichs zur Gewißheit: Im Norden hat die Heeresgruppe B (GenOberst v. Bock) bereits die untere Seine erreicht, im Mittelabschnitt tritt die Heeresgruppe A (GenOberst v. Rundstedt) mit ihren drei Armeen, unterstützt durch die Panzergruppe Guderian, an der oberen Aisne und an der Maas zur Offensive in südöstlicher Richtung an.

Februar 1936: So stellt ein italienischer Zeichner den Kampf der Invasoren mit den äthiopischen Verteidigern dar

An diesem Tag entschließt sich Mussolini endgültig, in den Krieg einzutreten. Der Duce ist in dem festen Glauben, daß sich jetzt sein Traum von der Beherrschung des Mittelmeeres und der Wiedererrichtung des alten Römischen Reiches völlig risikolos verwirklichen läßt: England, sein möglicherweise gefährlichster Gegner, erlebt gerade die dunkelsten Stunden seiner Geschichte. Die in Frankreich zerschlagene britische Armee erwartet, kaum bewaffnet, eine Invasion der siegreichen deutschen Truppen. Die schwachen britischen Kräfte in Nord- und Südostafrika können also auf keine Verstärkung hoffen. Außerdem ist die Lage Italiens hervorragend: Seine Flotte sichert die Meerengen zwischen Sizilien und Nordafrika, durch Rhodos hält es den östlichen Teil des Mittelmeeres in Schach. Malta, der wichtigste britische Stützpunkt im Mittelmeer ohne ernsthafte Verteidigung, kann jederzeit im Handstreich genommen werden.
Mussolini: »Ich brauche ein paar tausend Gefallene, um an der Friedenskonferenz als Kriegführender teilnehmen zu können.«

Die Schöpfer der Achse Berlin – Rom auf dem Balkon der Reichskanzlei: (von links) v. Ribbentrop, Großadmiral Raeder, der italienische Außenminister Graf Ciano, Generaloberst v. Brauchitsch, Hitler, Göring

Völkerbund, Genf 1937: Vergeblich versucht der Kaiser von Äthiopien, Haile Selassie, den Beistand der Mitgliedstaaten im Kampf gegen den brutalen Überfall Mussolinis auf sein Land zu gewinnen

Erste Phase

10. Juni – 7. Dezember 1940

Italienische Offensive über die libysch-ägyptische Grenze

Kämpfe in Ostafrika

Kriegseintritt Italiens

Dienstag, 11. Juni 1940, Rom
Proklamation von *König Viktor Emanuel III.:*
An die Soldaten zu Lande, zu Wasser und in der Luft! In meiner Eigenschaft als oberster Befehlshaber aller Land-, See- und Luftstreitkräfte und entsprechend der Verbundenheit und Tradition meines Hauses weile ich wiederum wie vor 25 Jahren unter Euch. Das Frontkommando übergebe ich Benito Mussolini, dem Duce des Faschismus und erstem Marschall Italiens, Chef der italienischen Luftstreitkräfte.
Soldaten zu Lande, zu Wasser und in der Luft! Enger mit Euch vereint als je, sind wir überzeugt, daß Eure Tapferkeit und der Patriotismus des italienischen Volkes unserer glorreichen Armee wiederum zum Sieg verhelfen werden.

Erste Feindberührung

Sonnabend, 15. Juni 1940, Rom
Das *Comando Supremo* teilt mit:
In Italienisch-Nordafrika hat der Feind erneut mit zahlreichen Panzerkräften unsere Stellungen an der ägyptischen Grenze angegriffen. Doch der Vorstoß wurde abgewehrt. Durch die wirksamen Aktionen unserer Luftstreitkräfte mit MG-Feuer und durch den Abwurf kleinerer Bomben im Tiefflug wurden beträchtliche Ergebnisse erzielt.

Italienische Grenzforts erobert

Sonntag, 16. Juni 1940, London
Das *britische Kriegsministerium* gibt bekannt:
Am 14. Juni haben britische Truppen in enger Zusammenarbeit mit der Royal Air Force die Forts von Capuzzo und Maddalena, die sich in der Nähe der ägyptisch-libyschen Grenze befinden, angegriffen. Das Fort Capuzzo wurde erobert und vier Offiziere sowie 100 italienische Soldaten gefangengenommen. Das Fort Maddalena hat kapituliert.

Juni 1940, Raum Capuzzo: Italienische Artillerie versucht, den britischen Vorstoß zu stoppen

Asmara, Juli 1940: Offiziere und Soldaten der deutschen Freiwilligen-Einheit in Italienisch Ostafrika

Britischer Vorstoß nach Libyen
Freitag, 21. Juni 1940, Kairo
Die *Agentur Reuter* meldet:
Gestern unternahmen britische Verbände unter der Führung von vier Panzerwagen eine gewagte Operation, die tief in libysches Gebiet hineinführte. An der von Tobruk nach Bardia führenden Straße stellten sie einen starken italienischen Militärverband, den sie in einem erbitterten Gefecht vernichteten.

Marschall Balbo gefallen

Sonnabend, 29. Juni 1940, Rom
Das *Comando Supremo* teilt mit:
Marschall Balbo ist bei einem Luftkampf über Tobruk ums Leben gekommen.

Britisches Dementi
Sonntag, 30. Juni 1940, London
United Press meldet:
Von zuständigen Kreisen wird zum Tod Marschall Balbos erklärt: »Eine gründliche Untersuchung hat ergeben, daß kein britisches Flugzeug mit dem Absturz der Maschine Balbos etwas zu tun hatte. Die Erklärung, daß er im Kampf gefallen sei, entspricht nicht den Tatsachen.«

Deutsche Einheit in Äthiopien

Dienstag, 2. Juli 1940, Asmara
Comando Scacchiere Nord Stato Maggiore
Tagesbefehl!
Heute ist die deutsche motorisierte Kompanie aufgestellt worden. Als Kommandeur richte ich meinen Gruß an diese Söhne des nationalsozialistischen Deutschlands, die freiwillig die Uniform angezogen haben, um den Ruhm und die Lasten des Krieges, den wir vereint für die Gerechtigkeit führen, mit uns zu teilen.
Das faschistische Liktorenbündel und das Hakenkreuz sind die Symbole dieser Brüderlichkeit der Ideen und der Waffen. Auf europäischem und afrikanischem Boden marschieren die heldenhaften Kolonnen der beiden großen Nationen.
Weit von ihrer Heimat entfernt, werden die Söhne des nationalsozialistischen Deutschlands bei uns die kameradschaftliche Zuneigung finden, die sich durch die schweren, von hohen Idealen beseelten Kämpfe nur noch fester gestalten wird!

Il Generale di Corpo d'Armata Comandante
gez. Luigi Frusci

Kassala besetzt
Freitag, 5. Juli 1940, Rom
Das *Comando Supremo* gibt bekannt:
In Ostafrika sind unsere Truppen aus der Defensive bei Metemma zum siegreichen Angriff übergegangen und besetzten die befestigte Stellung Gallabat auf englisch-ägyptischem Gebiet. Noch weiter nördlich ist nach hartem Widerstand Kassala besetzt worden.

Der Kaiser von Äthiopien, Haile Selassie, im Sudan
Dienstag, 23. Juli 1940, Kairo
Die *Agentur Reuter* meldet:
Die britische Regierung hat Haile Selassie in Khartum Häuser zur Verfügung gestellt. Der frühere Kaiser von Äthiopien gab dem Wunsch Ausdruck, sich in der Nähe seiner Heimat aufzuhalten.

Zeichen der Schwäche?
Mittwoch, 24. Juli 1940, Rom
Die *Agentur Exchange* berichtet:
Die Nachricht, daß Haile Selassie im Sudan weilt und die Absicht hat, von dort aus einen Aufstand in seinem früheren Reich anzustiften, wird in Rom mit Hohn aufgenommen und als deutliches Zeichen der Schwäche Großbritanniens dargestellt.

Montag, 29. Juli 1940
Aus dem Hauptquartier von General Wavell:
In der westlichen ägyptischen Wüste operierte eine leichte Panzerwagenpatrouille weit hinter der feindlichen Front. Sie wurde von italienischen Bombern und Jagdfliegern bemerkt und aus geringer Höhe angegriffen. Die britische Patrouille erlitt einige Verluste an Mannschaften und an Fahrzeugen.

Geheimer Bericht des *Sicherheitsdienstes der SS* zur innenpolitischen Lage:
Nr. 111 vom 1. August 1940 (Auszug)
I. Allgemeines: Wenn auch die Leistungen der italienischen Wehrmacht im großen und ganzen jetzt anerkannt werden, so hat man doch immer wieder Zweifel gegenüber den italienischen Kriegsberichten. In den italienischen Heeresberichten kritisiert man insbesonders die Tatsache, daß kaum eigene Flugzeugverluste zugegeben werden und sagt: »Wo gehobelt wird, da fallen Späne. Warum sollen ausgerechnet die italienischen Flugzeuge unverwundbar sein?«

Italienische Offensive in Ostafrika

Mittwoch, 7. August 1940, Kairo
Die *Agentur Exchange* berichtet:
Die von drei Heeresgruppen geführte italienische Offensive gegen Britisch-Somaliland ist in vollem Gang. Aus der Führung der Operation läßt sich erkennen, daß das strategische Hauptziel die Eroberung des Hafens Berbera ist, der Hauptstadt von Britisch-Somaliland. Die weglose und wasserarme Wüstenregion bietet kaum eine Möglichkeit für den Einsatz motorisierter Truppen. Die letzten aus Somaliland eintreffenden Berichte lassen erkennen, daß Einheiten des Somali-Kamelkorps in schweren Gefechten stehen, die bei 50 Grad Hitze ausgetragen werden. Sie operieren in enger Zusammenarbeit mit Geschwadern der RAF, die gegen die italienischen

Östlich Gallabat, August 1940: Feuerstellung sudanesischer Truppen, die auf britischer Seite gegen die von Äthiopien aus angreifenden Italiener kämpfen

Marschkolonnen sowie für Wassertransporte und den sonstigen Nachschub eingesetzt werden.

OKW/Kriegstagebuch – Lagebericht
H. Gr. Afrika: Freitag, 9. August 1940
Die Prüfung des Vorschlages des OKH, das geplante italienische Vorgehen gegen Ägypten durch deutsche Panzerkräfte zu unterstützen, führt zu einer Vortragsnotiz für den Chef OKW und den Chef WFSt, in welcher der in der »Beurteilung der Gesamtlage« vom 30. 7. von der Abt. L gemachte Vorschlag, bei Ausfall des Unternehmens »Seelöwe« den Italienern für ihren Angriff gegen den Suezkanal Panzerkräfte anzubieten, erneuert und begründet wird.

Dienstag, 13. August 1940
Das *Comando Supremo* teilt mit:
Der erste Zusammenstoß mit dem Gros der feindlichen Streitkräfte, die Britisch-Somaliland verteidigen, begann am 11. August 1940 um 13 Uhr mit einem von unseren Truppen unternommenen Angriff, der am Montag fortgesetzt wurde. Es kam zu harten Kämpfen im Gebiet von Adadle, das besetzt wurde. Die Schlacht geht weiter. Unsere Bomberverbände bombardierten Treibstofflager auf Malta, wobei Riesenbrände entstanden.

Kein Guerillakrieg in Äthiopien
Mittwoch, 14. August 1940, Mailand
Die *Agentur Stefani* berichtet:
Der von der englischen Presse angekündigte Guerillakrieg ist nicht ernst zu nehmen, weil es dazu der Hilfe der eingeborenen Bevölkerung bedarf, die immerhin mit den italienischen Truppen solidarisch ist.

Geheimer Bericht des *Sicherheitsdienstes der SS* zur innenpolitischen Lage:
Nr. 115 vom Donnerstag, 15. August 1940 (Auszug)
I. Allgemeines: Vielfach löste die Feststellung, daß die Italiener schneller vorwärtskommen als damals in Äthiopien die Vermutung aus, daß sie deutsche Truppen oder zumindest deutsche Offiziere dabei haben müßten.

Italienischer Vormarsch in Ostafrika

Freitag, 16. August 1940, Kairo
Der *Exchange Telegraph* berichtet aus Somaliland:
Die italienische Offensive hat weitere Fortschritte gemacht. Die zahlenmäßig weit überlegenen italienischen Infanterieverbände haben mit Unterstützung von Panzerwagen und Luftgeschwadern im Gebiet des Jugurgan-Passes weiter vordringen können. Die britischen Truppen befinden sich in einer äußerst schwierigen Lage.

W. Churchill an den Kriegsminister
16. August 1940
Ein Großangriff auf Ägypten von Libyen her muß jetzt jederzeit erwartet werden. Darum ist es nötig, eine möglichst große Heeresmacht an der Westgrenze zusammenzuziehen. Alle politischen und administrativen Erwägungen müssen diesem Ziel untergeordnet werden.

B. Mussolini an A. Hitler
Dienstag, 20. August 1940, Rom
Die Antwort von Mussolini auf Hitlers Telegramm:
Ich danke Ihnen im Namen der Truppen und in meinem eigenen für die Glückwünsche, die Sie mir anläßlich des Sieges über die Engländer im östlichen Somaliland übermittelt haben. Mit kameradschaftlichem Gruß.
(gez.) Mussolini

OKW/Kriegstagebuch – Lagebericht
H.Gr. Afrika: Mittwoch, 21. August 1940
... 2. Der Führer halte es für erforderlich, die Überlegungen für eine deutsche Mithilfe bei einer italienischen Offensive gegen den Suezkanal darauf abzustellen, daß eine hochwertig mit allen neuzeitlichen Waffen ausgestattete gemischte Panzerbrigade (nicht ein Panzerkorps) vorgesehen werde.

Deutsche Freiwillige in Äthiopien
Dienstag, 27. August 1940, Addis-Abeba
Die *Agentur Stefani* berichtet:
Anläßlich der Bildung einer Kompanie deutscher Kriegsfreiwilliger hat der Oberkommandierende der Nordfront einen Tagesbefehl erlassen, in dem die deutschen Staatsbürger, die in den italienischen Reihen kämpfen, begrüßt werden.

Sowjetische Beurteilung der Lage
Mittwoch, 28. August 1940, Moskau
Das Militärblatt *Krasnaja Swiesda* meldet:
Das Anfangsstadium der militärischen Operationen in Afrika nähert sich seinem Ende. Die Italiener treffen Vorbereitungen für entscheidende Operationen auf den zwei wichtigsten Kriegsschauplätzen, und zwar in Libyen und im Sudan. Es ist festzustellen, daß die relativ schwache und isolierte italienische Armee in Ostafrika viel aktiver vorgeht als die englischen Streitkräfte. Es ist bemerkenswert, daß die italienische Armee gleichzeitig in Nordafrika Operationen gegen Ägypten beginnt mit dem Ziel, den Suezkanal zu erobern. Die Engländer werden sich wahrscheinlich mit einer Verteidigungsstrategie begnügen. Es ist auch anzunehmen, daß der Krieg in Afrika schon in nächster Zeit in eine entscheidende Phase treten wird.

OKW/Kriegstagebuch – Lagebericht
H.Gr. Afrika: Donnerstag, 29. August 1940
Nach Meldung der Abt. Ausl. hat der Militär-Attaché in Rom dem Chef Ausl. am 29. 8. folgende Mitteilung gemacht: ... 3. Die Vorbereitungen der italienischen Wehrmacht für eine Offensive gegen Ägypten seien im wesentlichen beendet. Der Angriff solle beginnen, sobald das erste deutsche Btl. seinen Fuß auf englischen Boden gestellt habe. Die Begeisterung für dieses Unternehmen sei bei den höheren Stäben gering, am gering-

September 1940, Raum Sollum: Verband leichter italienischer Panzer M 13/40 auf dem Vormarsch in der Libyschen Wüste

sten bei Marschall Graziani, der ein draufgängerischer alter Troupier, aber nicht vorgeschult sei, große taktische Entschlüsse zu fassen, und deshalb der nicht ganz einfachen Lage anscheinend etwas ratlos gegenüberstehe.

OKW/Kriegstagebuch – Lagebericht
H.Gr. Afrika: Donnerstag, 5. September 1940
OKH (GenStdH Op.Abt.) nimmt zur Frage der Entsendung einer gemischten Pz.-Brigade nach Libyen dahingehend Stellung, 1. daß die Versorgung auch in diesem Falle in deutschen Händen liegen und die Bevorratung vor Operationsbeginn abgeschlossen sein müsse,
2. daß die personelle, materielle und technische Umbildung der zur Abgabe vorgesehenen 3. Pz.Div. 4 Wochen, ihr Antransport zu den süditalienischen Häfen 6 Tage und die Gewöhnung der Truppe an die klimatischen Verhältnisse 8 Wochen in Anspruch nehmen würde, der Einsatz in Libyen mithin nicht vor Anfang Dezember möglich sei. Das OKH bittet um baldige Entscheidung, ob mit den erforderlichen Vorarbeiten begonnen werden solle, und gleichzeitig um die Genehmigung zur Aufnahme von Besprechungen mit den Italienern.

Italienischer Angriff auf Ägypten?

Freitag, 13. September 1940, Rom
Associated Press berichtet:
Zu den Gerüchten, wonach die italienischen Streitkräfte in Libyen zum Angriff auf Ägypten übergegangen seien, wird von zuständigen italienischen Kreisen bemerkt, daß dafür keine Bestätigung vorliege.

Sonntag, 15. September 1940, Rom
Das *Comando Supremo* teilt mit:
In der Cyrenaika haben unsere vorgeschobenen Abteilungen die Grenze überschritten und lebhafte Kämpfe gegen feindliche Truppen aufgenommen.

Ägyptisches Gebiet besetzt
15. September 1940, Kairo
Die *Agentur Reuter* meldet:
Italienische Truppen sind zum erstenmal auf ägyptisches Gebiet vorgestoßen und haben am Sonnabend die Anhöhen von Sollum in der Nähe der libyschen Grenze besetzt. Dieser Vorstoß hat zwar militärisch keine Bedeutung, könnte aber doch zu einer weittragenden Entwicklung führen.

Harte Kämpfe an der ägyptischen Küste
Dienstag, 17. September 1940, Rom
Das *Comando Supremo* teilt mit:
Im Lauf des gestrigen Tages fanden in der Gegend von Sidi Barrani zwischen unseren vorrückenden Truppen und englischen Panzerverbänden harte Kämpfe statt. Die Schlacht wird trotz des einsetzenden Sturmes fortge-

Oktober 1940, Eritrea: »Deutsche Motorisierte Kompanie« auf dem Weg zum Schießübungsplatz

setzt. Auf der gegnerischen Seite wurden Anzeichen einer Krise festgestellt.

Mittwoch, 18. September 1940, Kairo
Aus dem *Hauptquartier von General Wavell:*
Es wird bestätigt, daß Sidi Barrani von den Italienern besetzt wurde.

Sonnabend, 21. September 1940, Rom
Das *Comando Supremo* gibt bekannt:
In Nordafrika Erkundungstätigkeit. In Ostafrika wurde bei einem Zusammenstoß einer italienischen Patrouille mit feindlichen Lkw-Kolonnen an der Grenze von Eritrea der Gegner zum Rückzug gezwungen.

Luftangriffe auf Bardia und Tobruk
Sonntag, 22. September 1940, Kairo
Aus dem *Hauptquartier der Royal Air Force (RAF):*
In der Nacht zum 20. September 1940 wurden Bardia und Tobruk erneut bombardiert. In Eritrea haben unsere Staffeln den Haupthafen von Assab mit Bomben belegt und Brände außergewöhnlichen Umfangs in Lagerhäusern und Ölraffinerien verursacht.

OKW/Kriegstagebuch – Lagebericht
H.Gr. Afrika: Sonnabend, 5. Oktober 1940
Stand politischer Verhandlungen: Besprechung mit Duce sehr harmonisch. Wiederaufnahme italienischer Offensive in Ägypten zwischen 12. und 15. 10. in Aussicht gestellt; er wünscht Panzer-Kampfwagen, vor allem besonders für die Fortsetzung der Offensive über Marsa Matruh hinaus. Führer hat 100 zugesagt, mit möglichst viel Kolonne (gem. Brigade)... Frage der Überführung: Italiener rechnen von Neapel bis Bengasi 40–50 Tage. Kriegsmarine-Schiffahrtsabteilung soll damit befaßt werden.

Deutsche Freiwillige in Italienisch-Ostafrika
Von Hauptfeldwebel *Adolf Bremer*
Frontabschnitt III, am Sonntag, 6. Oktober 1940.
Heute sollen die Freiwilligen der deutschen motorisierten Kompanie auf Seine Majestät den König von Italien und Albanien, Kaiser von Äthiopien, für die Zeitdauer, in welcher sie unter italienischer Flagge dienen, vereidigt werden. Um 10.30 Uhr morgens ist es soweit. Auf einem eigens für die Zeremonie hergerichteten freien Platz sind alle Einheiten des Bataillons in voller Bewaffnung angetreten. Kurze Zeit darauf erscheint der Kommandierende General des Kampfgebietes Nord, Vincenzo Tessitore, begleitet von mehreren höheren Offizieren des Generalstabes, und wird von unserem Bataillonskommandeur empfangen. Nach der Begrüßung durch unsere Offiziere und dem Abschreiten der Front richtet der General zunächst das Wort an uns. Er verweist auf die Besprechungen zwischen dem Führer und dem Duce und umreißt in kurzen Worten unsere große Aufgabe hier draußen auf vorgeschobenem Posten. Danach sprach unser Bataillonskommandeur zu der deutschen Freiwilligenkompanie. Als erster legte nun unser Kompaniechef den Eid allein ab. Dann wurde bei präsentiertem Gewehr die Eidesformel zunächst in italienischer und deutscher Sprache verlesen. Ein Vorbeimarsch an General Tessitore beschloß die Feierstunde.

Wehrmacht, Oktober 1940

Mittwoch, 9. Oktober 1940, Kairo
Aus dem *Hauptquartier von General Wavell:*
Gestern morgen drang eine feindliche motorisierte Kolonne mit leichten Panzerwagen im Gebiet von Bir Enba südlich Sidi Barrani in Richtung Osten vor. Bei Einbruch der Nacht zog sie sich auf ihre Ausgangsstellung zurück. Unsere Panzer schossen einen feindlichen Bomber ab. Von den anderen Frontabschnitten liegen keine Meldungen vor.

OKW/Kriegstagebuch – Lagebericht
H.Gr. Afrika: Donnerstag, 10. Oktober 1940
Marschall Badoglio rechne mit der Einnahme von Marsa Matruk in 2–3 Wochen, nachdem die Wasserleitung Sollum–Sidi Barrani behelfsmäßig hergestellt sei. Trotz der Verstärkung der englischen Truppen in Ägypten, die er auf 160000 Mann veranschlage, glaube er zuversichtlich, daß das Nil-Delta und der Suez-Kanal erreicht würden. Palästina und Syrien würden dann von selbst fallen.

Sonnabend, 2. November 1940
Das *Comando Supremo* gibt bekannt:
In Ostafrika griffen feindliche Patrouillen unter dem Schutz von Panzerwagen einen italienischen Grenzposten im Gebiet von Tennenei an. Sie wurden durch rasches Eingreifen unserer Truppen zum Rückzug gezwungen. Eine italienische Einheit besetzte nach Überwindung des feindlichen Widerstandes bei Kassala die Höhe des Sisceib-Gebirges. Von dort aus wird die Sudan-Ebene beherrscht.

OKW/Kriegstagebuch – Lagebericht
H.Gr. Afrika: Montag, 4. November 1940
Chef WFSt teilt sodann folgendes mit: Der Führer habe nach Vortrag des Ob.d.H. und des Generals Ritter v. Thoma den Entschluß gefaßt, bis auf weiteres von der Entsendung eines Pz.-Verbandes nach Libyen abzusehen. Er habe sich hierzu durch folgende Gründe bestimmen lassen: 1. die von General Ritter v. Thoma gemeldete mangelnde Bereitschaft der Italiener zur Fortsetzung der Offensive gegen Ägypten, weshalb die italienische Führung auch keinerlei Neigung zeige, einen deutschen Stoßverband in Ägypten zu verwenden, 2. die unbefriedigenden Eindrücke, die General Ritter v. Thoma sowohl im Hauptquartier der in Libyen eingesetzten italienischen Heeresgruppe wie auch bei der italienischen 10. Armee von der italienischen Führung erhalten habe, 3. die geringen Ergebnisse der bisherigen Kämpfe in Ägypten, die ungünstigen Aussichten für die Fortsetzung der Offensive bei zunehmender Entfernung von der Basis, die schwierige Wasserversorgung auch nach Durchführung der von den Italienern bisher in dieser Hinsicht getroffenen Maßnahmen und der starke Leistungsabfall der Motoren der in Libyen und Ägypten verwendeten Kraftwagen.

Und so war es

Am Montag, dem 10. Juni 1940, erklärt Italien Großbritannien und Frankreich den Krieg. Die Begeisterung über den Kriegseintritt und über den deutschen Verbündeten ist gering. »Wenn England siegt«, flüstert man in Rom, »verlieren wir; wenn Deutschland siegt, sind wir verloren.«
Der britische Geheimdienst schätzt die Stärke der italienischen 10. Armee (Gen. Mario Berti) in den nordafrikanischen Küstenprovinzen auf etwa 250000 Mann. Sie unterstehen dem 58jährigen Oberkommandierenden der italienischen Streitkräfte in Nordafrika, Marschall Rodolfo Graziani. Dazu kommen noch die Garnisonen in Äthiopien (Abessinien), Eritrea und Italienisch-Somaliland. In Tripolitanien stehen sechs Divisionen aus dem Mutterland und zwei Milizdivisionen, in der Cyrenaika zwei Divisionen aus dem Mutterland und zwei Milizdivisionen, dazu Grenztruppen in einer Stärke von etwa drei Divisionen, insgesamt 15 Divisionen.
Die britischen Streitkräfte in Ägypten, die Western Desert Force (Lt.Gen. Sir Richard O'Connor), bestehen aus der 7. Panzerdivision (Maj.Gen. Michael Creagh), aus zwei Dritteln der indischen 4. Division (Maj.Gen. Beresford-Peirse) und einem Drittel der neuseeländischen 2. Division (Gen. Sir Bernard Freyberg) sowie aus 14 englischen Bataillonen und zwei Artillerieregimentern, insgesamt rund 36000 Mann. Das Verhältnis der Truppenstärke beträgt also 7:1; außerdem haben die Italiener weitaus mehr Flugzeuge zur Verfügung als die Engländer.
Die am weitesten in Richtung Libyen vorgeschobene britische Stellung liegt bei Marsa Matruh, 190 Kilometer östlich der ägyptisch-libyschen Grenze und ungefähr 320

Südlich Sidi Barrani, Oktober 1940: italienische Panzerspähwagen vom Typ AB 41 in Bereitstellung

Marschall Graziani (links) und General Bastico beobachten Truppenbewegungen

Kilometer westlich des Nil-Deltas. Eine gut ausgebaute Küstenstraße verbindet den Ort Marsa Matruh mit dem weiter westlich gelegenen Sidi Barrani. Von hier aus bis nach Sollum führt jedoch keine Rollbahn, über die man eine größere Streitmacht im Grenzgebiet für längere Zeit versorgen könnte.
Bereits einige Stunden nach der Kriegserklärung rollt eine kleine motorisierte Abteilung des britischen 11. Aufklärungsregiments »Hussars« mit Panzerwagen über die ägyptisch-libysche Grenze, überrumpelt die nichtsahnenden italienischen Grenzposten und bringt Gefangene ein.

Am Dienstag, dem 11. Juni 1940, starten in den Morgenstunden Verbände der Royal Air Force zu Luftangriffen auf die Flugplätze in Libyen und Italienisch-Ostafrika. Während die Geschwader der South African Air Force (SAAF) in Äthiopien und die der RAF den Hafen von Tobruk bombardieren, nehmen Einheiten der britischen Mittelmeer-Flotte (Adm. A.B. Cunningham) ebenfalls Tobruk unter Feuer. Unterdessen führt ein italienischer Bomberverband den ersten Angriff auf Malta durch.

Am Freitag, dem 14. Juni 1940, gelingt es dem 11. Aufklärungsregiment »Hussars« (Lt.Col. Combe), unterstützt durch die leichten Panzer des 7. Aufklärungsregiments »Hussars« und durch eine Kompanie des 60. Schützenregiments unter Brigadier J.A.C. Caunter, in einem Überraschungsangriff die wichtigen Grenzbefestigungen Fort Capuzzo und Fort Maddalena zu erobern. Sie nehmen dabei 220 Italiener gefangen.

Zwei Tage später, am Sonntag, dem 16. Juni 1940, stößt die kleine motorisierte Streitmacht von Brigadier Caunter in Libyen noch weiter vor. Sie vernichtet zwölf Panzer, überrascht eine Nachschubkolonne auf der Straße von Tobruk nach Bardia und nimmt sogar einen italienischen General gefangen.
Nach diesem Vorstoß ist das Comando Supremo völlig desorientiert und überschätzt die britischen Kräfte in Ägypten maßlos.

Am Donnerstag, dem 27. Juni 1940, kommt es in Ostafrika unerwartet zu einem Feuerwechsel zwischen britischen Panzerwagen und italienischer Kavallerie. Ein Zug der italienischen 2. Schwadron, der sich im Morgengrauen aus Eritrea kommend auf einem Erkundungsritt in Richtung Kassala/Sudan befindet, gerät beim Durchqueren einer Oase plötzlich in das MG-Feuer von Panzerfahrzeugen. Es ist das erste Gefecht zwischen Italienern und Engländern in Ostafrika.
Die Reiter lassen sich aber nicht einschüchtern, sondern schwärmen sofort im Galopp aus und erwidern das Feuer. Als die 3. Schwadron der XV. Gruppe die Schüsse hört, sitzt sie auf und greift in das Gefecht ein. Nachdem die Engländer bemerken, daß immer neue Berittene auftauchen, ziehen sie sich schleunigst in Richtung Kassala zurück.

Am nächsten Tag, dem 28. Juni 1940, befiehlt Mussolini dem Comando Supremo, den Angriff auf Ägypten zu eröffnen. Am selben Tag wird über Tobruk die Maschine von Marschall Balbo, dem italienischen Gouverneur

Libyens, unter mysteriösen Umständen durch die eigene Flak abgeschossen. Marschall Balbo hatte stets behauptet, er sei im Besitz eines erfolgversprechenden Angriffsplans auf Ägypten, doch muß er ihn offenbar mit ins Grab genommen haben. Marschall Graziani bezweifelt allerdings die Existenz eines solchen Plans und steht dieser Operation sehr skeptisch gegenüber, da alle dafür erforderlichen Mittel fehlen. Seine Ansicht deckt sich übrigens mit der des Comando Supremo.

Während am Mittwoch, dem 3. Juli 1940, schwere Einheiten der Royal Navy den algerischen Flottenstützpunkt ihrer französischen Verbündeten Mers-el-Kebir/ Oran unter Feuer nehmen und 1147 französische Seeleute dabei umkommen, wird in Kairo die Long Range Desert Group (LRDG), eine Art Sonderkommando für Wüsten-Ferneinsätze, aufgestellt. Der Organisator dieser außergewöhnlichen Truppe, die seitdem aus der Geschichte des Wüstenkrieges nicht mehr wegzudenken ist, heißt Major Ralph Bagnold.

Der Major, im Zivilleben ein international anerkannter Wüstenforscher, kennt die Sahara und Zentralafrika wie seine eigene Tasche. Und als in Kairo und London die Generalstäbe noch nächtelang über Strategie und Taktik der bevorstehenden Kämpfe in Nordafrika diskutieren, hat Bagnold bereits klar umrissene Vorstellungen von einem erfolgversprechenden Wüstenkleinkrieg. Doch kann er die unzähligen bürokratischen Hindernisse erst überwinden und seine Idee endlich realisieren, nachdem es ihm gelungen ist, General Wavell für seinen Plan zu gewinnen.

Die neue Aufklärungseinheit hat zu Beginn die Bezeichnung The Long Range Patrol Unit (LRPU). Ihre erste Aufgabe: Überwachung der ägyptischen Wüstengrenze, Untersuchung der verschiedenen Bodenarten der Wüste auf ihre Tragfähigkeit hinsichtlich künftiger Panzer-Operationen. Außerdem müssen viele Gebiete erst kartographisch erfaßt werden. Die dafür erforderlichen, oft Wochen dauernden Raids unternehmen die Patrouillen in wüstengängigen Fahrzeugen vom Typ Chevrolet WBs, später vom Typ Ford F30 sowie Chevrolet 152 und zuletzt mit Willis-Jeeps.

Da ein üblicher magnetischer Kompaß bei dem vielen Metall der Waffen und Ausrüstung in der Weite der Wüste nur ungenau arbeitet, konstruieren die Männer speziell dafür geeignete Sonnenkompaßgeräte. Sie entwickeln allmählich einen ausgeprägten Orientierungssinn in dieser an Landmarkierungen so armen Region.

Die Männer der inzwischen von LRPU in LRDG umbenannten Wüsteneinheit sind ein ganz besonderer Menschenschlag: Man kann sie weder als Hasardeure noch als Abenteurer bezeichnen, auch spielen sie keine Helden – aber es sind ausschließlich Freiwillige. Besonders gefragt ist der Allround-Typ, der Initiative, Selbstvertrauen, Anpassungsfähigkeit und Humor besitzt, um die langen Zeiten der Anspannung, Isolation und Langeweile in so kleinen Gruppen zu ertragen.

Jeder muß ein guter Fahrer, Mechaniker, Funker und Schütze sein. Die meisten, die diesen Bedingungen entsprechen, sind Farmer und stammen aus entlegenen Gebieten in Australien, Neuseeland und Südafrika.

Im Sommer 1941 wird die LRDG zum letztenmal reorganisiert, und die einzelnen Patrouillen bestehen jetzt höchstens aus 20 Mann, jeweils ein Offizier mit 15 bis 20 Soldaten in fünf oder sechs Fahrzeugen. Zu jeder Patrouille gehören mehrere Wegführer, Funker, Automechaniker und Sanitäter, die auf verschiedene Wagen verteilt sind, so daß bei einem Ausfall sofort ein anderer einspringen kann. Die Patrouillen sind nie mit Nummern, sondern mit Buchstaben gekennzeichnet.

Jede Patrouille ist jetzt mit fünf mittelgroßen Lkw (1,5 Tonnen) ausgestattet und mit schweren Vickers-MG sowie automatischen 2-cm-Breda-Geschützen (eine italienische Beutekanone, für die es Mengen an Munition gibt) bestückt. Ihre persönliche Bewaffnung: Thompson-Maschinenpistolen, Lee-Enfield-Gewehre und Trommelrevolver.

Durch ein dichtes Netz von geheimen, gut getarnten kleinen und großen Vorratsdepots mit Wasser, Konserven und Treibstoff ist es der LRDG möglich, ihren Aktionsradius bis auf maximal 2000 Kilometer auszudehnen. Außerdem werden sie in den Hauptstützpunkten grundsätzlich für jeden Einsatz mit Wasser und Verpflegung für vier Wochen eingedeckt. Dank des geheimen Versorgungsnetzes sind die Patrouillen unabhängig von der Basis und können ganz auf sich gestellt wochenlang in der Wüste operieren.

Nur am Anfang befindet sich das LRDG-Hauptquartier in Kairo, danach wird es in die Siwa-Oase und später in die Kufra-Oase verlegt. Es untersteht direkt dem Middle East Command in Kairo. Zum Hauptquartier der LRDG gehören: der Stab, eine starke Funkstation, eine

Major Ralph Bagnold, Gründer der Long Range Patrol Unit (LRPU)

kartographische sowie eine Reparaturabteilung, Versorgungskolonnen und Depots.
Für Noteinsätze, etwa zur Bergung von Verletzten und Kranken sowie zur Rettung von Patrouillen, stehen zwei einmotorige Doppeldecker Typ WACO zur Verfügung. Sie sind die »private Luftstreitmacht« der LRDG und dienen nicht nur als Verkehrsflugzeuge, sondern zugleich als leichte Transportmaschinen.
Die LRDG-Männer tragen unterschiedliche Uniformteile ihrer früheren Einheiten und legen sich für die Wüsteneinsätze noch geeignete Kleidungsstücke zu, wie arabische Kopftücher, Wollmützen und »Hebronmäntel« aus Ziegenfell.
Ihre Fahrzeuge sind mit dem »Desert-Pink«, einem zarten Babyrosa, bemalt: Es hat sich herausgestellt, daß diese Tarnfarbe bei Sonnenaufgang und in der Abenddämmerung, den gefährlichsten Tageszeiten in der Wüste, die beste ist.
Die LRDG-Patrouillen führen ihre Raids keineswegs nach eigenen Plänen durch: Ihre Einsätze werden vom Middle East Command in engem Zusammenwirken mit den Operationen der Armee koordiniert. Ein wichtiger Nebeneffekt selbst gescheiterter Raids in den ersten Entstehungsmonaten: die Schwächung der Kampfmoral des Gegners.
So räumen zum Beispiel fast sämtliche italienische Besatzungen, auch ohne ernsthaft bedroht zu werden, die im Innern von Libyen gelegenen Wüstenforts und Oasen. Sie versuchen selbst später nicht, als Rommel seine größten Erfolge hat, sie wieder zurückzuerobern.
Das Ergebnis der Commando-Raids in der Wüste: eine erhebliche Verschärfung der an sich schon angespannten Nachschublage der Achsenverbände durch systematische Unterbrechung der Straßen, Eisenbahnstrecken und Telefonleitungen, abgesehen von den zerstörten Treibstoff- und Reifenlagern, Flugzeugen und Fahrzeugen.
Der beste Beweis für die Präsenz der LRDG: Zwischen dem 26. Dezember 1940 und dem 10. April 1943 sind die Patrouillen bis auf 15 Tage ständig im Einsatz. Ihre größte Stärke erreicht die LRDG im März 1942: 25 Offiziere und 324 Soldaten mit rund 110 diversen Fahrzeugen.
Das Interesse von General Wavell an diesen Aufklärungspatrouillen ist zu Beginn des Wüstenkrieges verständlich: Er benötigt dringend Material über die Absichten des Gegners, dessen Truppenstärke und wahrscheinliche Vorstoßrichtungen. Die britische Luftaufklärung ist nicht ausreichend, die übliche Erdaufklärung kaum geeignet, und die Codebrecher im Bletchley Park bei London können erst in einigen Monaten brauchbare Informationen liefern.
Bis Oktober 1940 untersteht die LRDG dem Deputy Director of Military Intelligence, danach dem Director of Military Operations. Es bedarf allerdings noch einer gewissen Zeit, bis die recht konservativen Generalstäbe in Kairo den wirklichen Wert der LRDG erkennen. Eine Zeitlang befindet sich das Hauptquartier der LRDG in den Höhlen der Oase Siwa, später wird es in die Oase Kufra verlegt.
Sind die LRDG-Patrouillen im Einsatz, müssen sie sich mindestens einmal am Tag über Funk bei ihrer Zentrale melden. Hat eine Patrouille die Order, Straßenbeobachtung (Road Watch) durchzuführen oder irgendeinen

Funkstelle einer LRDG-Patrouille auf dem Lkw Ford F 30 W/T: oft monatelang die einzige Verbindung mit dem weit entfernten Stützpunkt

Linke Seite: Patrouille der Long Range Desert Group (LRDG) während einer Fahrtpause auf dem Weg in das neue Einsatzgebiet

anderen Aufklärungseinsatz (Intelligence Job), so darf sie erst auf ihrem Heimweg einen Überfall oder Sabotageakt unternehmen.
Die fünf oder sechs zu einer Patrouille gehörenden Fahrzeuge bewegen sich in der weglosen Wüste aus Sicherheitsgründen immer breitgefächert: Falls ein Wagen im Gelände steckenbleibt, kann einer dem anderen zu Hilfe kommen. Ein weiterer Vorteil: Die so verstreuten Wagen bilden weniger Angriffsfläche für den schlimmsten Feind der LRDG, den Tiefflieger. Außerdem lassen einzeln fahrende Wagen eine weniger gut erkennbare Spur für feindliche Aufklärungsmaschinen zurück.
Die dem Gelände angepaßte Höchstgeschwindigkeit beträgt auf flachem, hartem Wüstenboden bis 96 km/h. Ein leichtes Führungsfahrzeug (pilot car) fährt voraus und sucht den günstigsten Weg. Um die feindliche Luftüberwachung am besten zu täuschen, geht es höchstens 10 Kilometer in eine Richtung, dann wird entweder scharf nach rechts oder links abgebogen.
Oft sind die LRDG-Wagen mit weißen Streifen bemalt – genauso wie die vom Deutschen Afrika-Korps (DAK) markierten Beutewagen. Auch Fliegertücher mit Hakenkreuz werden auf der Motorhaube befestigt. Wird die Patrouille am Tag aus der Luft vom Gegner entdeckt, hilft meistens nur das Weiterfahren und Begrüßung des Piloten durch stürmisches Winken.
Da die Hälfte der DAK-Fahrzeuge britische Beutewagen sind, werden sowohl Freund als auch Feind beim Anblick einer LRDG-Patrouille gleichermaßen getäuscht: Es gibt genügend Vorfälle, bei denen die Patrouillen trotz der Erkennungssignale von RAF-Maschinen zusammengeschossen werden.

Die Hauptaufgaben der LRDG-Patrouillen: 1) operative Aufklärung in der Wüste über lange und kurze Entfernungen als Vorbereitung für Operationen der Armee,
2) Beschaffung von Aufklärungs(Intelligence)-Material, um dem Generalstab ein genaues Feindbild zu ermöglichen. Darunter fällt auch das Auskundschaften der gegnerischen Bewegungen, möglicher Verstärkungen sowie der Nachschub- und Transportkolonnen, außerdem die kartographische Erfassung von Gebieten, die als zukünftige Großoperationsräume der 8. Armee in Frage kommen.
3) Pfadfinder- und Kurierdienste für andere Commandos und verschiedene Zweige des britischen Geheimdienstes, vor allem für das Inter Services Liaison Department (Tarnname für den Secret Intelligence Service im Mittleren Osten), die Weitergabe von Wüstenerfahrungen und Methoden der LRDG an andere Sonderdienste,
4) direkte Aktionen gegen feindliche Einrichtungen der Verbindungswege sowie des Transportwesens. Dies variiert zwischen kleinen Störaktionen, Angriffen aus dem Hinterhalt und Minenlegen bis zum Großangriff mit Unterstützung anderer Commandos.
Einer der wichtigsten Nebeneffekte aller LRDG-Einsätze für den britischen Geheimdienst: die Möglichkeit einer Tarnung der durch die Operation »Ultra Secret« gewonnenen Erkenntnisse. Allein die Existenz der LRDG bietet der deutschen Führung eine plausible Erklärung, warum die Engländer oft überraschend gut über die Absichten der Achsentruppen informiert sind. Was die deutsche Führung niemals geahnt hat: Bereits ab Frühjahr 1940 liest der britische Geheimdienst alle

deutschen und italienischen Funksprüche mit. Die Entzifferung des mit der Schlüsselmaschine »Enigma« vercodeten Funkverkehrs der Achsenmächte verschafft der britischen Führung ungeahnte Möglichkeiten. Churchill bezeichnet diese verschwiegenste aller Geheimoperationen des Zweiten Weltkrieges als »Ultra Secret«, ein Codewort, mit der die allerhöchste Geheimhaltungsstufe gemeint ist. »Ultra« wird nach und nach zum zentralen Element der westalliierten Aufklärung und bildet die Grundlage zahlreicher taktischer und operativer Entscheidungen.

Anfang Juli 1940 drängt Mussolini das Comando Supremo, sofort mit den Operationen in Ostafrika zu beginnen. Die ostafrikanische Armee des Herzogs d'Aosta, Vizekönig von Äthiopien, zählt in diesen Tagen mit ihren drei Kampfgruppen unter den Generälen Luigi Frusci, Guglielmo Nasi und Pietro Gazzera insgesamt 79821 Italiener, meistens Carabinieri, Guardia di Finanza, Miliz und Polizei. Außerdem verfügen die Italiener über 181895 Askaris der Eingeborenen-Schutztruppe. Dagegen hat das britische Middle East Command im Sudan 9200, in Kenia 5500 und in Britisch-Somaliland lediglich 1750 Soldaten.
Doch das zerklüftete, schwer zu durchdringende Land mit seinen großen Entfernungen, dazu die inneren Schwierigkeiten mit den erst 1936 unterworfenen Einheimischen in Äthiopien hindern die Italiener trotz ihrer Truppenstärke daran, sofort bei Kriegsausbruch die Initiative zu ergreifen. Und ein weiteres Problem: Wie läßt sich der Nachschub an Treibstoff und Munition durch die britische Blockade bringen? Um ihre große Überlegenheit an Truppen auszunutzen, sind die Italiener gezwungen zu handeln, ehe Großbritannien seine Streitkräfte in Afrika verstärken kann.
Der Herzog d'Aosta entschließt sich, gegen den Verkehrsknotenpunkt Kassala an der Grenze zwischen Eritrea und dem Sudan vorzustoßen. Die Provinzhauptstadt Kassala ist ein wichtiger Handelsplatz an der Bahn Khartum–Port Sudan und der Wasserstraße des oberen Nil.

Am Donnerstag, dem 4. Juli 1940, greifen die Italiener von Nordwesten aus Eritrea vorstoßend Kassala an. Sie setzen dafür zwei Brigaden, vier Kavallerieregimenter mit etwa 6500 Mann und zwei Dutzend Panzer gegen einen Vorposten ein, der nur von einer 300 Mann starken Kompanie sudanesischer Verteidigungskräfte gehalten wird. Zu den in Richtung Kassala vorrückenden Einheiten gehören auch die berittenen Truppen »Raggruppamento di Cavalleria per L'Africa orientale Italiana« in ihren farbenprächtigen Uniformen, bestehend aus den Gruppen »Cavalleria Coloniale« und »Cavalleria di Neghelli«.
Der Kavallerieverband greift mit weit auseinandergezogenen Schwadronen in drei Wellen mit vorausgeschickten Spähtrupps und Flankenpatrouillen an. Etwa 500 Meter vor Fort Kassala bricht die Kavallerieattacke im englischen Feuer zusammen. Zum selben Zeitpunkt taucht plötzlich von Norden her im Galopp die 2. Schwadron auf und stürmt kurz entschlossen, teils zu Pferd,

Sommer 1940, Cyrenaika: Ausbau von Bereitstellungen für den Großangriff auf Ägypten

Linke Seite: Sommer 1940, Äthiopien, in Erwartung des Feindes: Freischärler im Hinterhalt

teils abgesessen, auf das Fort zu. Inzwischen gelingt es einem Reitertrupp, in das Fort einzudringen, und um 11 Uhr weht bereits die italienische Flagge auf dem Mast. Die Opfer: Von den Verteidigern sind 10 Mann gefallen, die Angreifer haben 117 Tote. Gleichzeitig mit Kassala erobern die Italiener auch die Stadt Gallabat an der äthiopisch-sudanesischen Grenze.

Bald entbrennt in Äthiopien der Guerilla-Krieg: Die Engländer wiegeln die Gebirgsstämme auf, greifen vereinzelte Stützpunkte an, verbreiten überall in den von Italien besetzten Gebieten Unsicherheit und kündigen die Rückkehr von Kaiser Haile Selassie an.
Mussolini macht sich allerdings keine allzu großen Illusionen. Er hat dem Herzog d'Aosta, Kommandierendem General der italienischen Truppen, freie Hand gelassen und erwähnt, daß sich das Schicksal von Italienisch-Ostafrika letzten Endes in Europa entscheiden werde.
Major General William Platt, britischer Befehlshaber im Sudan, hat zur Zeit für das gesamte Gebiet nur drei Infanteriebataillone in Khartum, Atbara und Port Sudan stehen. Er wirft sie jedoch klugerweise nicht in den Kampf, sondern will erst abwarten, wie sich die italienische Invasion entwickelt.
An der Grenze zu Kenia besetzen italienische Soldaten ein kleines Gebiet an der Nordwestspitze des Rudolf-Sees. Und man befürchtet in Kenia bereits, daß ein italienischer Vorstoß von Äthiopien aus bis zu 600 Kilometer in Richtung Tana-Fluß und Nairobi erfolgen könnte. Die Italiener erobern zwar den britischen Teil von Moyale, schieben den Frontverlauf auf die Linie Moyale–Buna–El Wak vor und erreichen damit eine Frontverkürzung von etwa 150 bis 200 Kilometer. Auf eine Verfolgung der britischen Truppen wird jedoch verzichtet.
Damit bleibt Mombasa, der wichtigste Hafen des Landes und Ausgangspunkt der Eisenbahn nach Nairobi sowie Uganda, völlig ungefährdet. Da es im Norden von Kenia keine kriegswichtigen Objekte gibt, haben die Engländer gut daran getan, ihre schwachen Kräfte nicht sinnlos in den Kampf mit einem überlegenen Gegner zu werfen.

Unterdessen laufen seit dem 6. und 7. Juli 1940 fünf stark gesicherte italienische Transportschiffe von Neapel beziehungsweise Catania nach Libyen aus, um die Truppen von Marschall Graziani zu versorgen.

Zum selben Zeitpunkt, am 7. Juli 1940, erfährt Hitler in einem Gespräch mit dem italienischen Außenminister Graf Ciano Details über die beabsichtigten Operationen des Achsenpartners in Nordafrika. Laut Graf Ciano seien die Chancen für einen »Endschlag gegen die Briten« recht günstig.
Graf Ciano: »Der Duce hat gewisse militärische Unternehmungen im Mittelmeer und in Afrika vor. Außerdem würde er großen Wert darauf legen, bei dem direkten Schlag, den Deutschland gegen England beabsichtigt, mit italienischen Land- und Luftstreitkräften beteiligt zu sein.« Die geplanten italienischen Operationen: der Vorstoß bis Kairo, Eroberung von Ägypten und die Einnahme des Suezkanals.
Bereits im Sommer 1940 hat das Oberkommando des Heeres (OKH) die Entsendung eines Panzerverbandes nach Libyen erwogen, um dem beabsichtigten italienischen Vorstoß nach Ägypten mehr Nachdruck zu verleihen. Doch Mussolini lehnt diesen Vorschlag kategorisch ab: Aus politischen und auch aus Prestigegründen wünscht er keine Beteiligung Deutschlands am Krieg im Mittelmeerraum.

Am Mittwoch, dem 7. Juli 1940, schreibt Mussolini an Hitler: »Die Vorbereitungen eines Großangriffs auf Ägypten mit weitgesteckten Zielen sind jetzt beendet ... Um Alexandria zu erreichen, müssen 600 Kilometer Wüste durchstoßen werden, in der die Temperaturen mitunter 55 Grad im Schatten erreichen. Dieser Umstand hat die Engländer geschwächt, die solchen

Temperaturen nicht gewachsen sind. Ich hoffe, die Offensive gleichzeitig mit Ihrem Angriff auf England beginnen zu können.«
Zu dieser Zeit sieht sich der Oberbefehlshaber Middle East, General Sir Archibald Wavell, vor einer kaum lösbaren Aufgabe: Er hat nicht nur Ägypten zu verteidigen, sondern sein Kommandobereich erstreckt sich auch auf den Sudan, Palästina, Transjordanien und die Insel Zypern. Wavell trägt ebenso die Verantwortung für Landoperationen in Britisch-Somaliland, Aden, dem Iran und an den Küsten des Persischen Golfs.

Am Mittwoch, dem 10. Juli 1940, findet in der Garnison Asmara vor dem Gouverneur von Eritrea, General Luigi Frusci, eine Parade der Compagnia Autocarrata Tedesca, einer Kompanie deutscher Freiwilliger in Italienisch-Ostafrika, statt. Diese »Deutsche motorisierte Kompanie« ist gerade erst acht Tage zuvor, am 2. Juli 1940, aufgestellt worden. Ihre Gesamtstärke an Offizieren und Mannschaften beträgt 138 Mann.
Es sind zum Teil Besatzungen der in Massaua, einem Hafen am Roten Meer, überraschten deutschen Frachter sowie Deutsche aus Italienisch-Ostafrika, Flüchtlinge aus Kenia, dazu junge und ältere ehemalige Soldaten der neuen deutschen Wehrmacht. Nur der Chef der Kompanie, Oberleutnant Gustav Hamel, und Hauptfeldwebel Adolf Bremer sind Frontsoldaten aus dem Ersten Weltkrieg. Ihre Unterführer haben einen aktiven Dienst in der Wehrmacht oder im Reichsarbeitsdienst hinter sich, doch die meisten der Freiwilligen sind noch ohne militärische Ausbildung.
Die Kompanie ist in drei Züge mit insgesamt sieben Gruppen und ein Kommando unterteilt. Die Züge I und II setzen sich aus je zwei Gruppen mit je einem leichten MG zusammen, der Zug III aus drei Gruppen mit je einem schweren MG. Einen Tag nach der Parade und dem Vorstellen in der Öffentlichkeit beginnt das erste Übungsschießen mit scharfer Munition. Die Compagnia Autocarrata Tedesca, vorgesehen für den Einsatz an der Sudan-Front im Rahmen der Gruppe Nord (Gen. L. Frusci), ist General Tessitore unterstellt.

Noch am Sonntagabend, dem 21. Juli 1940, telegrafiert General Wavell an das Kriegsministerium, daß ein kampfloser Rückzug aus Somaliland für das Ansehen Großbritanniens katastrophal wäre und daß Somaliland für künftige Offensivoperationen eine wertvolle Basis bilden könnte.

Seit Sonnabend, dem 27. Juli 1940, versammeln sich die italienischen Truppen unter dem Oberbefehl von General Guglielmo Nasi in ihren Aufmarschgebieten in Äthiopien. Die italienischen Truppen sind den britischen ungefähr siebenfach überlegen und besitzen außerdem die Luftherrschaft.

Genau eine Woche später, am 3. August 1940, überschreiten die Vorhuten der italienischen Verbände in

August 1940, Raum Berbera (Britisch-Somaliland): italienischer Maschinengewehrschütze

Linke Seite: Sommer 1940, bei Asmara (Eritrea): die freiwillige »Deutsche Motorisierte Kompanie« bei Schießübungen

drei Gruppen die Grenze: die Gruppe Nord »Zeila« (Gen. Bertoldi), die Gruppe Mitte »Berbera« (Gen. De Simone) und die Gruppe Süd »Oadwina« (Gen. Bertello). Damit beginnt eine größere Offensivbewegung, die sich gegen das leichteste Ziel richtet: gegen Britisch-Somaliland und den afrikanischen Küstenstreifen am Golf von Aden.
Mussolini hat zwar empfohlen, Französisch-Somaliland nicht anzugreifen, aber der Herzog d'Aosta, Oberbefehlshaber in diesem Gebiet, ist der Ansicht, daß der französische Hafen Djibuti den Engländern leichten Zugang nach Äthiopien biete und daß er dem Waffenstillstandsabkommen mit den Franzosen nicht trauen könne. Daher hat er beschlossen, das angrenzende und größere Gebiet Britisch-Somaliland bis an die Küste zu besetzen.

In den Morgenstunden des 4. August 1940 dringen drei italienische und 14 koloniale Infanteriebataillone, dazu zwei Gebirgsartilleriegruppen und mehrere Abteilungen mittelschwerer und leichter Panzer sowie Panzerspähwagen in Britisch-Somaliland ein.

Bereits am nächsten Tag, dem 5. August 1940, findet im Palazzo Venezia zwischen Mussolini, den Marschällen Graziani und Badoglio sowie General Soddu eine Lagebesprechung statt. Graziani weist Mussolini wiederholt darauf hin, daß ein Vormarsch durch die Libysche Wüste undurchführbar sei. Aber Badoglio, sein Vorgesetzter, erwidert: »Vorläufig, Duce, werden wir bis Sidi Barrani vorrücken.«
Graziani: »Dort werden die Schwierigkeiten anfangen!«
Doch Mussolini entscheidet: »In Ordnung, Badoglio! Befehlen Sie den Vormarsch auf Sidi Barrani! Entweder landen die Deutschen in England«, so folgert Mussolini, »dann müssen wir nach Ägypten einmarschieren, sobald der erste deutsche Soldat englischen Boden betreten hat. Oder es kommt mit England zu Friedensverhandlungen, dann müssen wir noch schneller nach Ägypten einfallen, um es fürs Vaterland zu sichern. In dem einen wie im anderen Fall aber müssen wir in Ägypten einmarschieren, wenn wir einen Platz an dem Tisch für Friedensverhandlungen haben wollen!«
Nach langem Hin und Her beschließt man einen Vorstoß von Giarabub nach Norden, um die britischen Truppen an der libysch-ägyptischen Grenze zu bedrängen, während gleichzeitig eine Offensive nördlich von Sollum mit dem »eventuellen« Ziel Sidi Barrani beginnen soll.
Am selben Tag, dem 5. August 1940, gelingt es den italienischen Truppen, in Britisch-Somaliland den Hafen Zeila und auch die Stadt Hargeisa zu erobern. Jetzt kann General Bertoldi an der Küste entlang auf Berbera vorstoßen.

Bereits am Dienstag, dem 6. August 1940, befindet sich Oadwina in italienischer Hand. General Bertello läßt nun Teile seiner Gruppe Süd nach Norden auf Adadle eindrehen, um sich den in der Mitte vorrückenden Ver-

August 1940, Raum Berbera: Ein britisches Feldgeschütz beim Stellungswechsel

Rechte Seite: Takoradi, afrikanische Goldküste: Die hier zusammengebauten US-Jäger vom Typ Curtiss P-40 Kittyhawk starten zu einem Flug nach Nordafrika

bänden unter General De Simone zu nähern. Angesichts der italienischen Überlegenheit – vor allem an Artillerie und Flugzeugen – stellt sich den Engländern die Frage, ob sie Argan halten oder die Truppen über den Hafen von Berbera evakuieren sollen.
Die englische Garnison Argan (Brig. A. R. Chater) besteht zur Zeit nur aus vier afrikanischen und indischen Bataillonen, während sich ein britisches Bataillon, die 2. Black Watch, gerade in Eilmärschen auf dem Weg dorthin befindet.
Aber das kleine Kamelreiterkorps kann den Vormarsch der Italiener vorerst aufhalten.

Am Donnerstag, dem 8. August 1940, notiert Graf Ciano in seinem Tagebuch: »Graziani hat mich besucht. Er sprach über den Angriff auf Ägypten, eine sehr ernst zu nehmende Sache … Die Wasserversorgung sei völlig unzureichend. Wir gehen einer Niederlage entgegen, die sich in der Wüste schnell und unvermeidlich in eine totale Katastrophe verwandeln kann.«
Am gleichen Tag fliegt General Wavell auf Wunsch von Churchill nach London, um die Probleme des Middle East Command zu erörtern. Das Ergebnis: Churchill verspricht ihm größere Verstärkungen, obwohl die Luftschlacht über England gerade begonnen hat und die Armee nach den Verlusten in Frankreich noch nicht wieder so ausgerüstet ist, wie es die deutsche Invasionsdrohung erfordert.
Churchill befürchtet nämlich, Hitler könnte nach einem Scheitern der Invasion Englands oder gar antstelle einer solchen Mussolini drängen, Ägypten mit deutscher Unterstützung anzugreifen.
Kurz nach dem Kriegsbeitritt Italiens hat man auf deutscher Seite schon die überragende Rolle Maltas für die italienische Kriegführung im Mittelmeer erkannt.

Bereits am Freitag, dem 9. August 1940, schreibt der Chef des deutschen Marineverbindungsstabes im Oberkommando der italienischen Marine in Rom (Konteradm. Weichhold), nachdem der erste Transport britischer Flugzeuge auf Malta gelandet ist, an die deutsche Seekriegsleitung:
»… Dadurch wird die Handlungsfreiheit der italienischen Marine in dem für sie wichtigsten Operationsgebiet eingeschränkt und die Sicherheit der lebenswichtigen Seeverbindungen nach Libyen mehr als in Frage gestellt werden … Unter diesen Umständen wird die Ausschaltung von Malta als englischer Stützpunkt für See- und Luftstreitkräfte vordringlich.«

In den Abendstunden des 11. August 1940 trifft Major General A. R. Godwin-Austen rechtzeitig in Britisch-Somaliland ein, um das Kommando der britischen Truppen zu übernehmen, noch bevor der Gegner den Tug-Argan-Paß, den Zugang zum Hauptthafen Berbera, erreicht hat.

In einem ausgetrockneten Flußbett in der Nähe vom Tug-Argan-Paß kommt es zwischen dem 11. und 15. August 1940 zu den heftigsten Kämpfen zwischen britischen und italienischen Truppen. Nach schwerem Artilleriebeschuß am 12. und 13. August 1940 gelingt es den Italienern, eine der vier britischen Schlüsselstellungen zu erobern.

In der Nacht vom 14./15. August 1940 entschließt sich Major General Godwin-Austen zum Rückzug. »Dies war«, so erklärt er, »die einzige Möglichkeit, einer katastrophalen Niederlage und Vernichtung zu entgehen.« Die Räumung wird unter dem Schutz einer starken Nachhut der Black Watch ohne große Verluste durchgeführt.

Am nächsten Morgen, am 15. August 1940, befiehlt General Wilson, in Vertretung von General Wavell, dem Oberbefehlshaber des Middle East Command, die Evakuierung der Truppen über den Hafen von Berbera in die Wege zu leiten. Unter Einsatz aller in diesem Gebiet patrouillierenden Einheiten der Royal Navy können 7000 Soldaten und Zivilisten in Sicherheit gebracht werden.

Bis zum Sonntag, dem 18. August 1940, ist die Evakuierung der britischen Truppen auf dem Seeweg abgeschlossen. Die meisten Soldaten kommen nach Kenia, um die dort stationierten britischen Streitkräfte zu verstärken. Während die Engländer nur 260 Mann bei den Kämpfen einbüßen, verlieren die Italiener 2052 Offiziere und Mannschaften, was weitreichende Auswirkungen auf ihre zukünftigen strategischen Pläne hat.

Am Montag, dem 19. August 1940, gibt das britische Kriegsministerium offiziell die Beendigung der Räumung von Britisch-Somaliland bekannt.

Am Mittwoch, dem 21. August 1940, beginnt in Takoradi, einem malerischen Hafen an der Goldküste Westafrikas, eine Operatioin, die für den Erfolg der Engländer in Nordafrika von entscheidender Bedeutung sein wird.
Takoradi ist der Ausgangspunkt einer Luftbrücke quer durch den afrikanischen Kontinent, mit der die »Air Delivery Unit« der RAF versucht, die in der Libyschen Wüste kämpfenden Truppen zu versorgen. Man will damit sowohl die gefahrvolle Mittelmeerroute meiden als auch den monatelang dauernden, um das Kap der Guten Hoffnung laufenden, 12000 Seemeilen langen Weg abkürzen. Diese Flüge gehen von Westafrika über Khartum (Sudan) nach Kairo. Die Strecke beträgt zwar 7250 Kilometer, aber sie spart nicht nur kostbare Zeit, sondern vor allem eine Menge Schiffsraum.
An diesem Tag gehen in Takoradi die ersten Mannschaften vom Bodenpersonal an Land, die mit dem Bau

großangelegter Werkstätten, Startbahnen und Wohnbaracken beginnen sollen. Entlang der Strecke nach Kairo entstehen mitten im Dschungel und auch in der Wüste Feldflugplätze mit Tankstellen als Zwischenstation.
Die Maschinen werden zum Teil von einem Flugzeugträger aus an die Küste geflogen, meistens jedoch treffen sie zerlegt und sorgfältig in Kisten verpackt in Takoradi ein. Obwohl die Arbeiten mit Nachdruck vorangetrieben werden, vergehen noch Monate, bis die Route tadellos funktioniert.
Das qualifizierte Bodenpersonal, das die Flugzeuge in Takoradi zusammenmontiert, leidet unter dem ungewöhnlichen Klima, viele auch an Malaria, bedingt durch die umliegenden Sümpfe. Das wechselhafte Wetter beeinflußt ebenso die Flugtauglichkeit der Maschinen. Auf den improvisierten Feldflugplätzen stehen bald reihenweise notgelandete Maschinen, die auf Ersatzteile warten.
Gelingt es einem Piloten jedoch nicht mehr, die schmale Landepiste im Dschungel oder in der Wüste zu erreichen, so besteht für ihn kaum eine Überlebenschance, da die Ureinwohner Afrikas den Fremden eher feindlich gesonnen sind. Das fliegende Personal, zu dem Engländer, Australier, Südafrikaner und auch Polen gehören, nimmt alle Schwierigkeiten auf sich, um den Jägerpiloten auf dem nordafrikanischen Kriegsschauplatz den erfolgreichen Nachschub an Flugzeugen zu überführen.

Am Sonntag, dem 1. September 1940, wird in einem Bericht des Deutschen Admirals in Rom (Konteradm. Weichhold) erneut die Ausschaltung Maltas durch Luftangriffe, Minensperren, Kleinkampfmittel und Landungsunternehmen gefordert. Begründung: »Malta ist ein Pfahl im Fleische der italienischen Seekriegführung.« Was die als »durchaus erfolgversprechend« bezeichnete Durchführung betrifft, heißt es weiter: »Wenn eine schnelle Beendigung des Krieges nicht garantiert werden kann, werden alle Kräfte beider Verbündeten zusammengefaßt und auf höchsten Leistungsstand gebracht werden müssen, um gegenüber der sich verstärkenden Kampfkraft des Gegners einen siegreichen Ausgang zu sichern ... Bei längerem Hinausschieben des Entschlusses kann es sehr leicht zu spät werden, wenn der weitere Kriegsverlauf Ergebnisse geschaffen hat, die nicht wieder gutzumachen sind ... Hier steht ein Problem zur Entscheidung, dessen richtige Lösung für den Kriegsausgang von nicht geringer Bedeutung ist.«

Am Montag, dem 2. September 1940, schlägt das Middle East Command (Gen. Wavell) vor, den Angriff der Italiener in den befestigten Stellungen von Marsa Matruh abzuwarten. Churchill: »Solange wir keine Armee aufstellen konnten, schien das die einzig mögliche Taktik. Darum regte ich an, zunächst eine möglichst große Streitkraft zu konzentrieren, um dem italienischen Vorstoß entgegenzutreten.«

Ab Montag, dem 9. September 1940, sammeln sich die italienischen Verbände in ihrem Aufmarschraum entlang der libysch-ägyptischen Grenze. Ihre Bewegungen werden, von der britischen Aufklärung kaum bemerkt, nur unbedeutend gestört.
Südlich von Sollum rollen zwei italienische Kolonnen durch die Wüste, an langen Hügelketten entlang, die parallel zum Meer verlaufen. Jede dieser Kolonnen zählt mehrere hundert Fahrzeuge, an der Spitze die Panzer, Panzerabwehrgeschütze und Artillerie, im Zentrum die motorisierte Infanterie. Die Hauptmasse der italienischen Truppen bewegt sich inzwischen über die Küstenstraße in zwei Kolonnen langsam vorwärts. Ihre auf Lastwagen herangeführte Infanterie soll in Wellen angreifen.

In den frühen Morgenstunden des 13. September 1940 beginnt die italienische Offensive in Nordafrika, eingeleitet durch heftiges Artilleriefeuer bei Musaid. Erst am Halfaya-Paß an der libysch-ägyptischen Grenze treffen

September 1940: Leichtes britisches Geschütz versucht, den Angreifer zu stoppen

Linke Seite: September 1940, an der libysch-ägyptischen Grenze: Ein leichtes italienisches Geschütz wird in Stellung gebracht

die Italiener auf harten Widerstand. Mit sechs Divisionen und dem 8. Panzerbataillon gelingt es ihnen, den Paß zu überschreiten. Am frühen Nachmittag müssen sich die britischen Truppen vor der erdrückenden Überlegenheit der Angreifer nach Osten zurückziehen. Überraschenderweise stoßen die italienischen Verbände nicht sofort nach, um die Verfolgung aufzunehmen.
Die britischen Sicherungstruppen bestehen aus drei Infanteriebataillonen, einem Panzerbataillon, drei Batterien und zwei Schwadronen Kampfwagen. Sie haben den Befehl, sich kämpfend zurückzuziehen.

Drei Tage später, am 16. September 1940, stehen die italienischen Truppen bereits bei Alam el Dab, wenige Kilometer von Sidi Barrani, das sie noch am Abend besetzen. Sidi Barrani, das vorläufige Ziel der italienischen Offensive in Ägypten, liegt etwa 90 Kilometer vom Ausgangspunkt Sollum entfernt. Hier setzen sich die Italiener fest. Die jetzt wesentlich verlängerten Verbindungslinien wirken sich nachteilig aus, da sie ständig von britischen motorisierten Kolonnen angegriffen werden, so daß es bald zu ernsten Versorgungsschwierigkeiten kommt.
Marschall Graziani läßt südlich von Sidi Barrani nicht nur sieben befestigte Stützpunkte bauen, sondern auch ein Denkmal zur Erinnerung an den ruhmreichen Vormarsch errichten. Er will hier seine Truppen vor den Engländern sichern, die jetzt etwa 110 Kilometer weiter östlich ebenfalls in Stellung gehen. Zwischen den beiden Frontlinien liegt ein tiefes Niemandsland.

Am Donnerstag, dem 19. September 1940, kommt Reichsaußenminister von Ribbentrop nach Rom mit dem konkreten Vorschlag für eine deutsche Unterstützung der italienischen Kräfte in Nordafrika. Doch bereits eine Woche danach erfährt von Ribbentrop anläßlich des Besuchs von Graf Ciano in Berchtesgaden, daß Mussolini seinen Vorschlag, eine vom deutschen Oberkommando des Heeres auf Tropenverwendung umgerüstete Panzerdivision in Libyen einzusetzen, abgelehnt habe.

Zwei Tage nachdem Marschall Graziani seine Offensive in Westägypten bei Sidi Barrani eingestellt hat, beginnt die Long Range Desert Group (LRDG) eine Serie von Wüstenüberfällen.

Am Freitag, dem 20. September 1940, greift die 30 Mann starke W-Patrouille der LRDG ein italienisches Flugfeld in der Oase Kufra an. Die Männer vernichten über 11 000 Liter Flugbenzin, machen einige Gefangene und erbeuten verschiedene Geheimpapiere und Dienstpost. Es gelingt ihnen, sich ohne eigene Verluste zurückzuziehen. An diesem Tag, einen Monat nach Beginn der Arbeiten in Takoradi, starten bereits die ersten Maschinen zum Langstreckenflug nach Kairo. Vier Tage später erreichen sie Khartum. Sie gehören zur ersten Partie, die gerade zwei Wochen zuvor an der Goldküste eingetroffen ist: ein Dutzend zerlegte Hurricane-Jagdflugzeuge und Blenheim-Bomber, dazu 30 Hurricanes, die vom Flugstützpunkt Argus abgeflogen sind.
Die Verstärkung der britischen Luftstreitkräfte in Nordafrika durch die überführten Maschinen aus Takoradi bringt zwar im Jahr 1940 den Verbänden von General Wavell noch keine große Erleichterung. Churchill: »Hätten wir aber nicht rechtzeitig damit begonnen, so hätte die Nilarmee mit allen Fährnissen des Kriegsglücks die tragischen Ereignisse des Jahres 1941 gewiß nicht überlebt!«

Am Mittwoch, dem 30. Oktober 1940, überfällt die T-Patrouille der LRDG mit 30 Mann den italienischen Wüstenposten Aujila in Libyen, südöstlich von El Agheila.

Am Tag darauf unternimmt die 30 Mann starke W-Patrouille der LRDG einen Angriff auf das italienische Wüstenfort Ain Dun, das südlich der Oase Kufra am Fuß des Uweinat-Gebirges liegt.

Im Oktober 1940 hat das Oberkommando des Heeres (OKH) General von Thoma zu einer Erkundungsfahrt in die Cyrenaika entsandt. Er meldet nach seiner Rückkehr, daß vier deutsche Panzerdivisionen ausreichen würden, um bei der Invasion Ägyptens den Erfolg zu sichern.
Auf dem Kriegsschauplatz in Italienisch-Ostafrika, in Kenia und im Sudan finden im September und Oktober 1940, bedingt durch die Herbstregenperiode, kaum Kampfhandlungen statt.

Erst am Mittwoch, dem 6. November 1940, beginnen die britischen Truppen unter General Platt an der sudanesisch-äthiopischen Grenze einen Vorstoß gegen Gallabat. Der Eröffnungsangriff durch die indische 10. Brigade (Brig. W. J. Slim) auf Gallabat hat Erfolg. Doch der nächste Vorstoß auf den Nachbarposten von Metemma wird von einer fast gleichstarken italienischen Kolonialbrigade abgewiesen.
Schuld daran ist auch das unerwartete Versagen eines britischen Bataillons, das der indischen 10. Brigade zur Verstärkung dienen sollte. Die italienischen Streitkräfte verteidigen sich an diesem nördlichen Abschnitt besonders zäh, außerdem kämpft hier auch die deutsche Freiwilligenkompanie.
Die britischen Streitkräfte in Kenia, die im November 1940 Lieutenant General Sir Alan Cunningham übernimmt, umfassen jetzt die afrikanische 12. Division mit der südafrikanischen 1. Brigade, der ostafrikanischen 22. Brigade und der 24. Goldküsten-Brigade (Maj.Gen. Godwin-Austen), die vor kurzem durch die afrikanische

Sudan, November 1940: Soldaten einer motorisierten sudanesischen Einheit im Kampf gegen italienische Angreifer

Operation »Compass«, in der Nacht vom 7./8. Dezember 1940: völlig überraschend für die Italiener

11. Division (Maj.Gen. Wetherall) und die südafrikanische 1. Division (Maj.Gen. Brink) verstärkt worden ist. Im Herbst 1940 zählen die Streitkräfte in Kenia bereits 75000 Mann: 27000 Südafrikaner, 33000 Ostafrikaner, 9000 Westafrikaner und etwa 6000 Briten.
Im Sudan stehen inzwischen rund 28000 Mann bereit, darunter die indische 5. Division sowie ein Panzerbataillon der 4. Royal Tanks. Außerdem können die Engländer mit den einheimischen sudanesischen Verteidigungskräften rechnen.
Churchill ist der Ansicht, daß von einer derart großen britischen Streitmacht mehr Aktivität verlangt werden könne, als sie bisher gezeigt habe; er fordert wiederholt offensive Handlungen. General Wavell, der Oberbefehlshaber des Middle East Command, schlägt vor, erst im Mai oder Juni 1941 nach dem Frühjahrsregen von Kenia aus einen Vorstoß nach Italienisch-Somaliland zu unternehmen.

In der Nacht vom 11./12. November 1940 greifen Bomber und Torpedoflugzeuge des britischen Trägers »Illustrious« die italienische Flotte in ihrem Stützpunkt Tarent an. In dem nur wenige Minuten dauernden Luftangriff werden die drei Schlachtschiffe »Littorio«, »Caio Duilio« und »Conte di Cavour« außer Gefecht gesetzt. Diese gelungene Aktion trägt entscheidend dazu bei, daß die Gefahr, die den britischen Nachschubkonvois zwischen Gibraltar und Alexandria seitens der italienischen Flotte droht, auf ein Minimum eingeschränkt wird. Jetzt kann sich die britische Mittelmeerflotte (Adm. Sir Andrew Cunningham) auf die Bekämpfung der italienischen Nachschubgeleitzüge zwischen Sizilien und Nordafrika konzentrieren.

Am Freitag, dem 15. November 1940, führt die R-Patrouille der LRDG mit ihren 30 Mann einen Überfall auf den italienischen Wüstenflugplatz Ain Zwaya durch, der im Herzen der Sahara nahe dem Uweinat-Gebirge liegt. Ein Caproni-Bomber sowie drei Tonnen Bomben und 36000 Liter Flugbenzin werden vernichtet.

Bis zum Dezember 1940 haben sich die britischen Truppen in Ostafrika gegenüber den Italienern – abgesehen von dem Vorstoß gegen Gallabat – rein defensiv verhalten.
Doch am Montag, dem 2. Dezember 1940, gibt General Wavell anläßlich einer Konferenz in Kairo neue Richtlinien heraus: Er hat zwar in Äthiopien noch keinen tiefen

Libyen, Dezember 1940: britischer Verband nach einem Gefecht mit italienischen Panzern

Vorstoß mit regulären Truppen geplant, aber die Italiener sollen zumindest aus Kassala und Gallabat im Sudan wieder hinausgeworfen werden. Der Aufstand in Äthiopien wird mit allen Mitteln unterstützt, und man will starke Kräfte in Khartum zusammenziehen, um in der Nähe von Kassala einer Bedrohung durch die starke italienische Äthiopien-Armee entgegenzutreten.
Churchill: »Wir planten eine kombinierte Operation von Armee und Flotte von Kenia aus die ostafrikanische Küste entlang gegen das Rote Meer, mit dem Ziel der Eroberung der italienischen Kolonie Eritrea und der Einnahme der italienischen Seehäfen Assab und Massaua.«

Am Freitag, dem 6. Dezember 1940, nimmt Marschall Badoglio seinen Abschied als Chef des Großen Generalstabs. In Libyen zeichnet sich die Katastrophe bereits unverkennbar ab.

In der Nacht vom 7./8. Dezember 1940 beginnt die Nil-Armee mit ihrem Vormarsch nach Westen im Rahmen der Operation »Compass«. Die Streitmacht verläßt die Stellungen bei Marsa Matruh und beginnt ihren 120 Kilometer langen Marsch durch die Wüste. General Wavell gelingt damit die operative und taktische Überraschung des Feindes. Die Italiener bemerken zwar, daß der Gegner irgend etwas beabsichtigt, aber sie deuten die Vorbereitungen falsch und erwarten zu dieser Zeit keinen Angriff.
Die Western Desert Force (Lt.Gen. Sir O'Connor) zählt nur 30000 Mann, denen 80000 Italiener gegenüberstehen. Dafür haben die Engländer jedoch 275 Panzer, während die Italiener nur über 120 verfügen. Besonders bewähren sich die 50 schweren »Matilda«-Panzer des 7. Regiments der »Royal Tanks«. Unempfindlich gegen die meisten italienischen Panzerabwehrwaffen, spielen sie auch in späteren Schlachten eine wichtige Rolle.

Zweite Phase

8./9. Dezember 1940 – 8. Februar 1941

Erste britische Gegenoffensive in der Cyrenaika

Britische Offensive

Dienstag, 10. Dezember 1940, Kairo
Aus dem *Hauptquartier von General Wavell:*
Gestern morgen hat die Offensive der britischen Truppen in der westlichen Wüste begonnen.

Die Schlacht bei Sidi Barrani
Mittwoch, 11. Dezember 1940, Rom
Das *Comando Supremo* gibt bekannt:
Im Morgengrauen des 9. Dezember griffen englische Panzerdivisionen unsere von Verbänden libyscher Truppen besetzten Stellungen südöstlich von Sidi Barrani an. Diese Truppen haben zunächst heldenhaften Widerstand geleistet, wurden aber nach einigen Stunden überwältigt und zogen sich auf Sidi Barrani zurück.

Weiteres Vordringen in Libyen
Freitag, 13. Dezember 1940, Kairo
Aus dem *Hauptquartier von General Wavell:*
Die Operationen gehen planmäßig und mit schnellem Erfolg in Richtung Sollum weiter. Britische motorisierte Truppen haben im Gebiet von Bukbuk beträchtliche italienische Einheiten eingeschlossen und entwaffnet.

W. Churchill an F. D. Roosevelt
13. Dezember 1940:
Sie sind gewiß über unseren Sieg in Libyen erfreut. Dies, zusammen mit den Rückschlägen in Albanien, wird Mussolini vielleicht schwer treffen, wenn wir unseren Erfolg auszunützen wissen. Die vollständigen Ergebnisse der Schlacht liegen noch nicht vor, doch wenn Italien ausgeschaltet werden kann, wird unsere Sache hoffnungsvoller aussehen als vor vier oder fünf Monaten.

Sender Beromünster (Schweiz)

Montag, 16. Dezember 1940:
Die Schlacht, die sich in der Wüste an der Grenze zwischen Ägypten und Italienisch-Libyen abspielte, hat verständlicherweise auf das englische Volk ebenso ermutigend und hoffnungsvoll gewirkt, wie sie in Italien zu ernsten Betrachtungen und Ermahnungen Anlaß gab.

Sollum und Fort Capuzzo gefallen
Dienstag, 17. Dezember 1940, Kairo
Die *Agentur Exchange* berichtet:
Im Verlauf des gestrigen Tages haben britische motorisierte Einheiten in schweren Kämpfen Sollum und Fort Capuzzo erobert. Auf dem nahegelegenen Flugplatz sind in einer Überraschungsaktion mehrere Flugzeuge am Boden zerstört worden.

Britische Aktion in Italienisch-Somaliland
Mittwoch, 18. Dezember 1940, Nairobi
Die *Agentur Reuter* meldet:
El Uak in Italienisch-Somaliland wurde von britischen Streitkräften und südafrikanischen Einheiten sowie von Truppen der Goldküste erfolgreich angegriffen. Die mit Panzerwagen und Artillerie ausgerüsteten Verbände sind von den südafrikanischen Luftstreitkräften unterstützt worden.

Zäher Widerstand vor Bardia

Sonnabend, 21. Dezember 1940, Kairo
Die *Agentur Reuter* teilt mit:
Der Kampf um Bardia nimmt seinen Fortgang. Die Engländer ziehen den Ring ständig enger zusammen. Die italienische Verteidigung, die sich hinter die das Hafengebiet umgebende Kette von Forts zurückgezogen hat, leistet zähen Widerstand. In militärischen Kreisen rechnet man aber damit, daß der Widerstand doch zusammenbrechen muß, wenn der britische Oberbefehlshaber den Befehl zum entscheidenden Angriff geben wird.

OKW/Kriegstagebuch – Lagebericht
H.Gr. Afrika: Sonnabend, 28. Dezember 1940
In Italienisch-Nordafrika sei die Lage folgendermaßen: Die Cyrenaika sei nicht zu halten. Ohne deutsche Hilfe ginge ganz Italienisch-Nordafrika verloren. Daß dies ein großer Nachteil für die Achse wäre, brauche er nicht zu erläutern. Auch hier würde schon das Erscheinen eines kleinen deutschen Verbandes genügen, um sofort eine Wendung der Lage herbeizuführen, weil ebenso wie in Albanien eine starke moralische Wirkung auf die italienischen Truppen, auf die Engländer in Ägypten und auch auf die Franzosen in Nordafrika sicher sei.

THE DAILY MAIL. Tuesday, December 17, 1940.

ODDS & ENDS MAKE FRIENDS WITH H-P SAUCE

Daily Mail

FOR KING AND EMPIRE

LATE WAR NEWS SPECIAL

ONE EGG makes scrambled eggs for two when the milk is mixed with a teaspoon of BROWN & POLSON CORNFLOUR

NO. 13.931 TUESDAY, DECEMBER 17, 1940 ONE PENNY

SOLLUM AND CAPUZZO FALL

Wavell's Army is Sweeping on into Libya

Inside Italy: No. 1

Duce Sets His Army to Watch His Fleet

AIRCRAFT TAKEN ON THE GROUND

GENERAL WAVELL'S army last night captured Sollum, Mussolini's last stronghold in Egypt, and Fort Capuzzo, his first strong point in Libya. A number of aircraft on the ground were taken.

Britain Appeals to U.S.

'Financial Aid'

From Daily Mail Correspondent

NEW YORK, Monday.

BRITAIN has officially

RAF BATTER ITALY'S 'EMPIRE'

Warships Hit in Raid on Naples

SEVERE raids have been made by the R.A.F. on Italy, along the Libyan coast, and in Italian East Africa. Not one British plane has been lost.

Leaflets on Berlin

Five direct hits were made on a concentration of cruisers and destroyers during a raid on Naples on Saturday night.

The Rome correspondent of the Danish newspaper *Berlingske Tidende* describes the

Die britische Armee dringt in Libyen ein – meldet die Londoner Presse am 17. 12. 1940

Tobruk bedroht

Montag, 6. Januar 1941, Kairo
Aus dem *Hauptquartier von General Wavell:*
Britische Vorhuten nähern sich nun dem Gebiet von Tobruk. Die Zahl der Gefangenen im Raum Bardia überschreitet bereits 30000. Große Mengen an Panzerwagen, Geschützen, Kriegsmaterial und Vorräten aller Art sind in die Hände der britischen Truppen gefallen.

Der erste Stukaangriff im Mittelmeer
Montag, 6. Januar 1941
X. Fliegerkorps – PK-Berichterstatter Leutnant Gaus:
Seit dem Eintreffen auf dem italienischen Flugplatz stehen die Maschinen unseres Verbandes startklar. Die fliegenden Besatzungen erhoffen mit Spannung den Einsatzbefehl, sprungbereit zum ersten Angriff an der neuen Front.
Es gilt, den Gegner an einer seiner verwundbarsten Stellen, im Mittelmeer, zu packen und vernichtend zu schlagen. Schon am Tage vorher lag etwas in der Luft. Heute soll es nun bestimmt klappen. Die Mittelmeerkarten sind aufmerksam studiert. Besonders Eifrige rechnen bereits die vermutlichen Kurse aus. Von der Startbahn wird der Befehl durchgegeben: »Sofort einen Kraftwagen zum Gefechtsstand!«
Ein Aufklärer ist eben gelandet, die Meldung muß schnellstens dem Kommodore vorgelegt werden. Sollte es soweit sein? Auf alle Fälle steigen wir schon mal in die Kombinationen. Schwimmwesten an! Zehn Minuten später ist die Staffel angetreten. Prompt ist der Einsatzbefehl da, den der Staffelkapitän vom Gefechtsstand mitbringt, kurz, aber um so gehaltreicher.
Der Aufklärer hat in etwa 350 Kilometer Entfernung in Quadrat XY einen starken englischen Verband festgestellt, mindestens einen Flugzeugträger, zwei Schlachtschiffe, mehrere Kreuzer und Zerstörer, und in diesem geradezu massierten Geleit einige Handelsdampfer.
Die Ziele werden aufgeteilt, die Startfolge ist bekannt. Erster Start in zehn Minuten. Das Wetter ist, wie so vieles andere bei diesem Einsatz, für uns neuartig. Unter uns das blaue Meer, über uns strahlender Himmel, im Westen leichte Bewölkung. Die Sonne strahlt im vollsten Glanz des Südens. »Der Verband liegt voraus!« ruft mir der Flugzeugführer im Bordmikrophon zu. »Eins, zwei, drei ... sieben ... mindestens fünfzehn Schiffe«, zählt der Flugzeugführer. »Die Flak schießt schon!« Um uns herum sieht man auch schon die Sprengwolken. »Die erste Maschine stürzt«, ruft der Flugzeugführer mir zu. »Wir greifen an!«

Der Adler, Januar 1941

OKW/Kriegstagebuch – Lagebericht
H.Gr. Afrika: Mittwoch, 8. Januar 1941
Chef WFSt teilt Chef L fernmündlich aus der Reichskanzlei Berchtesgaden mit, der Führer habe in einer Besprechung am 7. 1. angeordnet, daß die italienische Wehrmachtführung gefragt werden solle, ob sie die Verlegung von zwei deutschen Stukagruppen und einer Zerstörergruppe nach Tripolis wünsche. Diese Anfrage solle weiteren Fragen hinsichtlich des Einsatzes deutscher Truppen in Libyen und Albanien vorausgehen.

General Smuts an W. Churchill:
8. Januar 1941:
1. Prächtige Siege im Nahen Osten öffnen ein weites Feld für Spekulationen über unseren künftigen Kurs. Bald wird die Höhe der Flut Wavell nach Tobruk tragen. Soll er weitergehen?
2. Doch möchte ich anregen, daß jetzt auch eine Bereinigung der Lage in Äthiopien erwogen werde. Äthiopiens Eroberung würde dem Prestige Mussolinis und dem

Januar 1941: britischer leichter Panzer vom Typ Mark VI A im Raum Bardia

ganzen Faschistengesindel einen tödlichen Schlag versetzen.

OKW/Kriegstagebuch – Lagebericht
H.Gr. Afrika: Donnerstag, 9. Januar 1941
12.15 Uhr Besprechung des Führers mit dem Ob.d.H. auf dem Berghof. Der Führer führt folgendes aus: Es sei sehr wichtig, daß die Italiener Libyen nicht ganz verlören. Der Verlust würde zwar militärisch nicht so schwer wiegen, denn die Luftbedrohung Italiens würde dadurch nicht größer werden, und für Franz. Nordafrika würde sich die Lage nicht ändern, aber die in Ägypten stehenden englischen Kräfte würden dann zu anderer Verwendung frei werden. Viel schwerwiegender wäre jedoch die psychologische Auswirkung in Italien ...
Es müsse ihnen daher soweit geholfen werden, daß sie sich in den nächsten Monaten halten könnten. Dann käme man in die heiße Jahreszeit, in der die englischen Panzer nicht mehr verwendbar seien. Er – der Führer – sei daher entschlossen, einen Panzer-Sperrverband für Libyen sofort aufzustellen. Dessen Abtransport sei wegen der laufenden italienischen Transporte erst vom 20. 2. ab möglich, eine endgültige Entscheidung brauche also erst dann getroffen zu werden.

Januar 1941, Raum Sollum: Britische Panzersoldaten betrachten neugierig den eroberten leichten italienischen Bomber

Zeichnung des Kriegsmalers Theo Matejko. Original NS-Text: General Bergonzoli, der heldenmütige Verteidiger von Porto Bardia, leistete 25 Tage lang einer englischen Übermacht erbitterte Gegenwehr. Der schon fünfmal an den Fronten des Weltkrieges, in den Kolonien und in Spanien verwundete Offizier stand – das Schnellfeuergewehr um den Hals gehängt, mit pulvergeschwärztem Barte – ständig im Mittelpunkte des Widerstandes. Als Bardia fiel, gelang es den Engländern nicht, sich des Generals Bergonzoli zu bemächtigen

Nachfolgende Seiten: Raum El Gazala: Panzer M. 13 der italienischen Division »Ariete« auf dem Weg in die Bereitstellung

Sender Beromünster (Schweiz)

9. Januar 1941:
Auf den Kriegsschauplätzen hat sich in der Berichtswoche die Offensive der britischen Armee des Generals Wavell in Libyen weiterentwickelt. Der Fall der Festung Bardia an der Cyrenaika-Küste hat den Vormarsch der Engländer in Richtung Tobruk gegen das Gros der Armee Graziani wieder in Gang gebracht. Nach den Angaben der Engländer sollen seit dem Beginn der Offensive Wavells vor einem Monat mehr als 90000 Mann italienischer Truppen aus dem Kampf ausgeschieden sein, wovon die Mehrzahl als Gefangene in die Hände der Sieger fielen. Ebenso haben die Engländer in Bardia große Mengen Kriegsmaterial und Vorräte aller Art erbeutet. Vor allem kommt den Engländern zugute, daß sie nunmehr den Hafen von Bardia für den Nachschub benützen können, nachdem sie bisher den Nachschub auf den mühsamen Wüstenwegen bewerkstelligen mußten.

OKW/Kriegstagebuch – Lagebericht
H.Gr. Afrika: Sonnabend, 11. Januar 1941
Chef WFSt übersendet aus der Reichskanzlei Berchtesgaden die dort aufgrund der Entscheidungen des Führers aufgesetzte und von ihm unterzeichnete Weisung Nr. 22 für die Mithilfe deutscher Kräfte bei dem Kampf im Mittelmeerraum. Danach soll durch den Ob.d.H. zur Unterstützung der Italiener bei der Verteidigung von Tripolitanien ein Sperrverband aufgestellt und im Anschluß an die zur Zeit laufenden Transporte je einer italienischen Pz.- und mot. Div. etwa vom 2. 2. ab nach Tripolis überführt werden. Das X. Fl.Korps soll neben seiner Hauptaufgabe – Bekämpfung der englischen Seestreitkräfte und Seeverbindungen im Mittelmeer – von Zwischenlandeplätzen von Tripolitanien aus auch die

englischen Ausladehäfen und Nachschubbasen an der Küste der Cyrenaika und des westlichen Ägyptens angreifen.

Tobruk eingeschlossen!

Montag, 13. Januar 1941, Kairo
Die *Agentur Reuter* meldet:
Im Gebiet von Tobruk gehen die Operationen gut voran. Die britische Artillerie ist in beträchtlicher Stärke in Stellung gebracht worden, und die Truppen konnten mit Trinkwasserdepots versorgt werden. Die italienische Garnison ist nun eingeschlossen.

Tobruk in schwerem Artilleriefeuer
Dienstag, 14. Januar 1941
United Press berichtet:
Die Beschießung der Stadt Tobruk durch britische Artillerie wird fortgesetzt. Während des Tages liegt die Festung unter schwerem Feuer, das aber bei Einbruch der Dunkelheit abnimmt. In der Nacht werden regelmäßig Spähtrupps ausgeschickt, die die Lage der italienischen Befestigungen auskundschaften und die Dispositionen des Gegners so genau als möglich festzustellen suchen. Bei diesen Unternehmungen werden auch zahlreiche motorisierte Patrouillen eingesetzt.

Aufstand in Äthiopien
Donnerstag, 16. Januar 1941, London
United Press meldet:
Die Morgenblätter veröffentlichen Berichte von der Grenze zwischen dem Sudan und Äthiopien, in denen behauptet wird, daß sich die Aufstandsbewegung in Äthiopien allmählich auf das ganze Land ausbreite. Das Zentrum des Aufstandes liege in der Provinz Gojam. Nach den gleichen Berichten sollen die Italiener in der Provinz Sidamo und im Südosten ihre Stellungen aufgegeben haben. Auch aus dem Gebiet nördlich von Addis Abeba werden Aufstände gemeldet.

OKW/Kriegstagebuch – Lagebericht
H.Gr. Afrika: Montag, 20. Januar 1941
Chef WFSt teilt dem Chef L fernmündlich aus der Reichskanzlei Berchtesgaden als Ergebnis der Besprechungen des Führers mit dem Duce am 18. und 19. Januar auf dem Berghof mit: 1. Der beabsichtigte Einsatz eines deutschen Sperrverbandes in Libyen habe das Einverständnis des Duce gefunden. Die Durchführung des Unternehmens, das mit dem Decknamen »Sonnenblume« zu bezeichnen sei, solle wie vorgesehen etwa vom 15. 2. ab erfolgen, mit den Versorgungstransporten aber schon vorher begonnen werden.

20. Januar 1941
Aus dem *Hauptquartier von General Wavell:*
An der Front von Kassala dauert der feindliche Rückzug an. Die britischen Truppen besetzten, ohne auf Widerstand zu stoßen, Ortschaften im Gebiet von Sabderat und Tessenei. Nach der Eroberung von Kassala ist die Tätigkeit der britischen Patrouillen gegen Äthiopien an drei Fronten erheblich verstärkt worden.

Der Krieg in Nordafrika
Dienstag, 21. Januar 1941, Kairo
Aus dem *Hauptquartier von General Wavell:*
Der Angriff auf Tobruk hat heute morgen begonnen.

Vichy-Regierung: Abtrünnige!

Mittwoch, 22. Januar 1941, Vichy
Das *Office Français d'Information (OFI)* teilt mit:
Zu dem im italienischen Heeresbericht vom 22. Januar enthaltenen Passus über die Teilnahme »einer motorisierten Formation dissidenter Franzosen« am Angriff auf Tobruk meldet das OFI, daß es sich bei dieser Truppe tatsächlich nur um »wirklich Abtrünnige« handeln kann, die sich jeglicher Kontrolle der französischen Regierung entzogen haben. Die französische Regierung habe jederzeit die Bestimmungen des Waffenstillstandsvertrags respektiert.

Tobruk gefallen

22. Januar 1941, Kairo
Die *Agentur Reuter* teilt mit:
Australische und britische Truppen haben nunmehr den innersten Verteidigungsring der Stadt Tobruk gestürmt und sind in die Stadt eingezogen. Das gesamte Verteidigungsnetz ist fest in britischer Hand.

Britische Erfolge in Eritrea
Donnerstag, 23. Janauar 1941, Kairo
Die *Agentur Exchange* berichtet:
Motorisierte Einheiten haben in ständiger Verfolgung des zurückweichenden Gegners eine Strecke von etwa 70 Kilometern im Innern Eritreas zurückgelegt ... Der Nachschub an Brennstoff und Proviant klappt gut und ermöglicht die Fortsetzung motorisierter Operationen.

Freitag, 24. Januar 1941
Aus dem *Hauptquartier von General Wavell:*
In Libyen rücken unsere Verbände weiter nach Westen vor. In Eritrea haben die italienischen Truppen Chern und Rieota geräumt und den Rückzug fortgesetzt. Aus Äthiopien treffen Meldungen über die Tätigkeiten äthiopischer Aufständischer im Süden und Osten des Tana-Sees ein, die den italienischen Truppen Verluste zugefügt haben sollen.

Der Negus kehrt zurück

Freitag, 24. Januar 1941, London
Der Sonderkorrespondent der *Agentur Reuter* berichtet:
Haile Selassie landete im Flugzeug auf einem von äthio-

pischen Soldaten in der Wildnis des Sudans eigens hergerichteten Flugplatz. Der Kaiser wurde von seinen beiden Söhnen und von britischen Offizieren begrüßt. Haile Selassie bestieg einen getarnten Wagen. In einem der zwölf Begleitfahrzeuge befand sich auch Nas Kaffa, Oberkommandierender der äthiopischen Truppen im Krieg gegen Italien.

Die Wagen rollten auf einer neu gebauten Straße durch die Wildnis und trafen in wenigen Minuten an der äthiopischen Grenze ein. Der Kaiser verließ dort seinen Wagen. Der Bischof Kabre Diorgio aus Jerusalem, ein Prälat der äthiopischen Kirche, segnete den Kaiser, der darauf zum erstenmal seit dem Ende des italienisch-äthiopischen Krieges sein Land betrat und selbst die gelb-grüne Flagge hißte. Er nahm dann eine Truppenparade ab. Nach einem kurzen Gottesdienst ging die Feier anläßlich der Rückkehr des Negus nach Äthiopien zu Ende.

OKW/Kriegstagebuch – Lagebericht

H.Gr. Afrika: Sonntag, 26. Januar 1941

General v. Rintelen fügt den am 25. 1. nachmittags bei ihm eingegangenen vorläufigen Berichten des Generalmajors Freiherr v. Funck vom 24. 1. 1941 morgens bei. Dieser äußert sich folgendermaßen: Die derzeitige Lage und ihre voraussichtliche weitere Entwicklung erforderten es, sich aus etwaigen negativen italienischen Maßnahmen herauszuhalten, hingegen eine einflußreiche Beteiligung an großzügiger offensiver Abwehr sicherzustellen. Der vorgesehene Sperrverband sei hierzu nicht befähigt. Es werde daher vorgeschlagen, sofort Paks ohne Personal zur unmittelbaren Unterstützung der italienischen Verteidigung an die Italiener abzugeben, dann aber einen Panzerverband nach Libyen zu überführen, der imstande sei, die feindlichen Panzerkräfte angriffsweise zu bekämpfen. Ferner müsse ein deutscher Korpsstab zur einheitlichen Führung der eigenen und italienischen Panzerkräfte nach Libyen entsandt werden, da nur hierdurch nachhaltiger Einfluß auf die Gesamtoperationen ausgeübt werden könne.

W. Churchill an General Wavell

26. Januar 1941:

Das Auftauchen deutscher Flieger im zentralen Mittelmeer hat mich für den Augenblick gezwungen, die von mir gehegte Hoffnung aufzugeben, wir könnten die Meerenge von Gibraltar für die regelmäßige Durchfahrt von Truppengeleitzügen öffnen und sichern. Wenn sich das in den nächsten Monaten nicht beheben läßt, kann es nicht ausbleiben, daß sich die Verstärkung der Nil-Armee und der übrigen Ihrem Oberbefehl unterstellten Streitkräfte infolge des Schiffsraummangels und des weiten Umwegs über das Kap nicht in dem von mir erhofften Ausmaß vollziehen wird.

Geheimer Bericht des *Sicherheitsdienstes der SS* zur innenpolitischen Lage:

Nr. 157 vom Montag, 27. Januar 1941 (Auszug)

I. Allgemeines: Nach wie vor ist in allen Teilen des Reiches das italienische Kriegsgeschehen Hauptgegen-

22. Januar 1941: australische Truppen vor dem Panorama des eroberten Tobruk. Die über die Stadt ziehende Qualmwolke wird durch brennende Öllager verursacht

Januar 1941, eine Landepiste an der sudanesisch-äthiopischen Grenze: kurze Rast vor der Rückkehr in die Heimat. Kaiser Haile Selassie, am Tisch sitzend, erteilt vor dem Aufbruch die letzten Befehle

stand der Gespräche über den Krieg. Der Fall von Tobruk wurde als unvermeidliche weitere Folge des italienischen Versagens hingenommen. Kennzeichnend für die Einstellung der Bevölkerung zu Italien ist u. a. die im Rahmen der seit Monaten umlaufenden Witze über Italien neuerdings aufgebrachte Bezeichnung der italienischen Wehrmachtsberichte: »Spaghetti-Berichte« (lang und dünn).

Vorstoß aus Französisch-Äquatorialafrika nach Libyen
Dienstag, 28. Januar 1941, Kairo
Die *Agentur Exchange* berichtet:
Nach Meldungen, die soeben im Hauptquartier von General Wavell in Kairo eintreffen, hat eine Abteilung der »Freien Französischen Streitkräfte«, von Französisch-Äquatorialafrika kommend, den italienischen Flugzeugstützpunkt Mursuk im Süden der libyschen Wüste angegriffen.

Derna in britischer Hand

Donnerstag, 30. Januar 1941, Kairo
Aus dem *Hauptquartier von General Wavell:*
In Libyen ist heute morgen die Besetzung von Derna beendet worden.

OKW/Kriegstagebuch – Lagebericht
H.Gr. Afrika: Sonnabend, 1. Februar 1941
Der Führer äußert sich dahin, daß die Verteidigung nur des Gebietes um Tripolis selbst zwecklos sei, da es früher oder später doch verloren gehen würde, weil die Engländer alle Vorteile in der Hand hätten. Wenn die eigene Basis für den Einsatz der Luftwaffe nicht ausreiche, so würde auch der in Tripolis eingesetzte deutsche Verband verloren sein, und dazu sei er zu schade ... General v. Rintelen solle diese Fragen, die vom Chef OKW im Einzelnen formuliert werden sollten, an das italienische Oberkommando stellen und die Antwort persönlich überbringen. Bis dahin seien die Transporte nach Neapel und von dort nach Libyen zu stoppen.

Deutsche Flieger in Libyen?
Sonntag, 2. Februar 1941, London
Die *Agentur Reuter* teilt mit:
An der libyschen Front ist jetzt die deutsche Luftwaffe in

Erscheinung getreten. Bei einem Angriff gegen eine vorgeschobene britische Stellung in Libyen waren die angreifenden Flugzeuge nicht mit Sicherheit festzustellen, aber die Beobachter waren überzeugt, daß es sich um deutsche Flieger handelte, das ging aus der Art des Angriffs hervor. Zudem schienen die Flugzeuge nicht die üblichen italienischen Kennzeichen aufzuweisen.

De-Gaulle-Truppen in Aktion

Sonnabend, 1. Februar 1941, Vichy
United Press meldet:
Der Raid auf den italienischen Flugzeugstützpunkt bei Mursuk im Herzen der Sahara, der von einer motorisierten Kolonne der Streitkräfte von de Gaulle in Begleitung von einem Tuareg-Kamelkorps unter Führung französischer Offiziere und Unteroffiziere ausgeführt wurde, wird von militärischen Sachverständigen als ein waghalsiges Unternehmen bezeichnet.
Man erklärt, es sei schon fast unmöglich, die Wüste von Tibesti mit Kamelen zu durchqueren, doch mit Motorfahrzeugen sei ein solches Unternehmen noch nie ausgeführt worden. Mursuk ist eine Oase in der gewaltigen Wüste, 1300 Kilometer nördlich vom Tschad-See gelegen und 1500 Kilometer von Fort Lamy entfernt, von dem die Kolonne aufgebrochen war.
Nach hier vorliegenden Berichten besetzte die motorisierte Kolonne Tummo und Gatrun, ohne auf Widerstand zu stoßen, da diese beiden Oasen von den Italienern nicht besetzt waren. Bei Mursuk dagegen kam es zu einem blutigen Gefecht: Die italienische Garnison, die das Fort besetzt hielt, eröffnete heftiges Feuer auf die Franzosen, die in der kleinen Oase und den Sanddünen nur geringe Deckung fanden. Die angreifende Kolonne schloß die Ortschaft ein und verbrachte dann den ganzen Tag damit, die Gebäude und Einrichtungen des Flugstützpunktes zu zerstören. Baracken, Wassertanks, Benzinreservoirs, Hangars und Flugzeuge wurden mit Dynamit gesprengt.
Nach Eintritt der Abenddämmerung zogen sich dann die Streitkräfte de Gaulles wieder in die Wüste zurück, nachdem sie ihre Aufgabe erfüllt hatten, den einzigen italienischen Flugstützpunkt im Süden Libyens zu zerstören. Von seiten der de-Gaulle-Truppen wird zugegeben, daß der Raid beträchtliche Verluste verursacht habe. Auch der junge Kommandant der Streitmacht, Colonna d'Ornano, sei im Fort von Mursuk gefallen.

Britischer Vormarsch in Libyen geht weiter
Mittwoch, 5. Februar 1941, Kairo
Die *Agentur Exchange* berichtet:
Kyrene wurde gestern morgen nach harten Kämpfen von Empire-Truppen besetzt, die am späten Abend bereits

Februar 1941: britischer Panzerspähwagen auf der menschenleeren Kaipromenade von Bengasi

Linke Seite: Cyrenaika, Raum Bukbuk, Dezember 1940: italienische Soldaten auf dem Weg zur Kriegsgefangenen-Sammelstelle

die Offensive in Richtung Bengasi fortsetzten. Kyrene war das Hauptquartier von Marschall Graziani zum Zeitpunkt der Vorbereitung der italienischen Offensive gegen Ägypten. Mit diesem letzten Erfolg stehen die Truppen von General Wavell bereits etwa 80 bis 90 Kilometer westlich von Derna.

300 Kilometer südlich von Bengasi

Sonnabend, 8. Februar 1941, Kairo
United Press meldet:
General Wavell hat seine Blitzoffensive in den Wüstengebieten nach der Einnahme von Bengasi mit unverminderter Schnelligkeit fortgesetzt. Britische Panzerverbände sind bereits 300 Kilometer über die Stadt hinaus nach Süden vorgestoßen und stehen heute irgendwo zwischen Sollum und Agedabia.

8. Februar 1941, Rom
Das *Comando Supremo* teilt mit:
Am Abend des 6. Februar 1941 hat der Feind Bengasi besetzt, das von unseren Truppen zur Schonung der italienischen und Eingeborenenbevölkerung geräumt wurde.

Und so war es

Eine lange Schlange von Fahrzeugen der beiden britischen Divisionen mit ihren Panzern, Artillerie-Zugmaschinen und Lkw bewegt sich langsam durch die Libysche Wüste. 30000 Mann der Truppen von General O'Connor befinden sich auf dem Marsch nach Westen.

Am Sonntag, dem 8. Dezember 1940, stößt die indische 4. Division (Gen. Beresford-Peirse) nach Norden auf Sidi Barrani vor. Trotz heftiger Sandstürme gelingt es ihr bereits am Nachmittag, durch zwei Panzerregimenter der 7. Panzerdivision (Maj.Gen. Creagh) verstärkt, in einer Zangenbewegung sich der Hafenstadt zu nähern. Noch vor Sonnenuntergang wird der größere Teil der italienischen Stellungen von Sidi Barrani überrannt und einige Stunden später auch die Reservebrigade der 7. Panzerdivision für einen weiteren Umfassungsangriff in Richtung Westen eingesetzt.

In den frühen Morgenstunden des 9. Dezember 1940 stürmt die Infanterie der indischen 4. Division mit dem 7. Panzerregiment der »Royal Tanks« (Lt.Col. Jerram) als Angriffsspitze überraschend den italienischen Nibeiwa-Stützpunkt. Sie erreichen nördlich von Bukbuk die Küstenstraße und schneiden einer großen italienischen

Cyrenaika, Dezember 1940: Britischer Posten bewacht die Waffen der zerschlagenen italienischen Verbände

Kolonne den Rückzug ab. 14000 Italiener werden gefangengenommen und 88 Geschütze erbeutet.

Am Dienstag, dem 10. Dezember 1940, beginnt die Verlegung des X. Fliegerkorps (Gen.d.Fl. H. Geisler) nach Sizilien und Süditalien. Die deutschen Geschwader sollen, neben der Bekämpfung britischer Seestreitkräfte und ihrer Schiffahrtswege, vor allem durch Angriffe auf britische Häfen und Nachschubbasen an der Küste in West-Ägypten und der Cyrenaika die italienischen Truppen in Nordafrika unterstützen. Die Stärke des X. Fliegerkorps beträgt zunächst 200 Maschinen.

Am nächsten Tag, dem 11. Dezember 1940, erobert die britische 7. Panzerdivision die italienischen Stellungen im Raum um Bukbuk. Der größte Teil der Division »Catanzaro« gerät in Gefangenschaft. Nur die Division »Cirene« schafft es, sich aus dem Raum um Sofafi und Rabia fluchtartig nach Westen abzusetzen.
Damit ist die erste Phase der Operation »Compass« abgeschlossen. Den Engländern fallen 38300 Gefangene, 237 Geschütze, 73 Panzer und über 1000 Lastkraftwagen in die Hände. Die britischen Verluste: 624 Tote.

Am Sonntag, dem 15. Dezember 1940, ist Ägypten bereits von italienischen Truppen geräumt.

Am Donnerstag, dem 19. Dezember 1940, bietet Hitler Mussolini als Soforthilfe für Libyen die Entsendung einer Panzerdivision sowie Waffen für zehn Divisionen, außerdem Rohstoffe für die italienische Rüstungsindustrie an.

Am Freitag, dem 27. Dezember 1940, wird die befestigte Hafenstadt Bardia von britischen Truppen eingeschlossen.

Acht Tage später, am 3. Januar 1941, beginnt der britische Sturmangriff auf Bardia. Es dauert nur wenige Stunden, bis die italienische Verteidigung zusammenbricht.

Bereits Anfang Januar 1941 stellen die Engländer fest, daß sich die Italiener in Äthiopien von der Grenze des Sudans zurückziehen. Angesichts der italienischen Niederlage in Nordafrika glaubt der Herzog d'Aosta, daß seine Truppen sich in ihren vorgeschobenen Stellungen kaum gegen die Engländer halten können.

In der ersten Januarwoche 1941 treffen die G- und T-Patrouillen der LRDG unter Captain P. A. Clayton mit einer kleinen Einheit der von Colonel d'Ornano geführten Freien Franzosen an einer abgelegenen Stelle bei Tibesti, westlich der Oase Kufra, zusammen. Die Anhänger von General de Gaulle haben noch vor einigen Tagen die Garnison des Wüstenforts Bardai gebildet, das in den Tibesti-Bergen im Norden der Provinz Tschad liegt. Die LRDG plant nun, ihr Aktionsgebiet auf das inmitten der Libyschen Wüste gelegene Fessan-Plateau, etwa 1000 Kilometer südlich von Tripolis, zu verlagern.

Am Montag, dem 6. Januar 1941, ergibt sich die Garnison von Bardia. 45000 Gefangene sowie 462 Geschütze und 129 Panzer fallen den Engländern in die Hände. Sofort nach Einnahme der Stadt rollt die 7. Panzerdivision westwärts, um den Italienern den Rückzug nach Tobruk abzuschneiden. Gleich nach Eintreffen der australischen Verbände soll ein Sturmangriff auf die Küstenfestung erfolgen.

Anfang Januar 1941 beschließt Churchill, dem von den Deutschen bedrohten Griechenland zu helfen. Er befiehlt General Wavell, sofort Vorbereitungen für die Entsendung einer Expeditionstruppe zu treffen, obwohl dies eine erhebliche Schwächung der kleinen Western Desert Force bedeutet.

Bereits in den Morgenstunden des 7. Januar 1941 bezieht die inzwischen eingetroffene australische 19. Infanteriebrigade (Brig. Robertson) ihre Stellungen vor dem Ostabschnitt des Festungsgürtels von Tobruk. Damit beginnt der erste Kampf um Tobruk, dessen Besatzung rund 25000 Mann zählt.
Am selben Tag stellt Churchill in einem Telegramm an General Wavell empört fest: »Die Verpflegungsstärke Ihrer Truppen hat 350000 Mann erreicht, während in der Cyrenaika nur zwei Divisionen kämpfen.«
Der verhältnismäßig schnelle britische Vormarsch in der Cyrenaika ist um so auffallender, als er unter erheblichen Schwierigkeiten erfolgt: Es werden in Ägypten Verstärkungen, Transportmittel und Flugzeuge zurückgehalten, die für die Western Desert Force vorgesehen sind. Selbst einige Einheiten läßt General Wavell zurücknehmen.

Die Erfolge der Operation »Compass« und die Vernichtung der italienischen 10. Armee (Gen. Berti) schaffen die entscheidenden Voraussetzungen für eine britische Offensive gegen die Italiener in Ostafrika.

Am Donnerstag, dem 9. Januar 1941, entschließt sich Hitler, statt der ursprünglich vorgesehenen Hilfe für den italienischen Vorstoß nach Ägypten sofort einen Panzer-Sperrverband (die spätere 5. leichte Division) zur Verteidigung von Tripolitanien zu entsenden, dem weitere Truppen in der Gesamtstärke eines Panzerkorps folgen sollen.

Jetzt erweisen sich die schon vor Monaten getroffenen Vorbereitungen als wesentliche Voraussetzung für eine schnelle Durchführung der deutschen Maßnahmen. Die Kriegsmarine erweitert zunächst ihre Organisation im Mittelmeer durch die Aufstellung von Seetransportstellen in Brindisi, Neapel, Durazzo und Tripolis. Sie werden dem Deutschen Seetransportchef Italien (Konteradm. Horstmann), der gleichzeitig Verbindungsoffizier zum Deutschen Admiral in Rom ist, unterstellt.
Die allgemeine Verantwortung für Geleitzüge liegt bei der italienischen Marine, die von den italienischen Luftstreitkräften und dem X. Fliegerkorps (Gen.d.Fl. Geisler) unterstützt werden soll. Der Anteil der Kriegsmarine für eine Sicherung der deutschen Transporte beschränkt sich lediglich auf die Ausrüstung der Schiffe mit je einer 2-cm-Flak.

Am Freitag, dem 10. Januar 1941, beginnen die Geschwader des X. Fliegerkorps ihre ersten Angriffe gegen britische Seestreitkräfte im Mittelmeer.

Am Sonnabend, dem 11. Januar 1941, greifen die G- und T-Patrouillen der LRDG mit 87 Mann die Haupt-Oase Mursuk an, die in der Sahara mitten im Fessan-Gebiet liegt, über 1800 Kilometer von ihrer eigenen Basis entfernt. Sie stürmen die Ortschaft und den nahegelegenen Flugplatz. Die Besatzung des Forts gibt sich trotz mehrstündigem Beschuß mit leichten Waffen nicht geschlagen; Colonel d'Ornano findet dabei den Tod. Nachdem die Flugplatz-Einrichtungen und zwei Maschinen zerstört sind, ziehen sich die Angreifer wieder in die Wüste zurück.
Da die Italiener rechtzeitig per Funk die umliegenden Forts vor der drohenden Gefahr warnen, kann die LRDG auf dem Rückmarsch nur noch den kleinen Posten El Tagheren erobern. Es ist zugleich die letzte Commando-Operation im Inneren der Wüste. Das Ergebnis des Mursuk-Raids: Die gesamte Libysche Wüste und Sahara müssen jetzt vom Comando Supremo als britisches Operationsgebiet betrachtet werden.

Am Sonntag, dem 19. Januar 1941, befiehlt General Wavell den britischen Truppen in Ostafrika, vorzeitig mit den Operationen in Eritrea zu beginnen, um den Italienern den Rückzug zu verlegen. Im nördlichen Frontabschnitt rechnet man jedoch mit starkem Widerstand: Hier hat General Frusci ungefähr 17000 gut ausgerüstete Soldaten im Grenzgebiet von Eritrea und mehr als drei Divisionen im Hinterland zusammengezogen. Die Truppen unter Major General Platt, darunter die aus Ägypten verlegte indische 4. Division (Gen. Beresford-Peirse), beginnen ihren Angriff vom Sudan aus.
Der Herzog d'Aosta hat den Streitkräften in Eritrea befohlen, rechtzeitig zurückzuweichen, ehe sich der britische Vormarsch entfaltet.
Noch am selben Tag ziehen sich die beiden italienischen Divisionen und Kavallerieeinheiten nach einem Luftangriff aus Kassala zurück. Ohne auf ernsthaften Widerstand zu stoßen, nehmen die Engländer die Verfolgung

Januar 1941: britische Feldhaubitze in Feuerstellung vor Tobruk

auf. Die Truppen unter General Platt marschieren jetzt in Richtung Keren in Eritrea ein. Ganz besonders macht den Italienern die britische motorisierte Artillerie mit ihrer großen Reichweite zu schaffen, da sie ihr nichts Gleichwertiges entgegensetzen können.

Am Dienstag, dem 21. Janaur 1941, beginnen die Engländer morgens um 5.30 Uhr ihren Angriff auf Tobruk. Nach heftigem einleitenden Artilleriebeschuß von See her, unterstützt durch Bombenangriffe der RAF, übernimmt die australische 6. Division (Maj.Gen. MacKay) den Schwerpunkt des Sturmangriffs. Es gelingt den australischen Verbänden, den Südostabschnitt des Festungsgürtels zu durchbrechen, wo die Panzergräben nicht tief genug und die Minenfelder leicht zu überwinden sind.
Unterdessen stoßen in Ostafrika britische Truppen östlich von Kassala über 50 Kilometer tief in das Landesinnere von Eritrea vor.

Am nächsten Morgen, dem 22. Januar 1941, rücken die Soldaten der australischen 6. Division in Tobruk ein, ohne auf großen Widerstand zu stoßen. Gleichzeitig rollen an der Küste entlang die zur 7. Panzerdivision gehörenden Kompanien der Freien Franzosen in den Westteil der Festung Tobruk. Auch hier treffen sie kaum auf Widerstand. 30 Stunden nach Beginn des Angriffs ist Tobruk gefallen. 30000 Gefangene, 236 Geschütze und 87 Panzer fallen den britischen Truppen in die Hände. Im Hafen von Tobruk wird der italienische Kreuzer »San Giorgio« versenkt. Die britischen Verluste: etwa 400 Mann. Inzwischen setzt die 7. Panzerdivision ihren Vormarsch nach Westen in Richtung El Mechili fort.

In diesen Tagen trifft das Oberkommando der Wehrmacht (OKW) strengste Sicherheitsvorkehrungen, um die Aufstellung des Deutschen Afrika-Korps möglichst lange geheimzuhalten, obwohl es zahlreiche Anzeichen dafür gibt, die auf derartige Vorbereitungen hindeuten. Hauptmann Vauhnik, der jugoslawische Militärattaché in Berlin: »So hatte ich zufällig erfahren, daß die Tabakfabrik Austria den Auftrag erhielt, neue Tropenpackungen für den Rauchtabak in Angriff zu nehmen. Durch Indiskretion eines Chefs der Fachgruppe ›Textil‹ wußte man bald von einer Bestellung über 200000 Garnituren Rohseidenwäsche für Soldaten. Und der Kolonialbund in München mußte die gesammelten Erfahrungen seiner Mitglieder aus dem Ersten Weltkrieg neu bearbeiten und in kleinen Broschüren zur Verfügung stellen. Einige alte Kolonialoffiziere der einstigen Armee unter Kaiser Wilhelm mußten in den Übungslagern Vorträge halten ...«

Seitdem im Januar 1941 bekannt wird, daß Haile Selassie aus dem Exil zurückkehrt, breitet sich der Aufstand in Äthiopien immer schneller aus: Brigadier D. D. Sandford, ein pensionierter Offizier, den man bei Kriegsausbruch wieder in den Dienst zurückgeholt hat, wird nach

Äthiopien geschickt, um dort unter den Stammesfürsten der Hochländer im Raum Gondar einen Aufstand zu organisieren. Unterstützt wird er dabei von Captain Orde Wingate mit dessen Freischärlertruppe »Gideon Force« und einem sudanesischen Bataillon.
Ende des Monats kämpfen in Ostafrika gegen die Italiener: Engländer, französische Fremdenlegionäre, Südafrikaner und sogar eine belgische Einheit des Generals Gilliaert, die unter unbeschreiblichen Strapazen vom Kongo aus ganz Afrika durchquert hat, dazu die einheimischen Guerillas.

Am Sonnabend, dem 1. Februar 1941, teilt Marschall Graziani dem Duce seinen Entschluß mit, bis zum Ort Syrte zwischen El Agheila und Tripolis zurückzugehen. Graziani hat die Gefahr erkannt, in der sich seine Truppen in der Cyrenaika befinden. Das Auftreten der LRDG-Commandos im Süden Libyens und die Befürchtung, die Engländer könnten in Französisch-Nordafrika landen, sind für den Marschall ausschlaggebend. Graziani beauftragt den Oberbefehlshaber der italienischen 10. Armee (jetzt Gen. Tellera), den Rückzug in die Wege zu leiten.
Zu gleicher Stunde legt Generalmajor Hans v. Funck, Kommandeur der 5. leichten Division, die als Sperrverband für Libyen vorgesehen ist, Hitler seinen Bericht vor mit den Eindrücken, die er anläßlich einer Inspektion des zukünftigen Einsatzraumes gewonnen hat, und die nicht sehr ermutigend sind: Marschall Graziani verfüge in Tripolitanien nur noch über vier Divisionen ohne Artillerie, die mit dem Bau von Verteidigungsstellungen um Tripolis beschäftigt seien.
Eine Verteidigung weiter ostwärts – so Generalmajor v. Funck – halte er für unmöglich. Außerdem sei die 5. leichte Division nicht ausreichend, um ein Debakel in Libyen zu verhindern. Er fordere zumindest eine Panzerdivision, um die Verteidigung offensiv führen und die Cyrenaika zurückerobern zu können. Seiner Meinung nach würden die deutschen Kräfte zu spät in Afrika eintreffen.

Januar 1941, Raum Gondar (Äthiopien): Captain Orde Wingate inspiziert die Freischärlertruppe »Gideon Force« vor ihrem Einsatz

In Eritrea erobern unterdessen britische Truppen die Gebirgsstellungen bei Agordat im Inneren des Landes, während sich die italienischen Truppen in Richtung Keren zurückziehen.

1940/41: Der erste britische Stoß durch die Cyrenaika

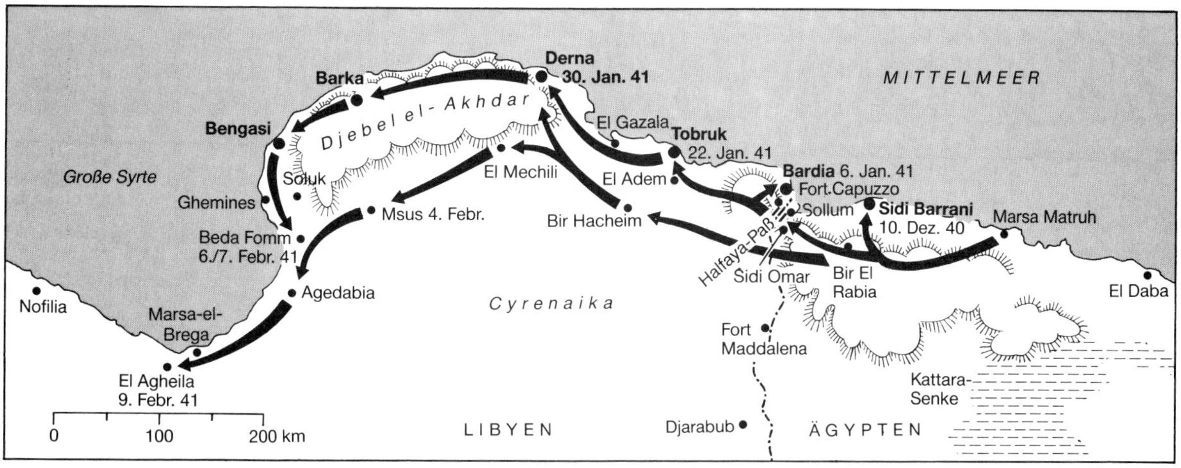

Am Sonntag, dem 2. Februar 1941, entdecken Aufklärungsmaschinen der RAF die italienischen Rückzugsbewegungen in der Cyrenaika. General O'Connor befiehlt daraufhin der 7. Panzerdivision, am Morgen des 4. Februar 1941 mit dem Vormarsch zu beginnen.
Ebenfalls am 2. Februar 1941 bittet Marschall Graziani um seine Abberufung.
Am selben Tag befinden sich die italienischen Truppen in Äthiopien östlich von Gallabat, an der Straße zwischen Metemma und Gondar, in vollem Rückzug.

Am nächsten Tag, dem 3. Februar 1941, gibt Hitler anläßlich einer Besprechung mit den Vertretern des OKW, OKH und des OKL seine Entscheidung bekannt: Seiner Meinung nach sei der Verlust Libyens zwar militärisch zu ertragen, aber er fürchte einen möglichen Kriegsaustritt Italiens. Die Hilfe für die Italiener in Nordafrika sei deswegen unerläßlich. Dort erzielte Erfolge könnten eventuell sogar einen Balkanfeldzug überflüssig machen.
Hitler ernennt noch am gleichen Tag Generalleutnant Erwin Rommel zum »Befehlshaber der deutschen Heerestruppen in Libyen«.
Zur gleichen Stunde verlegt Marschall Graziani sein Hauptquartier von Bengasi nach Tripolis.

In Zentral-Eritrea erobern britische Truppen an diesem Tag nach harten Kämpfen Berentu. Erst durch den vollen Einsatz der indischen 4. Division (Gen. Beresford-Peirse) können die erbittert verteidigten Gebirgsforts erobert werden. Unterdessen verschanzen sich die italienischen Elitetruppen unter General Carnimeo in gut ausgebauten Gebirgsstellungen bei Keren. Diese stärksten Verteidigungsstellungen in Ostafrika schützen den einzigen Zugang nach Asmara und den italienischen Marinestützpunkt Massaua am Roten Meer.
Der erste Versuch des britischen Generals Platt, bei Keren aus der Bewegung heraus den Durchbruch zu erreichen, endet mit einem Mißerfolg. General Carnimeo, Kommandant dieses Gebietes, beweist sein großartiges taktisches Geschick. Hier, bei Keren, wo sich zwei italienische Divisionen verschanzt haben, wird hartnäckiger Widerstand geleistet. Als die Angriffe der britischen Verbände zu keinem Erfolg führen, beschließt General Platt, sich Zeit zu nehmen, um den Sturmangriff gründlich vorzubereiten.

Februar 1941, Raum Syrte: General Tellera inspiziert eine Stellung der italienischen leichten Flak

Raum Beda Fomm, Februar 1941: ein beim Ausbruchsversuch zerschlagener italienischer motorisierter Verband

Inzwischen wird der Aufstand in Äthiopien weiter geschürt. Der energische General Carnimeo fordert die Verteidigung der 30 Kilometer breiten Abwehrfront »bis zum letzten Blutstropfen«. Und Keren wird weiterhin zäh verteidigt. »Die Schlacht wurde hartnäckig«, notiert Churchill. »Der Feind hatte wiederholt wütende Gegenangriffe geführt und zeigte keine Anzeichen unmittelbarer Schwäche.«
Da die Gebirgsstellung nicht an den Flanken aufgerollt werden kann, bleibt nur der direkte Frontalangriff. Für die Bereitstellung der nötigen Angriffsmittel und den Aufmarsch seiner beiden Divisionen steht General Platt nur eine einzige Straße zur Verfügung, die noch dazu vom Feind eingesehen wird. Weil die Endstation der einzigen Bahnlinie etwa 250 Kilometer entfernt ist, werden die britischen Vorbereitungen einige Wochen in Anspruch nehmen. Damit ist allerdings auch jedes Überraschungsmoment ausgeschlossen.

Am Dienstag, dem 4. Februar 1941, bringen mittags Luftaufklärer der RAF die Nachricht mit, daß sich der aus der Cyrenaika zurückziehende Feind bereits südlich von Bengasi befindet. Um den Italienern den Weg endgültig abzuschneiden, gibt Major General Creagh den Befehl, eine Streitmacht aus motorisierter Infanterie, Artillerie und dem 11. Aufklärungsregiment »Hussars« (Lt.Col. Combe) vorauszuschicken.

In den Mittagsstunden des 5. Februar 1941 haben die britischen Vorhuten innerhalb von 33 Stunden die libysche Küstenstraße südwestlich von Beda Fomm erreicht, nachdem sie fast 270 Kilometer unbekanntes Wüstengebiet durchquert haben.
Bis zum Nachmittag hat sich diese Streitmacht in einer Riegelstellung südlich von Beda Fomm quer über zwei Rückzugswege der Italiener verschanzt. Es gelingt ihnen, noch vor Einbruch der Dunkelheit die beiden gegnerischen Artillerie- und Transportkolonnen zu zerschlagen.

Am Morgen des 6. Februar 1941 erreichen die sich zurückziehenden italienischen Hauptkräfte unter dem Schutz von Panzern Beda Fomm, fast 450 Kilometer westlich der libyschen Grenze. Insgesamt verfügen die Italiener über mehr als 100 Panzer, die Engländer dagegen nur über 29.

THE DAILY MAIL, Wednesday, February 5, 1941.

ALWAYS ADD A LITTLE HP SAUCE TO YOUR

Daily Mail

FOR KING AND EMPIRE

LATE WAR NEWS SPECIAL

Adorable & Durable Bear Brand STOCKINGS

NO. 13.972 • WEDNESDAY, FEBRUARY 5, 1941 ONE PENNY

GREAT NEW AFRICA VICTORY

Graziani's Former G.H.Q. Falls to Wavell

HEAVY BLOWS ON THREE FRONTS

FROM the Libyan coast to Somaliland, 2,500 miles to the south, Mussolini's tottering African Empire yesterday received four crippling blows at the hands of troops drawn from all quarters of the British Empire.

CYRENE, Graziani's G.H.Q., which he evacuated recently, was taken by the British. It is 50 miles beyond Derna. Apollonia, the town's port, is cut off. Forty miles farther on the Italians are in retreat.

Italian Women in Peril

The Little Man with Big Ideas

By FROOM TYLER, Daily Mail Foreign Editor

AWAY on the other side of the world a little bullet-headed man with a Hitler moustache and horn-rimmed glasses is doing a lot of explaining. And the more he explains, the more obscure his real purpose becomes.

Mussolini Sacks 42 Fascists

Big New Purge

From Daily Mail Correspondent

NEW YORK, Tuesday.

FORTY-TWO Fascist political chiefs lost their jobs to-day in a purge by Mussolini designed to bring about closer co-operation between Italy and Germany, according to Rome reports.

LAVAL ATTEMPTS 'DIKTAT'

Darlan Takes His Terms to Pétain

From Daily Mail Special Correspondent

FRENCH FRONTIER, Tuesday.

MARSHAL PÉTAIN to-night held a 90-minutes conference with his Vichy "Big Three"—Admiral Darlan, General Huntziger and M. Flandin, Foreign Minister—to discuss M. Laval's "terms" for rejoining the French Cabinet.

Admiral Darlan had just arrived back in Vichy with the proposals from Paris, where he had conferred with Laval, Abetz, Hitler's envoy, and Comte de Brinon, the Vichy representative.

Laval's "terms," however, are reported

EARL'S SON AGED 20 SHOT DEAD

»Neuer großer Sieg in Afrika« – meldet die britische Presse am 5. 2. 1941

Den ganzen Tag hindurch finden Panzergefechte statt, und als die Nacht hereinbricht, liegen auf dem Schlachtfeld 60 zerstörte italienische Panzer. Weitere 40 Panzer haben die italienischen Besatzungen stehenlassen. Die Engländer haben nur drei Panzer verloren. Nach diesen enormen Verlusten gehen die Italiener scharenweise in Gefangenschaft.
Am selben Tag wird die italienische 10. Armee zerschlagen und Bengasi eingenommen. Die Reste der italienischen Kräfte retten sich in die Stellungen bei Marsa el Brega an der Großen Syrte.
Der Befehl des Comando Supremo lautet jetzt, Tripolis als letzten Rückhalt auf nordafrikanischem Boden schnellstens für eine Verteidigung auszubauen. Etwas anderes ist kaum noch möglich, nachdem die Italiener fast das ganze Territorium eingebüßt haben. Außerdem nimmt die Demoralisierung zu, denn 130000 Mann sind in Gefangenschaft, verwundet oder tot.
Ebenfalls am 6. Februar 1941 wird Generalleutnant Rommel von Hitler und Generalfeldmarschall v. Brauchitsch in seine neue Aufgabe als Kommandierender General des Deutschen Afrika-Korps eingewiesen.
Unterdessen wird bei der grimmigen Kälte von minus 23 Grad die dem Kommando der 5. leichten Division unterstellte Aufklärungsabteilung (mot.) 3 in Babelsberg-Ufastadt in Waggons verladen. Sie soll als erste deutsche Einheit in Nordafrika eingesetzt werden.

Am Freitag, dem 7. Februar 1941, unternehmen die Italiener bei Sonnenaufgang im Raum Beda Fomm ihren letzten Ausbruchsversuch, der aber zurückgeschlagen wird. In der Schlacht von Beda Fomm machen die Engländer insgesamt 20000 Gefangene und erbeuten mehr als 200 Geschütze und zahlreiche Panzer. Die Gesamtstärke der britischen Truppen: nur 3000 Mann.
Am selben Tag erobern die Streitkräfte der Freien Franzosen, die vom Tschad-See aus nach Norden vorstoßen, im südlichen Libyen italienische Luftstützpunkte sowie die Oase Kufra.

Am Sonnabend, dem 8. Februar 1941, besetzen die Truppen von General O'Connor den Ort El Agheila. Sie sind innerhalb von zwei Monaten über 800 Kilometer nach Westen vorgestoßen und haben die beiden wichtigsten Festungen Tobruk und Bardia eingenommen. Die Beute beträgt rund 400 Panzer und 1000 Geschütze, die Zahl der Gefangenen rund 130000.
Obwohl zwischen El Agheila und Tripolis kaum mit Widerstand zu rechnen ist, machen die britischen Truppen hier Halt.
Griechenland hat inzwischen Churchills Hilfsangebot angenommen, und die besten Verbände werden nun aus Nordafrika eiligst abgezogen. So verbleiben in Libyen nur noch schwache, kaum kampferprobte Sicherungstruppen zum Schutz der eroberten Gebiete.

Dritte Phase

9. Februar – 29. März 1941

Unternehmen »Sonnenblume«,
der Einsatz deutscher Truppen in Nordafrika

Bomben auf Malta

Montag, 10. Februar 1941, La Valetta
United Presse meldet:
Die Luftwaffe hat Malta in den letzten vier Tagen 20mal bombardiert. Der längste und heftigste Angriff erfolgte in der Nacht zum Sonntag. Ununterbrochen haben einzelne Flugzeuge und auch kleinere Formationen die Insel angeflogen und ihre Bombenlast abgeworfen.

OKW/Kriegstagebuch – Lagebericht
H.Gr. Afrika: Mittwoch, 12. Febraur 1941
Am 11. 2. 1941 hat die 1. Staffel des Transportes »Sonnenblume« Tripolis erreicht. Am 14. 2. 1941 soll die 2. Staffel, die bereits eine Aufklärungs-Abteilung und Panzerjäger an Bord hat, eintreffen.

W. Churchill an General Wavell
12. Februar 1941:
Nehmen Sie meine herzlichsten Glückwünsche zu diesem letzten bewundernswerten Sieg entgegen und zu der unerwarteten Schnelligkeit, mit der die Cyrenaika erobert worden ist.

La Valetta (Malta), Februar 1941: das Hafengebiet während eines nächtlichen Angriffs der Luftwaffe

Februar 1941, Cyrenaika: deutsche Sturzkampfflugzeuge Junkers Ju 87 auf einem Feldflugplatz inmitten der Wüste

Die Luftwaffe greift in der Cyrenaika ein
Sonnabend, 15. Februar 1941, Berlin
Das *DNB* meldet:
Ergänzend zum Heeresbericht vom Sonnabend weist man an informierter Stelle darauf hin, daß General Wavell, der Oberbefehlshaber der britischen Truppen in Nordafrika, seit einigen Tagen seinen Vormarsch in der Cyrenaika durch den verstärkten Einsatz deutscher Kampfflieger empfindlich gestört sieht. Seit Tagen greifen deutsche Bombenflugzeuge ungestüm militärische Anlagen, Zeltlager, Biwaks und marschierende Kolonnen an.

Erster Stukaangriff in Libyen

Von Kriegsberichterstatter Leutnant Tappert:
Unsere Motoren arbeiten brav wie immer bei diesem stundenlangen Flug über das Mittelmeer. Auf halbem Wege schon wird die Luft fühlbar wärmer. Als wir die Küste erreichen und die Sonne so richtig auf unsere Glaskanzel strahlt, wird uns klar, daß wir uns auf eine ganz ungewohnte Temperatur umzustellen haben. Keiner von uns hat den Anblick erwartet, den die afrikanische Küste jetzt darbietet.
Hinter dem Meer beginnt sofort die Wüste, und aus unserer Höhe sehen wir nichts als Sand und Lehm und Dünen. Winzige Grasbüschel unterbrechen die gelbbraune Fläche. Selten einmal ein flaches rechteckiges weißes Gebäude, umstanden von einigen Palmen. Unfruchtbare Strecken, Flachland, abwechselnd mit zahllosen Dünen, die in unregelmäßigen Buckeln aneinandergedrängt mit spärlicher Vegetation bedeckt sind. Eine schmale, weiße, staubige Straße weist uns den Weg zu unserem ersten Landeplatz auf afrikanischem Boden. Die erste Maschine setzt auf dem viereckigen Platz auf. Eine haushohe, breite Sandfahne steigt auf. Als alle Maschinen am Boden und zu ihren Landeplätzen gerollt sind, sehen wir in einen Nebel von aufgewirbeltem Sand. Und so wird es jetzt immer sein, bei jedem Anlassen der Motoren, bei jedem Start und jeder Landung. Weißer Sand überall, in den Ohren, in den Augen, sogar im Mund. Gleißend heiß scheint die Sonne auf den Platz. Alles Überflüssige unserer schweren Fliegerkleidung werfen wir ab.
Wie wir eiligst unsere Maschinen für den Feindflug instandsetzen, sehen wir, daß die ganze Flugplatzanlage nur aus dem Rollfeld und einigen Zelten besteht. Der Kommandant treibt zur Eile. Es muß heute noch der erste Angriff geflogen werden. Ein Sandsturm mit 60

Kilometer Stundengeschwindigkeit ist gemeldet. Der Start soll möglichst bald erfolgen, bevor der treibende Sand uns daran hindert.
Die erste Maschine erhebt sich gerade in die Luft, als die gelbe Nebelwand den Platz erreicht. Durch unsere größere Geschwindigkeit sind wir dem ostwärts wehenden Sand davongeflogen. Die Sicht aus den Fenstern wird besser. In unserer Höhe läßt die drückende schwüle Hitze nach. Der Sprechfunk meldet, daß das Ziel erreicht ist.
Der Kommandeur gibt den Befehl zum Angriff. Die Aufklärer hatten gemeldet, daß sich hier eine australische Panzereinheit zusammengezogen hat und Panzer nach Westen als Vorausabteilung vorstoßen wollen. Wir stürzen als eine der ersten Maschinen hinter dem Kommandeur. Noch im Sturz korrigiert der Führer der Maschine das Ziel. Dann geht es senkrecht nach unten. Unsere Bomben liegen dicht neben den Explosionswolken der vorher geworfenen.
Träge wälzt sich der Qualm dem offenen Meer zu. Deutlich sehe ich, wie eine Maschine nach der anderen in steilem Sturz aus dem blauen Himmel kommt. In Angriffen erprobte Stukaflieger drehen noch im Sturz die Maschine, um genau ins Ziel zu kommen. Kurz nach ihrem Abfallen entsteht auf der Erde eine Explosion. Die Bombe hat ihr Ziel erreicht.

Der Adler, Februar 1941

Britischer Vormarsch gegen Mogadischu
Dienstag, 18. Februar 1941
Die *Agentur Exchange* berichtet:
Die Offensive der britischen Empiretruppen in Italienisch-Somaliland hat gestern entscheidende Fortschritte gemacht. Nachdem am Vortag südafrikanische Sturzkampfbomber die italienischen Stellungen am östlichen Ufer des Juba sturmreif gemacht hatten, gelang es im Morgengrauen, den Fluß zu überqueren und auf breiter Front die italienischen Stellungen aufzurollen. Inzwischen konnte leichte Artillerie übergesetzt werden. An der Küste gewann die Offensive in Richtung Mogadischu beträchtlich an Boden.

Der erste OKW-Bericht über das Deutsche Afrika-Korps
Mittwoch, 26. Februar 1941
Das *Oberkommando der Wehrmacht* gibt bekannt:
An der libyschen Küste südöstlich Agedabia stießen in den Morgenstunden des 24. Februar ein deutscher und ein englischer motorisierter Spähtrupp zusammen. Eine Anzahl englische Motorfahrzeuge, darunter mehrere Panzerwagen, wurden vernichtet und einige Gefangene eingebracht. Auf deutscher Seite entstanden keine Verluste.

Donnerstag, 27. Februar 1941, Kairo
Aus dem *Hauptquartier von General Wavell:*
In Libyen stießen unsere motorisierten Vorposten westlich von El Agheila auf eine Panzereinheit, allem Anschein nach eine deutsche, und warfen sie zurück.

Oberkommando des Heeres
Gen St d H/Abt Frd Heere West (IV)

Der
Soldat in Libyen
(Taschenbuch für die Truppe)

Februar 1941

Gedruckt in der Reichsdruckerei

Der »Benimm«-Leitfaden für die Angehörigen des Deutschen Afrika-Korps

Der Soldat in Libyen
Taschenbuch für die Truppe
Berlin 1941

II. Winke für den Soldaten
Winke für Gesundheitspflege, Unterkunft und Bekleidung in Libyen
Das Klima des Landes ist ganz anders als das deutsche. Der deutsche Soldat muß sich erst an die klimatischen Eigentümlichkeiten gewöhnen.
In Nordafrika gibt es Krankheiten, die wir in Deutschland nicht haben. Jeder deutsche Soldat muß deshalb die Gefahren kennen, die ihm durch die Eigentümlichkeiten des Landes drohen.
Er muß folgendes besonders beachten:

a) *Wasser:*
Im Wasser des Landes können die Erreger verschiedener Krankheiten vorkommen. Trinke deshalb nie unabgekochtes Wasser, spüle dir damit auch nicht den Mund,

solange die Truppenführung das Wasser nicht als einwandfrei bezeichnet! Koche das Wasser ab!
Trinke am besten Tee oder Kaffee und benutze das Tornisterfiltergerät, es macht jedes Wasser trinkbar! ...

b) *Ernährung:*
Die beste Ernährung erhältst du von deiner Truppe. Genieße kein rohes Fleisch. Trinke nie ungekochte Milch, ganz besonders nicht Ziegenmilch! ...

c) *Ungeziefer:*
Im Lande gibt es Flöhe, Läuse, Zecken, Stechmücken, Giftschlangen und Skorpione. Gegen die Insekten benutze Insektenpulver. Stechmücken sind Überträger des Wechselfiebers, der Malaria. Bekämpfe die Stechmücken morgens und abends in deiner Unterkunft durch Wegfangen ... Hast du Läuse, so melde dies sofort. Läuse und Zecken übertragen Fleckfieber, eine sehr schwere Krankheit.
Die Schlangen des Landes sind sehr giftig und verkriechen sind im Sande. Gehe deshalb nie mit nackten Beinen und Füßen im Sande ...

d) *Geschlechtskrankheiten:*
Frauen, die sich anbieten, sind meist geschlechtskrank. Nur das von der Truppenführung freigegebene Bordell darfst du besuchen. Benutze stets ein Kondom (Gummischutz) und lasse dich nach dem Geschlechtsverkehr sanieren.

e) *Tierhaltung:*
Hunde und Katzen sind häufig Überträger schwerer Krankheiten, z.B. Tollwut, schwerer Wurm- und Blutkrankheiten. Halte keine Hunde, Katzen oder Affen!

f) *Impfungen:*
Drücke dich nicht vor Impfungen! Sie bewahren dich vor schweren Krankheiten. Der Ungeimpfte ist nicht nur selbst in Gefahr, sondern er gefährdet auch seine Kameraden! ...

i) *Unterkunft:*
Meide grundsätzlich die Behausungen der Landesbewohner. Bevor du Unterkunft in Häusern oder Kasernen beziehst, reinige die Unterkunftsräume gründlich.
Zeltebau: Vor dem Zeltebau vorgesehenen Lagerplatz gegen Schlangen- und Skorpiongefahr abklopfen und abtrennen (Bodenbedeckung oder Papier).

j) *Bekleidung:*
Trage nachts eine Leibbinde, ebenso bei längerem Transport auf offenen Fahrzeugen (Lkw), du hütest dich vor Erkältungen. Trage nie am Tage eine Leibbinde, du verweichlichst dich damit. Trage von morgens 8 Uhr bis nachmittags 16 Uhr außerhalb des Hauses deinen Tropenhelm. Auch im Zelt mußt du den Tropenhelm tragen, sofern das Zelt nicht im Schatten eines Baumes steht.

Verhalten gegenüber Eingeborenen
Der in Libyen eingesetzte deutsche Soldat ist der Vertreter eines kulturell sehr hochstehenden, rassisch hochwertigen Volkes. Sei ein würdiger Vertreter deines Volkes!
Behandele den Eingeborenen nicht wie deinesgleichen, insbesondere biedere dich nie an. Zeige nicht, daß du über ihm zu stehen glaubst, aber benimm dich so, daß er deine Überlegenheit von sich aus anerkennt ...
Halte dich von der eingeborenen Frau fern. Du bist ein Weißer, ein Deutscher. Geschlechtsverkehr mit farbigen Frauen ist Rassenschande. Achte die Familiensitten der Eingeborenen.
Sei mäßig im Alkoholgenuß. Verliere nie die Selbstbeherrschung. Sei stets militärisch straff und vorbildlich in deinem Auftreten. Das ist in Afrika noch wichtiger als in Europa.
Tritt als Herr auf, ohne herrisch oder überheblich zu sein.
Sei stets taktvoll – auch dem Neger gegenüber. Du dienst damit der Sache und dir selbst.
Der Eingeborene ist bei richtiger Behandlung meist willig und zuverlässig.

Mogadischu besetzt

27. Februar 1941, Nairobi
Aus dem *britischen Hauptquartier in Ostafrika:*
In der Nacht vom 25./26. Februar 1941 sind ostafrikanische und westafrikanische Truppen ohne auf Widerstand zu stoßen in Mogadischu, der Hauptstadt Italienisch-Somalilands, einmarschiert.

Kapitulation der Kufra-Oase
Montag, 3. März 1941, Kairo
Das *Hauptquartier der Freien Franzosen* an General de Gaulle:
Erfreut teile ich Ihnen mit, daß nach dreiwöchentlicher Belagerung die Garnison der Kufra-Oase am 1. März 1941 um 9 Uhr kapituliert hat. Die Eroberung dieser feindlichen Positionen durch Freie Französische Streitkräfte ist ein weiterer Schritt zum Endsieg. Lang lebe Frankreich.

gez. de Larminat

Geheimer Bericht des *Sicherheitsdienstes der SS* zur innenpolitischen Lage:
Nr. 167 vom 3. März 1941 (Auszug)
I. Allgemeines: Von den militärischen Ereignissen wurde die Tatsache, daß nunmehr auch deutsche Panzerkräfte in Nordafrika eingesetzt wurden, mit großer Genugtuung aufgenommen. Ihre Erfolge bei der ersten Gefechtsberührung mit den Engländern wurden freudig besprochen. Die bisher geäußerten Bedenken der Volksgenossen hinsichtlich der Kriegslage in Nordafrika sind daraufhin im Schwinden begriffen. Schon befassen sich Gerüchte mit der Räumung Benghasis durch die Engländer.

Oase Kufra, März 1941: Colonel Leclerc (rechts), Befehlshaber der Freien Franzosen, deren Streitkräfte die Oase erobert haben

Wettlauf auf Addis Abeba

Donnerstag, 6. März 1941, Khartum
United Press berichtet:
Der ostafrikanische Krieg ist zu einem Wettlauf auf Addis Abeba geworden, an dem sich das Heer der äthiopischen Freischärler und die motorisierten südafrikanischen Truppen beteiligen ... Die südafrikanischen Panzereinheiten, die einen merkwürdigen Kontrast zu den äthiopischen Kriegern bilden, treten von Mogadischu aus einen langen beschwerlichen Marsch in Richtung Harar an, das etwa 50 Kilometer von der Eisenbahnlinie Djibuti–Addis Abeba entfernt liegt.

Freitag, 7. März 1941, Kairo
Aus dem *Hauptquartier von General Wavell:*
In Libyen haben vorgeschobene Einheiten unserer motorisierten Streitkräfte westlich El Agheila wieder eine feindliche Panzerabteilung zurückgedrängt.
In Äthiopien werden die sich zurückziehenden Italiener von den Äthiopiern weiterhin verfolgt und erleiden große Verluste. In Italienisch-Somaliland haben unsere Truppen Ferfer besetzt. Der Vormarsch geht weiter. Bis jetzt wurden mehr als 10000 Gefangene gemacht.

Berbera zurückerobert
Montag, 17. März 1941, Kairo
Die *Agentur Reuter* meldet:
Berbera, die Hauptstadt von Britisch-Somaliland, ist am Sonntag von britischen Truppen wieder besetzt worden, die unter Mitwirkung von Einheiten der britischen Flotte und der RAF ein geglücktes Landungsmanöver durchführten.

Heftige Kämpfe in Eritrea

Dienstag, 18. März 1941, Keren
United Press berichtet:
Britische, indische und Empiretruppen, Freie Französische Streitkräfte aus Europa und den Kolonien sowie irreguläre äthiopische Verbände haben heute morgen

Provinz Godjam (Äthiopien), März 1941: Eine britische motorisierte Kolonne zwängt sich mit Hilfe von Einheimischen durch das unwegsame Gelände

um 7 Uhr einen umfassenden Angriff vor Keren (Eritrea) begonnen. Keren wird von mehr als 25000 Mann verteidigt, die die etwa 1800 Meter hohen Berge auf beiden Seiten der von Agordat nach dem eritreischen Hochplateau führenden Straße besetzt halten. Die italienischen Stellungen sind gut ausgebaut und bestehen nicht nur aus Schützengräben, Brustwehren und gutgetarnten Maschinengewehrnestern, sondern auch aus einem hoch am Abhang liegenden Betonfort, das dem Fort von Barentu ähnelt und gut bewaffnet ist.
In der Nacht hatten Abteilungen des englischen Midland-Regiments, eines Hochlandregiments sowie indische Sikh-, Pundjabi-, Mahratta- und Rajbutabteilungen Sturmstellungen bezogen, die bereits hoch am Bergabhang lagen. Um 7 Uhr morgens begann das Trommelfeuer der britischen Batterien, das den Angriff einleitete.
Die italienischen Stellungen auf den wild zerrissenen Bergketten verschwanden hinter Wolken von Staub, als die Granaten einschlugen, und mehr als eine halbe Stunde lang war der Kampfplatz in dichten Nebel gehüllt, in dem sich die britischen und indischen Truppen vorwärtsarbeiteten.
Schließlich erreichten sie die erste italienische Linie, die von den Sikhs mit dem Bajonett genommen wurde. Rauch und Staub behinderten die Sicht derart, daß man nur das Geknatter der Maschinengewehre vernehmen und die weißen Wölkchen der Minenwerfer beobachten konnte.

Marschall Graziani zurückgetreten
Dienstag, 25. März 1941, Rom
United Press meldet:
Auf seinen eigenen Wunsch hat Marschall Rodolfo Graziani die Ausübung des Amtes als Chef des Armeestabes sowie als Gouverneur von Libyen und als Oberbefehlshaber der Streitkräfte in Nordafrika aufgegeben. Die beiden zuletzt genannten Posten werden von Armeegeneral Italo Gariboldi übernommen.

Das Afrika-Korps macht von sich reden
25. März 1941, London
United Press berichtet:
Die Berliner Meldung, El Agheila sei vom Deutschen Afrika-Korps (DAK) zurückerobert worden, fällt zeitlich zusammen mit Berichten, die bei hiesigen Militärstellen eingetroffen sind, wonach die Deutschen ihre Panzerverbände in Tripolitanien verstärkt haben. Ihre Gesamtstärke wird nun als so erheblich bezeichnet, »daß sie von den Engländern nicht mehr ignoriert werden kann«.

W. Churchill an General Wavell
Mittwoch, 26. März 1941:
1. Der rapide Vormarsch der Deutschen in Richtung El Agheila bereitet uns selbstverständlich Sorge. Es entspricht ihrem Wesen, vorwärtszugehen, wenn sie auf keinen Widerstand stoßen. Ich nehme an, Sie warten nur darauf, daß die Schildkröte ihren Kopf weit genug vorstreckt, um ihn abzuhauen. Es scheint mir äußerst wichtig, den Deutschen unsere Kampfkraft so bald als möglich zu zeigen. Wie ist der Zustand der 7. Panzerdivision, und wo steht sie? Ich bitte Sie um eine Lageübersicht.

Vorstoß auf El Agheila

Von Kriegsberichterstatter *Oberleutnant Fuchs:*
El Agheila ist ein kleines Wüstenfort mit ein paar Häusern und einem Notflughafen. Die vordersten deutschen Linien lagen noch eine gute Anzahl Kilometer vor El Agheila. Es kam der Befehl, im Morgengrauen des 25. März 1941 El Agheila zu nehmen.
Am Abend vorher setzten sich die Kradschützen einer Aufklärungsabteilung in Marsch. Ihnen folgten schwere Panzer und leichte Geschütze der Flakartillerie. Der Mond verbarg sich hinter dem Firmament. Der Himmel hatte den glitzernden Schmuck unzähliger Sterne angelegt. Die große Straße führt in geringer Entfernung am Fort vorbei. Wir marschierten über die Sanddünen zum Meer. Kein Wort wurde gesprochen.
Es galt, vorsichtig zu sein. Nichts war zu hören als das Knirschen des Sandes unter den Füßen und der Laut der Wellen. Es war ein gespenstischer, lautloser Marsch, angefüllt von vielfältigen Vorstellungen der kommenden Stunden. Das Fort konnte nicht mehr weit sein. Einige Männer wurden zur Straße gesandt. Sie pirschten sich vorsichtig durch die Dünen der Straße zu. Die Zeit bis zu ihrer Rückkehr erschien endlos. Dann kamen sie. Was sie gesehen hatten, war wichtig genug. Auf der Straße hatten sie einen englischen Spähwagen entdeckt. Neben dem Panzerwagen stand ein Kilometerstein: Agheila 1 Kilometer. Sie waren also dicht vor dem Fort. Und noch eine Entdeckung machten die Männer. Telefonleitungen waren an der Straße gelegt – die Briten konnten also nicht allzu weit sein.
Nun tauchten über den Dünen dunkle Mauern auf, Zinnen und Schießscharten zeichneten sich gegen den Himmel ab: das Fort! Kein Schuß fiel, nichts regte sich. Die ersten schwangen sich über die Mauer. Was sie sahen, war ein unbesetzter Beobachtungsturm im Innenhof und Sandsäcke. Unzählige Konservenbüchsen zeugten davon, daß hier die Engländer gewesen waren. Aber auch in den umstehenden Wohnhäusern waren keine Menschen.
Noch vor Morgengrauen wurden diese Beobachtungen nach hinten gemeldet, und Panzer und leichte Flakartillerie setzten ihren Marsch fort. Erst als es begann hell zu werden und der frühe Morgen grau über die Wüste dämmerte, erwies sich, daß die Engländer sich noch nicht völlig zurückgezogen hatten. Ein Panzerspähwagen und ein Pakgeschütz eröffneten das Feuer auf das Fort. Kurze Zeit darauf donnerten schwere deutsche Panzer heran. Die ersten Strahlen der Sonne sahen die deutsche Flagge über dem Fort.

Völkischer Beobachter, März 1941

Letzte Nachricht – Keren und Harar gefallen
Donnerstag, 27. März 1941, London
Ein Sonderkommuniqué gibt die Eroberung von Keren und Harar, die zweitgrößte Stadt Äthiopiens, durch die britischen Truppen bekannt.

Cyrenaika, März 1941: Leichte Geschütze der Flakartillerie stehen zum Vorstoß auf El Agheila bereit

Im Hafen von Neapel, Februar 1941: Panzer des Deutschen Afrika-Korps bei der Verladung

Heftige Kämpfe in Äthiopien
Freitag, 28. März 1941
Der Militärberichterstatter der *Agentur Exchange* meldet:
Seit Donnerstag 7 Uhr früh haben britisch-indische Truppen Keren in Besitz. Nach einstündiger heftiger Artillerievorbereitung gelang es, die letzten, sehr starken Panzersperren zu öffnen und mit einer stärkeren Panzervorhut in die Stadt einzudringen. General Platt, der die Operationen leitete, zog sofort Infanterie nach und sandte die motorisierte Einheit zum weiteren Angriff gegen die Italiener, die sich auf dem Rückzug befinden. Eine Einheit von rund 1500 Mann, die nordwestlich von Keren den Rückzug durch das Mogarehtal deckte, wurde gefangengenommen.
General Chunningham berichtet, daß seine Truppen nach der Einnahme von Harar bereits zum Angriff gegen Diredaua eingesetzt worden sind. Die Truppen von Haile Selassie stehen unter Führung britischer Offiziere bei Debra Markos in heftigen Kämpfen.

Und so war es

Die zweite Februarwoche 1941 verläuft im Führerhauptquartier ganz unter dem Zeichen des bevorstehenden Einsatzes von deutschen Truppen in Nordafrika.

Am Montag, dem 10. Februar 1941, erläßt das OKH Richtlinien, auf denen der »Befehl für die Überführung der Truppen des Heeres nach Tripolitanien« basiert. Die deutschen Verbände in Libyen werden dem neuen italienischen Oberbefehlshaber in Nordafrika, General Gariboldi, taktisch unterstellt, während der X. Fliegerkorps (Gen.d.Fl. Geisler), auf dessen Unterstützung Rommel angewiesen ist, weiterhin unter dem Befehl der Luftwaffe verbleibt.
Am selben Tag trifft Rommel in Rom ein. Das Comando Supremo bestätigt ihm das Einverständnis Mussolinis für die deutschen Absichten auf dem nordafrikanischen Kriegsschauplatz.

Zu diesem Zeitpunkt eröffnet General Cunningham unter dem Druck Churchills von Kenia aus die Offensive gegen Italienisch-Somaliland (Operation »Canvas«) mit der afrikanischen 11. Division (Maj.Gen. Wetherall) und der 12. Division (Maj.Gen. Godwin-Austen) sowie der südafrikanischen 1. Division (Maj.Gen. Brink).

Am Tag darauf, dem 11. Febraur 1941, erobern die King's African Rifles den Ort Afmadu in Italienisch-Somaliland.

Am Mittwoch, dem 12. Februar 1941, nehmen britische Truppen in Eritrea die Stadt Elghena.
Als am selben Tag General O'Connor plant, mit seiner Western Desert Force Tripolis zu stürmen, um die Italiener aus ihrem letzten Stützpunkt in Nordafrika zu verdrängen, trifft im Hauptquartier in Kairo der neue Befehl des Kriegskabinetts ein: Western Desert Force wird gestoppt.
Inzwischen gibt Churchill in einem langen Telegramm zuerst seiner Freude darüber Ausdruck, daß Bengasi »drei Wochen früher als erwartet« eingenommen worden sei, und weist General Wavell an, den Vormarsch abzubrechen. Er soll dort nur eine Mindeststreitmacht belassen, um die Cyrenaika zu halten, und den größtmöglichen Teil der Streitkräfte nach Griechenland beordern.

Bereits am Donnerstag, dem 13. Februar 1941, stehen die Truppen von General Cunningham in Italienisch-Somaliland vor Kismayu, einem Hafen an der Mündung des Juba in den Indischen Ozean. Eine italienische Streitmacht von sechs Brigaden und sechs Einheiten zwangsrekrutierter Eingeborener soll die Hafenstadt verteidigen.

Am darauffolgenden Tag, dem 14. Februar 1941, wird Kismayu kampflos von britischen Truppen besetzt.
Ebenfalls am 14. Februar 1941 treffen in Tripolis mit der Seetransportstaffel die Aufklärungsabteilung (mot.) 3 (Oberstlt. Frhr. v. Wechmar) und die Panzerjägerabteilung 39 als erste deutsche Kampftruppen ein. Die Ausschiffung der Aufklärungsabteilung (mot.) 3 erfolgt ohne Störung noch in derselben Nacht. Die Einheiten werden von Rommel sofort nach dem Ort Syrte in Marsch gesetzt. Ihre Aufgabe: Sie sollen das italienische X. Korps stützen und versuchen, ein weiteres Vorgehen der Engländer aufzuhalten.
Das Eintreffen der letzten Teile der Division ist für April 1941 vorgesehen, während die 15. Panzerdivision Ende Mai 1941 in Tripolis erwartet wird. Auch neue italienische Verbände sollen überführt werden.
Rommel einigt sich mit dem Oberbefehlshaber in Libyen, General Gariboldi, dem Nachfolger von General Graziani, eine Verteidigungsstellung östlich von Syrte zu errichten und das Gebiet bis Nofilia aufzuklären.
Die Stimmung unter den italienischen Soldaten ist nach der Niederlage der 10. Armee auf einem Tiefstand. Im Hauptquartier von General Gariboldi glaubt man, an Bewaffnung und Kampfkraft dem Gegner unterlegen zu sein, und rechnet nicht mehr mit militärischen Erfolgen.
Im Gegensatz dazu fühlt sich Rommel dem Feind gewachsen, wenn nicht überlegen.
Rommel sieht in den von Gariboldi vorgesehenen Abwehrmaßnahmen – z. B. in den Stellungen bei El Agheila – nur die Verlängerung der mißlichen Lage ohne Aussicht auf durchgreifende Stabilisierung. Er beabsichtigt daher, zum Angriff überzugehen und so weit wie möglich vorzudringen, noch bevor die englische Armee nach Westen aufgeschlossen hat.
Mit seinem Vorschlag stößt Rommel jedoch bei Gariboldi auf Widerstand. Ohne sich davon beeindrucken zu lassen, überzeugt er sich persönlich von der Frontlage, um nach eigenem Ermessen zu handeln. Erd- und Luftaufklärung bestätigen die Richtigkeit seiner Vermutungen: Die britischen Kräfte stehen noch weit in die Tiefe gestaffelt und auseinandergezogen.
Von Generalmajor v. Rintelen, dem Deutschen General im italienischen Hauptquartier Comando Supremo in Rom, erhält Rommel die Order aus Berlin, den Vormarsch der britischen schnellen Verbände zum Stehen zu bringen und sie durch offensiven Einsatz der Panzerkräfte zu schlagen. Vom Feind ist bekannt, daß er am 7. Februar 1941 El Agheila mit Panzern erreichen wird und seine Aufklärung bereits etwa 100 Kilometer nach Westen vorgeschoben hat.

Am Sonntag, dem 16. Februar 1941, treffen nach einem 550 Kilometer langen Eilmarsch die Aufklärungsabteilung (mot.) 3 und die Panzerjägerabteilung 39 in Syrte ein.

Am Dienstag, dem 18. Februar 1941, verfügt das OKW, daß das für Libyen vorgesehene Panzerkorps den Namen »Deutsches Afrika-Korps« tragen soll. Damit ist das Unternehmen »Sonnenblume«, die Vorbereitungsphase für das deutsche Eingreifen in Afrika, beendet.

Am Sonnabend, dem 22. Februar 1941, greifen in Italienisch-Somaliland die Verbände von General Cunningham die Hauptstellungen des Feindes nördlich von Kismayu und jenseits des Juba bei Djelib an. In wenigen Tagen verlieren die Italiener hier über 30000 Mann an Gefangenen oder im Busch Versprengten, Verwundeten und Toten.
Mit der Eroberung des Hafens Kismayu und Besetzung der Juba-Mündung werden die Nachschubprobleme vereinfacht. Nun beginnt der britische Vormarsch gegen Mogadischu, dem etwa 320 Kilometer weiter nördlich gelegenen Haupthafen von Italienisch-Somaliland.

Am Sonntag, dem 23. Februar 1941, besetzen die britischen Truppen auf ihrem Vorstoß in Richtung Mogadischu die Orte Margherita und Djelib.

Am Montag, dem 24. Februar 1941, kommt es auf dem nordafrikanischen Kriegsschauplatz westlich von El Agheila zu den ersten Gefechten zwischen deutschen und britischen Truppen.
Am selben Tag gelingt es westafrikanischen Einheiten, in Eritrea den Hafen Brava zu erobern.

Am Dienstag, dem 25. Februar 1941, rollen motorisierte Truppen von General Cunningham fast ohne Wider-

834
822
824
824

Libyen, die Küstenstraße Via Balbia mit ihrem Wahrzeichen, dem Arco dei Fileni, Februar 1941: Deutsche Panzer rollen in Richtung Front

Linke Seite: Tripolis, Februar 1941: fabrikneue deutsche Panzer

stand in Mogadischu ein. Damit fällt die Hauptstadt von Italienisch-Somaliland in britische Hand. Große Mengen an Ausrüstung, Verpflegung und etwa 20000 Tonnen kostbarer Treibstoff werden erbeutet. Auf dem Flugplatz liegen die Trümmer von mehr als 20 am Boden zerstörten italienischen Maschinen.
Nach der Eroberung von Mogadischu ist der Feldzug gegen Italienisch-Somaliland beendet. Mit Einverständnis von General Wavell beginnt General Cunningham nun einen Streifzug mit der afrikanischen 11. Division (Maj.Gen. Wetherall) und der südafrikanischen 1. Brigade (Gen. Pienaar) in Richtung Äthiopien. Sein Ziel ist das über 1350 Kilometer entfernte Jijiga, nahe der Provinzhauptstadt Harar.

Während am Mittwoch, dem 26. Februar 1941, südafrikanische Truppen in Italienisch-Somaliland die Stadt Bardera besetzen, rücken am nächsten Tag britische Truppen in Kelemit/Eritrea ein.

Ende Februar 1941 verlegt das X. Fliegerkorps (Gen.d.Fl. Geisler) zwei Gruppen Sturzkampfflugzeuge Ju 87 und eine Staffel Zerstörer Me 110 von Sizilien nach Nordafrika. Generalmajor Fröhlich, dem das X. Fliegerkorps untersteht, wird jetzt zum »Fliegerführer Afrika« ernannt. Das Deutsche Afrika-Korps (DAK) erhält zur taktischen Unterstützung eine Staffel Nahaufklärer He 126.

Am Sonnabend, dem 1. März 1941, muß nach einem handstreichartigen Überfall der aus dem Tschad-Gebiet vordringenden Streitkräfte der Freien Franzosen (Col. Leclerc) die große Oase Kufra mit El Dschof, El Tadsch und anderen Orten kapitulieren. Jetzt, nach den Commando-Operationen der Freien Franzosen und der LRDG-Patrouillen, werden die meisten Besatzungen aus den von der Mittelmeerküste weit entfernten Wüstenposten und Forts abgezogen.

Am Sonntag, dem 2. März 1941, berichtet General Wavell in seiner für die Chefs des Generalstabs in London verfaßten Lagebeurteilung über die Ankunft deutscher Truppen in Tripolis, betont aber, daß diese auf zwei oder mehr Divisonen verstärkt werden müßten, ehe sie einen ernsthaften Angriff versuchen könnten. Wavell: »Die Schwierigkeiten des Feindes machten es unwahrscheinlich, daß ein solcher Angriff vor Ende des Sommers zu erwarten ist.«

Am Montag, dem 3. März 1941, erreichen die unter britischem Kommando stehenden afrikanischen Verbände auf ihrem Weg nach Jijiga den Ort Belet Ven unweit der äthiopischen Südostgrenze. Sie marschieren weiter in nordwestlicher Richtung und werden nur durch schwache italienische Kräfte und ganz selten durch Luftangriffe behindert.

Am Dienstag, dem 4. März 1941, erreichen die Verbände der 5. leichten Division die Enge von El Mugtaa, 30 Kilometer westlich von El Agheila. Die italienische Panzerdivision »Ariete« ist in den Raum ostwärts Nofilia – ebenso wie die Maschinen He 126 der Aufklärungsstaffel – verlegt und dem DAK unterstellt worden.

Am Sonnabend, dem 8. März 1941, wird die australische 6. Infanteriedivision, die Tobruk im Januar 1941 erobert hat und dort seit zwei Monaten in Stellung liegt, von der australischen 9. Division (Maj.Gen. Morshead) abgelöst, die weder voll ausgebildet noch komplett ausgerüstet ist. Man hat sie eigentlich nur zu Ausbildungszwekken nach Tobruk verlegt.
Durch den ständigen Abzug von Kräften aus Nordafrika nach Griechenland sind die Verbände von General Wavell erheblich geschwächt: Immerhin beträgt das nach Griechenland entsandte Expeditions-Korps 62000 Mann, davon geraten später 12000 Mann in Gefangenschaft.
In Anbetracht dieser neuen Lage entschließt sich Generalleutnant Rommel – entgegen der Absprache im OKH und den Richtlinien des Comando Supremo – zum sofortigen Angriff, ohne das Eintreffen des gesamten Panzerkorps abzuwarten.
Für Churchill steht zu dieser Zeit schon fest: Der Wüstenkrieg muß auf See entschieden werden. In der Tat, nur wer Mittelmeer und Malta beherrscht, kann die Niederlage seiner Landstreitkräfte vermeiden. Das wichtigste ist, genügend neue Kräfte heranzuführen und zugleich die Versorgung des Gegners empfindlich zu stören.
Der nordafrikanische Feldzug hat nur Aussicht auf Erfolg, wenn der Seeverkehr zwischen Italien und Libyen gesichert ist. Mussolini hält zwei Schritte für unbedingt erforderlich: die Eroberung der Inselfestung Malta und eine Übergabe aller wichtigen tunesischen Stützpunkte an Italien.
Schon bald muß Rommel feststellen, daß die von den Italienern übernommene Versorgung mit Verpflegung unzureichend und der von ihnen gelieferte Treibstoff für die deutschen Kampffahrzeuge nicht geeignet ist. Schlimmer noch: Durch das Fehlen eigener Kenntnisse vom nordafrikanischen Kriegsschauplatz und die äußerst mangelhaften Informationen des Comando Supremo entspricht die Ausrüstung des DAK oft nicht den Erfordernissen des Wüstenkrieges. So können zum Beispiel die Luftfilter der Motoren den Wüstensand nicht bewältigen, was deren Lebensdauer auf die Hälfte reduziert.
Da im Frühjahr 1941 die Vorbereitungen für das Unternehmen »Barbarossa«, den Angriff auf die Sowjetunion, bereits auf Hochtouren laufen, kann Rommel nicht mit weiteren Verstärkungen des DAK rechnen. Auch muß er auf Tunis als Nachschubhafen verzichten.

Am Sonnabend, dem 15. März 1941, startet das DAK einen Fernaufklärungseinsatz in das Fezzan-Gebiet im Süden der Libyschen Wüste. Er wird auf Wunsch von General Gariboldi durchgeführt, der sich davon gesicherte Informationen über die Aktivitäten der Freien Franzosen aus dem Tschad und vor allem über die Situation in den restlichen italienischen Wüstenforts verspricht.
Oberstleutnant Graf v. Schwerin, Kommandeur des Regimentsstabes z.b.V. 200, führt dieses Unternehmen mit einem kleinen motorisierten Trupp durch. Er bricht nach Süden auf, um über die Oase Hun nach Mursuk und Gatrun, die Hauptorte des Fezzan-Gebiets, zu gelangen. Das Unternehmen ähnelt den Fernaufklärungsaktionen der Long Range Desert Group (LRDG), nur mit dem Unterschied, daß die LRDG insgesamt über 200 solcher Erkundungen unternimmt, die Achsentruppen dagegen nur diesen einzigen Raid.
Nach fast drei Wochen kehrt der Aufklärungstrupp v. Schwerin am Abend des 3. April 1941 wohlbehalten und ohne Feindberührung nach Agedabia zurück. Schwerin meldet, daß der wichtigste südliche italienische Außenposten von den Freien Franzosen besetzt, aber die Gegend südlich der Linie Gatrun–Tedjerri feindfrei ist.

Am Sonntag, dem 16. März 1941 um 5 Uhr früh, meistert die italienische Kavallerie in Eritrea nahe der Bergfestung Keren eine bedrohliche Lage: In vollem Galopp bricht die XV. Gruppo aus dem Abschnitt von Fort Dolgorodoc aus, um den dort eingedrungenen Feind wieder zu vertreiben.
Am selben Tag landet nachmittags an der Küste bei Berbera in Britisch-Somaliland eine von Aden kommende, aus zwei Bataillonen bestehende kleine britische Streitmacht. Unter Zurücklassung von über 200 Gefangenen sucht die italienische Garnison in der Stärke einer Brigade das Weite. Dadurch können jetzt die Verbände von General Cunningham über den Hafen von Berbera versorgt werden.

Am Montag, dem 17. März 1941, trifft die afrikanische 14. Division (Maj.Gen. Wetherall) in Jijiga, nahe Harar, ein. Sie hat damit ihren 1350 Kilometer langen Marsch, der am 25. Februar 1941 in Mogadischu begonnen hat, innerhalb von drei Wochen zurückgelegt.

Am Mittwoch, dem 19. März 1941, führen in Eritrea britische Belagerungskräfte zahlreiche erfolglose Angriffe auf die Bergfestung Keren durch. Die italienischen Luftstreitkräfte versuchen in mehreren Einsätzen, die Verteidiger zu unterstützen. Churchill: »Der Feind hatte wiederholt wütende Gegenangriffe geführt und zeigte trotz außerordentlich hoher Verluste bei nur einem einzigen Teilerfolg keine unmittelbaren Anzeichen von Schwäche.«

Am Donnerstag, dem 20. März 1941, befreien kurz vor Sonnenuntergang englische Truppen in Britisch-Somaliland die Stadt Hargeisa, etwa 75 Kilometer von der äthiopischen Grenze entfernt.

Am 20. und 21. März 1941 versucht Rommel durch persönliche Gespräche mit Hitler und Generalfeldmar-

Raum Berbera (Britisch-Somaliland), März 1941: Britische Truppen gehen an der Küste des Golfs von Aden an Land. In Äthiopien steht eine entscheidende Offensive bevor

schall v. Brauchitsch, seine Versorgungslage zu verbessern. Doch umsonst, er erhält lediglich die Genehmigung zu begrenzten Angriffsunternehmungen: Nach dem Eintreffen der 15. Panzerdivision (Gen.Maj. v. Prittwitz) Mitte Mai 1941 soll er das Vorfeld von Agedabia besetzen und einen Angriff in Richtung Tobruk bis zum Herbst vorbereiten. Rommel hält jedoch eine rasche Eroberung der ganzen Cyrenaika zur Sicherung Libyens für notwendig und bei der augenblicklichen britischen Schwäche in Nordafrika für durchaus möglich. Rommel fürchtet, General Wavell könnte die Stellung bei Marsa-el-Brega derart ausbauen lassen, daß sie kaum noch zu nehmen wäre, wenn er mit einem Angriff bis zum Eintreffen der letzten Teile der 15. Panzerdivision im Lauf des Mai 1941 warten würde.

Am Sonntag, dem 23. März 1941, erobern die aus Kenia vorstoßenden britischen Truppen Negelli in Äthiopien, während General Cunningham von Jijiga aus in Richtung Harar vordringt.

Bereits am Montag, dem 24. März 1941, einen Monat nach dem ersten Gefecht zwischen deutschen Einheiten und einer britischen Aufklärungsabteilung, unternehmen Teile der 5. leichten Division (GenMaj. Streich) einen Vorstoß gegen das Fort El Agheila. Nach kurzem Feuerwechsel ziehen sich die Engländer aus dem Fort zurück. Die Verbände der 5. leichten Division verfolgen den Feind bis Marsa el Brega. Erst hier wird ihnen von mehreren Panzerbataillonen Widerstand geleistet.
An diesem Abend überqueren die afrikanischen Verbände von General Cunningham auf ihrem Weg nach Harar den stark verteidigten Marda-Paß.

Am nächsten Tag, dem 25. März 1941, wiederholen die Engländer ihre massiven Angriffe auf die Bergfestung Keren, allerdings ohne den erwarteten Erfolg.

Am Donnerstag, dem 27. März 1941, legen gegen Mittag die italienischen Verteidiger von Keren ihre Waffen nieder, die Bergfestung kapituliert. Die Reste der italienischen Eritrea-Armee ziehen sich rund 370 Kilometer südwärts durch die Berge nach Äthiopien zurück und verschanzen sich bei Amba Alagi. Doch General Platt bleibt ihnen mit seinen Truppen hart auf den Fersen.
Am Nachmittag brechen die afrikanischen Verbände von General Cunningham den zähen Widerstand der

Verteidiger von Harar und dringen in die Provinzhauptstadt ein. Seit der Überquerung des Juba in Italienisch-Somaliland haben sie über 1500 Kilometer zurückgelegt und bei Verlusten von kaum 500 Mann mehr als 50000 Soldaten der starken gegnerischen Kräfte aufgerieben.

Am Sonnabend, dem 29. März 1941, besucht General Cunningham die Stadt Diredaua an der Bahnlinie Addis Abeba–Djibuti, etwa 50 Kilometer nordwestlich von Harar. Seine Streitmacht schwenkt jetzt nach Westen und marschiert in Richtung auf die etwa 480 Kilometer entfernte äthiopische Hauptstadt.

Raum Marsa Brega, März 1941: noch vor kurzem Schauplatz erbitterter Kämpfe

Bis Ende März 1941 gelingt es den am 16. März 1941 in Berbera gelandeten beiden englischen Bataillonen, Britisch-Somaliland vollständig zu befreien.

Sturzkampfflugzeuge Junkers Ju 87 starten zum Einsatz

Vierte Phase

30. März – 17. November 1941

Rommels erste Offensive
Operation »Battleaxe« – britische Cyrenaika-Offensive
Kämpfe in Ostafrika

Dienstag, 1. April 1941, Kairo
Aus dem *Hauptquartier von General Wavell:*
Libyen: Im Gebiet von Marsa el Brega waren vorgeschobene Einheiten gestern mit Infanterie und motorisierten Einheiten des Feindes in Fühlung. Eritrea: Trotz der großen Zerstörungen an der Straße nach Asmara dauert unser Vormarsch an. In den letzten 48 Stunden wurden 800 weitere Gefangene gemacht, darunter ein Brigadekommandant. Äthiopien: Obwohl auch hier die Verbindungslinien durch die sich zurückziehenden italienischen Truppen zerstört wurden, macht unser Vormarsch von Diredaua aus gegen Addis Abeba längs der Eisenbahnlinie rasche Fortschritte.

Asmara befreit

Mittwoch, 2. April 1941, Kairo
United Press berichtet:
Amtlich wird bekanntgegeben, daß Asmara, die Hauptstadt von Eritrea, von britischen Truppen besetzt worden ist.

W. Churchill an General Wavell
2. April 1941:
Es scheint höchst wünschenswert, dem deutschen Vormarsch gegen die Cyrenaika Einhalt zu gebieten.

Führerhauptquartier, Donnerstag, den 3. April 1941
Der Führer hat am 2. 4. entschieden:
1. Hauptaufgabe des Deutschen Afrika-Korps bleibt es vorerst, die erreichten Stellungen zu sichern und möglichst starke englische Kräfte in Nordafrika zu binden. Die sich hieraus ergebenden Angriffsunternehmungen mit beschränktem Ziel dürfen aber vor dem Eintreffen der 15. Panzer-Division nicht weiter ausgedehnt werden, als die schwachen Kräfte es erlauben. Vor allem ist eine Gefährdung der offenen rechten Flanke zu vermeiden, die bei dem Einschwenken in nördlicher Richtung auf Bengasi zwangsläufig eintreten müßte.
2. Auch nach dem Eintreffen der 15. Panzer-Division ist eine großräumige Offensive, etwa mit dem Ziel Tobruk, zunächst nicht vorzusehen ...
Eine Änderung dieser Absichten könnte nur dann in Betracht kommen, wenn die Masse der englischen Panzerkräfte aus der Cyrenaika zurückgezogen werden sollte. Für diesen Fall bleiben neue Anordnungen vorbehalten ...

W. Churchill an Außenminister Eden
Donnerstag, 3. April 1941:
1. Räumung Bengasis bedenklich ...
2. Weit ärger als Bodenverlust ist der Gedanke, daß wir den Deutschen nicht ebenbürtig sind und sie nur aufzutauchen brauchen, um uns Hunderte von Kilometern zurückzujagen.

Sender Beromünster (Schweiz)

Donnerstag, 3. April 1941
Die militärischen Ereignisse in Abessinien sind vielleicht mit den Ereignissen im Nahen Osten in einem engeren Zusammenhang, als es auf den ersten Blick scheinen möchte. Zwei Faktoren bestimmen die große Energie und Eile, mit der die britischen Reichstruppen und ihre Verbündeten den konzentrischen Angriff auf das Innere Abessiniens ausgelöst haben: einmal die kommende Regenzeit, die Mitte April beginnen wird, zweitens die Notwendigkeit, möglichst bald die in Abessinien gebundenen Kräfte frei zu bekommen, um sie an anderen Stellen einsetzen zu können. Sobald der Hafen Massaua in Eritrea in britischer Hand sein wird, können die bisher im Roten Meer stationierten britischen Marinestreitkräfte entweder in Singapur oder im Mittelmeer eingesetzt werden, da dann Italien seinen letzten Hafen am Roten Meer verloren haben wird. Im Osten Abessiniens sind durch den Fall von Harar und Diredaua den Briten die wichtigsten Punkte auf dem Weg nach Addis Abeba in die Hände gefallen.

Freitag, 4. April 1941
Das *Oberkommando der Wehrmacht* gibt bekannt:
Wie bereits durch Sondermeldung bekanntgegeben, wurde die Verfolgung der in Nordafrika bei Marsa el Brega durch deutsche und italienische Verbände gewor-

fenen Engländer am 2. April 1941 fortgesetzt. Agedabia ist genommen und Zuctina erreicht. Der Gegner befindet sich im eiligen Rückzug nach Norden.

Kein Grund zur Sorge
4. April 1941, Kairo
Die *Agentur Reuter* teilt mit:
Der offizielle Sprecher der britischen Regierung hat erklärt, daß Großbritannien den Feind in der Cyrenaika weiter nach Osten vordringen läßt, und zwar bis zu einem Punkt, wo er mit größtmöglicher Aussicht auf Erfolg im Kampf gestellt werden kann.

Rückzug nach Plan

Montag, 7. April 1941, London
Die *Agentur Exchange* berichtet:
Der Rückzug der Nil-Armee aus Bengasi erfolgte auf ausdrückliche Anordnung von General Wavell, der, nachdem er einen wesentlichen Teil seiner besten Streitkräfte nach Griechenland entsandt hatte, die Frontlinie zu verkürzen wünschte. Es war die Absicht von General Wavell, eine durch das Gelände begünstigte Verteidigungslinie zu wählen und damit einen gewissen Ausgleich für die zahlenmäßige Schwächung seiner Truppen zu erzielen.

Derna von den Achsentruppen wieder besetzt
Dienstag, 8. April 1941, Rom
Die *Agentur Stefani* meldet:
Motorisierte deutsche und italienische Truppen haben die Stadt Derna, 250 Kilometer östlich von Bengasi, wieder zurückerobert.

Hauptstadt Äthiopiens frei!
8. April 1941, Addis Abeba
Die *Agentur Reuter* berichtet:
Über dem Palast des Vizekönigs von Italien in Addis Abeba weht die britische Flagge. Der Palast, der frühere Wohnsitz von Haile Selassie, wird jetzt für den Empfang des Kaisers hergerichtet, der am Dienstag von Debra Markos her im Flugzeug eintreffen dürfte. Britische Polizei versieht den Dienst in den Straßen der Hauptstadt.

Offensive in Libyen

Mittwoch, 9. April 1941, Berlin
Das *Oberkommando der Wehrmacht* gibt bekannt:
Am 7. April 1941, dem Tag der Eroberung von Derna, das erst nach hartem Kampf unter Führung von Generalleutnant Rommel genommen wurde, fiel auch El Mechili, 80 Kilometer südwestlich Derna, in die Hände der deutschen und italienischen Truppen. Dabei wurden sechs Generäle und zwei in Generalstellung befindliche Obersten sowie über 2000 Mann des Gegners gefangengenommen. Die Beute an Material ist noch nicht zu übersehen.

Britischer Rückzug in Libyen
9. April 1941
Aus dem *Hauptquartier von General Wavell:*
Es wird bestätigt, daß der deutsch-italienische Vormarsch in der Cyrenaika über Derna hinaus in der Rich-

Cyrenaika, April 1941: italienische Infanterie während einer gewaltsamen Erkundung

Raum Bengasi, April 1941: Einheiten des Deutschen Afrika-Korps verfolgen die zurückweichende britische Nil-Armee

tung auf Tobruk anhält. Ausdrücklich wird betont, daß diesem Vormarsch kein Widerstand entgegengesetzt wird.

W. Churchill an General Wavell
Donnerstag, 10. April 1941:
Wir alle unterstützen wärmstens Ihren Entschluß, Tobruk zu halten, und werden alles in unserer Macht Liegende tun, um Ihnen Hilfe zu bringen.

Geheimer Bericht des *Sicherheitsdienstes der SS* zur innenpolitischen Lage:
Nr. 178 vom 10. April 1941 (Auszug)
I. Allgemeines: Neben dem Balkangeschehen wurden die deutschen Erfolge in Nordafrika nach wie vor mit Aufmerksamkeit und größter Begeisterung verfolgt. Dabei wird gerade dem deutschen Afrika-Korps besonders herzliche Bewunderung entgegengebracht in Erkenntnis der großen Schwierigkeiten, mit denen unsere Soldaten dort zu kämpfen haben. Die Lage in Italienisch/Ostafrika wird allgemein für aussichtslos gehalten, man hat sich jedoch bis zu einem gewissen Grade auch damit abgefunden und hofft, daß auch hier eine günstige Wendung durch den Einsatz deutscher Truppen eintreten werde. Je größer die deutschen Erfolge auf jenen Kriegsschauplätzen, wo bisher Italiener gekämpft hatten, werden, desto mehr steigt die Entrüstung und Abneigung gegen die Italiener.

Ägyptische Grenze überschritten

Von Leutnant Hans G. Freiherr v. Esebeck

Weiter dröhnen die Panzer. Das Gelände ist leicht gewellt. Kein Strauch, kein Busch, nicht einmal das sonst so genügsame Kameldorngras ist hier mehr zu finden. Steine, Sand, Staub, Sonne und Wind dulden kein Leben neben sich.
Und jetzt sind wir am Halfayapaß. Hier oben ist die Bedeutung dieser Paßstraße nicht zu erkennen. Das Land geht weiter in trostloser Eintönigkeit. Kein Berg, kein Tal. Man muß von Capuzzo die Grenze überschreiten, Ober-Sollum hinter sich lassen, der Straße nun folgen, die in steilen Serpentinen sich den jäh abfallenden Felsen anschmiegt, und dann in Unter-Sollum stehen, um sich von der Wichtigkeit des Halfayapasses überzeugen zu lassen.
Am Meer führt die Straße entlang, vorüber am Dschebel, der mit tiefen, unpassierbaren Wadis zum Meer vorstößt. Nun geht es bergan in kühnen, steilen Kurven, angelehnt an Schluchten und Felsenriffe, und droben zur Höhe über den Paß.
Oben, am Rande der Schluchten, liegen die Stellungen, zwei Flakgeschütze stehen gut gedeckt. Pioniere und Infanterie haben sich eingegraben. Ein Bataillon, Flak und eine italienische Batterie sind die Besatzung ...
Die dritte Kompanie wird vorgezogen und verstärkt durch eine Kompanie Panzerjäger und Flak. Ein Panzerspähtrupp der Aufklärungsabteilung klärt gegen Sollum auf. Er meldet die Grenzstellungen und die Durchfahrt durch den Stacheldraht, der Libyen von Ägypten trennt, feindfrei. Aber das Dorf Sollum und die Höhen südlich davon sind noch besetzt.
Um 13.25 Uhr überschreitet die Vorausabteilung als

Zwischen Derna und Tobruk, April 1941: britische Soldaten auf dem Weg in die Kriegsgefangenschaft

erste deutsche Truppe die ägyptische Grenze. Die britische Artillerie versucht einen Feuervorhang vor Sollum zu legen. Zielgenau schlagen ihre Granaten in die Durchlässe am Stacheldraht. Der neue umfassende Angriff zwingt sie wiederum bald, ihr Feuer zu zersplittern. Unaufhaltsam ist der Schwung des Sturmes.
Auf der Höhe vor Sollum ist wieder eine schwere Flakbatterie in offener Feuerstellung aufgefahren, um das Vorgehen zu überwachen. Panzerjäger und Flak halten die Britenpanzer in achtbarer Entfernung und schalten zugleich die südliche Flankenbedrohung aus ...

Aus: *Das zweite Kriegsjahr, Berlin 1941*

Dienstag, 15. April 1941, Kairo
Aus dem *Hauptquartier von General Wavell:*
Die deutsche Offensive in der Cyrenaika wird von schweren und mittleren Panzerwagen durchgeführt, die von einer großen Anzahl schneller motorisierter Batterien begleitet sind. Tobruk haben die deutschen Einheiten umgangen, später auch Sollum, das von Osten her angegriffen wurde.

Rückzug auf Marsa Matruh?
15. April 1941, London
United Press meldet:
Der Berichterstatter des Columbia Broadcasting Service erklärte über den Sender Ankara, er habe von englischer Seite erfahren, daß General Wavell den Rückzug aller Truppen auf Marsa Matruh befohlen habe, wobei eine Verteidigung von Sidi Barrani nicht in Aussicht genommen worden sei. Die in Ägypten eingedrungenen deutschen Truppen beständen aus drei Panzerdivisionen, die über insgesamt 1400 Panzer verfügten.

General Wavell in Abwehrkämpfen
Mittwoch, 16. April 1941, Kairo
Die *Agentur Reuter* meldet:
Die Bedrohung von Suez durch starke deutsche Panzerstreitkräfte wird weder im Hauptquartier Wavell verkannt noch der Ernst der Lage beschönigt.

Kapitulation in Äthiopien?

16. April 1941, Kairo
Associated Press berichtet:
Wie man hört, hat der Vizekönig von Äthiopien, der Herzog von Aosta, Parlamentäre nach Diredaua ent-

Raum Harar (Äthiopien), April 1941: italienische und britische Offiziere bei Verhandlungen über eine örtliche Kampfpause

sandt, zur Einleitung von Verhandlungen mit den Engländern. An allen äthiopischen Fronten sind die Kampfhandlungen eingestellt worden.

Heftige Kämpfe um Tobruk
Donnerstag, 17. April 1941, Tobruk
United Press meldet:
Der erste deutsche Infanterieangriff auf den äußeren Verteidigungsgürtel von Tobruk wurde am Dienstag nachmittag im Schutz des Sandsturms unternommen, jedoch unter schweren deutschen Verlusten von den Engländern zurückgeschlagen. Der Sturm hatte eine Heftigkeit erreicht, daß es schwerfiel, auch nur weiter als einen Meter zu sehen. Um 17 Uhr aber legte sich der Sturm plötzlich, und man konnte ungefähr 800 deutsche Infanteristen beobachten, die von etwa 30 Lkw absprangen und dicht aufgeschlossen gegen den äußeren Verteidigungsgürtel vorgingen. Daraufhin wurden die Lkw, auf denen die Infanterie herangebracht worden war und die auch von Panzerwagen begleitet waren, angegriffen.

Italienisches Dementi
17. April 1941, Rom
Die *Agentur Stefani* berichtet:
In den zuständigen italienischen Kreisen wird die von der Agentur Reuter verbreitete Meldung kategorisch dementiert, wonach der Vizekönig von Äthiopien einen Mittelsmann nach Diredaua entsandt habe, um mit den Engländern über den Abschluß eines Waffenstillstands zu verhandeln.

Geheimer Bericht des *Sicherheitsdienstes der SS* zur innenpolitischen Lage:
Nr. 179 vom 17. April 1941 (Auszug)
I. Allgemeines: ... Das Kriegsgeschehen in Nordafrika wird mit unverminderter Aufmerksamkeit und Begeisterung verfolgt ... Allgemein wird die Überzeugung geäußert, daß General Rommel auch diesen Widerstand brechen werde und deutsche Truppen bald in Kairo einziehen werden.

General Wavell an W. Churchill
Freitag, 25. April 1941:
Die an die Panzerdivision ausgegebenen Befehle lauten, sie solle sich im Falle eines Angriffs durch überlegene Kräfte langsam zurückziehen und ihre Kampfkraft bewahren, bis Nachschubschwierigkeiten den Feind

schwächten und Gelegenheit zum Gegenangriff böten. Das war meine Weisung.
Als ich am ersten Tag nach Beginn der Kampfhandlungen die Front aufsuchte, sah ich die Notwendigkeit ein, einen im Wüstenkrieg erprobten Befehlshaber heranzuziehen, und rief telegraphisch O'Connor zur Unterstützung von Neame herbei. Beide Generäle wurden während des Rückzugs von einer Patrouille gefangengenommen, die der auf Derna vorstoßenden feindlichen Kolonne voranging. So, in grobem Umriß, hat sich die katastrophale Episode abgespielt, für die ich die Hauptverantwortung trage.

Noch immer Kämpfe in Äthiopien
25. April 1941, Kairo
Die *Agentur Reuter* meldet:
Nach dem erbittertsten Kampf des ganzen äthiopischen Feldzuges haben die südafrikanischen Truppen die italienischen Streitkräfte, die die Verteidigungslinien vor Dessie, etwa 225 Kilometer nordöstlich von Addis Abeba, hielten, in die Flucht geschlagen.

Der größte Teil der Truppen des Herzogs d'Aosta war dort zusammengezogen und leistete erbitterten Widerstand. Zahlreiche Italiener wurden gefangengenommen, und der Feind erlitt schwere Verluste.

Deutsches Afrika-Korps — H.Qu., den 26. 4. 41
– Abt. Ia –
Nr. 222/41 g.Kdos.

13 Ausfertigungen
13. Ausfertigung

Befehl für die Durchführung von Täuschungsmaßnahmen in der Zeit vom 28. 4. bis 1. 5. 41.

1.) Mit dem Einsetzen der Vorbereitung für den Angriff auf Tobruk ab 28. 4. sind im Gesamtabschnitt der 5. lei. Div. mit den dort vorhandenen Kräften (einschl. Div. Trento) und im Raum Bardia–Sollum–Capuzzo durch Gruppe Herff im größtmöglichen Umfang Täuschungsmaßnahmen durchzuführen. Es muß in diesen Abschnitten frühzeitig beim Gegner der Eindruck eines unmittelbar bevorstehenden Angriffs entstehen. Hierzu ist besonders in den Tagen der Vorbereitung und Durchführung des Angriffs auf Tobruk die Verteidigung beweglich und nach Möglichkeit offensiv unter größter Aktivität zu führen.

Cyrenaika, April 1941: VW-Kübelwagen als »Panzer«. Solche Attrappen spielen für Rommels Täuschungsoperationen eine wichtige Rolle

Cyrenaika, 10. 4. 1941: Am 6. April hat eine Krad-Patrouille des DAK in der Nähe von Derna Lt. Gen. Sir Richard O'Connor gefangengenommen. Rechts, Gen. Gambier-Parry, der einen Tag später bei El Mechili den Deutschen in die Hände fiel. Die beiden gehörten zu den besten Spezialisten des Wüstenkrieges

2.) Im Einzelnen sind hierfür durchzuführen:

a) starker Funkverkehr im Abschnitt Streich und Herff und gegenseitig.

b) starke Staubentwicklung hinter der Front zur Vortäuschung eines regen Verkehrs. Verkehr aus dem Abschnitt hinein möglichst bei Dunkelheit. Starke Bewegung auf der Via Balbia und der gleichlaufenden Piste nach Bardia–Capuzzo.
Durch Bewegungen von Truppenteilen und Truppen bei Tag in Richtung auf die Stellung ist zunehmende Verstärkung vorzutäuschen. Unbewegliche Waffen, wie Panzer, Pak usw. sind zur Täuschung gut sichtbar einzusetzen. Möglichst viele Panzer durch beweglichen Einsatz an den verschiedensten Stellen vortäuschen.
Fahrzeuge sichtbar aufstellen und nicht eingraben.

c) Starke Aufklärungs- und Stoßtrupptätigkeit, insbesondere mit deutschen Kräften. Möglichst Gefangene einbringen. Nachts viel Leuchtkugeln in allen Farben verschießen (Ausnahme rote Leuchtkugeln, diese nur bei tatsächlichem fdl. Angriff).

3.) a) Artl.-Störungsfeuer auf Marschwege und Küstenpunkte hinter den fdl. Stellungen.
Häufiger Stellungswechsel der Artl.
Gleichzeitig geschützweise aus verschiedenen Feuerstellungen schießen lassen.

e) Viele Starte und Landungen der zugeteilten Störche.
Im Raum Bardia–Ft. Capuzzo sind durch die Luftwaffe nach Möglichkeit zahlreiche Zwischenlandungen einzelner Flugzeuge auszuführen.

4.) Die Täuschungsmaßnahmen sind so durchzuführen, daß der Gegner eine sichtbare Steigerung der Tätigkeit hinter den Abschnitten Streich bzw. Herff erkennt. Mit den Täuschungsmaßnahmen ist am 28. 4. zu beginnen. Sie sind so zu steigern, daß sie am 30. 4. ihren Höhepunkt erreichen.
Für die Nacht 30. 4./1. 5. werden noch besondere Stoßtruppunternehmungen an der Gesamtfront von Tobruk befohlen.
Für den Abschnitt Herff gelten obige Anordnungen sinngemäß.

Vor Tobruk, Mai 1941: Deutsche Feldgeschütze nehmen Tag und Nacht Ziele in der belagerten Festung unter Feuer

5.) Im Gegensatz hierzu darf an der Angriffsfront keinerlei Anzeichen erkennbar sein, aus denen der Gegner auf einen Angriff schließen könnte. Die in Ziff. 2 genannten Maßnahmen gelten daher im umgekehrten Sinne.
Im Besonderen ist zu beachten:

a) Der Funkverkehr ist auf das Äußerste einzuschränken.

b) Verkehr hinter der Front und Staubentwicklung bei Tage ist zu vermeiden. Alle Bewegungen zur Front, auch einzelner Fahrzeuge, nur bei Dunkelheit.

c) Fahrzeuge sind weit verteilt einzugraben, gut zu tarnen und tief nach rückwärts zu verteilen.

d) Panzer solange wie möglich fdl. Erd- und Luftsicht entziehen. Bereits eingesetzte Panzer und Pz.Jg.fz. allenfalls zurückziehen.

e) Dem Gegner jede Einsicht in die eigenen Linien verwehren. Fdl. Erkundungsvorstöße herankommen lassen und erst im letzten Augenblick abfangen.
Bei fdl. Vorstößen wenig Artl.-Feuer zeigen.

6.) Für die Täuschungsmaßnahmen ist ein bis ins Einzelne ausgearbeiteter Zeitplan durch die Truppen Streich und Herff aufzustellen und dem Afrikakorps vorzulegen.
Von Gruppe Streich sind die Täuschungsmaßnahmen auch für die Div. Trento vorzubereiten.
Den unterstellten Dienststellen ist hierbei nicht bekannt zu geben, daß es sich um Täuschungsmanöver handelt.

gez. Rommel

Sollum besetzt

Dienstag, 29. April 1941, Kairo
Der militärische Berichterstatter der *Agentur Reuter* meldet:
Italienisch-deutsche motorisierte Kolonnen sind vom Süden her auf Sollum vorgestoßen und haben die Stadt besetzt, nachdem sich die britischen leichten Streitkräfte in diesem Abschnitt befehlsgemäß zurückgezogen hatten. Die Garnison von Tobruk meldet, daß westlich von Tobruk stärkere deutsche Streitkräfte konzentriert werden und daß offenbar ein schwerer Angriff gegen die Stadt vorbereitet wird.

W. Churchill an General Ismay
29. April 1941:
Ist es nicht kurios, daß der Hafen von Bengasi, den wir für unbenutzbar erklärt haben, als er sich in unseren Händen befand, und den wir darüber hinaus bei der Räumung noch mehr zerstörten, vom Feind so ausgiebig benutzt werden kann?

Die Schlacht um Tobruk

Donnerstag, 1. Mai 1941
Die *Agentur Reuter* berichtet:
Seit Mittwoch nacht ist im Abschnitt von Tobruk eine äußerst heftige Schlacht entbrannt. Deutsche und italienische Infanterieverbände griffen mit dem gleichzeitigen Einsatz von schweren Panzern und Flammenwerfern die Verteidigungsstellungen von Tobruk an, nachdem diese einige Stunden lang sehr heftigem Artilleriefeuer ausgesetzt waren.
Heute, am frühen Morgen, erfolgte der Einsatz einer großen Anzahl von Sturzkampfflugzeugen, die Bomben schweren Kalibers auf die Verteidigungsanlagen abwarfen. Bis gegen 10 Uhr gelang es der Garnison, den Einbruch in das Verteidigungsnetz von Tobruk abzuwehren.
Danach konnte eine stärkere Abteilung von Panzern auf drei Kilometer breiter Front in den äußeren Ring einbrechen. Britische und australische Truppen stehen zur Zeit in Kämpfen von Mann zu Mann in den Verteidigungsanlagen außerhalb der Stadt.

Der 23. Tag der Belagerung
Von Kriegsberichterstatter Oberleutnant Krüger:
23 Tage eines Stellungskrieges, der von beiden Seiten mit äußerster Entschlossenheit geführt wird. Einem Sperriegel gleich liegt die feste Kette der Bunker um Tobruk. Weit nach Südwesten vorgeschoben ein tragender Eckpfeiler, der Ras-el-Medauar, der seine Kuppe 209 Meter hoch über den flachen, nur leicht gewellten Wüstenstrich erhebt. Es ist ein beherrschender Punkt, die höchste Erhebung hier. Diesen Bergkegel – das bedeutet der Name Ras – haben die deutschen Stoßtrupps im blutigen Nahkampf gestürmt, Pioniere und Schützen. Das war in der Nacht zum 1. Mai.
Die Bunkerstellungen um den Ras-el-Medauar sind das heutige Ziel des Generals Rommel. Um sieben Uhr rollen die Wagen den Hang des Wadis am Gefechtsstand hoch. Ein wolkenloser Himmel kündigt einen heißen Tag an. Der General mit seinem Dolmetscher wie üblich im geschlossenen Kübel vorweg. Dahinter der Adjutant und zwei Ordonnanzoffiziere. Zum Schluß ein leichter Spähwagen, für alle Fälle. Eine Holperfahrt quer durch den Sand der Marmarika. Hier wachsen nur graue Kameldornbüsche und Steine, viel Steine. Zuerst zu den italienischen Artilleriestellungen.
Die italienische Artillerie trägt eine Hauptlast dieser Belagerung. Mehrmals hat der Brite nach heftiger Artillerievorbereitung mit starken Panzerkräften den würgenden Ring um sich sprengen wollen. Es ist ihm nicht gelungen. Seine Panzer wurden abgeschossen oder zurückgetrieben. Aber die Australier sind zähe Gegner. In den letzten Nächten hat die Artillerie oft Sperrfeuer schießen müssen.
Eine Piste führt durch das Drahtverhau nach vorn, mit Telegraphenstangen. Es ist der Weg nördlich am Ras-el-Medauar vorbei zum Fort Pilastrino. Da sitzt der Brite und wird schwer von unseren Stukas bombardiert. Das Land trägt die bitteren Leidenszüge, die der Stellungskrieg zeichnet. Hier verstärkt durch die Trostlosigkeit der Landschaft. Eine halbe Stunde warten wir so, dann wandern die Einschläge links hinter das Drahtverhau. Wir können einzeln loslaufen, mit den üblichen Sprüngen zwischen Einschlag und Abschuß.
Von hier aus sind es nur noch wenige Meter zum Bunker am Pistenkreuz. Aber von einem Bunker ist weit und breit nichts zu sehen. Dennoch muß er da liegen, wo die Granaten herumfetzen. Der erste Ordonnanzoffizier läuft los und ist im nächsten Augenblick verschwunden, vom Erdboden verschluckt, buchstäblich. Rumms – rumms – rumms – der dritte Einschlag – los! Wir wären vorbeigelaufen, wenn die MG-Besatzung uns nicht zugewinkt hätte.
Das Geheimnis dieser Befestigungslinie ist, daß sie völlig unterirdisch in die Höhenzüge um Tobruk hineingebaut worden ist. Staunend sehen wir uns dieses Werk an. Keine Bunker, wie wir sie aus dem Westen kennen, mit Schießscharten und Panzerkuppeln. Die können die Geschütze der Artillerie und der Flak fassen. Stuka-Bomben können sie zertrümmern. Hier ist von außen nichts zu sehen. Noch aus zwanzig, fünfzehn Metern Entfernung ist der Eingang nicht zu erkennen. Es ist überhaupt nur ein enger quadratischer Einstiegsschacht aus Beton, umgeben und getarnt von Kameldornbüschen. 8 eiserne Griffe klettern nach unten.
Das Zisternensystem auf eine große Verteidigungsanlage angewandt. Als Kennzeichen führen sie nur Buchstaben und entsprechende Ziffern. Auf der einen Seite läuft ein schmaler Gang ums Eck. Ein paar Stufen gehen zum offenen runden MG-Stand, ebenfalls ausbetoniert. Die Italiener hatten hier wohl ein Pakgeschütz eingebaut. Vor den Sandsäcken liegen die Handgranaten wurfbereit. Deutsche, italienische und englische, eine ganze Sammlung. Die Schützen sind in den Gang zurückgetreten.
Die Einschläge liegen immer noch dicht am Bunker. Die Betondecke hält, sie ist ziemlich dick. Nur ein Volltreffer in die Einstiegschächte oder in die Kampfstände könnte von Wirkung sein. Deshalb ist es für unsere Stukas kaum möglich, diese Werke zu erkennen und zu treffen.
Auf der anderen Seite ein längerer Zickzackweg. Ein Teil dazwischen fast zwei Meter breit. Hier haben sich ein paar Mann auf Decken zum Schlafen ausgestreckt. Alle diese unterirdischen Anlagen haben mehrere Einstiege und Gefechtsstände. Am Ende dieses Ganges hat der Kommandeur des eingesetzten Schützenbataillons seinen Befehlsstand. Nur die Posten sind oben.
Einen weiten Blick hat man hinüber zum Engländer, einen besseren zurück in der alten Schußrichtung. Jetzt sieht man erst, wie geschickt allein dieser Bunker im Gelände angelegt ist. In seiner Flanke herausragend der Ras-el-Medauar.
Überall die Spuren des Kampfes in den verlassenen Stellungen. Herumliegende Maschinengewehre und Ladestreifen, viele Gewehre, meist mit aufgepflanztem Bajonett, Ausrüstungsgegenstände aller Art, Stiefel und die typischen Hüte der Australier und Neuseeländer.

Vor Tobruk, Mai 1941: Die Munitionskanoniere der Feldgeschütze leisten Schwerarbeit

Am schlimmsten sieht es in den Werken direkt unterhalb des Bergkegels aus. Sie sind wesentlich größer als die bisherigen Bunker. Ihre Betonstollen ein Labyrinth. Davor der ebenfalls zementierte Panzergraben, der als besonderer Schutzring um die Stadt liegt. Drei Meter breit und fast ebenso tief. Gut getarnt, durchweg Bretter darübergelegt, sorgfältig Sand aufgeschüttet, mit Kameldornbüschen darauf, um die Panzer in die Falle zu locken. Für Kampfwagen ohne Hilfe der Pioniere unüberwindlich. Längst haben natürlich die Granaten von beiden Seiten die Tarnung an vielen Stellen weggeputzt. Die Einstiegschächte sind noch zahlreicher.
Die Gefechtsstände große runde Betonbecken, in denen ein Geschütz aufgestellt werden kann. Am Stolleneingang hängt noch der Zettel, auf den mit Bleistift gekritzelt steht, wann Jones, Montgomery, Butler und die anderen Wache standen.
Der stahlgepeitschte Ras-el-Medauar versinkt langsam hinter uns. Wir fahren vorbei an einem Feld von Panzern. Panzerjäger auf Selbstfahrlafetten haben ihre Rohre zum Feinde geschwenkt. Zehn Messerschmitt-Jäger kreisen hoch über ihnen.
Der Abend senkt sich über den 23. Tag der Belagerung. Es ist der 3. Mai 1941. In der Nacht verstärkt der Engländer sein Artilleriebombardement zum Trommelfeuer. Wir sehen rote Leuchtkugeln. Das alte Zeichen. »Sie greifen an!« Die deutschen und italienischen Batterien schießen Sperr- und Abwehrfeuer. Was aus den Rohren geht. Die ganze Nacht über hält das Grollen und Rollen der Artillerieschlacht an.

Völkischer Beobachter, Mai 1941

OKW/Kriegstagebuch – Lagebericht
H.Gr. Afrika: Montag, 5. Mai 1941
Schwere Kämpfe an der Einbruchstelle bei Tobruk. Besuch General Paulus bei General Rommel. Ergebnis sehr schwere Verluste und Kämpfe. Fortsetzung der Offensive nur bei englischem Nachgeben, sonst Abwarten der 15. Panzerdivision. Neuer Auftrag an Deutsches Afrika-Korps rein defensiv. Eventuell Verzicht auf Sollum, Bardia und Tobruk.

Mittwoch, 7. Mai 1941
Aus dem *Hauptquartier von General Wavell:*
Bei anhaltend schweren Sandstürmen sind die Kampf-

Äthiopien, am Juba-Fluß, Mai 1941: Über die von britischen Pionieren neugebaute Brücke rollt der Nachschub zur Front

handlungen bei Tobruk und Sollum zum Stillstand gekommen. Während die deutsche Luftwaffe inaktiv blieb, versuchten mehrere britische Bomberstaffeln trotz der schwierigen Wetterverhältnisse Angriffsaktionen durchzuführen und bombardierten die Hafenanlagen von Bengasi und Derna, Flugplätze und die Motorkolonnen.

Die Schlacht um Amba Alagi
Dienstag, 13. Mai 1941
Aus dem *Hauptquartier von General Cunningham:*
Die Entscheidungsschlacht um Amba Alagi in Äthiopien ist seit gestern entbrannt. Die Nordgruppe des Generals Platt steht nur noch 32 Kilometer von den im Süden von Amba Alagi operierenden Einheiten der Armee Cunningham entfernt.

Freitag, 16. Mai 1941
Aus dem *Hauptquartier von General Wavell:*
Die britischen Truppen besetzten am Donnerstag den Engpaß von Halfaya, ferner Musaid und Sollum nach Operationen beschränkten Umfangs, die von motorisierten Truppen durchgeführt worden sind. Dem Feind wurden empfindliche Verluste zugefügt, und es sind eine Anzahl deutscher Gefangener gemacht worden.
In Äthiopien wurden trotz ständiger starker Regengüsse neue Fortschritte beim britischen Vormarsch auf Amba Alagi erzielt.

Erfolge an der ägyptisch-libyschen Grenze
Sonnabend, 17. Mai 1941, Berlin
Das *DNB* meldet:
Sollum, Capuzzo und Sidi Azeiz sind wieder in der Hand der deutschen und italienischen Truppen.

17. Mai 1941
Aus dem *Hauptquartier von General Cunningham:*
Bei strömendem Regen gehen die Operationen nördlich und südlich von Amba Alagi weiter, das von den Armeen der Generäle Cunningham und Platt bereits eingekesselt ist. In einem sich immer enger schließenden Ring stehen indische, britische, südafrikanische und äthiopische Truppen zum Sturmangriff auf das 3000 Meter über dem Meer gelegene Plateau bereit, auf dem der Herzog d'Aosta Hauptquartier bezogen hat. Die

Cyrenaika, Mai 1941: Rommel bei der Lagebesprechung

Höhe vom Amba Alagi liegt jetzt von vier Seiten her im Artilleriefeuer, nachdem es einem Bataillon aus Natal gelungen war, im Sturmangriff eine sehr starke Höhenstellung zu erobern.

Herzog d'Aosta gefangen!
Montag, 19. Mai 1941, Rom
United Press berichtet:
In einem Sonderkommuniqué wird bekanntgegeben, daß sich die Garnison von Amba Alagi ergeben hat und daß der Herzog d'Aosta gefangengenommen worden ist.

Sollum eingeschlossen?

Dienstag, 20. Mai 1941
Die *Agentur Reuter* meldet:
Der Angriff der beiden deutschen Panzerkolonnen aus dem Raum von Sollum stellte eine Offensivoperation von großer Bedeutung dar. Rund 200 Panzer waren eingesetzt, um Sollum durch einen Zangenangriff abzuschneiden. Diese Kampfhandlung bestätigt, daß General Rommel einen beträchtlichen Teil seiner Panzerstreitkräfte von Tobruk nach Capuzzo verlegt und offensichtlich zunächst auf weitere Angriffe gegen Tobruk verzichtet hat.

Widerstand am Halfaya-Paß
Mittwoch, 28. Mai 1941
Die *Agentur Reuter* teilt mit:
Die Kämpfe spielen sich jetzt auf einer 65 Kilometer langen uneinheitlichen Front ab, auf der die britischen Truppen einem neuen, gegen Ägypten gerichteten Vorstoßversuch von vier deutschen Panzerkolonnen Widerstand leisten.
Am Dienstag früh mußten sich die britischen Truppen vor der feindlichen Übermacht zurückziehen. Sie verschanzten sich gegen Mittag in neuen Stellungen, 1500 Meter vom Halfaya-Paß entfernt, und nahmen dort den Abwehrkampf wieder auf.

General Wavell an den Chef des Generalstabs
28. Mai 1941:
Punkt 1. Wir werden unsere sämtlichen verfügbaren Panzer, als das ausschlaggebende Kampfmittel, für die Operation »Battleaxe« in Nordafrika einsetzen. Die Neuformierung der 7. Panzerdivision wird durch verschiedene Umstände verzögert. Das früheste Datum für den Vormarsch von Marsa Matruh aus ist der 7. Juni 1941, es kann aber auch noch später werden.
Punkt 2. Ich halte es für richtig, Sie darüber zu informieren, daß die Erfolgsaussichten für diese Operation mei-

ner Meinung nach zweifelhaft sind. Ich hoffe, daß es uns gelingen wird, den Feind bis in den Westen von Tobruk zurückzuwerfen und den Landweg dorthin wieder zu öffnen. Soweit möglich, werden wir einen Erfolg ausnützen. Doch die letzten Gefechte haben einige beunruhigende Tatsachen enthüllt: Unsere Panzerspähwagen sind zu schwach gepanzert, um dem Feuer der feindlichen Kampfflieger standzuhalten, und mangels Geschützen sind sie auch den achträdrigen deutschen Panzerspähwagen, die schneller und mit Kanonen ausgerüstet sind, nicht gewachsen. Das erschwert die Aufklärung ...

Letzte Kämpfe in Äthiopien?
Dienstag, 3. Juni 1941, Kairo
Die *Agentur Reuter* berichtet:
Die Einschließung des letzten großen Verbandes der italienischen Armee, der – 17000 Mann stark – noch im Gebiet von Gondar kämpft, geht schnell voran. Nach der erfolgreichen Operation äthiopischer Abteilungen, denen es gelang, die Straße zwischen Gondar und Debra Tabor abzuschneiden, wurde der italienische Heeresverband in zwei Gruppen gespalten, die nun einzeln eingeschlossen werden.

150 Bombenopfer in Alexandria
Freitag, 6. Juni 1941, Kairo
Die *Agentur Reuter* meldet:
Die abschließenden Berichte über den Luftangriff auf Alexandria in der Nacht zum Donnerstag ergeben, daß 150 Todesopfer zu beklagen sind. In militärischen Kreisen wird die Ansicht vertreten, daß der schwere Angriff auf Alexandria die Einleitung der Luftoperationen gegen Ägypten darstellt. Man vermutet, daß die Großoffensive gegen den Suezkanal unmittelbar bevorsteht.

Starke Regenfälle in Äthiopien
Donnerstag, 12. Juni 1941, Kairo
Die *Agentur Reuter* berichtet:
Der Vormarsch der britischen Truppen in Äthiopien wird zur Zeit durch starke Regenfälle behindert.

Stukaangriffe bei Sollum
Montag, 16. Juni 1941, Berlin
Das *DNB* meldet:
In Nordafrika griffen die Engländer an der Front von Sollum gestern mit stärkeren Kräften an. Die Kämpfe sind zur Zeit noch im Gange. Ein Verband deutscher Sturzkampfflugzeuge unterstützte am Sonntag außerordentlich erfolgreich die Kampfhandlungen um Sollum. Vor allem wurden feindliche Kolonnen und Fahrzeugansammlungen bombardiert. Der Gegner hatte dabei empfindliche Verluste an Menschen und Material. Zahlreiche Fahrzeuge gerieten in Brand.

Dienstag, 17. Juni 1941
Aus dem *Hauptquartier von General Wavell:*
Die britische Offensive bei Sollum geht weiter. Sie hat am Montag abend zu schweren Kämpfen im Dreieck Sollum–Halfaya-Paß–Fort Capuzzo geführt. Der Vor-

Raum Sollum, Mai 1941: deutsche Panzer auf dem Weg in neue Bereitstellungen

Raum Sollum, Mai 1941: Eine Kette muß ausgebessert werden, bei der sengenden Hitze Afrikas eine beschwerliche Arbeit

Rechte Seite: Südäthiopien, Raum Mega, Juli 1941: kriegsgefangene italienische Soldaten auf dem Weg zu einem Sammellager in Kenia

stoß der britischen Empire-Truppen in glühender Sommerhitze beweist, daß sich General Wavell nun stark genug fühlt, Operationen in der westlichen Wüste durchzuführen. Der Stand der Kämpfe an der ägyptisch-libyschen Grenze ist unklar. Gefechte finden südwestlich von Sidi Omar und westlich des Halfaya-Passes statt, wohin die britischen Truppen durch eine Umgehungsaktion durch die Wüste gelangten. Ob sich der Halfaya-Paß selbst in britischen Händen befindet, steht nicht fest.

Britischer Rückzug

Mittwoch, 18. Juni 1941
Die *Agentur Reuter* berichtet:
Nach dreitägiger Schlacht im Raum zwischen Sollum und Fort Capuzzo hat General Wavell die vorgeschobenen Einheiten wieder auf ihre Ausgangsstellungen zurückgezogen. Das Deutsche Afrika-Korps hat sehr schwere Verluste an Panzern und Geschützen erlitten. Auch die britischen Materialverluste sind beträchtlich. Wavell befahl den Rückzug auf die Stellungen bei Sollum, nachdem Rommel mit starken Kräften einen Versuch begonnen hatte, die britischen Stoßtruppen durch eine Umfassungsoperation von Sollum abzuschneiden.

Schwere britische Panzerverluste bei Sollum
Donnerstag, 19. Juni 1941, Berlin
Das *DNB* meldet:
Die Verluste der britischen Panzerwaffe sind nach den neuesten Meldungen noch erheblich größer als sich nach den bisherigen Vermutungen ergeben hat. So wurden bei der Aufräumung des Schlachtfeldes 200 britische Panzerkampfwagen vorgefunden, die durch deutsche und italienische Waffenwirkung teils vernichtet, teils bewegungsunfähig geschossen waren und von den Briten auf dem Rückzug zurückgelassen werden mußten.

W. Churchill an General Ismay
Montag, 30. Juni 1941:
Ein starker Strom feindlicher Verstärkungen erreicht ständig Afrika, obwohl wir seine Transporte tüchtig schröpfen. Die Flotte scheint nicht in der Lage zu sein, etwas dagegen zu tun. Die RAF unterbindet vielleicht ein Fünftel. Ohne Zweifel fühlen auch Sie den ganzen Ernst dieser Situation.

Auchinleck in Kairo
Donnerstag, 3. Juli 1941, Kairo
United Press berichtet:
Der neue Oberbefehlshaber der britischen Truppen im

Mittleren Orient, General Claude Auchinleck, ist in Kairo eingetroffen.

Kapitulation der Italiener in Galla-Sidamo
Sonnabend, 5. Juli 1941, Kairo
United Press meldet:
Das britische Hauptquartier gibt bekannt, daß der Oberbefehlshaber der italienischen Streitkräfte in Äthiopien, General Gazzera, die Kapitulation seiner Truppen angeboten hat. Er habe sich mit allen italienischen Streitkräften, die in den Provinzen Galla und Sidamo operieren, ergeben, mit Ausnahme der italienischen Garnison von Gondar, die gegenwärtig von britischen und äthiopischen Streitkräften eingeschlossen ist, sowie einer kleinen Abteilung, die sich in der unwegsamen Gegend südwestlich von Assab befindet.

Südafrikanische Truppen in Nordafrika
Dienstag, 8. Juli 1941, Kairo
Die *Agentur Reuter* teilt mit:
In stark gesicherten Konvois traf in den letzten beiden Tagen das Gros der südafrikanischen Verbände, die in Äthiopien an den Kämpfen teilgenommen haben, in Nordafrika ein. Die Truppen werden bereits in den nächsten Tagen an der Front eingesetzt.

Dienstag, 15. Juli 1941, Berlin
Das *Oberkommando der Wehrmacht* gibt bekannt:
In Nordafrika zersprengten deutsche Jäger Ansammlungen britischer Motorfahrzeuge bei Sidi Barrani. Deutsche Kampfflugzeuge brachten feindliche Batterien um Tobruk zum Schweigen. Ein Verband deutscher Kampfflugzeuge bombardierte in der Nacht zum 14. Juli 1941 britische Schiffe auf der Reede von Suez. Zwei Frachter mit zusammen 12000 Tonnen wurden vernichtet, zwei weitere große Schiffe erhielten Volltreffer.

In den Bunkern vor Tobruk

Von Kriegsberichterstatter Oberleutnant Krüger:
Im Feldquartier vor Tobruk. Tage wuchsen zu Wochen. Der Kampf um den Hauptort der Marmarika ist eine Schlacht um eine Festung geworden. Hart, schwer und verlustreich. Auf die todesmutigen Sturmfahrten der Panzer folgte der erbitterte Stellungskrieg. Das blutige Ringen um jeden Quadratmeter im Wüstensand. Trommelfeuer und verbissener Nahkampf. Es ist wie im Weltkrieg.
Ein kühler und unfreundlicher Morgen nach einer kalten Nacht. Die Flak bellt pünktlich Alarm. Mit dem neuen

Vor Tobruk, Juli 1941: Deutsche schwere Artillerie hält die Festung unter Feuer

Tag brummt der erste britische Bombenflieger über uns. Wir haben ihn schon erwartet. Die Kälte der frühen Morgenstunden hat uns im Zelt längst wachgeschüttelt. Der Nordwind fegte auch in der Nacht mit unverminderter Kraft zur Sahara. Er riß bullernd an den Zeltwänden. Zweimal mußten wir die Halteschnüre des windgeblähten Sonnensegels nachspannen. Es ist wegen des nassen Taues auch in der Nacht wichtig. Wir müssen fröstelnd die Mäntel anziehen und den ganzen Tag über anbehalten. Das ist auch Afrika. Unerträglich, dieses unablässige Wehen über die schutzlose Fläche. Das geht über Nerven und Stimmung. Aber doch wiederum tausendmal besser als der sengende Sand des Gibli oder die brütende Glut der Windstille.

Seit Sonnenaufgang ist das Artillerieduell wieder kräftig aufgelebt. Fast pausenlos trägt der Wind das dumpfe Blaffen der Abschüsse herüber, denen bald das krachende Bersten der Einschläge folgt. Oder die hochsteigenden Sandfontänen, wenn die Granaten die harte Erde weiter entfernt aufwühlen. Hin und wieder springen die Sandpilze über das Feld.

Jetzt nähert sich ihr peitschendes Knallen wieder dem Befehlswagen des Generals. Kein gewöhnliches Auto. Ein »Geschenk« der Engländer. Ein omnibusgroßer Panzerkasten auf Riesenballonreifen, groß und dick wie Laufräder einer Ju. Eine MG-Kugel ist drin steckengeblieben. Fensterlose Wände natürlich, mit blaugrauem Tarnanstrich. Nur Fahrer und Beifahrer haben Scheiben hinter Stahlblenden. »Mammut« heißt er deshalb mit Recht. Auch ein Beutewagen aus dem Fort El Mechili. Das ist jetzt der Kommandowagen von General Rommel.

Das übliche bewegte Bild eines Gefechtsstandes während des Kampfes. Der Ia des Stabes sitzt in der offenen Tür und gibt den Ordonnanz- und Verbindungsoffizieren seine Befehle. Vertreter der italienischen Wehrmacht, neu eingetroffene Kommandeure, warten auf den General.

Als ein paar Granaten ihre Brocken bis an den Wagen werfen, bittet er lächelnd, sich doch etwas näher an die Panzerwand heranzustellen. Wer keinen Platz mehr findet, legt sich für einige Augenblicke bäuchlings auf die flache Erde. Nach einer Weile legt er das Feuer wieder zurück.
Als zwischendurch das Feldtelefon läutet, das vor dem »Mammut« auf der Erde steht, kann sich kaum einer eines leisen Lächelns erwehren. Natürlich gehört es genau so zum Befehlsstand wie die Funkwagen, die ihre Antennen hochgekurbelt haben.
General Rommel kommt zurück. Er trägt über dem Khaki den feldgrauen Ledermantel. Seit dem frühen Morgen hat er wieder die Stellungen abgefahren. Das gehört zu seinem festen Tagesablauf. Besprechungen mit den deutschen und italienischen Kommandeuren an Ort und Stelle.
Kein Muskel bewegt sich in dem harten Soldatengesicht des Generals, in dem die Kühnheit des Mannes deutlich zu lesen steht.
Die hohe Stirn über der kräftigen Nase, der energische Mund über dem willensstarken Kinn. Einen Schein härter noch, als er jetzt seine Befehle gibt: Panzer und Panzerjäger müssen weiter angreifen.
Die Einbruchsstelle am Panzergraben muß aufgerissen werden. Es gilt, die Front nach beiden Seiten aufzurollen. Die wichtigsten Batterien müssen weggenommen werden.
Mit einer kurzen Armbewegung unterstreicht der General diesen Satz. Ihre Niederkämpfung ist das wichtigste Ziel. Die Stukas sollen weiterhelfen. Vielleicht heute noch einen Einsatz. Und morgen wieder.
Der Stuka-Major legt ernst die Hand an die Mütze. Ein Wagen bringt ihn wieder zu seinem Einsatzhafen. Hauptsache die feindlichen Batterien, wiederholt der General noch einmal abschließend.
Dann weist er die italienischen Kommandeure ein. Satz für Satz übersetzt ein Dolmetscher die Befehle. Alles wird auf der Karte genau festgelegt. Der Kampf um Tobruk beginnt erst!

Völkischer Beobachter, Juli 1941

Angriff auf einen italienischen Geleitzug
Mittwoch, 16. Juli 1941
Die *Agentur Reuter* meldet:
In einem Sonderkommuniqué wird mitgeteilt, daß heute morgen an der tripolitanischen Küste ein erfolgreicher Angriff auf einen italienischen Geleitzug durchgeführt wurde. Ein Schiff von 8000 Tonnen wurde durch Bombentreffer zerstört und ein Schiff von 2500 Tonnen schwer beschädigt.

Mißlungener Ausbruchsversuch
16. Juli 1941, Mailand
Die *Agentur Stefani* berichtet:
Die britische Besatzung von Tobruk hat in der Nacht zum 14. Juli 1941 mit einer einige hundert Mann starken Streitmacht einen neuen Ausbruchsversuch unternommen.

400. Luftangriff auf Malta

Freitag, 18. Juli 1941, La Valetta
Die *Agentur Reuter* meldet:
Am Abend nach dem 400. Luftangriff auf Malta gab der Oberkommandierende der Insel, Lieutenant General Sir William Dobbie, einen Tagesbefehl heraus: »Malta hält sich immer noch und wird auch weiter unbesiegbar bleiben. Jetzt, in der 95. Woche des Krieges, bildet Malta nach wie vor ein gewaltiges Hindernis für jeden deutschen und italienischen Versuch, Streitkräfte nach Tripolis zu bringen. Wir dürfen der Zukunft mit Vertrauen entgegensehen.«

Operationen gegen Gondar
18. Juli 1941
Aus dem *Hauptquartier von General Cunningham:*
Unsere Streitkräfte haben nun die Operationen gegen die letzten italienischen Streitkräfte in Äthiopien im Bezirk von Gondar aufgenommen. Bereits in den ersten Kämpfen wurden wichtige Höhenstellungen erobert und ein Gegenangriff italienischer Truppen gegen die neu besetzten Stellungen zurückgewiesen. Die Kämpfe halten an.

Donnerstag, 24. Juli 1941, Rom
Das *Comando Supremo* teilt mit:
Gestern war das mittlere Mittelmeer Schauplatz einer heftigen See- und Luftschlacht, die für unsere tapferen Mannschaften siegreich endete. Bereits vom Morgengrauen an und den ganzen Tag über hatte die Luftaufklärung die Bewegungen eines beträchtlichen, durch Schlachtschiffe, Kreuzer, Torpedoboote und Flugzeugträger gesicherten feindlichen Geleitzugs beobachtet und gemeldet, daß er sich in West-Ost-Richtung bewegt. Der feindliche Schiffsverband wurde wiederholt von unseren Luftstreitkräften angegriffen, die ungeachtet der heftigen Fliegerabwehr und der zahlreichen Jäger dem Feind schwere Verluste zufügten.

Sandstürme in der westlichen Wüste
Sonnabend, 16. August 1941
Die *Agentur Reuter* teilt mit:
Seit mehreren Tagen halten in der westlichen Wüste schwere Sandstürme an, die jede Kampfhandlung erschweren. Die Temperaturen sind ungewöhnlich hoch.

Mittwoch, 20. August 1941, Kairo
Aus dem *Hauptquartier der RAF:*
Flugzeuge der Flotte führten mit großem Erfolg einen Angriff auf einen feindlichen Geleitzug durch, der aus fünf großen Handelsschiffen und einem Tanker bestand und von sechs Zerstörern begleitet war. Der Angriff fand in der Nacht zum Montag im mittleren Mittelmeer statt. Ein Dampfer von 6000 Tonnen erhielt einen Torpedotreffer und sank zwei Stunden später. Auf dem Tanker, der ebenfalls getroffen wurde, gab es eine gewaltige Explosion. Noch ein weiterer Dampfer wurde versenkt.

Raum Tobruk, August 1941: Zugmaschine mit einem Feldgeschütz im Schlepp rollt in eine neue Stellung

Winteroffensive in Libyen?
Donnerstag, 21. August 1941
Aus dem *Hauptquartier von General Auchinleck:*
Aufgrund sorgfältiger Beobachtung wird angenommen, daß das deutsch-italienische Oberkommando zur Zeit Anstrengungen unternimmt, um in Nordafrika einen Winterfeldzug großen Stils vorzubereiten. So wurde festgestellt, daß neue, ausgezeichnet getarnte Flugplätze im Bau sind, die es ermöglichen dürften, die Zahl der bisher eingesetzten Staffeln wesentlich zu erhöhen. Bemerkenswert sind auch die Versuche, weitere Truppen und vor allem schweres Kriegsmaterial nach Libyen zu bringen.

Geheimer Bericht des *Sicherheitsdienstes der SS*
zur innenpolitischen Lage:
Nr. 214 vom Montag, 25. August 1941 (Auszug)
I. Allgemeines: 12. Die Meldungen über die Kämpfe bei Tobruk werden täglich von neuem mit kritischen Äußerungen gegen die italienischen Bundesgenossen versehen. Man frage sich immer wieder, warum Tobruk seinerzeit ohne weiteres aufgegeben worden sei, wenn es sich unter den Engländern abgeschnitten so lange halten könne. Bei den Angriffen auf Suez sei stets nur vom Einsatz der deutschen Luftwaffe die Rede.

Tobruk heftig bombardiert
Dienstag, 26. August 1941, Berlin
Das *DNB* meldet:
In der Nacht vom 25. August 1941 wurden die Angriffe der deutschen Bomberverbände auf Tobruk fortgesetzt und zahlreiche Bomben schweren Kalibers auf Hafenanlagen und kriegswichtige Betriebe abgeworfen. Bedeutende Brände zeigten die Wirkung des Angriffs.

Geheimer Bericht des *Sicherheitsdienstes der SS*
zur innenpolitischen Lage:
Nr. 216 vom Montag, 1. September 1941 (Auszug)
I. Allgemeines: Der Stillstand auf dem afrikanischen Kriegsschauplatz ist Gegenstand eifriger Erörterungen. Die Annahme, daß die ägyptische Front bei Sollum und Tobruk bereits für die Achse verloren sei und General Rommel auf verlorenem Posten stehe, gewinnt immer mehr an Boden.

Vor einer Offensive in Libyen?
Freitag, 5. September 1941, London
Die *Agentur Reuter* meldet:
In zuständigen britischen Militärkreisen weist man darauf hin, daß Italien für den Transport von Truppen und Kriegsmaterial aller Art nun auch seine wertvollsten Passagierdampfer einzusetzen beginnt. Es müsse deshalb angenommen werden, daß die deutsch-italienische Heeresleitung eine Offensive in Libyen beabsichtige und gewillt sei, größte Risiken im Seetransport auf sich zu

nehmen, oder daß sie eine britische Offensive erwarte und sich deshalb gezwungen sehe, ohne Rücksicht auf die möglichen Verluste Verstärkungen mit allen Mitteln nach Nordafrika zu bringen.

Italienischer Geleitzug vernichtet!

Montag, 15. September 1941, Kairo
Die *Agentur Reuter* teilt mit:
In einem Sonderkommuniqué der RAF wurde am Sonntagabend die vollständige Vernichtung eines italienischen Geleitzuges im Mittelmeer gemeldet, der bereits in der Nacht zum Freitag im zentralen Mittelmeer zum erstenmal angegriffen wurde.

Lebhafte Kampftätigkeit
Mittwoch, 17. September 1941
Aus dem *Hauptquartier von General Auchinleck:*
Die Kampftätigkeit in der westlichen Wüste hat sowohl bei Tobruk als auch im Abschnitt der ägyptischen Grenze wesentlich zugenommen. Allgemein wird mit dem Beginn von Operationen großen Stils in naher Zukunft gerechnet. Starke deutsch-italienische Konzentrationen wurden südlich von Sollum in beträchtlicher Entfernung von der Küste festgestellt.

Wiederaufnahme der Operationen in Äthiopien
Donnerstag, 18. September 1941, Kairo
United Press meldet:
Die Säuberungsaktionen in Äthiopien mußten infolge der Regenzeit mehrere Monate lang unterbrochen werden. In gut unterrichteten militärischen Kreisen wird nun erklärt, daß mit dem Herannahen der trockenen Jahreszeit die Aktionen gegen die noch in äthiopischem Gebiet stehenden italienischen Streitkräfte bald wieder aufgenommen werden könnten. Wie man hier annimmt, befinden sich noch rund 15000 Mann italienische und eingeborene Truppen im Gebiet von Gondar, die unter dem Kommando des Generals Nasi stehen.

Britische Zeitungsente?
Mittwoch, 24. September 1941, Kairo
United Press berichtet:
Aus dem Hauptquartier der Royal Air Force im Nahen Osten erfährt man, daß am 14. September 1941 ein komplettes Geschwader deutscher Stukas Junkers 87 mit italienischen Piloten bemannt auf der ägyptischen Seite der libysch-ägyptischen Grenze eine Notlandung vornehmen mußte, weil den Maschinen der Brennstoff ausging.

Mittelmeer, September 1941: Ein italienischer Frachter gerät auf dem Weg nach Nordafrika in den Bombenhagel von RAF-Maschinen

Raum Tobruk, Oktober 1941: Deutsche Infanteristen werden auf Panzern zu einem neuen Einsatz gebracht

30 Prozent Nachschub versenkt
Sonntag, 26. Oktober 1941
Der Oberbefehlshaber der britischen Mittelmeerflotte, *Sir Andrew Cunningham,* teilt mit:
Etwa 30 Prozent sämtlicher feindlicher Frachter, die kürzlich die italienischen Häfen verlassen haben, wurden durch unsere Flotte und Flugzeuge versenkt, gegenüber 20 Prozent in früheren Monaten, und wir haben Grund zu hoffen, daß dieser Prozentsatz noch ansteigen wird.

Ghibli – der Sandsturm

Von Leutnant Hans G. Freiherr v. Esebeck
Am frühen Abend schon spürt der Mensch, daß sich was tut. Ein dünner Wolkenschleier legt sich über den Himmel. Die Sonne wird fahl und armselig, als habe sie die englische Krankheit. Auch der Mond ist ungnädig, die Luft unruhig. Die Grillen schweigen.
Plötzlich, mitten in der Nacht, weht ein heißer Atem durch die Zeltfenster. Es ist der trocken-heiße Südwind. Er rüttelt kurz an den Zeltstangen und schlägt mit unerwarteter Heftigkeit unters Sonnendach, daß es laut flappt. Dann weiß man genau – gleich geht es los.
Am Morgen, wenn man nach kurzem Schlaf erwacht, spürt man greifbar die Schwere der Luft. Der Soldat, der jetzt mißmutig und freudlos aus dem Zelt schaut, sieht über dem Lande die graue erbarmunglose Wand des Sandsturmes, der mit einer Geschwindigkeit bis zu 80 Kilometer dahinrast ...
Die Zelte werden fest verschlossen, eine Zeltplane wird noch vor den Eingang gestopft. Aber es ist vergeblich. Nach wenigen Minuten ist alles mit einer Schicht zähen Staubes überdeckt. Er wirbelt im Zelt umher, als habe das keine Wände, keinen Boden, kein Dach. Er dringt durch den Rucksack, rieselt ins Kochgeschirr, in die Marmeladenbüchse, findet Eingang durch das Gewinde des fest verschraubten Blechtopfes und setzt sich zwischen der Wäsche fest.
Unerträglich ist die Hitze geworden. Die Luft ist ausgedörrt. Trocken ist der tobende Wind. Der Körper des Menschen erschlafft. Der unablässige Sturm drückt auf das Hirn ... Was zieht man an? Auf den nackten Körper

weht der heiße Sand. Er sticht mit Nadelschärfe. Angezogen rinnt uns der Schweiß Brust und Rücken herab. Aber Hose, Rock und sogar Mantel sind gleichwohl der beste Schutz. Das grünseidene Halstuch schlingen wir um den Hals, binden es vor Mund und Nase, setzen dann die Staubbrille auf und wirken nun wie seltsam vermummte Nordpolfahrer...
Die schlimmste Folge des Ghibli ist der Durst. Vier bis fünf Liter Tee trinkt der Mensch ohne Schwierigkeit, allerdings unter der Voraussetzung, daß er ihn hat. Das Tuch vor dem Munde schützt zwar vor der starken Atmungsverdunstung, aber nicht davor, daß der Gaumen trocken, die Zunge langsam dick wird ...
Am Nachmittag tritt der Wechsel des Windes ein. Wieder geschieht es ohne jeden Übergang. Plötzlich streicht ein kalter Luftstrom durch die Zelte. Zum erstenmal atmet der Mensch wieder tief auf. Das Ende des Ghibli kündet sich an. Wechselt der Wind jedoch nicht seine Richtung, so tobt der Sturm weiter, drei oder gar fünf Tage. Das ist seine Eigenart. Er begnügt sich nur in seltenen Fällen mit zwei Tagen.
Für unser Afrikakorps aber bedeutet der Sandsturm eine Zeit unerhörter Anforderungen und schwerer Strapazen. Nicht jeder kann sich in sein Zelt verkriechen oder die Zeltplane über sein Erdloch ziehen, nicht jeder kann, gleich den Beduinen, tief vermummt und regungslos, das Ende des Ghibli abwarten. Nachschub, Wasserversorgung, Verpflegung, Befehlsübermittlung, Arbeit gehen weiter. Und wenn auch die asphaltierte Via Balbia oder die durch eine 200 Meter breite Spur sonst gekennzeichnete Piste im undurchsichtigen Schleier einer hohen Sandmauer steht, der Weg darf nicht verfehlt werden.
Langsam, unendlich langsam spuren die Fahrzeuge Meter um Meter voran. Durch Türen und Ritzen weht es herein. Die Brillen sind verklebt, die Fenster halb blind. Wir fahren knapp drei Meter aufgeschlossen auf den Vordermann. Aber plötzlich hat ihn der Sand verschluckt. Er ist fort, Piste und Telegraphenstangen, sonst gute Richtungsweiser, sind verschwunden. Man irrt umher.
Überall Sand, die gleiche wehende undurchdringliche Wolke. Man steigt aus, um sich zu orientieren. Aber es wird nur schlimmer, und man läuft Gefahr, zu guter Letzt noch sein eigenes Fahrzeug zu verlieren. Endlich, oft nach stundenlangem Umherirren, gelingt es durch Zufall, das Ziel zu finden ...

Aus: Das zweite Kriegsjahr, Berlin 1941

Britischer Vormarsch in Äthiopien
Donnerstag, 13. November 1941, Nairobi
Das britische *Hauptquartier in Ostafrika* meldet:
Unsere Truppen, die südwestlich von Gondar vorrükken, haben Gianda westlich der Hauptstraße Gondar – Gorgowa besetzt. Die Einnahme von Gianda erfolgte durch das überraschende Vorrücken unserer aus dem Südwesten kommenden Truppen. Die Einschließung von Gondar ist damit vollzogen worden.

Im belagerten Tobruk, 14. 11. 1941: General Sikorski, Oberbefehlshaber der polnischen Truppen im Exil, besucht seine Soldaten in der Festung

Nördlich Marsa el Brega, März 1941: Eine dicke Rauchwolke zeugt von der Zerstörung eines Treibstoffdepots

Sonnabend, 15. November 1941, Berlin
Das *Oberkommando der Wehrmacht* gibt bekannt:
Wie schon in einem Sonderbericht bekanntgegeben, hat die deutsche Kriegsmarine einen neuen großen Erfolg errungen. Unterseeboote griffen im westlichen Mittelmeer einen Verband britischer Kriegsschiffe an. Dabei versenkten zwei Boote den Flugzeugträger »Ark Royal« und beschädigten das Schlachtschiff »Malaya« so schwer, daß es in den Hafen von Gibraltar eingeschleppt werden mußte. Weitere britische Einheiten erhielten Torpedotreffer.

Eine neue britische Armee
Montag, 17. November 1941, Kairo
Die *Agentur Reuter* meldet:
Amtlich wird mitgeteilt, daß in der Westlichen (Libyschen) Wüste eine neue britische Armee aufgestellt worden ist. Sie trägt den Namen »Achte Armee«.

Und so war es

In den letzten Tagen des März 1941 entschließt sich Generalleuntant Rommel, obwohl bisher nur Teile der 5. leichten Division (GenMaj. Streich) in Nordafrika eingetroffen sind, die zwischen den Salzsümpfen und dem Meer gelegenen Stellungen bei Marsa el Brega, in denen sich die Engländer verschanzt haben, anzugreifen.

Noch am 30. März 1941 ist General Wavell der Ansicht, Rommel könne vor Ablauf eines Monats kein größeres Unternehmen starten.

Doch bereits am nächsten Tag, dem 31. März 1941, greifen die Verbände der 5. leichten Division an und besetzen nach heftigen Kämpfen die Engpaßstellung bei Marsa el Brega.

Am Dienstag, dem 1. April 1941, soll zwar laut Rommels Befehl nur eine Vorausabteilung mit den zurückweichenden Engländern Fühlung halten und in Richtung Agedabia, 80 Kilometer weiter östlich, aufklären, aber Generalmajor Streich setzt gleichzeitig alle zur Verfügung stehenden Teile der Division in Marsch.

Raum Bengasi, April 1941: Kanoniere der australischen 7. Division bringen ihr Geschütz in Stellung

In diesen Tagen beginnt unter dem Kommando des »Lufttransportführers Mittelmeer« eine Luftbrücke zur Versorgung der Rommel-Truppen. Die Flüge werden in geschlossenen Verbänden von etwa 25 Maschinen Junkers Ju 52 und Messerschmitt Me 110 als Geleitschutz auf der Strecke Sizilien–Tripolis, später von Kreta nach Derna, durchgeführt. Die Transportverbände bringen Munition, Treibstoff sowie Soldaten und nehmen auf dem Rückflug Verwundete, Kranke und reparaturbedürftiges Gerät mit.

Unterdessen verfolgen die britischen Truppen in Eritrea die nach Süden in Richtung Äthiopien ausweichenden Verbände von General Frusci und erobern die Hauptstadt Asmara. Danach rollen sie auf den etwa 80 Kilometer nordöstlich liegenden Hafen Massaua zu.

In Äthiopien zwingen Anfang 1941 das Sudanesen-Bataillon und einige Eingeboreneneinheiten unter Captain Wingate sowie die Aufständigen, die sich dem Negus angeschlossen haben, rund 12000 Italiener zum Rückzug nach Debra Markos in der Provinz Godjam. Die Hälfte von ihnen wird hier gefangengenommen, der Rest entkommt nordwärts in Richtung Gondar.

Am Nachmittag des 2. April 1941, nachdem schon 30 britische Panzer zerstört sind, nimmt die 5. leichte Division mit Zustimmung Rommels Agedabia ein. Jetzt liegt die Cyrenaika offen vor dem Deutschen Afrika-Korps (DAK). Hier zeigt sich erneut die Taktik von General Wavell, seine Truppen vor stärkeren Angriffen zurückzuziehen und einem Entscheidungskampf auszuweichen.
Diese Feststellung veranlaßt Rommel, dem Gegner auf den Fersen zu bleiben und in mehreren Kolonnen aus Tripolitanien heraus auf Bengasi vorzustoßen.
Noch am Abend erreicht Generalmajor Streich mit seinen Truppen den Ort Zuetina. Die britischen Verbände befinden sich, ohne weiteren Widerstand zu leisten, im Rückzug auf Bengasi. Bei Rommel entsteht der Eindruck, daß sie die Absicht haben könnten, die Cyrenaika gänzlich zu räumen.
Teile der 5. leichten Division mit einer Aufklärungsabteilung sowie die Division »Brescia« (Gen. Predieri) sollen sogar über Bengasi hinausgehen, um die feindli-

chen Kräfte zu binden. Die Masse der 5. leichten Division und die Panzerdivision »Ariete« (Gen. Baldassare) werden von Agedabia in Richtung El Mechili in Marsch gesetzt.
Inzwischen erreicht Rommel ein Funkspruch von Generaloberst Gariboldi, dem Oberbefehlshaber der Achsentruppen in Nordafrika, der den Vorstoß als befehlswidrig hinstellt und anordnet, weitere Maßnahmen bis zu einer mündlichen Rücksprache zu stoppen.

Am nächsten Morgen, dem 3. April 1941, erscheint Gariboldi in Rommels Gefechtsstand und betont: Eine Weiterführung der Operation ist unmöglich, da sie den Richtlinien Mussolinis, an die er gebunden ist, widerspricht. Außerdem muß erst die Versorgung geregelt werden. Rommel erklärt ihm, daß er trotzdem entschlossen ist zu handeln, so wie es die taktische Lage im Augenblick erfordert.
Während dieser heftigen Auseinandersetzung trifft überraschend ein Funkspruch des OKW ein, der Rommel mit Zustimmung Hitlers volle Handlungsfreiheit einräumt. Damit ist die Besprechung schließlich zu Gunsten Rommels entschieden. Hitler stellt allerdings die Bedingung, daß auch nach dem Eintreffen der letzten Teile der 15. Panzerdivision keine großräumige Offensive unternommen werden darf.
Am selben Tag ziehen sich die britischen Streitkräfte kampflos aus Bengasi zurück.
Und in der folgenden Nacht, vom 3./4. April 1941, dringen Spähtrupps der deutschen Aufklärungsabteilung 3 in die von den Engländern geräumte Stadt ein und besetzen sie gegen den Widerstand der australischen Nachhuten.

Am Sonnabend, dem 5. April 1941, stoppt General Wavell die geplante Überführung der australischen 7. Division (Maj.Gen. Morshead) nach Griechenland und befiehlt die eilige Verlegung ihrer 18. Infanteriebrigade nach Tobruk.
Am selben Tag marschieren in Äthiopien die Verbände unter General Cunningham in das von den Italienern kampflos geräumte Addis Abeba ein.

Am Sonntag, dem 6. April 1941, erreichen Teile der 5. leichten Division das von der indischen 3. motorisierten Brigade verteidigte El Mechili, wo sich große Nachschublager befinden. Am Abend wird der Vormarsch gegen Derna fortgesetzt.
Rommel plant nun, die Cyrenaika abzuschneiden. Zum erstenmal soll das Deutsche Afrika-Korps eine über 300 Kilometer weite, wasserlose Strecke ohne jede Kennzeichnung, ausschließlich nach Kompaß überwinden. Doch der gefürchtete Sandsturm »Ghibli« macht das Atmen zur Qual, eine Orientierung ist kaum noch möglich, und viele Fahrzeuge haben die Richtung völlig verloren.
Rommel ist in seinem Geländewagen ständig unterwegs, um seine verstreuten Truppen wieder auf den Weg zu bringen und sie voranzutreiben. Der Marsch durch die unbekannte weglose Wüste stellt an das DAK außerordentliche Anforderungen.
Ebenfalls am 6. April 1941 trifft sich General O'Connor, der im Dezember 1941 die Offensive gegen Marschall Graziani geführt hat, mit General Neame, dem Kommandeur des VIII. Korps, um den Ernst der Lage zu beraten. Beide Generäle geraten an diesem Abend, nachdem sie sich in der Wüste verfahren haben, in deutsche Gefangenschaft. Inzwischen hat eine der britischen Panzerbrigaden während des langen und überstürzten Rückzugs fast alle ihre Panzer verloren.

Am Montag, dem 7. April 1941, wird der Kommandeur der britischen 2. Panzerdivision, General Gambier-Parry, mit einer neu eingetroffenen motorisierten Brigade sowie anderen Einheiten bei El Mechili umzingelt und zur Kapitulation gezwungen. Die von Rommels Männern mit Lastwagen aufgewirbelten Staubwolken haben eine außergewöhnliche Stärke der einkreisenden Panzerstreitkräfte vorgetäuscht.
Als am Abend weitere Verstärkungen vor Derna eintreffen, können die seit zwölf Stunden dort liegenden Verbände in die Stadt eindringen. Die Masse der britischen Truppen hat sich allerdings bereits nach Osten zurückgezogen.
Zur gleichen Stunde rücken die Einheiten des DAK in El Mechili ein. Sie machen etwa 2000 Gefangene und erbeuten größere Bestände an Kraftfahrzeugen, Brennstoff und Verpflegung. Das DAK stößt sofort weiter nach Osten auf Tmimi vor und nähert sich Hafen und Festung Tobruk. Inzwischen sind sechs britische Generäle und 2000 Mann in Gefangenschaft geraten.

Jetzt befindet sich die Cyrenaika im Besitz der Achsentruppen. So können die Geschwader der Luftwaffe nach Bengasi und Derna vorverlegt werden. Rommel festigt nicht nur sein Ansehen bei der italienischen Führung und Truppe, die wieder neuen Mut fassen, selbst auf britischer Seite findet Rommel Beachtung.

Am Dienstag, dem 8. April 1941, wird Major General Morshead, Kommandeur der australischen 9. Division, zum Festungskommandanten von Tobruk ernannt. Morshead soll die Hafenstadt bis zum äußersten verteidigen: Drei Brigaden besetzen die Stellungen des äußeren Verteidigungsgürtels, die vierte wird als Reserve bereitgestellt. Inzwischen treffen im Hafen beachtliche Verstärkungen an Panzern, Artillerie, Pak und Flak ein. Bei El Adem, südlich von Tobruk, wird eine motorisierte Einheit zur Sicherung der Wüstenflanke zusammengestellt.
Am selben Tag kapituliert in Eritrea nach kurzem Kampf die Hafenstadt Massaua. Die 10000 Mann starke Garnison gerät in Gefangenschaft. Die Überreste der italienischen Eritrea-Armee sowie die Kräfte unter Herzog d'Aosta ziehen sich in einem Gewaltmarsch von über 400 Kilometer durch die zerklüfteten Gebirgsketten in das schwer zugängliche Gebiet von Amba Alagi zurück und verschanzen sich hier. Es sind rund 7000 Mann mit

Tobruk, April 1941: britische Patrouille auf einer der Straßen in der belagerten Hafenstadt, im Hintergrund die Kathedrale

40 Geschützen und Vorräten für etwa drei Monate. Doch die Truppen von General Platt nehmen die Verfolgung auf.

Am Mittwoch, dem 9. April 1941, erreichen in Nordafrika die entlang der Via Balbia rollenden Einheiten der Achsenmächte bereits in den Morgenstunden El Gazala. Obwohl die britischen Nachhuten durch Artilleriefeuer und Tieffliegerangriffe den Vormarsch des DAK verzögern, gelingt es den Panzerspitzen, bis zum Abend in den Raum 30 Kilometer westlich von Tobruk vorzudringen. Zu gleicher Stunde stehen die Truppen von Rommel mit dem letzten Tropfen Treibstoff vor Bardia.

Am Donnerstag, dem 10. April 1941, stoßen die Truppen des Deutschen Afrika-Korps 20 Kilometer vor Tobruk auf starken feindlichen Widerstand. Auch Teile der 5. leichten Division, die sich südlich von Acroma im Anmarsch auf Tobruk befinden, werden durch plötzlich einsetzendes britisches Abwehrfeuer gestoppt. Ein gleichzeitiger Versuch, von Osten her aus der Bewegung heraus in die Stadt einzudringen, scheitert.
An diesem Tag stehen die Panzerspitzen des DAK bereits bei Sollum kurz vor der ägyptischen Grenze: So hat Rommel in zwölf Tagen die Erfolge, die sein Gegner in 50 Tagen errungen hat, wieder zunichte gemacht.

Am Karfreitag, dem 11. April 1941, beginnt Rommel mit Erkundungsvorstößen gegen Tobruk. Die Einschließung der Festung ist jetzt beendet. Die Truppen von General Wavell sind aus der Cyrenaika über die ägyptische Grenze zurückgeworfen worden, und nur eine relativ kleine Streitmacht ist in Tobruk verblieben.
Diese Hafenstadt, die im Januar 1941 völlig unzerstört in britische Hand gefallen ist, haben die Italiener zwischen 1918 und 1939 als Schutz gegen Ägypten festungsartig ausgebaut. Sie ist eine einzigartige Gürtel-Festung mit einem äußeren Ring von etwa 60 Kilometer Länge und rund 150 schachbrettförmig angeordneten Verteidigungsanlagen.

Bei El Aden, April 1941: deutsche Infanterie beim Angriff über deckungsloses Gelände

Panzergräben und Drahtverhaue schützen die betonierten, gut getarnt im Felsboden eingelassenen Kampfstände. Den äußeren Befestigungsgürtel sichern ebenfalls breite Drahthindernisse, Minen und ein fast durchgehend betonierter Panzergraben. Da Rommel vom Comando Supremo keine einzige Karte der Festung Tobruk bekommen hat, ahnt er die tatsächliche Stärke nicht.

Am Sonnabend, dem 12. April 1941, befiehlt Rommel einen weiteren Angriff der 5. leichten Division auf die Festung Tobruk, der allerdings durch heftige Sandstürme behindert im feindlichen Artilleriefeuer liegenbleibt. Rommel muß erkennen, daß Tobruk verteidigt wird und seine ursprüngliche Absicht, gleichzeitig mit den zurückweichenden feindlichen Truppen aus der Bewegung heraus in die Festung einzudringen, nicht möglich ist.
Inzwischen haben die vordersten über Agedabia–El Mechili neu eingetroffenen Teile der deutschen 15. Panzerdivision (jetzt GenMaj. v. Esebeck) El Adem erreicht und werden sofort nach Osten in Marsch gesetzt.
Am Nachmittag des 12. April 1941 beginnen die italienische Panzerdivision »Ariete« (Gen. Baldassare) und die Infanteriedivision »Brescia« (Gen. Predieri) ihren Ablenkungsangriff. Wenige Stunden später setzt der Hauptangriff der 5. leichten Division im Südostsektor des Festungsgürtels ein. Da Rommel zur Zeit nicht über genügend Artillerie verfügt, kommt der Angriff nur schwer vorwärts.

April 1941: Rommels erste Offensive

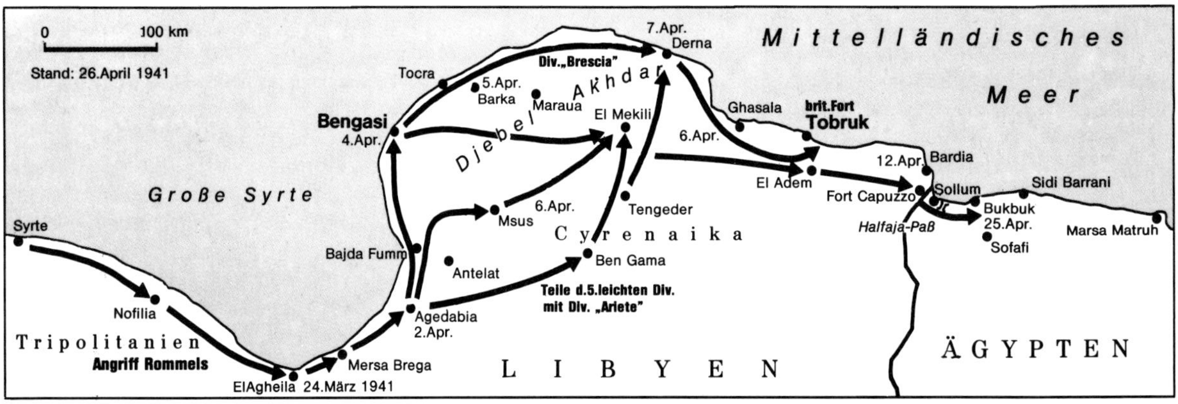

In der Nacht vom 12./13. April 1941 läßt Rommel den Angriff auf die Festung Tobruk wiederholen. Er erfolgt von Süden gegen den Mittelabschnitt der 55 Kilometer langen Frontlinie, etwa 15 Kilometer vom Hafen entfernt. Auch dieser Versuch bleibt im wütenden Abwehrfeuer der vorzüglich getarnten Verteidiger liegen.

Am Ostersonntag, dem 13. April 1941, erobern am Nachmittag Einheiten der 15. Panzerdivision trotz starken Widerstandes das alte, an der ägyptischen Grenze liegende Fort Capuzzo sowie Obersollum.

Am Montag, dem 14. April 1941, gelingt es zwar bei Morgengrauen den Verbänden der 5. leichten Division, im Süden der Festung Tobruk den äußeren Ring zu durchbrechen, danach stoßen sie aber auf eine zweite befestige Linie mit ausgedehnten Minenfeldern. Durch starkes Panzerabwehrfeuer, unterstützt durch britische Luftangriffe, müssen die Angreifer unter empfindlichen Verlusten auf die Ausgangsstellung zurückgenommen werden. Die Truppen von General Wavell sind in ihrer Verteidigung wesentlich stärker, als man bisher angenommen hat.

Auch am nächsten Tag, dem 15. April 1941, bleiben die wiederholten Angriffe ohne Erfolg. Das Pionierbataillon der Angriffsdivisionen kann zwar örtliche Einbrüche in das Befestigungssystem erzielen, doch reißt die Verbindung zu den nachfolgenden Einheiten ab, und das Bataillon wird größtenteils aufgerieben.
Rommel läßt nun weitere größere Angriffe gegen Tobruk abbrechen und wartet erst das Eintreffen der Reste der 15. Panzerdivision ab, um dann mit ausreichend schwerer Artillerie erneut gegen die Festung vorzugehen. Er will auf jeden Fall vor dem Überschreiten der ägyptischen Grenze diesen Gefahrenpunkt in seinem Rücken beseitigen.
Die Gesamtstärke der Garnison von Tobruk beträgt rund 25000 Mann. Für die Einrichtung der Verteidigungsanlagen standen General Morshead nur wenige Tage zur Verfügung. Er hat sich dabei als ein Mann von Tatkraft, organisatorischem Geschick und ausgezeichnetem militärischen Können erwiesen. Besondere Sorge bereitet Morshead die ungenügende Bewaffnung der australischen Infanterie. Dadurch ist ein vermehrter Einsatz an Artillerie erforderlich, so daß auch die italienischen Beutegeschütze mit geringerer Präzision verwendet werden müssen.
Auch Rommel hat Probleme: Für die weiteren Angriffe gegen Tobruk muß die deutsche und italienische Infanterie im Stellungskampf geschult werden, da sie dem Gegner nicht gewachsen ist. Der Kampf um Tobruk ist zum

Cyrenaika, April 1941: Marschpause bei einem Verband des Deutschen Afrika-Korps, im Hintergrund eine der gefürchteten 8,8-cm-Flak mit Schutzschild

Stellungskrieg geworden, ähnlich den Kämpfen im Ersten Weltkrieg. Es sind nun zwei Fronten entstanden, eine nach Osten auf der Linie Sollum–Bardia und die andere an der Einschließungsfront um Tobruk.
Die Rückeroberung der Cyrenaika in weniger als einer Woche stellt zwar eine bemerkenswerte Leistung dar, aber es ist Rommel nicht gelungen, dem Feind den Rückzug abzuschneiden.
Die in Tobruk eingeschlossenen Engländer sind inzwischen nicht untätig: Sie führen eine aktive Verteidigung und durchbrechen mehrfach in starken Erkundungsvorstößen den dünnen Einschließungsring. Den Achsentruppen gelingt es oft nur im letzten Augenblick, durch Improvisation und wendige Führung zu überstehen.
Hier zeigt es sich, daß Rommel die Kraft zu einer größeren Aktion noch fehlt und Tobruk als uneinnehmbares Hindernis an seiner Flanke liegt. Die angespannte Transportlage im Mittelmeer droht durch die Verlegung des X. Fliegerkorps (Gen.d.Fl. Geisler) an die Ostfront sich noch zu verschlechtern.
Zu dieser Zeit beginnen die Deutschen mit Vichy-Frankreich über den Ankauf von Feldküchen und Lastkraftwagen für das DAK zu verhandeln. Man will mit diesen Transportmitteln zugleich Lebensmittel aus Tunesien und Algerien für Rommels Truppen nach Libyen schaffen. Die Zuführung von Verstärkungen für das DAK erfüllt Churchill mit wachsender Sorge, um so mehr, da die britischen Reserven in Griechenland gebunden sind. So wird bereits im April 1941 der Schwerpunkt britischer Luft- und Seeangriffe auf die deutsch-italienische Versorgung gelegt. In diesem Monat werden auch die Hafenanlagen von Tripolis von der Royal Navy unter Feuer genommen.

Am Mittwoch, dem 16. April 1941, gelingt es der britischen Force K (Capt. Mack), den aus fünf Frachtern mit insgesamt 14398 BRT bestehenden und für Nordafrika bestimmten Geleitzug bei der Kerkennah-Insel zu versenken. Teile der 5. leichten Division und der 15. Panzerdivision erleiden dabei erhebliche Verluste. Von etwa 3000 Mann können am nächsten Tag nur noch 1248 gerettet werden.
Rommel und sein Stab erkennen nach diesem Debakel, daß es unmöglich ist, alle für Nordafrika vorgesehenen Divisionen und Nachschub per Schiff zu überführen. Zur Zeit besteht noch die Möglichkeit, durch reiche Beute an britischen Kraftfahrzeugen und Treibstofflagern das Nachschubproblem einigermaßen zu überbrücken.
Doch der ständige Mangel an Lastkraftwagen bleibt für immer unlösbar: Von den Häfen in Tripolis und Bengasi müssen alle Versorgungsgüter über Hunderte von Kilometern auf dem Landweg transportiert werden, ehe sie die Truppe erreichen. Rommels übereilte Angriffe gegen Tobruk haben seine begrenzten Kräfte empfindlich geschwächt.

Am Freitag, dem 18. April 1941, entschließt sich Rommel, vor neuen Angriffsoperationen erst das Eintreffen weiterer Truppen abzuwarten. Der Chef des Generalstabs, Generaloberst Halder, auf Rommels Hilferufe nach dem gescheiterten Angriff vom 14. April 1941: »Nun meldet er selbst, daß seine Kräfte nicht ausreichen, um die ›beispiellos günstige‹ Gesamtlage ausnützen zu können. Diesen Eindruck hatten wir hier in der Ferne schon länger.«

In der Nacht vom 19./20. April 1941 führt das britische 7. Commando (Lt.Col. Laycock) einen Raid bei Bardia durch. Das Ziel: Störung der Nachschublinie vor der erwarteten Rommel-Offensive. Der Transporter »Glengyle«, begleitet von drei Zerstörern und dem Kreuzer »Coventry«, setzt das rund 450 Mann starke Commando ohne Feindeinwirkung vor der Küste ab.
Laycock hofft vergeblich, deutsche Truppen überraschen zu können: Die Spreng- und Stoßtruppeinheiten können in der Dunkelheit keine lohnenden Objekte ausmachen, und vom Gegner ist weit und breit nichts zu sehen. Es muß alles in ziemlicher Eile geschehen, da die Rückfahrt noch im Schutz der Dunkelheit erfolgen soll und die Commandos bereits nach wenigen Stunden von den Landungsbooten wieder abgeholt werden.
Einige Trupps, die vor der Rückfahrt nicht rechtzeitig den Strand erreichen, werden zurückgelassen und fallen bei Tagesanbruch den Deutschen in die Hände. Die Ursache: Die Männer hatten ihre Kompasse in den Munitionskästen getragen, so daß die magnetischen Nadeln ihren Dienst versagten. So wird aus dem Bardia-Raid ein Fiasko.
Nach dem Verlust von El Agheila am 22. März 1941 hat die LRDG auf Weisung des Hauptquartiers in Kairo ihre Taktik geändert: Aus den Angst und Schrecken verbreitenden Patrouillen werden gut getarnte Kundschafter. Ihre neue Aufgabe heißt: Straßenbeobachtung im Rahmen der operativen Aufklärung. Weit hinter der feindlichen Linie entlang der berühmten Via Balbia, der einzigen Küstenstraße in Libyen, bis zur ägyptischen Grenze lauern jetzt die Patrouillen der LRDG oft monatelang rund um die Uhr.
In Sichtweite der Küstenstraße, etwa fünf bis zehn Kilometer je nach Geländebeschaffenheit, beobachten sie – nach Indianerart versteckt – die einzige Nachschubstraße der Achse und notieren fleißig Größe, Art und Richtung jedes vorbeirollenden Fahrzeugs. Die Ergebnisse ihrer Beobachtungen werden mehrfach täglich nach Kairo gefunkt.
So hat der Generalstab recht genaue und vor allem rechtzeitige Angaben über Nachschub und Verstärkungen für die Rommel-Truppen. Wird ein größerer Konvoi avisiert, bekommt die RAF sofort Meldung und kann ihre Jagdbomber einsetzen. Die LRDG-Patrouillen müssen jeden Feuerwechsel mit dem Gegner vermeiden. Aus gutem Grund: Man will die Deutschen nicht zu einer Säuberungsaktion herausfordern.

Am Sonnabend, dem 26. April 1941, verlegt die Luftwaffe auf Befehl von Hitler zwei zusätzliche Lufttransportgruppen vom Balkan nach Süditalien.
Am selben Tag erobern britische Kräfte den etwa 160

Libyen, April 1941: Ein Straßenbeobachter der LRDG notiert in seinem Versteck die in der Ferne vorbeirollenden Lkw-Kolonnen

Libyen, April 1941: auf der Küstenstraße Via Balbia vorrükkende deutsche Lkw-Kolonne

Kilometer nördlich von Addis Abeba gelegenen Ort Dessie.

Bereits am nächsten Tag, dem 27. April 1941, werden rund 800 Mann mit Ju-52-Maschinen nach Libyen eingeflogen. Der Nachteil dieser Blitzoperation: Die Transportflugzeuge müssen durch Zerstörer Me 110 gesichert werden, die wiederum zum Schutz der Geleitzüge fehlen. Daraufhin weigern sich die Italiener, ihre Konvois nach Afrika auslaufen zu lassen, und das Ergebnis ist die Verzögerung der Seetransporte.
Nun wird der Stellvertreter von Generaloberst Halder, der Oberquartiermeister I im Generalstab des Heeres, Generalleutnant Paulus, nach Libyen entsandt. Er soll die Verhältnisse in Nordafrika klären, da er Rommel gut kennt und laut Halder »noch vielleicht als einziger die Möglichkeit hat, diesen verrückt gewordenen Soldaten durch seinen persönlichen Einfluß abzufangen«. Paulus inspiziert die Lage an Ort und Stelle und versucht, Rommels Aktivitäten zu bremsen.

Doch am Dienstag, dem 29. April 1941, bereits nach seinem Verweis, billigt Paulus einen neuen Sturmangriff auf Tobruk, nachdem am Vortag schon General Gariboldi seine Genehmigung dazu erteilt hat.

Am Abend des 30. April 1941 beginnt der Großangriff mit dem Einsatz von Sturzkampfbombern und einem Feuerschlag der Artillerie auf die Befestigungsanlagen. Die Überraschung ist zwar gelungen, trotzdem bewirkt der Angriff nicht den gewünschten Erfolg. Obwohl die beherrschende Höhe des Ras el Mdauar (ostwärts Acrona) noch am Abend genommen werden kann, bleiben die Truppen in der Dunkelheit und dem anschließenden Morgennebel in starkem Abwehrfeuer liegen.

In den frühen Morgenstunden des 1. Mai 1941 herrschen bereits 50 bis 60 Grad Hitze. Die Luft flimmert, die Sicht ist auf beiden Seiten schlecht. General Paulus hat zwar am Morgen die Erfolgsaussichten für den Angriff auf Tobruk noch positiv beurteilt, aber im Verlauf des Tages muß er feststellen, daß eine Fortsetzung keinen Sinn hat, ehe frische Kräfte und schwere Artillerie herangeführt sind. Rommel entschließt sich, den Angriff einzustellen und die Verbände neu zu ordnen. Die erreichte Linie soll zur Abwehr ausgebaut werden.
Gegen Mittag erhält Rommel von Paulus eine schriftliche Lagebeurteilung, in der er zum Ausdruck bringt, daß die Kräfte des DAK nicht ausreichen, um den Widerstand der britischen Truppen zu brechen. Nur wenn sie sich zurückziehen würden, sollen die Angriffe fortgesetzt werden. Tatsache ist, daß General Morshead entschlossen und fähig ist, die Verteidigung weiterzuführen, und daß die Kräfte der Achse für einen Angriff auf die Festung zu schwach sind.
Die Erfahrung ist teuer erkauft: Der Großangriff auf das Festungsbollwerk Ras el Mdauar hat allein 1200 Tote, Verwundete und Vermißte neben hohen materiellen Einbußen gekostet. Nun will Rommel sich in diesem Sommer mit der Belagerung von Tobruk und Sicherung der ägyptischen Grenze begnügen.
Zum Schutz gegen Tobruk entsteht zwischen Sidi Omar und Sollum ein System von Stützpunkten. Der wichtigste sperrt am Halfaya-Paß den Aufstieg von der Küstenebene am Golf von Sollum zum Djebelrand.

Anfang Mai 1941 läßt General Cunningham in Äthiopien die südafrikanische Brigade über Dessie nach Norden vorstoßen, um in den Rücken der Italiener bei Amba Alagi zu gelangen. Durch den verlegten Rückzugsweg, die ständigen Angriffe der Nordgruppe unter General Platt, dazu die Scharmützel mit den Guerillas und wiederholte Luftangriffe können die Italiener ihren Widerstand nicht lange aufrechterhalten.

Am Montag, dem 5. Mai 1941, kehrt der Kaiser von Äthiopien, Haile Selassie, in seine Hauptstadt Addis Abeba zurück. Er wird von der Bevölkerung wie ein Triumphator empfangen.

Am Mittwoch, dem 7. Mai 1941, beendet Generalleutnant Paulus seinen Besuch beim Deutschen Afrika-Korps. Seine Eindrücke, die er dem OKH übermittelt: »Problem Nordafrika liegt nicht in Tobruk und Sollum, sondern im Nachschub.«
Die deutschen Truppen müssen dort in ungewohntem Klima und unter den härtesten Bedingungen kämpfen. Ohne die Möglichkeit, sich einzugraben, liegen sie in flachen Felsmulden, die sie wegen Feindeinsicht bei Tag nicht verlassen können. Obwohl sie von morgens bis abends dem feindlichen schweren Artilleriefeuer mit der gefährlichen Splitterwirkung und der erbarmungslos niederbrennenden Sonne ausgesetzt sind, schlagen sie immer wieder feindliche Gegenangriffe zurück.
Sowohl die Verteilung von Wasser, Verpflegung und Munition als auch die Betreuung von Verwundeten und Kranken sind nur bei Nacht möglich. Die unhygienischen Verhältnisse, die Fliegenplage und Ruhrerkrankungen zehren an der Widerstandskraft der Soldaten. Und noch etwas: Seit der ersten Maiwoche 1941 lassen sich unmißverständliche Anzeichen einer bevorstehenden größeren britischen Operation erkennen.
Dank der Entschlüsselung des deutschen Enigma-Codes weiß General Wavell von den Schwierigkeiten des DAK bei Tobruk und dem Problem des Nachschubmangels. Er plant daher, ohne das Eintreffen des Großkonvois aus Gibraltar abzuwarten, einen offensiven Schlag, die Operation »Brevity«, durchzuführen. Die Offensive soll von den an der ägyptischen Grenze zusammengezogenen Truppen unter Brigadier Gott eingeleitet werden.

Am Montag, dem 12. Mai 1941, erreicht der von Gibraltar kommende britische Großkonvoi (Operation »Tiger«) die Reede von Alexandria. Die vier Transporter bringen 238 Panzer, darunter 82 des neuen Modells »Crusader«. Die Operation »Tiger« ist der gelungene erste Versuch, einen Geleitzug durch das Mittelmeer zu bringen, seitdem dort ab Januar 1941 die Luftwaffe im

Derna, 7. 5., 1941: Generalleutnant Paulus (rechts), begleitet von Fliegerführer Afrika, General Fröhlich (ganz links) vor dem Abflug nach Deutschland

Eine britische Karikatur vom Mai 1941: Hitler an den Duce: »Tritt doch endlich in die Pedale!«

Einsatz ist. Jetzt hat General Wavell viermal so viele Panzer, wie ihm bisher für die Verteidigung von Ägypten zur Verfügung standen.

In den frühen Morgenstunden des 15. Mai 1941 wird nach einem nächtlichen Gewaltmarsch über 50 Kilometer die von Deutschen und Italienern gehaltene Stellung auf dem Halfaya-Paß von britischen Verbänden im Überraschungsangriff gestürmt. Ein weiterer Rückschlag für die Achsentruppen: Nach Einbruch der Dunkelheit muß Rommel auch Fort Capuzzo und Sollum räumen. Um die Lage durch einen Gegenangriff wiederherzustellen, werden von der Tobruk-Front alle verfügbaren beweglichen Kräfte nach Osten verlegt. Selbst die Gefahr eines britischen Ausbruchs wird in Kauf genommen.
Während einer Kampfpause läßt Rommel acht von den nur zwölf vorhandenen 8,8-cm-Flak in Stellung gehen, um sie wirksam als Panzerabwehrwaffe einzusetzen. Eine Batterie von vier 8,8-cm-Flak wird beim Ort Halfaya und eine weitere am Hafid-Graben in Stellung gebracht. Gerade diese beiden Punkte will Brigadier Gott zu Beginn seines Angriffs besetzen.

Am Sonntag, dem 18. Mai 1941, kapituliert der Herzog d'Aosta mit fünf Generälen und seinen Truppen unter »ehrenhaften Bedingungen« im Raum von Amba Alagi. Seit 1937 ist der Herzog d'Aosta – ein Vetter des Königs von Italien – Generalgouverneur von Italienisch-Ostafrika sowie Vizekönig von Äthiopien und seit 1939 Oberbefehlshaber der italienischen Armee in diesen Gebieten. Churchill: »Als ritterlicher und kultivierter Mann, der teilweise in England erzogen worden und mit einer französischen Prinzessin verheiratet war, stand er bei Mussolini nicht sehr hoch in Gunst.«
Eine bemerkenswerte Tatsache: Die britischen Truppen benötigen 1941 für ihren Weg vom Hafen Kismayu an der Küste des Indischen Ozeans bis nach Amba Alagi, eine Entfernung von fast 2000 Kilometer, nur 94 Tage. Dagegen brauchten die italienischen Generäle De Bono und Badoglio während der Invasion von Äthiopien im Winter 1935/36 für die Entfernung von 550 Kilometer zwischen Adigrat und Amba Alagi ganze sieben Monate. Nach dem Fall von Amba Alagi steigt die Gesamtzahl der italienischen Gefangenen in Ostafrika auf über 230000 Mann, trotzdem halten sich auch jetzt immer noch starke Truppenteile in den unzugänglichen Bergnestern von Äthiopien.

Am Dienstag, dem 27. Mai 1941, führt Rommel einen Gegenangriff, um den Halfaya-Paß zurückzugewinnen. Fort Capuzzo und Sollum sind bereits am Tag zuvor wieder vom DAK besetzt worden. Die Masse der britischen Truppen kann zwar nach Osten ausweichen, doch nur unter erheblichen Verlusten an Menschen und Material. Obwohl der Halfaya-Paß zunächst in britischer Hand bleibt, ist die Operation »Brevity« ein Mißerfolg: General Wavell hat die Stärke des Deutschen Afrika-Korps unterschätzt.

Bei der Belagerung von Tobruk tritt eine gewisse Verschiebung der Fronten ein: Neben den Erdkämpfen entsteht nun auch eine »Luftfront«. Rommel verlegt das Schwergewicht auf Luftangriffe, deren Einsatz sich in erster Linie gegen den Hafen richtet, über den die britische Garnison versorgt wird. Diese Bombardements bedeuten für die Verteidiger eine schwere Belastung, weil die Achsenmächte die Luftherrschaft besitzen.
Die RAF kann den Eingeschlossenen nur wenig helfen: Die nächsten Flugplätze liegen in Ägypten und sind zu weit entfernt. Nach dem Abzug der RAF-Geschwader nach Griechenland bleibt noch eine einzige Staffel mit elf Hurricane-Jägern der Festung zur Verfügung, die aber bis zur letzten Maschine abgeschossen werden. So muß die Abwehr der Luftangriffe ausschließlich von der britischen Flak übernommen werden. Trotz der Luftüberlegenheit gelingt es den Belagerern nicht, den Hafen von Tobruk zu blockieren.
Unterdessen wird in nächtlichen Raids die Festung mit Nachschub versorgt. Außerdem hat die Royal Navy inzwischen einen großen Teil der Garnison evakuiert und durch frische Truppen ersetzt. Nachdem bis Ende Mai 1941 mehrere Angriffe des DAK zur Erweiterung der Einbruchstelle keinen Erfolg gebracht haben, flaut die Kampftätigkeit an der Front von Tobruk ab.

Am Mittwoch, dem 28. Mai 1941, wird in Paris zwischen den Vertretern der Wehrmacht und der französischen Armee ein streng geheimes Protokoll unterzeichnet, das Vereinbarungen über eine militärische Zusammenarbeit in Tunesien beinhaltet: Bizerta soll als Ausladehafen von den Deutschen für Nachschub- und Versorgungsgüter des DAK benutzt werden können. Auch sollen französische Schiffe einen Teil der Nachschubgüter von Toulon nach Bizerta transportieren. Darüber hinaus sind die Franzosen verpflichtet, Schiffsraum für die Fahrt über das Mittelmeer und entlang der afrikanischen Küste an die Deutschen zu verchartern. Die Franzosen erklären sich ebenso bereit, an das DAK zu verkaufen: schwere Artillerie und Küstengeschütze mit Munition, dazu 1100 Lkw, 300 Pkw, 300 Motorräder, 30 Omnibusse und 10 Kfz-Werkstätten aus Nordafrika sowie 400 Lkw aus dem französischen Mutterland.

Anfang Juni 1941 verdichten sich die Meldungen über britische Verstärkungen an der ägyptischen Grenze. Rommel vermutet, daß General Wavell in Kürze mit erheblichen Kräften versuchen wird, die an der Grenze stehenden Achsentruppen zu zerschlagen und den Entsatz von Tobruk durchzuführen. Tatsächlich laufen im britischen Hauptquartier in Kairo bereits Vorbereitungen für eine neue Gegenoffensive (Operation »Battleaxe«).
Inzwischen hat die wesentlich verstärkte britische Streitmacht in Ägypten die Bezeichnung 8. Armee erhalten, deren Befehl Lieutenant General Sir Alan Cunningham übertragen wird. Die neue Armee besteht aus dem XIII. Korps (Lt.Gen. A. R. Godwin-Austen) und dem XXX. (Panzer-)Korps (Lt.Gen. C. W. M. Norrie).

Raum Tobruk, Mai 1941: Me-109-Jäger als Begleitschutz für die Stukas bei ihren Angriffen auf die belagerte Festung

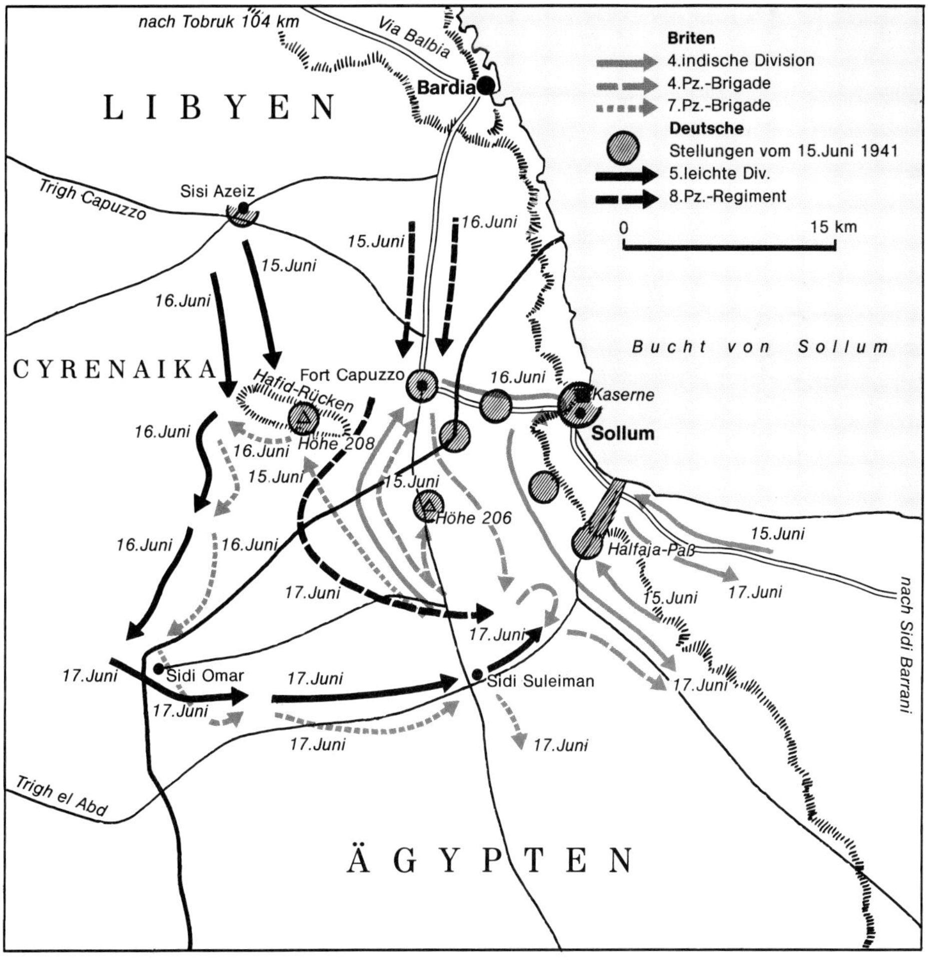

Juni 1941: die Schlacht bei Sollum

Raum Fort Capuzzo, Juni 1941: Spitzen eines britischen Verbandes während einer Kampfpause

Am Donnerstag, dem 12. Juni 1941, kapituliert im südlichsten Teil von Eritrea die Garnison des italienischen Marinestützpunktes Assab. Damit ist der Feldzug in Eritrea endgültig beendet.

Am Sonnabend, dem 14. Juni 1941, brechen am Nachmittag die britischen Angriffstruppen aus ihren ägyptischen Bereitstellungen auf. Sie haben bis zu den Grenzstellungen des DAK einen Anmarschweg von 50 Kilometern, von denen die letzten 13 Kilometer in den frühen Morgenstunden des 15. Juni 1941 bewältigt werden. Die Schlacht beginnt mit einem Angriff des rechten Flügels auf die Flankenstellung der Achsentruppen. Der Überraschungseffekt wird jedoch durch die Entscheidung verspielt, daß die Panzer erst dann angreifen sollen, wenn die Artillerie genügend Licht zum Schießen hat.
Die Operation »Battleaxe« wird allerdings ohne jedes Zusammenwirken mit der Garnison von Tobruk durchgeführt. Das Ziel der Operation: ein »entscheidender Sieg in Nordafrika und die Vernichtung der Achsentruppen«. Diese Offensive geht in die Geschichte als »Schlacht bei Sollum« ein.

Am Sonntag, dem 15. Juni 1941, treten die Engländer in mehreren Kolonnen zum Angriff gegen die Stützpunkte des DAK an und durchbrechen die Frontlinie in der Mitte. Fort Capuzzo geht am frühen Nachmittag nach hartem Kampf verloren, und die britischen motorisierten Verbände rollen jetzt entlang der Via Balbia in Richtung Bardia. Doch die Brigade an der Spitze der linken Kolonne, die die Flanke des Feindes umgehen soll, gerät in Rommels Panzerfalle mit den in Stellung gegangenen 8,8-cm-Flak am Hafid-Rücken und wird dort aufgehalten. Als der Angriff am späten Nachmittag wieder beginnt, erleidet die in der Falle sitzende britische Kolonne schwere Verluste.
Zu diesem Zeitpunkt ist der Großteil des vorgeschobenen deutschen Panzerregiments am Kampfplatz erschienen und geht zum Flankenangriff über. Die restlichen britischen Panzer ziehen sich langsam zum Grenzzaun zurück. Bei Anbruch der Nacht haben die Engländer mehr als die Hälfte ihrer Panzer verloren, während Rommels Panzertruppe noch fast völlig intakt ist.
Die Operation »Battleaxe« endet mit einem deutsch-italienischen Erfolg. Doch aus Treibstoffmangel ist eine Verfolgung der zurückflutenden Engländer unmöglich. Bei den wechselvollen Kämpfen um Fort Capuzzo und den Halfaya-Paß werden viele der neuen Mathilda- sowie Crusader-Panzer aus kurzer Entfernung durch 8,8-cm-Flak vernichtet.
General Wavell hat für diese Schlacht zwei Divisionen zusammengezogen, darunter eine Panzerdivision mit

etwa 300 Panzern neuester Bauart. Die deutsche 15. Panzerdivision (GenMaj. Frhr. v. Esebeck) verfügt dagegen nur über etwa 80 Panzer. Während das DAK am Halfaya-Paß 15 von 18 der dort eingesetzten Infanteriepanzer verliert, gelingt es den Verteidigern der Höhe 208 (Hafid-Rücken), bis zum Abend 48 Crusader-Panzer der britischen 7. Panzerbrigade (Brig. Davy) zusammenzuschießen.

Am nächsten Tag, dem 16. Juni 1941, ergreift Rommel die Initiative. Er läßt seine 5. leichte Division vom Hafid-Rücken in Richtung Sidi Omar vorstoßen, um die britischen Kräfte der 7. Panzerbrigade zu umfassen. Es kommt zu Gefechten, in denen Brigadier Davy fast alle seine Panzer einbüßt.

Am Dienstag, dem 17. Juni 1941, nutzt Rommel diesen Vorteil und verschiebt in den frühen Morgenstunden seine gesamten motorisierten Truppen nach Westen auf die Wüstenflanke mit dem Ziel, über Sidi Omar den Halfaya-Paß zu erreichen und so den britischen Verbänden den Rückzug abzuschneiden. Dieser Schachzug bringt die Entscheidung: Am Vormittag befehlen die britischen Kommandostellen in Kairo den Rückzug ihrer angeschlagenen Streitkräfte.
Die Schlacht im Raum Sollum ist damit beendet. Das Rückzugsgelände zwischen Sollum und dem Halfaya-Paß ist von Fahrzeugen und Ausrüstung aller Art übersät. Die britische Führung versucht verzweifelt, die Menschen auf Kosten des Materials zu retten, was ihr auch zum Teil gelingt: Die Zahl der Gefangenen ist auffallend gering. Die von Rommel befürchteten Ausbruchsversuche der Besatzung von Tobruk sind jedoch unterblieben.
Nach britischen Angaben sind von 300 der modernsten Panzer nur 40 gerettet worden. Es ist damit zu rechnen, daß General Wavell für die Vorbereitung einer neuen Gegenoffensive einige Monate brauchen wird. Rommel plant daher, diese Wartezeit auszunutzen, um Tobruk zu erobern. Dafür sind allerdings nach wie vor Verstärkungen an Truppen, Waffen und Gerät sowie die Sicherstellung des Nachschubs erforderlich.

Am Sonnabend, dem 21. Juni 1941, vier Tage nach der mißlungenen Operation »Battleaxe«, wird General Wavell seines Postens enthoben und als Oberbefehlshaber nach Indien versetzt. Sein Nachfolger in Kairo wird General Sir Claude Auchinleck. Die Führung der britischen 8. Armee behält General Cunningham, der sich in den Kämpfen in Ostafrika hervorgetan hat.

Am Mittwoch, dem 2. Juli 1941, ergeben sich in Debra Tabor, etwa 50 Kilometer östlich vom Tana-See in der Provinz Gondar, über 4500 Italiener sowie Eingeboreneneinheiten. Sie sind von äthiopischen Freischärlern bis zu den britischen Linien zurückgedrängt worden.
Nach Berichten italienischer Offiziere ist bei den Kämpfen im Raum Debra Tabor die hier eingesetzte Deutsche Freiwilligen-Kompanie aufgerieben worden.
Zu dieser Zeit erreichen Eingeborenen-Truppen aus

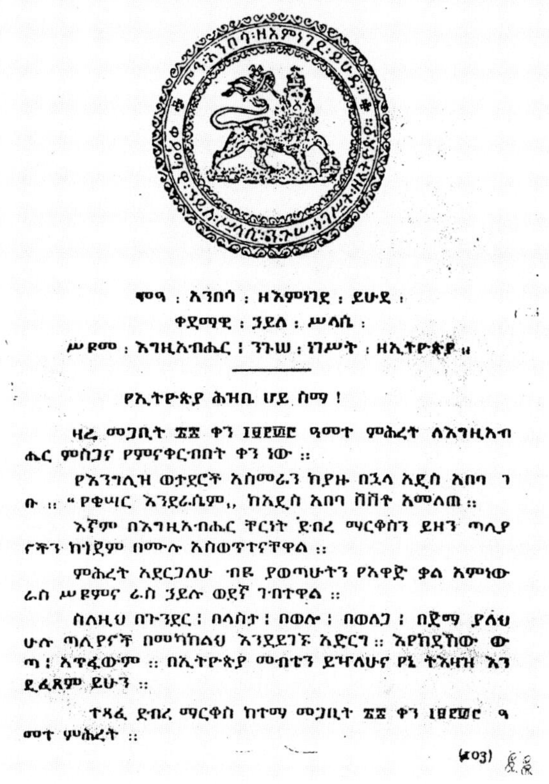
ሞዓ ፡ አንበሳ ፡ ዘእምነገደ ፡ ይሁደ ፡
ቀዳማዊ ፡ ኃይለ ፡ ሥላሴ ፡
ሥዩመ ፡ እግዚአብሔር ፡ ንጉሠ ፡ ነገሥት ፡ ዘኢትዮጵያ ።

የኢትዮጵያ ሕዝቤ ሆይ ስማ !

ዛሬ መጋቢት ፳፰ ቀን ፲፱፻፴፫ ዓመተ ምሕረት ለእግዚአብሔር ምስጋና የምናቀርብበት ቀን ነው ።
የእንግሊዝ ወታደሮች አስመራን ከያዙ በኋላ አዲስ አበባ ገቡ ። "የቄሣር እንደራሴም„ ከአዲስ አበባ ሸሽቶ አመለጠ ።
እኛም በእግዚአብሔር ቸርነት ደብረ ማርቆስን ይዘን ጣሊያኖችን ከነጀም በሙሉ አስወጥተናቸዋል ።
ምሕረት አደርጋለሁ ብዬ ያወጣሁትን የአዋጅ ቃል አምነው ራስ ሥዩምና ራስ ኃይሉ ወደኛ ገብተዋል ።
ስለዚህ በጐንደር ፤ በላስታ ፤ በወሎ ፤ በወለጋ ፤ በጅማ ያለህ ሁሉ ጣሊያኖች በመካከልህ እንዳይገኙ አድርግ ። እየከደኸው ውጣ ፤ አጥፋውም ። በኢትዮጵያ መብቴን ይዣለሁና የኔ ትእዛዝ እንዲፈጸም ይሁን ።
ተጻፈ ደብረ ማርቆስ ከተማ መጋቢት ፳፰ ቀን ፲፱፻፴፫ ዓመተ ምሕረት ።

Raum Gondar (Äthiopien), Juli 1941: Britische Flugblätter rufen auf italienischer Seite kämpfende äthiopische Truppen zur Waffenniederlegung auf

Belgisch-Kongo die Grenze nach Äthiopien. Die von belgischen Offizieren geführten Kräfte haben einen Marsch von über 3000 Kilometer quer durch das dschungelbedeckte Zentralafrika hinter sich. Sie machen im Endstadium der Kämpfe in Äthiopien noch über 15000 Gefangene.

Die Säuberung des Südwestteils von Äthiopien übernehmen von Addis Abeba aus Teile der afrikanischen 11. Division (Maj.Gen. Wetherall) und von der Grenze Kenias aus die nach Norden vorrückende afrikanische 12. Division (Maj.Gen. Godwin-Austen). Trotz schwerer Boden- und Wetterverhältnisse befreien sie in langen, mühseligen Märschen bis zum Ende der ersten Juliwoche ein umfangreiches Gebiet von über 40000 gegnerischen Soldaten.

Am Freitag, dem 18. Juli 1941, wird der italienische Oberbefehlshaber in Nordafrika, General Gariboldi, durch General Bastico abgelöst.
Das DAK trifft inzwischen Vorbereitungen für die Abwehr einer neuen, diesmal zweifellos stärkeren britischen Offensive. Die Sollum-Stellung wird um etwa 40

Frühjahr 1941: die Wende in Ostafrika

Rechte Seite: Tobruk, Juli 1941: schwere britische Feldhaubitzen in Feuerstellung

Kilometer nach Süden verlängert und ihre Bewaffnung sowie Besetzung mit nichtmotorisierten Truppen erheblich verstärkt. Die Panzer- und motorisierten Verbände werden für den beweglichen Einsatz hinter der Stellungsfront oder an der offenen Flanke bereitgehalten. Rommel will auch diesmal die Entscheidung in der beweglichen Kampfführung suchen.

Eines der größten Probleme für die Achsentruppen ist das Fehlen eines frontnahen Hafens, denn Bengasi liegt 500 Kilometer entfernt. Auch die Bekämpfung der Nachschubtransporte der Achse durch britische Luft- und Seestreitkräfte bedeutet eine zunehmende Belastung.

Die Engländer können den verschlüsselten Enigma-Funkverkehr fast restlos entziffern und dadurch erfahren, wann die für Nordafrika bestimmten Nachschubkonvois die italienischen Häfen verlassen. Diese Erkenntnisse des britischen Geheimdienstes werden ohne Bekanntgabe der Quelle nach Malta und Kairo weitergegeben. So sind die Bomberverbände und Einheiten der Royal Navy imstande, den Weg der Geleitzüge nach den nordafrikanischen Häfen zu verfolgen, zunehmend fallen ganze Konvois den Angriffen zum Opfer.

Inzwischen dauert die Belagerung der Festung Tobruk – das »Verdun der Wüste« genannt – an. Die weitreichende Artillerie der Achsentruppen sowie Stuka-Angriffe machen den hitzegeplagten Verteidigern das Leben schwer. Eine eigene Soldatenzeitung, die »Tobruk Truth«, orientiert die Soldaten der Festung über Geschehnisse in der Außenwelt und hilft, Gerüchte zu unterbinden. Ein von zwei Spezialärzten geleiteter psychiatrischer Dienst nimmt sich sofort aller Neurosefälle an, um seelische Zusammenbrüche zu vermeiden.

Die Soldaten werden abwechselnd entweder in einer der drei Hauptlinien oder im rückwärtigen Raum der Festung eingesetzt. Sie müssen in Gräben, Stellungen oder Kasematten kämpfen, Luftangriffe über sich ergehen lassen und sich bis zur Erschöpfung gegen Hitze, Durst und Sandstürme wehren, nicht zuletzt auch gegen Fliegen und anderes Ungeziefer.

Die zentrale Persönlichkeit ist – bis zu seiner Ablösung im Spätsommer – der Festungskommandant, Major General Morshead. In hervorragender Weise versteht er

es, die schweren psychischen Probleme, die eine lange Belagerungszeit mit sich bringt, zu meistern. Ständige, hauptsächlich nächtliche Vorstöße von verstärkten Patrouillen in das Niemandsland außerhalb des Festungsgürtels halten die Belagerer dauernd in Atem und binden starke deutsche und italienische Kräfte.

Tobruk ist der erste Ort im Zweiten Weltkrieg, an dem die bisher sieggewohnte deutsche Blitzkriegs-Taktik scheitert: Tobruk beweist, was eine unerschrocken ausharrende Infanterie, auch wenn sie von Panzern überrollt wird, leisten kann. Es zeigt, daß sogar ein erzielter Einbruch in ein Befestigungssystem noch keine Kapitulation bewirkt und daß selbst die absolute Luftherrschaft nicht ausschlaggebend sein muß.

Die Verteidigung von Tobruk – strategisch gesehen ein reiner Defensivakt – zwingt Rommel, rund 70000 Mann der italienischen Infanteriedivisionen »Brescia« (Gen. Predieri), »Pavia« (Gen. Lombardi) und »Bologna« (Gen. Gloria), verstärkt durch deutsche Panzer und Infanterie, abzuzweigen, die an der Hauptfront bei Sollum fehlen.

Außerdem muß Rommel einen Großteil seiner Luftstreitkräfte über Tobruk einsetzen, so daß sie für wesentliche Aufgaben an der ägyptischen Front ausfallen. Hätte sich Tobruk nicht so zäh verteidigt, wäre Rommel vermutlich im Frühjahr 1941 der Vorstoß ins Nil-Delta gelungen.

Am Donnerstag, dem 31. Juli 1941, werden die Befehlsverhältnisse für Nordafrika klarer geregelt. Das OKH beschließt, den bisherigen Verbindungsstab in das Kommando der »Panzergruppe Afrika« mit Rommel als Oberbefehlshaber umzubilden. Chef des Stabes wird General Gause und Rommels Nachfolger als Kommandierender General des Deutschen Afrika-Korps Generalleutnant Crüwell.

Rommel unterstehen jetzt als Befehlshaber der Panzergruppe Afrika die Fronttruppen, darunter das Deutsche Afrika-Korps und alle sonstigen deutschen Einheiten sowie das italienische XXI. Korps (Gen. Navarini). Nur das zur Auffrischung noch in der Cyrenaika stehende italienische X. motorisierte Korps (Gen. Gambarra) bleibt seinem Befehl entzogen.

Rommel ist sich darüber im klaren, daß eine neue briti-

sche Offensive weitaus heftiger sein wird als alle bisherigen Angriffe. Und er bezweifelt, ob die beiden Fronten dann noch zu halten sind: Es besteht nämlich die Gefahr, daß die Achsenkräfte in dem engen Raum zwischen Meer, Sollum-Front und Tobruk zusammengedrängt und vernichtet werden.
So rüstet er ab August 1941 mit aller Kraft zum Sturm auf Tobruk. Der Zeitpunkt des Angriffs hängt allein von dem rechtzeitigen Eintreffen der angeforderten schweren Artillerie, Munition sowie der Angriffsinfanterie ab. Nachdem das OKW und auch das Comando Supremo seinen Entschluß gebilligt haben, Tobruk noch im Lauf des Jahres 1941 zu erobern, beginnt nun in verstärktem Maß die Überführung deutscher Truppen und schwerer Artillerie nach Afrika. Die 5. leichte Division wird zur 21. Panzerdivion (GenMaj. v. Ravenstein) ausgebaut. Aus den zugeführten Infanterie- und Artillerieverbänden bildet man die Division z.b.V. Afrika und erweitert sie später zur 90. leichten Division (GenMaj. Sümmermann). Dazu werden eigene Heeres- und Artillerieverbände aufgestellt.
Sämtliche deutsche Truppen sind motorisiert mit Ausnahme der ortsfesten Besatzungen an der ägyptischen Grenze. Auch die italienischen Verbände werden verstärkt. Die Luftwaffe zählt jetzt rund 140 deutsche und 220 italienische Kampfflugzeuge, von denen insgesamt 240 einsatzbereit sind.

In den unwegsamen Gebieten von Äthiopien harren den ganzen Sommer und Herbst 1941 hindurch die letzten italienischen Streitkräfte aus: im Südwesten die Truppenreste von General Gazzera, im Nordwesten um Gondar die von General Nasi. Die einsetzende Regenzeit hindert die britischen Verbände an der letzten entscheidenden Operation. Erst Ende September 1941 zieht sich das Netz zusammen: Die 4000 Mann starke Garnison von Wolchefit, 100 Kilometer nördlich von Gondar, kapituliert am 26. September 1941.

In Nordafrika wird unterdessen General Auchinleck – dank der Operation »Ultra Secret« – über Rommels Absichten gegenüber Tobruk auf dem laufenden gehalten. Das Hauptquartier in Kairo trifft Vorkehrungen, um dem zu erwartenden Großangriff auf die Festung Tobruk zuvorzukommen, da General Auchinleck nicht sicher ist, ob die Garnison einem Ansturm der Achsentruppen standhalten wird. So sind die Bestrebungen beider Gegner in erster Linie auf Tobruk gerichtet: Wer diesen Wettlauf um die Angriffsbereitschaft gewinnt und zuerst losschlagen kann, wird einen beachtlichen Anfangserfolg verbuchen.
So vollzieht sich im Spätsommer und Herbst der Aufmarsch der britischen 8. Armee. Anfang Oktober 1941

Derna, eine wichtige Etappenstadt an der Mittelmeerküste und Sitz vieler Stäbe des DAK

Vor Tobruk, August 1941: Immer neue Batterien schwerer Artillerie werden in Stellung gebracht

werden von der deutschen Aufklärung die vermuteten Kräfte des Feindes gemeldet: abgesehen von Tobruk, in Ägypten acht Infanteriedivisionen, zwei Panzerdivisionen sowie Besatzungstruppen, dazu wahrscheinlich fünf Heeres-Panzerabteilungen und andere Heerestruppen. Die Gesamtstärke der britischen 8. Armee soll etwa 130000 Mann und 700 bis 800 Panzer betragen. Dagegen hat die Panzergruppe Afrika etwa 200 deutsche und 300 weniger kampfkräftige italienische Panzer.
In der zweiten Jahreshälfte 1941 werden monatlich rund 60000 BRT des für die Achsentruppen in Nordafrika bestimmten Schiffsraumes versenkt. So gehen von dem Nachschub im August etwa 33 Prozent, im Oktober 63 Prozent und im November sogar über 70 Prozent verloren.

Rommel entwirft unterdessen einen genauen Kampfplan, wie er die Festung Tobruk erstürmen will: Vorgesehen ist, in dem bisher ruhigsten Frontabschnitt im Südosten des Festungsgürtels anzugreifen, während im Westen und Südwesten nur Scheinangriffe durchgeführt werden sollen. Der Angriff ist als zeitlich und örtlich überraschend ausgelöster Handstreich geplant. Die von 200 schweren Geschützen unterstützten zwei deutschen und zwei italienischen Divisionen sollen bereits am ersten Tag bis zum Hafen vordringen und die Außenverteidigung von ihrer Versorgungsbasis abschneiden.
Zwischen August und Oktober 1941 wird in Tobruk mit Ausnahme eines Bataillons von 1200 Mann, das aus technischen Gründen nicht mehr evakuiert werden kann, die gesamte australische 9. Division (Maj.Gen. Morshead) herausgezogen und durch die britische 70. Infanteriedivision (Maj.Gen. Scobie) sowie die polnische 1. Selbständige Karpaten-Schützenbrigade (Gen. Kopanski) und ein tschechoslowakisches Bataillon (Maj. Klapalek) ersetzt. Major General Scobie übernimmt das Kommando des bisherigen Festungskommandanten, Major General Morshead.
Im Oktober 1941 erreichen die deutschen Heerestruppen in Nordafrika eine Verpflegungsstärke von 48500 Mann. Es liegen jedoch, verursacht durch die schlechte Ernährung, gleichzeitig 11066 Krankmeldungen vor.

Der zunehmende Nachschubverlust über See – durchschnittlich im Monat etwa 60000 BRT, im September 1941 sogar 92000 BRT – und die ständig wachsende britische Luftüberlegenheit veranlassen die deutsche Führung, die Fliegerkräfte im Mittelmeerraum zusätzlich durch das II. Fliegerkorps zu verstärken.
Mit der Gesamtführung der Luftwaffe im Mittelmeerraum wird der zum Oberbefehlshaber Süd (OB Süd) ernannte Chef der Luftflotte 2, Generalfeldmarschall Kesselring, beauftragt. Dem Fliegerführer Afrika sind

Vor Tobruk, Oktober 1941: eines von 200 schweren Geschützen, die die belagerte Festung sturmreif schießen sollen

die beiden Verbindungsoffiziere zur Panzergruppe Afrika und zu Kesselring direkt unterstellt.

Am Mittwoch, dem 12. November 1941, wird die Bergfestung Gondar im Nordwesten von Äthiopien von britischen Truppen vollständig eingeschlossen.

Am Sonnabend, dem 15. November 1941, läuft in den Abendstunden bei der Panzergruppe Afrika der Befehl zum Aufmarsch für den Angriff auf Tobruk ein. Er soll mit der 15. Panzerdivision, der 90. leichten Division und zwei italienischen Infanteriedivisionen geführt werden. Die Panzerdivision »Ariete« (Gen. Baldassare), Rommel zur Zeit noch nicht unterstellt, sowie die 21. Panzerdivision (GenMaj. v. Bismarck) werden in den Raum südlich und südostwärts von Tobruk verlegt, um feindliche Entlastungsstöße gegen den Rücken der Angriffsfront abwehren zu können.
Unterdessen haben die Engländer, begünstigt durch das Wetter, ihre neue Operation »Crusader« so gut organisiert und getarnt, daß Rommel bis zum letzten Tag keine entscheidungssuchende Offensive, sondern lediglich Entlastungsangriffe für Tobruk erwartet. Trotz der wiederholten britischen Aufklärungsvorstöße vermutet Rommel keine unmittelbar bevorstehenden Angriffsoperationen von General Auchinleck. Selbst die laufenden Verstärkungen an der Front des Gegners werden als Reaktion auf den Vorstoß der 21. Panzerdivision erklärt.

Hinzu kommt auch, daß ab 16. November 1941 durch besonders starke Tropengewitter und Wolkenbrüche sämtliche Flugplätze der Achse in der Marmarika und Cyrenaika unter Wasser stehen und für mehrere Tage unbrauchbar sind. So können die deutschen Aufklärer nicht starten und Rommel vor der gegnerischen Truppenkonzentration warnen. Insgesamt zählt die bereitgestellte britische Streitmacht 118000 Mann und 17600 Fahrzeuge. An diesem und am nächsten Tag häufen sich allerdings die Meldungen über verstärkte britische Aufklärung beiderseits Maddalena und nahe Sidi Omar.

Welche Bedeutung General Auchinleck seiner Operation »Crusader« beimißt, beweist die Einschaltung mehrerer Commando-Trupps, die ihm helfen sollen, die Entscheidung zu erzwingen. Einer von ihnen ist der Sondertrupp Special Air Service (SAS). Der im Herbst 1941 aufgestellte SAS verdankt seine Entstehung den Layforce-Commandos (Col. Laycock), für die man in Nordafrika keine Verwendung gesehen und sie aufgelöst hat.
Einer der zu diesen Commandos gehörenden Offiziere, Lieutenant David Stirling, gibt jedoch nicht nach. Er legt dem Generalstab in Kairo einen Plan vor, nach dem

Commando-Trupps nicht wie bisher von Landungsbooten am Strand abgesetzt werden, sondern über dem Einsatzgebiet in Gruppen von höchstens zwölf Mann mit dem Fallschirm abspringen sollen.
Hier der Unterschied zu den üblichen Commando-Einheiten: 1) ihre Raids werden in engem Zusammenhang mit der geplanten Großoperation der 8. Armee durchgeführt, 2) im Gegensatz zu den klassischen Commando-Einsätzen, die ausschließlich Seelandungsunternehmen sind, soll der SAS bei seinen Vorstößen ins feindliche Hinterland die hierfür am besten geeigneten Beförderungsmittel verwenden: Kraftfahrzeuge, Flugzeuge, Schlauch- und Faltboote. Stirling versteht es, General Auchinleck für seinen Plan zu begeistern.
Zum Captain befördert, organisiert Stirling bei Kabrit am Suezkanal ein Ausbildungslager, in dem sechs Offiziere und 60 Mann, alle aus der ehemaligen Layforce, jetzt für den SAS üben. Stirling muß zu Anfang mit erheblichen bürokratischen Schwierigkeiten kämpfen, die er jedoch immer zu überwinden versteht: Die Ausstattung für das Lager Kabrit organisieren seine Männer zum Beispiel bei einem gut ausgestatteten Empire-Verband in der Nachbarschaft.
Man lernt, mit allen möglichen leichten Waffen, besonders mit deutschen und italienischen, umzugehen. Auf dem Ausbildungsplan steht auch ein nächtlicher Wüstenmarsch, ein improvisierter Fallschirmspringer-Kursus, Sabotageunternehmen und vieles andere. Besonders sorgfältig werden Überfälle auf die Wüstenflugplätze der Achse geübt.
Die über weite Flächen verstreuten Maschinen – Vorsichtsmaßnahmen vor Luftangriffen – können kaum einzeln bewacht werden, so haben die einzelnen Saboteure dadurch leichte Arbeit: Sie schleichen sich in mondlosen Nächten an der Wache vorbei und plazieren ihre Sprengladungen an den Leitwerken, da diese besonders schwer zu ersetzen sind. Der SAS-Offizier Jack Lewis hat sogar eine für diese Zwecke besonders geeignete Spreng- und Brandbombe mit Spezialzeitzünder konstruiert, die erst nach 30 Minuten explodiert. Ein SAS-Mann kann bei einem Raid bis zu zwölf Lewis-Bomben mit sich tragen.

In der Nacht vom 16./17. November 1941, kurz vor der britischen Gegenoffensive, Operation »Crusader«, soll der SAS eine Serie von Überfällen auf deutsche und italienische Flugplätze im Raum El Gazala–Tmimi durchführen. Auf fünf hier liegenden vorgeschobenen Wüstenflugfeldern sollen die Maschinen mit den von Captain Lewis konstruierten Zeitbomben ausgeschaltet werden.
Die 62 Männer des L-Detachment SAS sind von Anfang an vom Pech verfolgt: Am Abend vor dem Unternehmen jagt ein stürmischer Wind über die bei Kairo liegenden Flugplätze, und im Einsatzgebiet geht ein Wolkenbruch nach dem anderen nieder. Trotzdem starten die fünf Transportmaschinen mit den Fallschirmspringern.
Beim Absprung in diesem stürmischen Wetter gibt es bereits einige Tote und Verletzte. Schlimmer noch: Die einzelnen Gruppen werden durch den Wind über das

Captain David Stirling, Gründer des Special Air Service (SAS)

ganze Absprunggebiet verstreut, verlieren Teile ihrer Ausrüstung und vor allem die neuartigen, unersetzlichen Zeitbomben. Der Pilot einer Maschine, die durch das Unwetter zum Rückflug gezwungen wird, landet versehentlich auf einem deutschen Flugplatz und wird mit dem SAS-Trupp gefangengenommen. Lediglich 22 Mann mit Captain Stirling finden in der stockfinsteren Nacht nach Stunden wieder zusammen.
Ohne Zeitbomben ist ihr Einsatz jedoch sinnlos, und sie beschließen, sich unverrichteter Dinge zu der etwa 150 Kilometer östlich liegenden Frontlinie durchzuschlagen. Zum Glück treffen sie inmitten der Wüste mehrere Patrouillenwagen der LRDG, die sie über die Oase Siwa zu den englischen Linien zurückbringen. Seitdem führt der SAS keine nächtlichen Fallschirmunternehmen mehr durch, und Stirling beabsichtigt daraufhin, die zukünftigen Raids in enger Zusammenarbeit mit der LRDG zu unternehmen.

In der Nacht vom 17./18. November 1941, während sich die Männer des L-Detachment nach ihrer mißlungenen Operation in der vorangegangenen Nacht noch auf dem Weg zu den englischen Linien befinden, läuft eine andere Aktion, die in den Annalen der Geschichte zu den bekanntesten Commando-Operationen des Zweiten Weltkrieges zählt: der sogenannte »Rommel-Raid«.
Er begann bereits am 10. November 1941 in Alexandria, als 59 Commando-Männer unter Colonel Laycock an Bord der britischen U-Boote »Torbay« (Lt. Clutter-

Lieutenant Colonel Geoffrey Keyes vor dem »Rommel-Raid«

Links: Libysche Wüste, November 1941: eine LRDG-Patrouille auf dem Weg in das Einsatzgebiet

buck) und »Talisman« (Lt.Cdr. Willmott) gehen. Ihre Aufgabe: General Rommel und seinen Stab vor der Operation »Crusader« auszuschalten.
Das Ziel dieses Commando-Raids ist ein Haus in Beda Littoria (arabisch Sida Rafa'S), ein Ort, der etwa 800 Kilometer von Alexandria und 25 Kilometer von der Küste entfernt ist. Hier soll Rommels Hauptquartier liegen und hier will man ihn schnappen. Die Commandos ahnen jedoch nicht, daß Rommel nur ein einziges Mal in Beda Littoria war, und daß in seinem vermeintlichen Hauptquartier, dem Haus der Präfektur, der Stab des Oberquartiermeisters (Maj.i.G. Schleusener) der Panzergruppe Afrika untergebracht ist.
Rommels Hauptquartier und seine Führungsstaffel liegen zur Zeit in Casa Bianca bei El Gazala, im Haus des Straßeninspektors, etwa 50 Kilometer westlich von Tobruk. Rommel selbst befindet sich jedoch zur Stunde noch in Deutschland, wo er am 15. November 1941 seinen 50. Geburtstag gefeiert hat.
Schon in der Nacht vom 15./16. November 1941 haben es bei der stürmischen Brandung nur 32 Männer geschafft, im Küstengebiet nahe Hanna in ihren Schlauchbooten an

Beda Littoria, November 1941: das Begräbnis der vier gefallenen Deutschen und des Commando-Offiziers Keyes

Land zu kommen. Captain J. E. Haselden, Geheimdienstoffizier der LRDG, jetzt als Araber verkleidet, erwartet sie hier. Die nächsten Nächte über arbeiten sich die Commandos nach Beda Littoria vor, tagsüber halten sie sich mit Hilfe der englandfreundlichen Araber in den trockenen Flußbetten (Wadis) der nahen Umgebung versteckt.
Während in der Angriffsnacht sieben Männer sämtliche Telefon- und Telegraphenleitungen in der Umgebung von Beda Littoria zerschneiden, greifen die Commandos bei orkanartigem Wind und strömendem Regen das vermeintliche »Rommel-Hauptquartier« an. (Rommel selbst befindet sich im übrigen zur Stunde in Athen und wird durch das auch dort herrschende Unwetter von seiner Rückreise abgehalten.) 21 Mann, geführt von Lieutenant Colonel Keyes, dem Sohn des Großadmirals Sir Roger Keyes, Commando-Chef im Jahr 1940/41, stürmen um 23.59 Uhr das Gebäude der Prefettura. Die Commandos dringen von der Vorder- und Rückseite in das Haus ein.
Nach kurzem Feuerwechsel in den dunklen Räumen werden die Engländer aus dem Erdgeschoß zurückgedrängt; Keyes und vier Deutsche kommen ums Leben. Die Commandos ziehen sich unter dem Schutz der Dunkelheit in Richtung Küste zurück, wo sie Colonel Laycock mit drei Männern erwartet. Die U-Boote können die Commandos wegen der stürmischen See nicht an Bord nehmen. Die Soldaten verstecken sich in der Umgebung und werden bei einer deutsch-italienischen Suchaktion gefangengenommen.
Nur Colonel Laycock und Sergeant Terry erreichen nach 41tägiger Wanderung durch die Wüste, dem Tod nahe, die britischen Linien. Der gefallene Commando-Offizier wird an der Seite der vier Deutschen mit militärischen Ehren beigesetzt. Die Gefangenen, die keine Uniformen sondern Overalls tragen und deren Kombattanten-Status zweifelhaft ist, werden auf ausdrückliche Anordnung von Rommel nicht erschossen, sondern in ein Kriegsgefangenenlager eingewiesen.

Fünfte Phase

18. November 1941 – 20. Januar 1942

Operation »Crusader« – zweite britische Offensive
Das Ende in Ostafrika

Neue Oberkommandierende

Donnerstag, 20. November 1941, Kairo
Die *Agentur Reuter* meldet:
Royal Navy, Air Force und Army, die jetzt in gemeinsamen Operationen gegen die Achsentruppen in der Cyrenaika stehen, haben auch ein gemeinsames Hauptquartier gebildet, das dem Oberbefehl von General Auchinleck untersteht. Die drei Oberkommandierenden tragen zum Verwechseln ähnliche Namen: für die Navy Admiral Sir Andrew Cunningham, für die Army General Sir Alan Cunningham und für die RAF Air Vice Marshal Arthur Coningham.

Britische Gegenoffensive
20. November 1941, Kairo
United Press berichtet:
Angeführt von einem starken Panzerrudel haben die britischen Empire-Truppen gestern bereits im Morgengrauen die libysche Grenze überschritten. Erste Vorstöße erfolgten an verschiedenen Punkten südlich von Sidi Omar, und die motorisierten Kolonnen konnten sofort tief in feindliches Gebiet eindringen. Bald setzten heftige Sandstürme ein, die die Panzerwagen in dichte Staubwolken einhüllten und sogar das Aufblitzen ihrer Geschütze unsichtbar machten. Den Sandstürmen folgte eine Kältewelle, von starken Regengüssen begleitet, und die Wüste wurde in einen Sumpf verwandelt, der an manchen Stellen knietief war. Die RAF nahm diese Gelegenheit sofort wahr und konnte dem Feind vernichtende Schläge beibringen.

Nachtalarm – Hochwasser in der Wüste!
Von Kriegsberichterstatter Leutnant Wagner:
Tageweite Fernen trennen uns nun wieder vom grünen, bewohnten Land. Im khakifarbenen Sand stehen weit verstreut unsere Zelte und unsere Fahrzeuge – wir lagern wieder einmal in der urweltlichen Einsamkeit der Wüste. Die flache Mulde, in deren tiefster Senke ein trockenes, von rissigen Ufern umsäumtes Rinnbett sich hinzieht, ist an drei Seiten umgeben von mäßig hohen Djebelstufen, deren kuppenartige Höhen mit spärlichen Buschgruppen bedeckt sind, wie Hottentottenschädel mit verfilzten Kraushaarbüscheln. Zwischen dem regenzeitgrünen Gebüsch ragt hier und dort totes Kahlgeäst längst verdursteter Bäume auf. Unfern querab gewahren wir die kleine Sonderwelt einer Oase, umdunkelt von Palmen- und Kakteengrün, die auf den Karten des Landes einen Namen als »Ort« führt. Unsichtbar, fern hinter den Höhen im weiten Irgendwo der steingewordenen Trostlosigkeit wissen wir den Feind.
Drei oder vier Stunden haben wir fest geschlafen, da reißt uns der Alarmruf eines Kameraden jäh aus Träumen. »Doch Fliegeralarm?« »Luftangriff?« Die Nacht wird durch schmerzhaft grelle Blitze erhellt, denen schmetternde krachende Donnerschläge folgen. Die Luft ist vom Rauschen der kataraktartig niederstürzenden Wassermassen eines schweren Wolkenbruchs erfüllt.
Das Tosen und Rauschen nimmt zu – es kommt jetzt nicht mehr nur aus der Luft, es naht von allen Seiten. Das Wasser schießt in Wildbächen, jetzt schon – nach Minuten – in Strömen von den Höhen ringsum in das breite Tal. Es wälzt sich braun-gelb schäumend im Wadi heran in breiten brausenden Flutwellen von ungeheurer Wucht: Hochwasser in der Wüste!
Rasch erkennen wir die Gefahr, die von Sekunde zu Sekunde mit dem stürmischen Steigen der Flut wächst. Die wichtigsten Sachen, die Waffen und Geräte können wir noch aufnehmen – dann eilen wir, bereits durchnäßt bis auf die Haut, einer kleinen Anhöhe zu. Hinter uns reißt der Strom das eben verlassene Zelt schon nieder.
»Da, unser Wagen – !« Das leichte, kleine Fahrzeug steht bis zum Regenverdeck unter Wasser, beginnt jetzt sich zu drehen, zu treiben. Also zurück, hinein in das gurgelnde Wasser: der Wagen muß geborgen werden, ohne ihn sind wir unbeweglich, können wir nicht weiter, nicht unseren Auftrag erfüllen. Aber die Strömung reißt und zerrt, droht uns fortzuschwemmen.
»Vorsichtig, dort kommt etwas heran!« Warnend hallt der Ruf an unsere Ohren. Ein großer Kraftwagen schwimmt daher wie ein Schiff, zwischen entwurzeltem Strauchwerk, Zeltteilen, Brettern und Kanistern. Das Fahrzeug bleibt an einem Steinhaufen hängen, klemmt sich fest, wird überflutet. Wir sind nicht allein von dem Unglück betroffen. Überall ringsum in der Nacht ist ein Hasten, Rufen, Laufen und Bergen.

Mit dem heraufziehenden Morgen, dessen dünne Kälte uns in unseren pitschnassen Uniformen frostzittern läßt, erkennen wir allmählich die Schäden, die das jähe nächtliche Hochwasser angerichtet hat. Es sind Kameraden unter uns, die mit knapper Not dem Tod des Ertrinkens entrannen, andere haben manches von ihren Sachen verloren.

Die Wehrmacht, November 1941

Freitag, 21. November 1941, Rom
Das *Comando Supremo* teilt mit:
Im Verlauf des gestrigen Tages ging die Schlacht in der Marmarika weiter. Die italienischen und deutschen Panzertruppen gingen, nachdem sie neuen Angriffen des Feindes hartnäckigen Widerstand geleistet hatten, zu Gegenangriffen über und schlugen die feindlichen Panzerverbände zurück, wobei zahlreiche Panzerwagen vernichtet und Gefangene gemacht wurden.
An der Front von Gondar zerbrachen neue starke Angriffe des Feindes, die mit bedeutender Überlegenheit an Kräften und Mitteln vorgetragen wurden.

Montag, 24. November 1941, Kairo
Aus dem *Hauptquartier von General Auchinleck:*
Die schwere Schlacht zwischen britischen und deutschen Panzerverbänden wird mit äußerster Erbitterung im Gebiet von Sidi Rezegh seit 48 Stunden ununterbrochen fortgeführt. Inzwischen haben neuseeländische Truppen, die bereits das Fort Capuzzo einnahmen, einen bedeutenden Erfolg mit der Besetzung von Gambut, einem wichtigen Versorgungszentrum des Deutschen Afrika-Korps, erzielt. Gambut liegt etwa auf halbem Wege zwischen Tobruk und Bardia. Im Gebiet des Halfaya-Passes haben indische Truppen ihre Operationen im Rücken des Deutschen Afrika-Korps erfolgreich fortgesetzt, und die Abriegelung des Gegners vom Westen konnte verstärkt werden. Bei Tobruk haben unsere britischen Truppen die eroberten Stellungen befestigt.

In der Nacht vom 18./19. 11. 1941 eröffnet britische Artillerie die neue Gegenoffensive: Operation »Crusader«

Südlich Sidi Omar, 19. 11. 1941: britische Panzer, links vom Typ Cruiser, rechts Mark VIB, während einer Kampfpause der britischen 7. Panzerdivision

Nachfolgende Seiten: Bei Sidi Rezegh, am Morgen vor dem Einsatz: Soldaten einer britischen Infanteriedivision legen ihr Schicksal in Gottes Hand

»... den Deutschen nicht gewachsen.«
Dienstag, 25. November 1941
Bericht von *General Auchinleck:*
... Am nächsten Tage waren dann alle drei Panzerbrigaden zur Verteidigung dieses Raumes zur Stelle. Aber unsere Panzer und Panzerabwehrgeschütze erwiesen sich als den Deutschen nicht gewachsen. Mit wie großer Bravour auch gefochten wurde, sah sich das XXX. Korps am Abend des 22. November 1941 dennoch zum Rückzug gezwungen, nachdem es zwei Drittel seiner Panzer verloren hatte. Die Tobruker Garnison aber fand sich unerwarteterweise vor die Aufgabe gestellt, eine mächtige Frontausbuchtung verteidigen zu müssen.
Der Feind verfolgte seinen Vorteil in glänzender Manier. In einem Nachtangriff überraschte er unsere 4. Panzerbrigade und warf sie völlig über den Haufen. Ihre 100 Panzer repräsentierten zwei Drittel der uns noch verbliebenen Panzerkräfte. Am 23. vernichtete er die südafrikanische 5. Infanteriebrigade sozusagen gänzlich. Es war eine von zwei Infanteriebrigaden, die dem Befehl von General Norrie unterstellt waren – für weitere fehlten die Transportmittel –, und am 24. unternahmen feindliche Panzerdivisionen einen mächtigen Gegenangriff in Richtung Grenze. Ehe es soweit war, ahnten wir bereits, daß die ersten Berichte über feindliche Panzerverluste bös übertrieben waren und der Gegner mindestens über ebenso viele und bessere Panzer verfügte wie wir und daß er, da er das Schlachtfeld behauptete, in der Lage war, eine größere Zahl unserer Panzerfahrzeuge zu erbeuten.

Die Kämpfe in Äthiopien
25. November 1941, Nairobi
Die *Agentur Reuter* meldet:
Amtlich wird gemeldet, daß die vorgerückten britischen Truppen den Tadda-Kamm erobert haben, der sich nur 11 Kilometer von Gondar entfernt befindet.

Freitag, 28. November 1941
Das *Oberkommando der Wehrmacht* gibt bekannt:
... Bei anhaltend schweren Kämpfen in Nordafrika, besonders bei der Abwehr feindlicher Ausbruchsversuche aus Tobruk, wurden wieder zahlreiche feindliche Panzereinheiten vernichtet.

Kampf um Gondar beendet
28. November 1941, Rom
Die *Agentur Stefani* berichtet:
Im italienischen Heeresbericht wird bekanntgegeben, daß die Feindseligkeiten in Gondar eingestellt worden sind.

Dramatische Episode

28. November 1941, London
Associated Press meldet:
Die britische Offensive in Libyen nimmt nun klarere Formen an, seitdem die Meldungen von heute bestätigt haben, daß zwischen Tobruk und den südöstlich davon operierenden Teilen der 8. Armee eine Verbindung hergestellt worden ist. Der Entsatz von Tobruk bedeutet – wie in London betont wird – allein schon eine erhebliche Leistung und beendet eine dramatische Episode, die die englische Öffentlichkeit unablässig beschäftigte.

Feldzug in Ostafrika beendet!
28. November 1941, Nairobi
Vom *Oberkommando der Empire-Streitkräfte in Äthiopien:*
Gestern begann im Morgengrauen mit großer Entschlossenheit der Hauptangriff gegen beide Flanken der letzten italienischen Verteidigungsstellungen. Die Schlacht wickelte sich in der für die Verteidigung äußerst günstigen Gebirgslandschaft ab. Nach Kämpfen von Mann zu Mann waren um 11 Uhr vormittags beide Flanken der italienischen Linien durchbrochen. Eine Stunde später gelang es, die gesamte italienische Südflanke zu umgehen und damit den Angriff in den Rücken des Feindes zu tragen.
So fiel das letzte italienische Bollwerk in Ostafrika, das vom Gegner 6 Monate lang mit anerkennenswerter Tapferkeit verteidigt worden war. Der Krieg in Ostafrika ist nunmehr zu Ende. Mit der Übergabe von Gondar ist ein erfolgreicher Feldzug abgeschlossen worden, der mit der Gefangennahme der gesamten italienischen Streitkräfte in Ostafrika und der Vernichtung der ganzen italienischen Luftwaffe in diesem Gebiet endete.

Sender Beromünster (Schweiz)

28. November 1941:
Am 18. November kam die Front in Nordafrika infolge der britischen Offensive gegen Libyen von neuem in Bewegung. Seit zehn Tagen befinden sich die Streitkräfte des durch seine Erfolge in Äthiopien bekanntgewordenen General Cunningham, der von dem Mittelmeergeschwader seines Bruders, des Admirals Cunningham, unterstützt wird, in außerordentlich heftigen Kämpfen mit den deutsch-italienischen Streitkräften des Generals Rommel, dem letztes Frühjahr die rasche Ver-

Cyrenaika, November 1941: ein während der Operation »Crusader« gefallener britischer Soldat

Bei Sidi Rezegh, Dezember 1941, erste Erfolge der Operation »Crusader«: Tausende von italienischen Soldaten werden gefangengenommen

drängung der Briten aus der Cyrenaika gelungen war. Die britische Offensive begann mit einigen großen Umfassungsbewegungen, die an verschiedenen Punkten der ägyptisch-libyschen Grenze ihren Ausgangspunkt nahmen und von Süden her gegen die Meeresküste vorstießen.

Erfolg bei Sidi Rezegh
Montag, 1. Dezember 1941, Kairo
Die *Agentur Reuter* berichtet:
Kurz nach Ausgabe des Heeresberichtes wurde von zuständiger Seite bekanntgegeben, daß britische Truppen im Gegenangriff die deutschen Streitkräfte, die in die Abwehrstellungen von Sidi Rezegh eingedrungen waren, zurückgeworfen haben und daß die britischen Stellungen wieder in vollem Umfang hergestellt seien.

Erster Divisionskommandeur gefangen
1. Dezember, London
Die *Agentur Reuter* meldet:
Zu der Gefangennahme des deutschen Generals von Ravenstein wird an zuständiger Stelle darauf hingewiesen, daß es sich um den ersten deutschen Divisionskommandeur handelt, der während dieses Krieges gefangengenommen wurde. Im Juli 1941 wurde er zum Generalmajor und Kommandeur der 5. leichten Panzerdivision in Nordafrika befördert, die dann in die 21. Panzerdivision umgewandelt wurde. Mit General von Ravenstein wurden 16 Offiziere seines Stabes und 700 Mann gefangengenommen.
Dazu der Bericht eines Sonderkorrespondenten der *United Press:*
Ich unterhielt mich mit dem deutschen General, der mir unter anderem erzählte: »Ich machte am Morgen eine Erkundungsfahrt durch ein Gebiet, in dem ich gewisse Operationen einleiten wollte. Wir fuhren in unserem Wagen über einen Höhenzug und hatten das Mißgeschick, auf ein britisches Brengeschütz zu stoßen, das sofort das Feuer auf uns eröffnete und den Fahrer verletzte. Ich versuchte, ihn aus dem Sitz zu heben und mich selbst ans Steuer zu setzen, aber schon war das schnelle motorisierte Geschütz bis auf wenige Meter an uns herangefahren. Es gab keine andere Wahl, als sich zu ergeben.«

Mittwoch, 3. Dezember 1941, Kairo
Aus dem *Hauptquartier der britischen 8. Armee:*
Das Wetter hat sich außerordentlich verschlechtert. Es regnet stark, ein kalter Wind stürmt über die Wüste.

Geheimer Bericht des *Sicherheitsdienstes der SS* zur innenpolitischen Lage:
Nr. 244 vom Montag, 8. Dezember 1941 (Auszug)
I. Allgemeines: Vielfach wird befürchtet, daß die Engländer unter Heranziehung der in Ostafrika freigewordenen Truppen eine neue Offensive unter dem restlosen Einsatz aller zur Verfügung stehenden Kräfte starten werden, um die deutsch-italienische Front doch noch einzudrücken und zu durchstoßen.

Mittwoch, 10. Dezember 1941, Kairo
Aus dem *Hauptquartier der britischen 8. Armee:*
General Rommel befindet sich im Rückzug westlich von Tobruk. Die britischen Panzerstreitkräfte sind bereits in die südliche Flanke des Gegners eingebrochen. Die Verluste des Deutschen Afrika-Korps sind schwer, und eine größere Anzahl von Panzern und Flugzeugen wurde unbeschädigt erbeutet. Es wird angenommen, daß sie infolge Brennstoffmangels aufgegeben werden mußten.

Addis Abeba, Dezember 1941: General Sir Alan Cunningham stattet Kaiser Haile Selassie einen Besuch ab

Wende in Libyen

Donnerstag, 11. Dezember 1941, Kairo
United Press meldet:
Die Eroberung von El Adem hat zweifellos in der Lage auf dem nordafrikanischen Kriegsschauplatz eine Wende zugunsten der britischen Streitkräfte gebracht, weil Tobruk jetzt als britische Versorgungsbasis benutzt werden kann. Obwohl man weiß, daß noch harte Kämpfe bevorstehen, wird die Lage von den hiesigen britischen Stellen allgemein als befriedigend bezeichnet.

Freitag, 12. Dezember 1941, Kairo
Aus dem *Hauptquartier der britischen 8. Armee:*
Der Einbruch indischer und schottischer Truppen in die rechte Flanke der Verteidigungsstellungen von General Rommel hat diesen gezwungen, seine vorbereitete Verteidigungslinie aufzugeben und auf breiter Front den Rückzug nach Derna anzutreten.

Die Kämpfe in Libyen
Sonntag, 14. Dezember 1941
Die *Agentur Reuter* berichtet:
Nach den letzten Frontberichten stehen bedeutende Ereignisse zwischen Tobruk und Gazala bevor. Das deutsche Regiment 361, das durchzubrechen suchte,

Raum Derna, Dezember 1941: ein italienisches schweres Maschinengewehr in Feuerstellung

wurde völlig aufgerieben. Es stellte sich heraus, daß die meisten Mitglieder dieses Regiments ursprünglich Angehörige der französischen Fremdenlegion waren, der sie als deutsche Staatsangehörige beitraten.

Rommels geordneter Rückzug
Montag, 15. Dezember 1941, Kairo
Aus dem *Hauptquartier der britischen 8. Armee:*
Trotz ungünstigem Wetter mit tiefhängenden Wolken und Regen erzielte das Gros der britischen Truppen weitere Fortschritte im Gebiet südwestlich von Gazala. General Rommel hat, wie die Luftaufklärung bestätigt, im Gebiet des Djebel Akhdar starke Stellungen bezogen. Es ist General Rommel gelungen, einen geordneten Rückzug zu organisieren.

Dienstag, 16. Dezember 1941
Das *Oberkommando der Wehrmacht* gibt bekannt:
In Nordafrika kam es im Raum westlich Tobruk erneut zu schweren Abwehrkämpfen. Im Gegenangriff zerschlugen die deutsch-italienischen Truppen starke Teile des Gegners.

Dritte Schlacht um Libyen
16. Dezember 1941
Aus dem *Hauptquartier der britischen 8. Armee:*
Britische, polnische, indische und Empire-Streitkräfte stehen bis zu 80 Kilometer westlich von Tobruk und sind auf die straff organisierten deutsch-italienischen Streitkräfte gestoßen, die von General Rommel, der sich im Frontgebiet befindet, kommandiert werden. Damit hat die dritte Libyen-Schlacht begonnen. Am Montag lag starkes Artilleriefeuer auf den britischen Linien, die jedoch bereits gut gegen Fliegersicht und Beobachtung gedeckt werden konnten.

Donnerstag, 18. Dezember 1941
Aus dem *Hauptquartier der britischen 8. Armee:*
Nach fünf Tagen schwerer Kämpfe, in denen General Rommel die in der östlichen Cyrenaika verbliebenen deutsch-italienischen Streitkräfte einsetzte, wurden die Verteidigungspositionen des Deutschen Afrika-Korps auf breiter Front durchbrochen.

Geheimer Bericht des *Sicherheitsdienstes der SS* zur innenpolitischen Lage:
Nr. 247 vom 18. Dezember 1941 (Auszug)
I. Allgemeines: Die Lage in Afrika wird aufgrund der knappen und kurzen Formulierung der Meldungen in den Wehrmachtsberichten vielfach als sehr kritisch angesehen.

Rückzug der Achsenmächte

Freitag, 19. Dezember 1941, Kairo
United Press berichtet:
Nach den letzten Meldungen von der Front ziehen sich die Streitkräfte der Achsenmächte im Südosten von Derna weiter zurück. Von den deutschen und italienischen Truppen werden dabei beträchtliche Mengen von Kriegsmaterial zurückgelassen.

Montag, 22. Dezember 1941, Rom
Das *Comando Supremo* teilt mit:
Im Djebelgebiet der Cyrenaika sind lediglich örtliche Operationen im Gange, während die angeordneten Bewegungen unserer Truppen gegen neue Stellungen weitergehen.

Dienstag, 23. Dezember 1941, Kairo
Aus dem *Hauptquartier der britischen 8. Armee:*
Während britische Streitkräfte im Kampf gegen deutsche Nachhuttruppen stehen, die Bengasi decken, haben andere unserer motorisierten Abteilungen die Küste der Großen Syrte südlich von Bengasi erreicht. Längs der gesamten Rückzugslinie des Gegners westlich von Mechili ist das Gelände übersät mit zurückgelassenem Material. Eine große Zahl Deutscher und Italiener wurde von unseren Truppen gefangengenommen.

Endgültig vernichtet?

Freitag, 26. Dezember 1941, Kairo
Die *Agentur Reuter* berichtet:
Die Reste des Deutschen Afrika-Korps und der italienischen Armee fluten längs der Syrte auf der nach Tripolis führenden Straße zurück. Das Hauptziel, die Vernichtung der feindlichen Streitkräfte in der westlichen Wüste, ist erreicht. Die deutschen Panzerstreitkräfte sind zerschlagen. Es gibt nur noch eine Handvoll deutscher Panzer – und die versuchen, voller Panik, nach Tripolis zu entkommen!

Sonnabend, 27. Dezember 1941, Kairo
Aus dem *Hauptquartier der britischen 8. Armee:*
Die Panzerstreitkräfte von General Ritchie haben nach der Eroberung von Bengasi ihren Vormarsch in südlicher Richtung bereits wieder aufgenommen.

Montag, 29. Dezember 1941, Rom
Das *Comando Supremo* gibt bekannt:
Der Feind versuchte mit starken Panzerkräften eine Umklammerungsaktion in der Gegend von Agedabia.

Westlich von Bardia, Januar 1942: Südafrikanische Infanterie greift an

Januar 1942, italienisches U-Boot bei der Torpedoübernahme: vergeblicher Kampf gegen die britische Mittelmeerflotte

Der Versuch wurde durch unser Artilleriefeuer zum Stehen gebracht, der Feind in der Flanke von deutschen und italienischen motorisierten Einheiten angegriffen und schwer geschlagen. 58 englische Panzerwagen sowie eine erhebliche Zahl von Panzerspäh- und Lastwagen wurden vernichtet und zum Teil erbeutet.

Einmarsch in Bengasi
29. Dezember 1941, Kairo
United Press meldet:
Der Korrespondent der United Press, Robert Monson, der mit den Engländern in Bengasi einzog, sendet folgendes Telegramm:
»Als britische und südafrikanische Panzerverbände in Bengasi einrückten, trafen sie nirgends auf Widerstand. Die einzigen Schüsse, die bei dem Einmarsch fielen, wurden auf einige eingeborene Plünderer abgegeben. Praktisch ist alles, was irgendwie militärischen Wert besitzt, beseitigt worden. Die Straße, auf der ich nach dem letzten Halt im Gebiet von Barce nach Bengasi gefahren war, ist mit umgekippten Lastwagen und Geschützen, die von den Achsentruppen zurückgelassen wurden, übersät.«

Bardia in britischer Hand
Freitag, 2. Januar 1942, Kairo
Sonderkommuniqué des *britischen Oberkommandos:*
Durch die ständige Wiederholung ihrer entschlossenen Angriffe haben südafrikanische Streitkräfte, unterstützt durch britische Panzer und Artilleriefeuer, heute vormittag Bardia erobert.

Zur Verteidigung übergegangen
Montag, 5. Januar 1942, London
United Press meldet:
Nach hier eintreffenden Berichten graben sich die Streitkräfte von General Rommel bei Agedabia auf einer 80 Kilometer breiten Front zwischen dem Meer und einer Hügelkette im Wüstengelände ein, und es werden auch Verteidigungsstellungen an der Küste der Syrte errichtet. Außer einer regen Patrouillentätigkeit wurden in den letzten Tagen keine größeren Kampfhandlungen gemeldet.

Geheimer Bericht des *Sicherheitsdienstes der SS* zur innenpolitischen Lage:
Nr. 248 vom 5. Januar 1942 (Auszug)
I. Allgemeines: Die militärische Lage in Nordafrika wird von der Bevölkerung – insbesondere nach dem Fall von Bengasi – ebenfalls als äußerst ungünstig angesehen. Vereinzelt sah man bereits den ganzen nordafrikanischen Kriegsschauplatz als für die Achsenmächte verloren an. Auch wurden bereits Befürchtungen über die Möglichkeit einer Invasion der britischen Streitkräfte auf Sizilien, Sardinien und Süd-Italien geäußert.

Angriff auf den Halfaya-Paß
Dienstag, 6. Januar 1942, Kairo
Associated Press berichtet:
Wie am späten Montagabend gemeldet wurde, haben die italienischen Truppen die Ortschaft Sollum an der ägyptisch-libyschen Grenze geräumt. Damit bleibt als letztes Widerstandszentrum der Achsenstreitkräfte in der östlichen Cyrenaika das Gebiet am Halfaya-Paß, das günstige natürliche Verteidigungsmöglichkeiten bietet.

Invasion Maltas?

Mittwoch, 7. Januar 1942, London
Die *Agentur Reuter* meldet:
Im Zusammenhang mit den heftigen, beinahe ununterbrochenen deutsch-italienischen Luftangriffen auf Malta und der regen militärischen Aktivität in Süditalien wird in Londoner militärischen Kreisen die Ansicht vertreten, daß dies möglicherweise der Vorbereitung einer Invasion Maltas diene, und zwar als Teil eines Planes zur Unterstützung von General Rommel und zur Verteidigung Libyens.

Rückzug Rommels in Libyen
Donnerstag, 8. Januar 1942, London
United Press berichtet:
Die Meldung, daß die deutsch-italienischen Streitkräfte von General Rommel Agedabia verlassen und trotz heftigem Sandsturm ihren Marsch in südwestlicher Richtung angetreten haben, ist von London mit größter Aufmerksamkeit vernommen worden. Rommel ist es also wiederum gelungen, so betont man hier mit Nachdruck, der Umklammerung durch die britischen Streitkräfte zu entgehen.

Deutsch-italienischer Widerstand
Freitag, 9. Januar 1942, Kairo
Aus dem *Hauptquartier der britischen 8. Armee:*
Unsere motorisierten Abteilungen halten den Druck gegen die feindliche Nachhut, die den Rückzug der deutsch-italienischen Hauptmacht in Richtung El Agheila deckt, aufrecht. Der Widerstand des Gegners nördlich und südlich der Straße von Agedabia nach El Agheila hat sich versteift, und unser Vormarsch im Südwesten von Agedabia wurde durch Minenfelder verzögert.

Sender Beromünster (Schweiz)

9. Januar 1942:
Nun die nordafrikanische Front: Die britischen Reichstruppen haben innerhalb von 37 Tagen die Cyrenaika besetzt, wobei an der libysch-ägyptischen Grenze deutsch-italienische Garnisonen weiterhin den Briten am Halfaya-Paß, in Sollum und in Bardia standhielten ...
Nach der Besetzung der Cyrenaika wurde der britische Vormarsch bei Agedabia an der Großen Syrte von den Streitkräften des General Rommel, die dort günstige Positionen bezogen hatten, aufgehalten, und es trat eine Kampfpause ein. Für beide Gegner stellte sich, nach den außerordentlich raschen Bewegungen, die sie bis nach Agedabia geführt hatten, das im Wüstengebiet besonders heikle Nachschubproblem. Ferner haben die Heeresberichte der beiden Gegner übereinstimmend gemeldet, daß außerordentlich ungünstige Wetterverhältnisse – starker Regen und Sandstürme – die Operationen behinderten.

General Auchinleck an W. Churchill
Montag, 12. Januar 1942:
1. Ich glaube nicht, daß man sagen kann, die Hauptmasse der feindlichen Divisionen sei entkommen.

Dienstag, 13. Januar 1942, Kairo
Aus dem *Hauptquartier der britischen 8. Armee:*
Unsere motorisierten Kolonnen erzielten am Montag bedeutende Fortschritte in Richtung auf Agheila. Im Gebiet der libysch-ägyptischen Grenze griffen ein südafrikanisches und ein schottisches Regiment Sollum an und besetzten es. Sollum war ein Vorposten der Stellung von Halfaya.

Die Lage bei El Agheila
Mittwoch, 14. Januar 1942
Aus dem *Hauptquartier der britischen 8. Armee:*
Die Operationen der 8. Armee leiden unter den außergewöhnlich schlechten Wetterverhältnissen. Die motorisierten Truppen können nur äußerst sparsam eingesetzt werden, da der feine Sand zerstörend auf die Motoren wirkt. Dazu kommt, daß das Gelände, in dem jetzt Rommel starke Verteidigungspositionen einnimmt, dem Angreifer große Schwierigkeiten bereitet. 25 Kilometer westlich von El Agheila beginnt eine ausgedehnte Sumpfniederung (Mucoa El Chebrit). In diesem für die Verteidigung außerordentlich günstigen Gebiet hat Rommel Feldbefestigungsanlagen errichtet, die nach den Flugbildern die Form von zwei hintereinandergelagerten Fächern haben.

Rechte Seite: zwei britische Oberbefehlshaber inmitten der Libyschen Wüste: General Auchinleck (links) und General Wavell

Cyrenaika, November 1941: Rommel besichtigt zerschlagene britische Panzerwagen älterer Bauart

Rollende Luftangriffe auf Malta
Donnerstag, 15. Januar 1942, La Valetta
Die *Agentur Reuter* meldet:
In den letzten 24 Stunden sind nicht weniger als 17 Luftangriffe gegen Malta durchgeführt worden. Damit ist ein neuer Rekord in der Angriffstätigkeit gegen die Insel aufgestellt.

Starke Verteidigungsstellungen bei El Agheila
Freitag, 16. Januar 1942
Aus dem *Hauptquartier der britischen 8. Armee:*
Die britischen Truppen sind im Gebiet von El Agheila auf die stärksten Verteidigungsstellungen gestoßen, die sie seit Beginn der Offensive in Libyen antrafen. Die Entsendung von Pioniertruppen nach Agedabia hat sich als notwendig erwiesen. In geschickter Weise haben die Deutschen überall Minen hinterlassen und Sprengbomben, die in Proviantsäcken, an Hauseingängen, in Seifenkisten usw. versteckt sind.

Kapitulation der Besatzung vom Halfaya-Paß
Sonnabend, 17. Januar 1942
Aus dem *Hauptquartier der britischen 8. Armee:*
Heute morgen ergab sich die Garnison von Halfaya bedingungslos. 5500 Soldaten der Achsenmächte fielen in unsere Hand.

Und so war es

In der zweiten Novemberhälfte 1941 sind die Verbände der beiden Gegner angriffsbereit. General Auchinleck kommt Rommel jedoch einige Tage zuvor. Er stößt mit seiner Gegenoffensive (Operation »Crusader«) mitten in den Aufmarsch der Achsentruppen. Ziel dieser Operation: die Vernichtung der deutsch-italienischen Panzerkräfte zwischen Bardia und Tobruk, unterstützt durch einen Ausbruch der nunmehr 35000 Mann starken Besatzung von Tobruk. Anschließend soll die Festung entsetzt werden.

Am Dienstag, dem 18. November 1941, stehen bis zum Einbruch der Dunkelheit britische Panzerkolonnen auf dem Trigh el Abd und stoßen von dort aus weiter nach Norden vor. Aber Rommel ist zunächst noch nicht davon zu überzeugen, daß Auchinleck den lang erwarteten Großangriff begonnen hat.

Bereits am frühen Morgen des 19. November 1941 überschreitet das britische XXX. Korps (Gen. Norrie) die ägyptisch-libysche Grenze und schwenkt nach rechts auf das 145 Kilometer entfernte Tobruk ein. Rund 100000 Mann, 800 Panzer und 1000 Flugzeuge sind an der dritten britischen Offensive dieses Feldzuges beteiligt. Es ist die stärkste Streitmacht, die man bisher in der Wüste gesehen hat. Rommels Kräfte: höchstens 40000 Mann, 340 Panzer und 200 Flugzeuge, dazu noch die gleiche Anzahl schlecht bewaffneter italienischer Truppen.

Cyrenaika, am Morgen des 19. 11. 1941: Während die britische Gegenoffensive beginnt, legt ein plötzlich einsetzender Wolkenbruch weite Landesteile unter Wasser

An der östlichen Flanke wird die 4. Panzerbrigadegruppe (Brig. Gathouse), die sich über 40 Kilometer auseinandergezogen hat, von einer plötzlich im Rücken auftauchenden starken deutschen Panzereinheit überrascht. Dieser Schlag ist die erste Reaktion Rommels und wird von einer deutschen Kampfgruppe ausgeführt, die er nach Süden beordert hat, um die Lage dort zu erkunden.

An der westlichen Flanke ist die 22. Panzerbrigade (Brig. Scott-Cockburn) auf veraltete italienische Panzer gestoßen und greift im Abwehrkampf die befestigte Stellung der Italiener bei Bir el Gubi an. Die Brigade wird nun von den Geschützen der Italiener unter starken Beschuß genommen und verliert über 40 ihrer 160 Panzer.

Der erste Tag dieser bisher größten britischen Gegenoffensive verläuft für Rommel in qualvoller Ungewißheit: Er weiß nicht, wo er die Masse des Gegners zu erwarten hat und aus welchem Raum sein Hauptstoß geführt werden muß. Die Luftaufklärung ist nach wie vor ausgefallen, und die Erdaufklärung bringt kaum die gewünschten Ergebnisse, zumal der britische Aufmarsch erstklassig getarnt war.

Der Vorteil für Rommel: Die Brigade mit den gefährlichen Panzern »Matilda« und »Valentine« hat General Cunningham nicht als geschlossenen Panzerverband eingesetzt, sondern nur in kleinen Abteilungen zusammen mit der Infanterie.

So klärt sich am Nachmittag des 19. November 1941 erst durch Fliegermeldungen und Gefangenenaussagen langsam die Lage. Und Rommel beschließt, die Angriffsvorbereitungen auf Tobruk sofort einzustellen und mit der 15. und 21. Panzerdivision des DAK die über Gabr Saleh nach Norden anrollenden britischen Panzerkräfte anzugreifen.

An diesem Tag hat die Panzerdivision »Ariete« bei Bir el Gubi die starken Angriffe von Teilen des britischen XXX. Korps bis zum Abend abgewiesen. Inzwischen ist es der 21. Panzerdivision gelungen, den Feind nördlich von Gabr Saleh in schweren Kämpfen über den Trigh el Abd nach Süden zurückzudrängen, während die 15. Panzerdivision ihren neuen Bereitstellungsraum südlich des Trigh Capuzzo erreicht hat.

Am Donnerstag, dem 20. November 1941, entsteht eine Krise: Die von Südosten in den Raum Tobruk vorstoßenden britischen Panzerkräfte drängen die hartnäckig kämpfenden Teile der 90. leichten Division, die Rommel bereits aus der Belagerungsfront von Tobruk herausgelöst hat, zurück. So kann das DAK hier keinen geschlossenen Gegenangriff führen. Inzwischen erfährt Rommel, daß es Anzeichen für einen Ausbruchsversuch der Garnison von Tobruk gäbe.

Tatsächlich, bereits am Morgen des 21. November 1941 beginnt der großangelegte, von etwa 70 Panzern unter-

stützte Ausbruchsversuch aus der Festung Tobruk. Es entbrennen heftige, für beide Seiten verlustreiche Kämpfe. Erst durch das Zusammenziehen aller Reserven, den Einsatz von Heeres- und Flakartillerie, dazu die Unterstützung einer im Eilmarsch herangeholten Aufklärungsabteilung, kann Rommel in einem persönlich geführten, kühnen Gegenangriff den Feind wieder auf Tobruk zurückwerfen. Gegen Mittag läßt Major General Scobie die festgefahrenen Angriffe einstellen und die Festung wieder zur Verteidigung übergehen.
Inzwischen hat das britische XIII. Korps (Gen. Godwin-Austen) die Grenzstellungen an der Sollum-Front umgangen und Fort Capuzzo genommen. Es greift danach in die Kämpfe um die Schlüsselstellung von Sidi Rezegh ein, muß sich jedoch unter schweren Verlusten zurückziehen.
Anschließend kommt es im Raum von Sidi Rezegh immer wieder zu schweren Zusammenstößen zwischen deutschen und britischen Panzerverbänden. Doch die Deutschen, die ihre Kräfte wesentlich konzentrierter einsetzen, gewinnen deutlich die Oberhand.

In den Vormittagsstunden des 22. November 1941 errichtet die 21. Panzerdivision zu beiden Seiten des Belhamed nach Süden hin eine Abwehrstellung und greift das wieder besetzte Sidi Rezegh an.
Unterdessen stößt die 15. Panzerdivision, die sich während der Nacht aus der drohenden Umklammerung lösen konnte, nach Osten gegen die Flanke und den Rücken der über Bir Sciafsciuf angreifenden britischen Kräfte vor, kesselt starke Teile ein und zerschlägt sie.
In dieser Situation unternimmt nun Rommel einen kühnen Gegenschlag: Die erhebliche Desorganisation der britischen 8. Armee ausnutzend, setzt er seine Verbände zur überholenden Verfolgung in Richtung Ägypten ein. Damit will er die rückwärtigen Linien des Gegners abschneiden und dessen Hauptmacht zwischen Tobruk und der ägyptischen Grenze vernichten.

Am Sonntag, dem 23. November 1941, wird Rommel mit unvorhergesehenen Komplikationen konfrontiert: Am Morgen gelingt es der neuseeländischen 6. Brigade durch Zufall, am Trigh Capuzzo den größten Teil vom Stab des Afrika-Korps zu überrennen und fast alle Stabsoffiziere sowie Mannschaften der Funkstellen gefangenzunehmen. Der Chef des Stabes, General Crüwell, entgeht der Gefangennahme nur, weil er gerade kurz vorher weggefahren ist.
Trotzdem tritt Rommel bei Sidi Rezegh um 15 Uhr mit allen beweglichen deutsch-italienischen Kräften, darunter auch die ihm inzwischen unterstellte italienische Panzerdivision »Ariete«, zu einem konzentrischen Angriff gegen die auf Tobruk vorstoßenden britischen Panzerverbände an. Diese »Schlacht am Totensonntag« fällt zu Gunsten der Panzergruppe Afrika aus: Um in den Rükken des Feindes zu gelangen, rollt die 15. Panzerdivision weit nach Osten und dann nach Süden. Von Bir el Gubi aus schließt sich die Panzerdivision »Ariete« an. Hier treffen sie auf die 21. Panzerdivision, kesseln zusammen die britischen Verbände ein und zerschlagen sie. Nördlich davon, im Raum Tobruk, werden gleichzeitig die britischen Ausbruchsversuche durch Gegenangriffe bereinigt.

Am Montag, dem 24. November 1941, starten vier LRDG-Wüstenpatrouillen zu je 25 Mann zu neuen Einsätzen. Das Ziel: Störung des feindlichen Nachschubverkehrs. General Auchinleck erhofft sich von diesem Unternehmen, die Kampfkraft der Panzergruppe Afrika ernsthaft zu beeinträchtigen. Die Aufgabe der LRDG-Männer ist es, einzelne Fahrzeuge und vor allem Konvois entlang der Küstenstraße durch bewaffnete Überfälle zu zerstören.
Die Einsätze erfolgen nach Partisanenart, ähnlich wie an der Ostfront in Rußland, aus dem Hinterhalt und immer nur bei Nacht. Die Fahrzeuge und ihre Ladung werden in Brand gesetzt, Fahrer und Begleitmannschaften, falls sie bei der Schießerei nicht umgekommen sind, läßt man frei, denn es gibt während der wochenlangen Einsätze kaum eine Möglichkeit, die Gefangenen mitzuschleppen.

Dezember 1941: die zweite britische Offensive

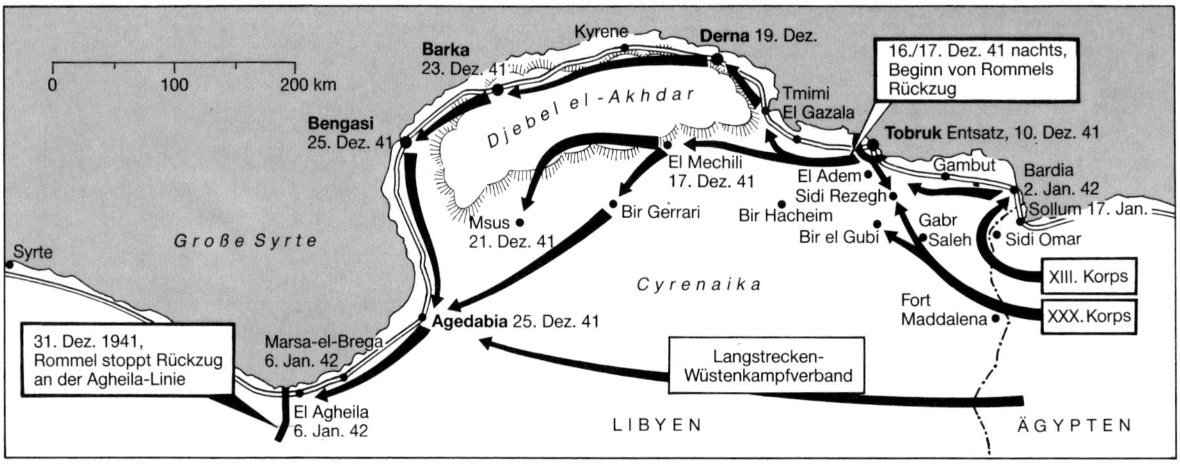

Raum Sidi Rezegh, 23. 11. 1941: Deutsche Panzer III rollen zum Angriff gegen die auf Tobruk vorstoßenden britischen Panzerverbände

Bereits vor Sonnenaufgang fahren die LRDG-Patrouillen weit in die Wüste hinaus, tarnen ihre Wagen sorgfältig und warten in einem Versteck die Dunkelheit ab. Die Überfälle werden nur an ganz bestimmten Abschnitten der Küstenstraße durchgeführt, damit die dort liegenden Beobachtungspatrouillen der LRDG nicht gestört werden.
Zwei der Überfallpatrouillen werden durch Aufklärung am Tag erkannt und deren Fahrzeuge kurz danach von deutschen Tieffliegern zusammengeschossen. Mitte Dezember 1941 sollen die LRDG-Überfallpatrouillen ihre Einsätze beenden und zur Basis zurückkehren.

Am Dienstag, dem 25. November 1941, beabsichtigt General Cunningham, Oberbefehlshaber der britischen 8. Armee, unter dem Eindruck der Lage, die Schlacht abzubrechen und seine Truppen nach Ägypten zurückzuziehen. Nur durch das persönliche Eingreifen von General Auchinleck, der Cunningham sofort durch seinen stellvertretenden Stabschef, Major General Neil M. Ritchie, ablösen läßt, kommt es nicht dazu. So geht die Schlacht in unverminderter Härte weiter.

In der Nacht vom 26./27. November 1941 passiert das, was Rommel immer schon befürchtet hat: Während er mit seiner Hauptmacht über die ägyptische Grenze vorstößt, gelingt es der Garnison von Tobruk, bei El Duda vorübergehend mit dem XIII. Korps (Lt.Gen. Godwin-Austen) und dessen neuseeländischer 2. Division (Lt.Gen. Freyberg) Verbindung aufzunehmen. So können zwei neuseeländische Bataillone und der Stab des XIII. Korps als Verstärkung in die Festung eindringen. Die Lage bei Tobruk veranlaßt Rommel, noch am gleichen Tag den Vorstoß nach Ägypten abzubrechen und seine Panzerverbände in den Raum Tobruk zurückzuführen. Das Hauptquartier in Kairo reorganisiert daraufhin eiligst seine Verbände, die nach zweitägigen Kämpfen mit den Nachhuten der Achsenkräfte wieder die alten Schlachtfelder von Sidi Rezegh besetzen.

Am Donnerstag, dem 27. November 1941, strecken die in der äthiopischen Bergfestung Gondar eingeschlossenen Truppen unter General Nasi die Waffen. Rund 11500 Italiener, 12000 Mann Eingeborenen-Truppen werden von den Engländern gefangengenommen und 48 Feldgeschütze erbeutet. Der Fall von Gondar bedeutet aber keineswegs das Ende des Feldzuges in Ostafrika, denn einzelnde Widerstandsnester kämpfen weiter. Tag für Tag werfen britische Flugzeuge Flugblätter über den in den Bergen verschanzten italienischen Streitkräften ab mit der Nachricht, daß General Nasi kapituliert hat.

Am Sonnabend, dem 29. November 1941, wird Generalmajor v. Ravenstein, Kommandierender General der

21. Panzerdivision, auf dem Weg zwischen der Befehlsstelle des Afrika-Korps und seinem Gefechtsstand von neuseeländischen Truppen gefangengenommen. Generalmajor v. Ravenstein ist der erste deutsche Divisionskommandeur, der im Zweiten Weltkrieg in Gefangenschaft gerät.
Am selben Tag gelingt es Rommel, die Verbindung zwischen der Festungsgarnison von Tobruk und den neuseeländischen Verbänden des XIII. Korps zu durchbrechen und auch das heiß umkämpfte Sidi Rezegh wieder zurückzuerobern. Das DAK und die Panzerdivision »Ariete« haben sich inzwischen Tobruk genähert. Rommel ist entschlossen, zunächst die Lage an der Südostfront der Festung durch Vernichtung der neuseeländischen 2. Division zu bereinigen und deren Entkommen zu verhindern.
Bis zum 2. Dezember 1941 schafft es die Panzergruppe Afrika, nach schweren und wechselvollen Kämpfen die neuseeländische 2. Division vor Tobruk einzukesseln und zu zerschlagen. Sie büßt rund 2500 Gefangene, 45 Geschütze und die Masse ihres Materials ein. So ist der Ring um Tobruk wieder geschlossen.

Bis Anfang Dezember 1941 hat General Auchinleck 814 Panzer und Panzerspähwagen, 127 Flugzeuge und über 9000 Gefangene verloren.
Auch Rommels Verluste sind sehr hoch. Die Tatsache, daß die deutschen und italienischen Verbände seit Beginn des Feldzuges ohne Ablösung oder Ersatz und unter extremen klimatischen Bedingungen die schwersten Kämpfe haben durchstehen müssen, erklärt ihre verminderte Kampfkraft. Selbst in absehbarer Zeit können die Achsentruppen kaum mit einer Ablösung oder Auffrischung rechnen. Dagegen stehen den Engländern fast unerschöpfliche Reserven zur Verfügung.

Am Dienstag, dem 2. Dezember 1941, erlöscht der letzte Widerstand der Italiener in Äthiopien. Die Reste der italienischen Streitkräfte kapitulieren bedingungslos und begeben sich in Gefangenschaft. Der Traum vom Afrika-Imperium ist aus und der Feldzug in Ostafrika endgültig beendet.

Am Donnerstag, dem 4. Dezember 1941, meldet die Luftaufklärung den Anmarsch neuer starker britischer Verbände aus der Gegend Sidi Omar in Richtung Bir el Gubi. Als Rommel von dieser neuen Bedrohung erfährt, beschließt er, sich nach Westen zurückzuziehen. Er will die ihm verbliebenen Panzer für einen Überraschungsschlag sammeln, um die britische Umgehungsbewegung zu verhindern.

Am Sonnabend, dem 6. Dezember 1941, erhält Rommel die Antwort auf seine Forderungen nach Ersatz und

Raum Tobruk, Dezember 1941, nach einem überraschenden britischen Angriff: brennende deutsche Panzer und Lkw

Vor El Gazala, Dezember 1941: Soldaten der polnischen 1. Selbständigen Karpaten-Schützenbrigade

Verstärkungen: Nur 9000 Mann sowie Waffen – hauptsächlich Pak – werden ihm bis Ende des Jahres in Aussicht gestellt.

Daraufhin entscheidet Rommel am 7. Dezember 1941, seine Truppen unter Zurücklassung der Stützpunkte am Halfaya-Paß und in Bardia bis zur Gazala-Linie am Ostrand der Cyrenaika zurückzunehmen. Noch in der Nacht beginnt die Panzergruppe Afrika sich abzusetzen. An diesem Tag übrigens treten die USA in den Krieg ein, kurz zuvor ist der letzte deutsche Ansturm auf Moskau gescheitert.

Am Tag darauf, dem 8. Dezember 1941, verweigert sowohl das Comando Supremo als auch das OKH die Zustimmung für einen Abzug der deutsch-italienischen Truppen von der Sollum-Front.

Erst am Dienstag, dem 9. Dezember 1941, beordert die britische 8. Armee (Maj.Gen. Ritchie) eine Panzereinheit zum Erkundungsvorstoß gegen Knightsbridge, die Straßenkreuzung südlich von Acroma. Sie wird zwar 13 Kilometer vor Knightsbridge von einer deutschen Nachhut aufgehalten, läßt sich aber nicht in ein Gefecht ein. Am selben Abend hat Rommel die 90. leichte Division aus der Front gezogen und nach Agedabia in Marsch gesetzt. Seine Absicht: die rückwärtigen Verbindungen an der Großen Syrte gegen einen drohenden Vorstoß beweglicher britischer Kräfte aus dem Süden der Cyrenaika zu schützen.
Bis zum Donnerstag, dem 11. Dezember 1941, haben sich Rommels Streitkräfte in die vorbereiteten Verteidigungsstellungen der Gazala-Linie zurückgezogen.

Am Sonnabend, dem 13. Dezember 1941, beginnt das XIII. Korps (Lt.Gen. Godwin-Austen), das jetzt die Verfolgung aufgenommen hat, seinen Angriff auf die Gazala-Linie.

Am Sonntag, dem 14. Dezember 1941, bekommt die polnische 1. Selbständige Karpaten-Schützenbrigade (Gen. Kopanski) den Befehl, einen Versuch zu unternehmen, die Gazala-Linie zu durchbrechen. Die Brigade ist bereits im Frühjahr 1940 im französisch-besetzten Syrien aufgestellt worden. Sie besteht aus Freiwilligen, die nach der polnischen Niederlage im September 1939 auf abenteuerlichen Wegen in den Nahen Osten gelangt sind. Nach der Kapitulation Frankreichs wechselt die Brigade, vollständig ausgerüstet mit französischen Waffen und Fahrzeugen, nach Palästina über und unterstellt sich dem britischen Oberkommando. Nach erbitterten Kämpfen dringen die Einheiten der Brigade in die stark befestigten Stellungen von El Gazala ein.
Es gelingt den deutschen Verteidigern zwar, den Frontalangriff zurückzuschlagen, aber das italienische motorisierte XX. Korps (Gen. Gambarra), das die Inlandflanke deckt, hält dem Druck nicht stand. So kann der linke Flügel des XIII. Korps bis Sidi Breghisc, 25 Kilo-

Dezember 1941: britische Panzer »Matilda« im Vormarsch auf El Mechili

meter hinter der Gazala-Linie, vordringen. Nur durch einen deutschen Panzer-Gegenangriff wird die Umklammerung verhindert.
Trotz der sich ständig wiederholenden Angriffe kann die Gazala-Stellung zwar teilweise noch gehalten werden, aber die Panzergruppe Afrika hat kaum noch 30 einsatzbereite Panzer, während der Gegner zur Zeit über fast 200 Kampfwagen verfügt.

In der Nacht vom 14./15. Dezember 1941 kommt es im Raum Syrte–El Agheila zur ersten gemeinsamen Operation von SAS-Commandos und LRDG-Patrouillen. Das Ziel: Überfälle auf die vorgeschobenen deutsch-italienischen Flugplätze in diesem Teil Libyens. Mit diesen Aktionen beginnt eine Art Symbiose zwischen beiden Commando-Verbänden.
Nach der mißglückten Operation im November 1941 beschließt Colonel Stirling, seine SAS-Männer nicht per Flugzeug und Fallschirm in das Einsatzgebiet zu befördern, sondern als »Passagiere« einer LRDG-Patrouille. Nach beendeter Aktion sorgt die LRDG auch für den Rücktransport.
An den Überfällen selbst sollen die Angehörigen der LRDG nicht teilnehmen, um vor allem ihre in der offenen Wüste wartenden Fahrzeuge nicht noch mehr zu gefährden. Die 21 Männer des SAS führen im Schutz der Dunkelheit Angriffe auf drei kaum geschützte Feldflugplätze durch und vernichten in der Nacht (nach eigenen Angaben) über 30 dort stehende Maschinen.

Am Morgen des 15. Dezember 1941 stellt die deutsche Luftaufklärung fest, daß sich starke feindliche Panzerverbände südlich des Höhenzuges Der Merriem (bei Segnali Nord) im Vormarsch auf El Mechili befinden. Um sich diesem Einkesselungsversuch zu widersetzen, fehlt es der Panzergruppe Afrika an ausreichenden Kräften. Auch der Treibstoff reicht nicht mehr für eine bewegliche Kampfführung auf dem Südflügel aus.
Daher faßt Rommel den Entschluß, seine Truppen in den Raum Agedabia–Marsa el Brega an der Großen Syrte zurückzunehmen. Die Vorteile: Die Panzergruppe Afrika kann sich den Rücken frei halten, die Versorgungsbasis Tripolis rückt näher und die Nachschublinien des Feindes verlängern sich. Die Räumung der Cyrenaika mit ihren Flugplätzen muß dabei in Kauf genommen werden. Rommel hofft, bei nächster Gelegenheit die Initiative wieder ergreifen und zur Offensive übergehen zu können.
Übrigens hat seit der zweiten Oktoberhälfte 1941 bis zu diesem Tag kein einziges Schiff mit deutschen oder italienischen Versorgungsgütern einen der nordafrikanischen Häfen erreicht.

So beginnt in der Nacht vom 16./17. Dezember 1941 der Rückzug. Das Afrika-Korps sowie das italienische motorisierte XX. Korps (Gen. Gambarra) schlagen den Weg durch die Wüste ein, und die italienischen Infanteriedivisionen marschieren die Küstenstraße Via Balbia entlang. Trotz ständiger Fliegerangriffe und so mancher Krisensituationen gelingt es, dank dem Widerstand der italienischen Nachhuten den Rückzug im wesentlichen planmäßig durchzuführen.
Am Mittwoch, dem 17. Dezember 1941, gibt die Panzergruppe Afrika El Mechili und Tmimi auf.

Raum Bardia, Januar 1942: Vergeblich versucht die deutsche Artillerie den vorstoßenden Gegner aufzuhalten

Unterdessen laufen am Freitag, dem 19. Dezember 1941, in Tripolis und Bengasi mehrere Frachter mit Nachschub sowie zwei Panzerkompanien und Artillerie ein. Nun verfügt Rommel wieder über 70 einsatzbereite Panzer.

Am Sonntag, dem 21. Dezember 1941, erreichen die Nordkolonnen der Panzergruppe Afrika Bengasi und ziehen sich weiter auf Agedabia zurück.
In der Nacht vom 21./22. Dezember 1941 unternehmen 14 Commando-Männer der SAS mit Patrouillen-Fahrzeugen der LRDG eine Serie von Überfällen auf die deutsch-italienischen Flugplätze im Raum Agedabia. Ohne eigene Verluste gelingt es ihnen, ein Dutzend Flugzeuge zu vernichten. Diesmal müssen sie allerdings jede List anwenden, da die Sicherungskräfte der Flugplätze durch die vorangegangenen Überfälle alarmiert sind.

Seit dem 22. Dezember 1941 wird Malta von den Bombenflugzeugen der Luftflotte 2 (GFM Kesselring) und von italienischen Kampfgeschwadern verstärkt angegriffen. Hafeneinrichtungen, Startbahnen, Depots und Flakbatterien werden systematisch bombardiert.

Am Donnerstag, dem 25. Dezember 1941, ist im Raum Agedabia der Rückzug deutscher und italienischer Truppen vorläufig beendet. Das italienische XXI. Korps (Gen. Navarini) sowie die 90. leichte Division (jetzt Oberst Micki) beziehen beiderseits der Stadt ausgebaute Verteidigungsstellungen, während das DAK und das italienische motorisierte XX. Korps sich im Südwesten von Agedabia sammeln.
Die Engländer haben zwar innerhalb von 18 Tagen die Cyrenaika erobert, aber das eigentliche Ziel der Operation »Crusader«, die Vernichtung der Achsenkräfte, nicht erreicht.

Bereits am Sonnabend, dem 27. Dezember 1941, unternimmt Rommel mit 60 Panzern einen unerwarteten Angriff auf die britische 22. Panzerbrigade (Brig. Scott-Cockburn). 37 britische Panzer bei nur sieben eigenen Verlusten bleiben auf dem Schlachtfeld liegen.

Am Dienstag, dem 30. Dezember 1941, wiederholt die Panzergruppe Afrika ihren erfolgreichen Angriff gegen die britische 22. Panzerbrigade. Auch diesmal fallen dem Überraschungsangriff 23 britische Panzer zum Opfer. Damit hat Brigadier Scott-Cockburn zwei Drittel der Gesamtstärke seines Verbandes verloren. So ist es Rommel gelungen, die Engländer wieder auf die Gazala-Stellung zurückzuwerfen.

In den Nächten zwischen Weihnachten und Silvester 1941 führen die SAS-Commandos wieder zwei erfolgreiche Überfälle auf die Flugplätze der Achsenstreitkräfte, diesmal im Raum von Syrte, durch. Das Ergebnis der SAS-Überfälle von Mitte bis Ende Dezember 1941: 88 zerstörte deutsche und italienische Flugzeuge (nach offiziellen SAS-Angaben) sowie mehrere Fahrzeuge bei geringen eigenen Verlusten. An diesen Operationen haben sich erstmals einige LRDG-Männer tatkräftig beteiligt.

Bardia, 2. 1. 1942, erster deutscher General, der im Zweiten Weltkrieg die Waffen niederlegt: GenMaj. Artur Schmitt (2. v. l.) auf dem Weg zur Kapitulationsunterzeichnung

Ende Dezember 1941 beschließt Rommel, die Panzergruppe Afrika in die taktisch günstige Marsa-Brega-Stellung an der Großen Syrte, westlich von El Agheila, zurückzunehmen. Jetzt ist er wieder an dem Punkt, wo er im Frühjahr 1941 seine erste erfolgreiche Offensive begonnen hat. Nach diesem Rückzug haben die Engländer die Cyrenaika und den Hafen Bengasi besetzt.

Am Freitag, dem 2. Januar 1942, kann Generalmajor Schmitt mit seinen Truppen im Stützpunkt Bardia dem Ansturm der feindlichen Übermacht nicht mehr widerstehen und muß kapitulieren: 6600 Italiener und 2200 Deutsche legen die Waffen nieder. Generalmajor Schmitt ist im Zweiten Weltkrieg der erste deutsche General, der kapituliert.

Die Gesamtverluste der Achsenstreitkräfte in der sechs Wochen dauernden Schlacht: 33000 Mann, davon fast zwei Drittel Italiener. Von den 13000 Deutschen gehört ein großer Teil zum Verwaltungspersonal. Die britischen Verluste: 18000 Mann, darunter viele wüstenerfahrene Soldaten, die schwer zu ersetzen sind.

Am Montag, dem 5. Januar 1942, erreicht ein aus sechs Frachtern bestehender Nachschub-Konvoi, der wegen der Bombenangriffe der Luftwaffe auf Malta von der RAF nicht gesichtet wurde, den Hafen von Tripolis. Unter der Ladung befinden sich 54 Panzer, die Rommels Panzerstärke auf etwas über 100 erhöhen.

Am Sonnabend, dem 10. Januar 1942, inspiziert Rommel die Marsa-el-Brega-Stellung bei El Agheila. Um sich einen Überblick von den Abwehrmöglichkeiten in der neuen, 60 Kilometer breiten Linie zu verschaffen, überfliegt er sie mit seinem Fieseler Storch. Er muß allerdings feststellen, daß mit den verbliebenen Kräften diese Stellung auch dann nicht gehalten werden kann, wenn noch Wochen für ihren Ausbau zur Verfügung stehen würden. Rommel entschließt sich, einen Gegenangriff zu wagen. So kann er wenigstens den britischen Aufmarsch verzögern und damit Zeit gewinnen.
Unter höchster Geheimhaltung laufen nun bei der Panzergruppe Afrika Vorbereitungen für die neue Operation an. Rommels Absicht wird sogar vor dem italienischen Oberbefehlshaber in Nordafrika, dem Comando Supremo in Rom und dem OKW geheimgehalten, um ein Eingreifen von höherer Stelle auszuschließen.
Der Gegner nimmt wiederum an, die Panzergruppe Afrika sei nach Erreichen der Großen Syrte so sehr geschwächt, daß sie in absehbarer Zeit keine Kampfhandlungen mehr durchführen könne.

Am Sonnabend, dem 17. Januar 1942, müssen die Verteidiger des Halfaya-Passes, nachdem ihre Vorräte verbraucht sind, die Waffen strecken. 3800 Italiener und 2100 Deutsche gehen in Gefangenschaft. Damit ist der Widerstand an der ägyptisch-libyschen Grenze erloschen und der Winterfeldzug 1941/42 vorläufig beendet.

Sechste Phase

21. Januar – 25. Mai 1942

Rommels zweite Offensive

Donnerstag, 22. Januar 1942
Aus dem *Hauptquartier der britischen 8. Armee:*
Gestern unternahm der Feind bei schlechten Sichtverhältnissen in drei Kolonnen und mit Unterstützung des Hauptteils seiner noch vorhandenen Panzer eine bewaffnete Erkundung in einer Tiefe von etwa 15 Kilometer östlich der allgemeinen Linie südlich Marsa el Brega.

Rommels verwegene Jagd

Von Kriegsberichterstatter Oberleutnant Schmidt
Kaum hat die Kampftruppe M Agedabia genommen, die Häuser durchsucht und die beiden Straßen, die das Städtchen besitzt, mit ihren Pak-Geschützen gesichert, kaum sind die Bersaglieri heran, die Agedabia besetzen sollen, sollen die Männer des Oberstleutnant M mit ihren Gefechts- und Troßfahrzeugen auf den Flugplatz hinaus und wieder in die Wüste hinein.
Nun taucht Antelat wie ein Trümmerhaufen vor der weiterjagenden Kampfgruppe auf. Die zimtbraunen Mauern sind der Rest einer Karawanserei, die den Briten als Unterschlupf dient. Die Tommies werden von einem Panzerjäger aufgestöbert und samt ihren Lkw »vereinnahmt«. Aber nun weiter nach Saunu! Fertigmachen! Aufsitzen!
Der Kommandeur ist mit seinem Kübelwagen immer mit den beiden Panzerspähwagen voraus. Oft läßt er seinen Wagen auf einer Hügelkette halten und sucht mit seinem Feldstecher so lange den Horizont ab, bis die nachkommenden Fahrzeuge und Geschütze heran sind. Oft bewegen sich auf dem Horizont merkwürdige Schatten, die sich beim Näherkommen in friedlich weidende Kamelherden verwandeln. Halb erschrocken und halb verächtlich versuchen die Tiere, die zwischen die breit daherbrausenden Kolonnen geraten sind, zu flüchten. Gekränkt traben sie zwischen den Zugmaschinen und Geschützen dahin.
Und plötzlich ist der Tommy wieder da. Von vorn langt er mit Artillerie herüber, und von der Flanke läßt er den Aufmarsch von zwei Panzerspähwagen beäugen. Sobald jedoch die beiden Panzerspähwagen unter den Pak-Granaten auflodern, verstummt das Artilleriefeuer. Gut gelaunt und der Erfolge froh, thronen die Panzerjäger auf ihren Zugmaschinen zwischen den aufgetürmten Kisten Corned-Beef und Konserven.
Während seine Kameraden Players Navy Cut rauchen oder Keks kauen, kramt einer der Männer aus dem erbeuteten Seesack eine Mundharmonika hervor, entlockt ihr prüfend einige Töne, um dann auf ihr eine Melodie zu blasen, die zu dem Rasseln der Raupenketten paßt. So jagt die Kampfgruppe M hinter dem weichenden Tommy her.

Das Reich, Januar 1942

Gegenangriff Rommels

Freitag, 23. Januar 1942, London
United Press meldet:
Die Nachricht, daß es den Truppen von General Rommel gelungen ist, die britischen Linien zu durchbrechen und Agedabia wieder zu besetzen, ist in London mit Überraschung aufgenommen worden. Man gibt zu, daß General Rommel wieder einmal einen Beweis seiner Kunst der Kriegführung erbracht hat.

General Auchinleck an W. Churchill
Sonnabend, 24. Januar 1942, 15 Uhr:
Unerwarteterweise hat der Feind seine Stoßkraft beibehalten können. Sein erster Anprall hat jedenfalls unsere vorgeschobenen Kräfte, die, wie Sie wissen, nicht zahlreich waren, vorübergehend in Unordnung gebracht und von der Hauptstraße geworfen ... Wieder einmal ist Rommel ein kühner Schachzug gelungen.

W. Churchill an General Auchinleck
Sonntag, 25. Januar 1942:
Die Meldung der 8. Armee, in der von der Räumung Bengasis und Dernas die Rede ist, beunruhigt mich sehr. Man hat mir bestimmt keine Veranlassung gegeben, mit dem Entstehen einer solchen Situation zu rechnen. Sind unsere neuen Kampfwagentypen nicht in der Lage gewesen, sich mit den neu eingesetzten deutschen Panzern zu messen? Mir scheint, wir befinden uns in einer ernsten Krise, mit der ich keineswegs gerechnet habe. Warum ziehen sich alle so schleunigst zurück?

Initiative an Rommel übergegangen
Montag, 26. Januar 1942, London
Die *Agentur Reuter* meldet:
Militärische Kreise geben zu, daß die Initiative in Libyen, zumindest zeitweilig, in die Hände von Rommel übergegangen ist. Die Streitkräfte der Achsenmächte haben in vier Tagen von El Agheila aus fast 240 Kilometer zurückgelegt. Die Kämpfe haben große Ausmaße erreicht.

General Auchinleck an W. Churchill
Dienstag, 27. Januar 1942:
Ich fürchte, es ist nicht daran zu zweifeln, daß sich unsere Panzerkräfte nicht mit dem Feind messen konnten und sie Verluste erlitten haben, die dem Gegner heimzuzahlen keine Aussicht bestand.

Umfassungsoperation Rommels
Donnerstag, 29. Januar 1942, Rom
Das *Comando Supremo* teilt mit:
Am Donnerstag früh zogen italienische und deutsche Truppen in Bengasi ein.

Tagesparole des Reichspressechefs
29. Januar 1942:
Der Minister gibt Anweisung, in der innerdeutschen Propaganda schärfstens darauf zu achten, daß keinerlei falsche Hoffnungen in militärischer Hinsicht erwartet werden. Dies gilt z. B. für die an sich so günstige Entwicklung in Libyen, die aber auch nicht so dargestellt werden dürfe, als ob wir die Cyrenaika zurückzuerobern vorhätten.

General Auchinleck an W. Churchill
29. Januar 1942:
Die Lage hat sich heute verschlechtert, und ich fürchte, wir werden Bengasi wenigstens zeitweilig räumen müssen. Heute morgen wurde die indische 7. Infanteriebri-

Rommel mit dem italienischen General Azzi, Kommandeur der Panzerdivision »Littorio«. Das von Rommel meistbenutzte Führungsfahrzeug ist der leichte Funk-Schützenpanzerwagen »Greif«

Raum Bengasi, Januar 1942: Panzerwagen einer britischen Aufklärungsabteilung im Feuer deutscher Artillerie

gade von zwei gemischten, zahlenmäßig überlegenen Kolonnen zurückgedrängt. Beide feindliche Kolonnen wurden von mindestens 25 Panzern unterstützt. Gleichzeitig ging eine starke Kolonne mit mindestens 1500 motorisierten Fahrzeugen von Süden her gegen El Abiar vor.

Von Umfassung bedroht, beschloß der Kommandeur der indischen 4. Division, die Kampfhandlungen südlich von Bengasi wenn möglich abzubrechen ... Meiner Ansicht nach hat er unter den Umständen richtig gehandelt. Die Durchführung der Sprengungen in Bengasi wurde befohlen.

Rückzug der Engländer

Donnerstag, 5. Februar 1942
Die *Agentur Reuter* berichtet:
Nach der Räumung von Derna durch die britischen Streitkräfte hat sich jetzt eine eigenartige Lage ergeben: Während sich die Empire-Truppen längs der Küste in den letzten Tagen durchschnittlich um 40 Kilometer täglich zurückzogen, hat General Auchinleck die linke Flanke im Gebiet von Msus stehenlassen. Diese linke Flanke hat offenbar die Aufgabe, ein Umgehungsmanöver von General Rommel quer durch die Wüste zu vereiteln.

Tagesparole des Reichspressechefs
5. Februar 1942:
Der Minister weist darauf hin, daß wir uns auf keinen Fall einer Treibhausstimmung über die Erfolge in Afrika oder bei einer kommenden Offensive im Osten hingeben dürften. In der Presse müsse ruhig und sachlich die Lage dargestellt werden. Wir dürften nicht den Fehler begehen, dem Volke Ziele vor Augen zu stellen, die wir nicht erreichen können. So wird im Zusammenhang mit der Wiedereroberung der Cyrenaika von ihm ein Verbot ausgesprochen, das Wort »Suezkanal« in der Presse überhaupt zu bringen.

60 Kilometer vor Tobruk
Freitag, 6. Februar 1942, Kairo
Aus dem *Hauptquartier der britischen 8. Armee:*
Die Panzerstreitkräfte von Rommel, die in den letzten 24 Stunden weitere Verstärkungen erhielten, sind im Küstenabschnitt in scharfem Angriff weiter vorgerückt.

Sender Beromünster (Schweiz)

6. Februar 1942:
In Nordafrika befinden sich die britischen Truppen in der Lage des Verteidigers, dem der Gegner einen Bewegungskrieg aufzwingt. Der kräftige Vorstoß deutsch-italienischer Truppen, der vor acht Tagen zur Besetzung von Bengasi führte, hat inzwischen weitere Fortschritte gemacht.

Verbrannte Erde
Sonnabend, 7. Februar 1942
United Press meldet:
Auf seinem Rückzug in der westlichen Wüste wendet General Auchinleck die Taktik der »verbrannten Erde« an. Hohe Rauchsäulen zeigen den Weg, den die Truppen der 8. Armee nehmen, um ihre neuen Verteidigungsstellungen zu beziehen. Alles eigene Kriegsmaterial – Munition, Treibstoff sowie Verpflegung – wird dabei mitgeführt, während die von den britischen Truppen auf ihrem Vormarsch nach Westen erbeuteten Depots der Achsenstreitkräfte systematisch in die Luft gesprengt werden. Riesige Bestände von Bomben, Granaten und Treibstoff werden auf diese Weise vernichtet. Auch auf den Flugfeldern steckt man alle brauchbaren Anlagen in Brand.

Fort El Mechili, 3. 2. 1942: vorgeschobener britischer Beobachtungsposten mit Soldaten der polnischen Brigade

Rechte Seite: Raum Derna, Februar 1942: Bergung eines angeschossenen schweren Panzerspähwagens Fu, SdKfz 232

Ende des Rückzugs?
Montag, 9. Februar 1942, London
Associated Press berichtet:
Aus der Entwicklung der letzten Tage glaubt man in London schließen zu dürfen, daß die 8. Armee von General Auchinleck nun den weiteren Vormarsch von General Rommel aufzuhalten und den eigenen Rückzug zu einem Ende zu bringen suchen wird.

Vichy-Frankreich hilft Rommel

Donnerstag, 12. Februar 1942, London
Die *Agentur Reuter* meldet:
Das britische Ministerium für den Wirtschaftskrieg veröffentlicht weitere Einzelheiten über die Lieferungen von Vichy-Frankreich an die Achsenstreitkräfte in Libyen: »Während der letzten drei Monate fuhren unter Geheimhaltung mehrfach Schiffe aus Marseille aus und führten Kriegsmaterial an Bord, das im Transit nach Tunis ging und von dort per Bahn und Schiff nach Libyen weitergeleitet wurde.
Allein während der letzten zehn Tage liefen aus Marseille fünf Schiffe französischer Nationalität aus: die »St. Germain« mit italienischen Lastkraftwagen, die »Nantaise« ebenfalls mit Lastkraftwagen, die »St. Etienne« mit Lebensmitteln und Lastkraftwagen, die »Français« und die »Kabyle« mit Lebensmitteln.
Es ist festgestellt, daß die französischen Schiffe im Dezember 1941 2000 Tonnen Treibstoff nach Tunis, im Januar 1942 2000 Tonnen Flugzeugbenzin und 1500 Tonnen Treibstoff direkt nach Libyen brachten. Insgesamt werden auch etwa 2000 Lastwagen und Personenwagen aus Frankreich direkt und indirekt nach Libyen transportiert. Ferner wurden im Verlauf der letzten drei Monate 4000 Tonnen Weizen monatlich von Tunis nach Libyen geliefert, eine Menge, die ausreicht, um mindestens zehn Divisionen zu versorgen.
Es wurden weiter nach Libyen befördert: 20000 Hektoliter Wein und Olivenöl: durchschnittlich 500 Tonnen im Monat. Diese Transporte erfolgten von Frankreich oder von Tunis aus auf dem Seewege.
Die französischen Schiffe brachten auf der Rückreise nach Frankreich Phosphate mit, von denen jeweils die Hälfte nach Deutschland weitertransportiert wurde.

Großadmiral Raeder an A. Hitler
Freitag, 13. Februar 1942:
Eine so günstige Lage wie augenblicklich werden wir im Mittelmeer nie wieder vorfinden. Alle Rapporte bestätigen, daß der Feind die größten Anstrengungen unter-

nimmt, um jede nur vorhandene Verstärkung nach Ägypten zu werfen ... Es drängt sich daher die Notwendigkeit auf, Malta so schnell wie möglich zu nehmen und noch in diesem Jahr eine Offensive gegen den Suezkanal auszulösen.

Mittwoch, 18. Februar 1942
Das *Comando Supremo* teilt mit:
Im Abschnitt südöstlich von El Mechili Zusammenstöße von Aufklärungsabteilungen. Italienische und deutsche Luftverbände bombardierten Tobruk und einen Flugplatz bei Marsa Matruh. Sie griffen mit ihren Bordwaffen größere Truppen- und Nachschubkolonnen an.

Kriegslist Rommels?

Donnerstag, 19. Februar 1942
Die *Agentur Reuter* meldet:
Das Wetter ist trocken und begünstigt den Einsatz der Panzerwaffe. Seit Tagen hat es nicht mehr geregnet, und die Temperaturen sind gut erträglich. General Rommel hat über Nacht seine gesamten Streitkräfte zurückverlegt und sie im Gebiet etwa 25 Kilometer westlich von Gazala konzentriert. Welche Gründe dafür vorliegen, ist nicht zu ermitteln, und es ist möglich, daß es sich um eine Kriegslist handelt, um Auchinleck zum Vorstoß zu bewegen.

Freitag, 27. Februar 1942, Kairo
Aus dem *Hauptquartier der britischen 8. Armee:*
Trotz ungünstiger Witterung und Sandstürmen setzten unsere Patrouillen und Kampfverbände ihre Tätigkeit fort. Die allgemeine Lage hat sich nicht geändert.

General Auchinleck an W. Churchill
27. Februar 1942:
Kurz zusammengefaßt, beabsichtige ich an der Westfront folgendes zu tun:
1. Die Panzerstoßtruppen im vorgeschobenen Raum der 8. Armee möglichst rasch auszubauen.
2. Die Stellungen Gazala–Tobruk und Sollum–Maddalena so stark wie möglich zu befestigen und die Eisenbahnlinie bis in die Gegend von El Adem auszubauen.
3. Ausreichende Depots hinter der Frontlinie zur Erneuerung der Offensive anzulegen.
4. Bei der ersten Gelegenheit einen begrenzten Angriff vorzutragen, um im Raum Derna–Mechili Flugplätze einzunehmen, vorausgesetzt, daß dies geschehen kann, ohne die Aussichten für die Hauptoffensive zur Wiedereroberung der Cyrenaika und die Sicherheit des Raumes Tobruk zu gefährden.

Kairo, Frühjahr 1942: Durch die schmalen Gassen der westlichen Vorstädte rollen britische Panzer in Richtung Front

Montag, 2. März 1942
Das *Oberkommando der Wehrmacht* gibt bekannt:
... In Nordafrika beiderseitige Spähtrupptätigkeit. Auf Malta belegten deutsche Kampffliegerkräfte unter Jagdschutz den Hafen von La Valetta mit Bomben schwersten Kalibers. Hierbei wurden Treffer auf Unterseebootliegeplätzen, in Docks und Versorgungsbetrieben der Stadt erzielt.

Freitag, 6. März 1942
Aus dem *Hauptquartier der britischen 8. Armee:*
Starke Regenfälle beeinträchtigten gestern unsere Operationen. Es ist nichts Wesentliches zu melden.

Wie auf einem anderen Planeten
6. März 1942
Associated Press berichtet:
Kairo ist eine Stadt, die sich mit keiner anderen vergleichen läßt, weder in Europa noch in Asien oder in Afrika. Bei der ersten Fahrt durch die belebten Straßen und die gedrängten Gäßchen, auf denen Hunderte von Autos aller möglichen Marken sich zwischen einer dichtgedrängten Menge von weißen, braunen und schwarzen Menschen hindurchschlängeln, hat man das Gefühl, als sei man plötzlich auf einem anderen Planeten gelandet. Dann wandert man zu Fuß durch die Hauptstraßen, man betrachtet die wohlgefüllten Schaufenster, man besucht überfüllte Bars, Restaurants und elegante Tanzlokale. Kairo fehlt es an gar nichts. Man findet hier in den Geschäften die herrlichsten englischen Stoffe und die besten amerikanischen Schuhe, französische Seidenwaren und Parfums, deutsche Fotoapparate und andere optische Geräte, Schönheitsmittel und Zigaretten aus allen möglichen Ländern.
In den Restaurants und den Bars kann man vom Orangensaft bis zum schottischen Whisky und dem aus Amerika importierten Bier so ziemlich jedes Getränk finden. Nur der alte französische Cognac fängt an rar zu werden ...

Sonntag, 8. März 1942, London
Aus dem *Hauptquartier von General de Gaulle:*
Die Truppen der Freien Franzosen, die eine feindliche Stellung im Gebiet von Fezzan besetzten, machten vier Gefangene und erbeuteten viel Kriegsmaterial. Die betreffende motorisierte Abteilung stand unter dem Kommando von General Leclerc, dem Kommandeur der Freien Französischen Streitkräfte in der Tschad-Kolonie.

Dienstag, 10. März 1942
Aus dem *Hauptquartier der britischen 8. Armee:*
Am Montag ging die beiderseitige Spähtrupptätigkeit weiter. Der Tag war gekennzeichnet durch ein heftiges Artillerieduell. Sonst ist nichts Wichtiges zu melden.

Operationen der Freien Franzosen im Fezzan-Gebiet
Donnerstag, 12. März 1942, Brazzaville
Die *Agentur Reuter* meldet:
Die Operationen von General Leclerc in Südlibyen haben zu neuen Erfolgen geführt. Nach erbittertem Kampf wurde der fünfte italienische Posten 300 Kilometer nordöstlich von Mursuk eingenommen, wobei Gefangene, Kriegsmaterial und Geheimdokumente in die Hand der Freien Französischen Verbände fielen. Leclerc war vor einigen Wochen in Fort Lamy im Tschad-Gebiet aufgebrochen. Seine Kolonne hatte 1500 Kilometer zurückzulegen, bis sie in Gefechtsverbindung mit den Italienern gelangte. Zuvor waren Flugzeuge der französischen Staffel »Bretagne« mit Lkw an die Grenze des italienischen Gebietes geschafft worden.

Feldkochbuch für warme Länder

I. Nordafrika
(Libyen und ähnliche Gebiete)
In Nordafrika und ähnlichen Gebieten besteht ein großer Unterschied zwischen der Winter- und Sommerverpflegung. Während im Winterhalbjahr (1. 11. bis 14. 4.) das Essen ungefähr der bisher gewohnten Ernährungsweise angeglichen werden kann, muß im Sommer (15. 4. bis 31. 10.) die Kost wie in allen warmen und heißen Ländern besonders leicht bekömmlich sein. Die warme Mittagskost wird dann am besten abends eingenommen. Die kalte Kost (Brotaufstrich, Wurst, Käse usw.) soll möglichst morgens ausgegeben werden, weil die Lebensmittel dann durch die Nachtkühle fest geworden sind, sich leichter in Portionen teilen lassen und so dem Mann besser schmecken als in weichem oder fast aufgelöstem Zustande. Mittags sind dann kalte Süßspeisen am beliebtesten, wie verschiedene Kaltschalen, fer-

Nachfolgende Seiten: Raum Agedabia: Rommel verläßt nach einer Besprechung (im Eingang Generalfeldmarschall Kesselring) den improvisierten Gefechtsstand des Fliegerführers Afrika

März 1942, Empfang bei Rommel zu Ehren des italienischen Generals Bastico (links)

ner Pudding, Reisspeise, Griesbrei usw. mit Obstkonserven, gekochtem Trockenobst oder frischen Früchten.
Die Einteilung der Essensausgabe muß aber trotzdem immer den örtlichen Verhältnissen und dem einzelnen Bedarf angepaßt werden ...

1. Getränke
spielen in heißen Gegenden wegen des gesteigerten Durstgefühls eine besondere Rolle.
Abgekochtes Wasser oder Mineralwasser mit Zitronen- oder anderen Fruchtsäften löschen den Durst sehr gut, noch besser aber dünner Tee mit Zitronensaft ohne Zucker.
Bei Magen- und Darmkrankheiten ist Pfefferminztee am bekömmlichsten, Kaffee zu meiden.
Zu kalte Getränke sind schädlich und rufen nach kurzzeitiger Löschung eine Verstärkung des Durstes hervor.
Alkoholische Getränke nach Möglichkeit vermeiden, weil sie die Widerstandskraft gegen die Hitze schwächen. Wein und Bier in kleinen Mengen darum nur nach Sonnenuntergang genießen und schwere Weine verdünnen.
Kühlen der Getränke ist in einfacher Weise so möglich, daß die Gefäße mit feuchtem Tuch umwickelt und unter öfterem Anfeuchten dem Luftzug ausgesetzt werden ...
Maisgrießpfannkuchen:
Gekochten, etwas abgekühlten Maisgrieß mit Milch und ein bis zwei Eiern zu einem dickflüssigen Teig verrühren und mit Zucker und abgeriebener Zitronenschale abschmecken. In einer Pfanne mit heißem Fett kleine flache Kuchen braten und mit Obst oder Marmelade wie Kuchen aus Reis anrichten ...

2. Verbesserung der kalten Kost
Zur Anregung des Appetits, der durch Einwirkung der großen Hitze oft stark zurückgeht, soll die kalte Kost recht schmackhaft zubereitet werden.
Die folgenden Anleitungen können durch eigene Zusammenstellungen vielseitig verändert werden. Die Mengen sind für fünf Mann berechnet.
Brotaufstrich aus Fleischkonserven
300 g Rindfleisch in Dosen,
100 g Tomatenmark,
100 g Ölsardinen.
Fleisch und Sardinen fein hacken. Alle Zutaten miteinander pastenartig verarbeiten. Ist die Masse zu trocken, etwas Butter, Margarine oder Öl zugeben.
Gleiche Zubereitung:
100 g Rindfleisch } in Dosen,
200 g Leberwurst } in Dosen,
100 g Gewürzgurken,
100 g geröstete Zwiebeln.
Fleischsalat:
400 g Fleischkonserven,
200 g Tomaten, frisch oder in Dosen, auch Paprikaschoten,
100 g Zwiebeln,
Essig, Öl, Salz, Pfeffer.
Das Fleisch etwas zerschneiden und mit den zerschnittenen Tomaten, den kleingeschnittenen Zwiebeln und den übrigen Zutaten zu einem Salat vermischen.
Ölsardinensalat:
Die Sardinen mit Zitronensaft, 200 g kleingeschnittenen Zwiebeln, 200 g frischen Tomaten oder 20 g Tomatenmark zu einem Salat vermischen.
»Ölsoldaten« (Sardinen nach Afrikanerart):
Ölsardinen im eigenen Öl unter Mitrösten kleingeschnittener Zwiebeln braten. Etwas Zitronensaft darüberträufeln.
Ölsardinen wie Bratheringe:
Ölsardinen braten und in ein Gefäß legen. Mit einer aufgekochten Marinade aus Essig, Zwiebeln, Salz, Pfeffer, Lorbeerblatt und Gewürzkörnern bedecken.
Bananen:
Unreife Bananen schälen, halbieren und in Butter braten. Besonders gut schmecken sie mit Spiegeleiern zusammen gebraten.
Die Bananen können auch mit der Schale in Salzwasser gargekocht, abgezogen und mit Salz und gerösteten Zwiebeln als Kartoffelersatz genossen werden.
Zu Milchreis und süßer Reisspeise schmecken reife Bananen besonders gut. Schälen, in Scheiben schneiden und kurz vor dem Garwerden unter den Reis mischen.
Palmkohl:
Der innere, ganz weiße, weiche und nicht blättrige Teil der 4 bis 6 Jahre alten Palme kann sehr gut als Gemüse genommen werden. Der Schaft des umgehauenen Baumes wird hierzu ausgehöhlt, in Stücke geschnitten und in leichtem Salzwasser gargekocht.
Dann eine Mehlschwitze herstellen, mit etwas Kohlwasser auffüllen und durchkochen. Diese Tunke mit Zitronensaft abschmecken und darin das abgegossene Gemüse ziehen lassen.

W. Churchill an General Auchinleck
Sonntag, 15. März 1942:
... 2. Eine begrenzte Offensive gegen Derna, die Sie halbwegs in Aussicht stellen, böte wenigstens den Vorteil, den Gegner zum Kampf zu fordern und ihn zum Verschleiß von Mannschaften, Kriegsmaterial, Panzern und Flugzeugen zu zwingen. Wenn Sie bei dieser Gelegenheit gegen seine Panzer unterlägen, müßten Sie sich auf Ihre Verteidigungsstellung zurückziehen. Falls Sie aber seine Panzer schlagen, weshalb wollen Sie dann Ihren Vorteil nicht ausnützen? Diese Frage stellt sich hier jeder ...

Operationen de Gaulles in Südlibyen
Sonnabend, 21. März 1942, Brazzaville
Aus dem *Hauptquartier der Freien Französischen Streitkräfte:*
Französische Panzertruppen, die in Südlibyen operieren, haben eine Reihe weiterer italienischer Wüstenforts niedergekämpft. Die Operationen erfolgten nordöstlich von Mursuk. Mehrere italienische Brennstoff- und Munitionskolonnen wurden abgefangen. Französische Panzervorhuten stehen jetzt rund 450 Kilometer südlich von Syrte.

Raum Derna, März 1942: leichte Feldhaubitze einer australischen Einheit in Aktion

Vor neuen Operationen der Achsenmächte?
Montag, 23. März 1942
Die *Agentur Reuter* meldet:
Die Vermutung, daß Rommels Truppen in der letzten Zeit verstärkt worden sind, hat sich in vollem Umfang bestätigt. Gleichzeitig steht jetzt auch fest, daß im Dodekanes beträchtliche Streitkräfte der Achsenmächte konzentriert sind. Man rechnet mit einem sehr raschen Angriff gegen die britischen Besitzungen im Nahen Osten. Es gilt als keineswegs ausgeschlossen, daß die deutsche Angriffsabsicht gegen Syrien vor allem auch der Bedrohung von Irak und Iran gilt, so daß die bevorstehende deutsche Frühjahrsoffensive nach Baku und Batum zu einer Doppeloperation mit gleichem Endziel werden könnte.

W. Churchill an F. D. Roosevelt
Mittwoch, 1. April 1942:
... 2. Die außergewöhnlich starke Konzentration gegen Malta läßt uns befürchten, daß der Gegner unsere dortige Luftabwehr binnen kurzem brechen wird und sich in der Lage sieht, seine Staffeln entweder nach Libyen oder nach Rußland zu verlegen. Das hätte zur Folge, daß Malta auch im besten Fall nicht mehr über die Kraft verfügt, den Panzernachschub von Rommel zu stören, womit auch die Chancen zur baldigen Wiederaufnahme unserer Offensive in der Cyrenaika auf den Nullpunkt sinken würden.

Bombenangriffe auf Malta

Dienstag, 7. April 1942, Berlin
Das *DNB* meldet:
Am Montagabend erfolgte ein neuer Großangriff deutscher Flugzeuge auf La Valetta. Eine Stunde lang lagen die Docks und Versorgungseinrichtungen unter schwerstem Bombenhagel. Besonders schwer getroffen wurden die am Hafen gelegenen Werke und Arsenale.

Der 2000. Luftalarm
Mittwoch, 8. April 1942, La Valetta
Die *Agentur Reuter* berichtet:
Gestern erlebte Malta seinen zweitausendsten Fliegeralarm seit Kriegsbeginn und den bisher stärksten Luftangriff. Die Bodenabwehr legte starkes Sperrfeuer. Die vollständigen Berichte fehlen noch; doch ist bereits bekannt, daß vier feindliche Flugzeuge abgeschossen und zwei beschädigt wurden. Vermutlich ist noch eine weitere Maschine vernichtet worden.
Bereits am Montag haben deutsche Bomber den Hafen und die Flugplätze in zahlreichen Wellen angegriffen,

La Valetta (Malta), Hauptstützpunkt der Royal Navy, unter den Bomben deutscher Kampfflugzeuge

u. a. auch durch Sturzbomber. In der Nacht zum Mittwoch erfolgte in Malta sechsmal Fliegeralarm. Seit dem 4. Dezember 1941, dem Beginn der pausenlosen Angriffe auf Malta, gab es nur einmal 24 Stunden keinen Fliegeralarm und nur neun angriffslose Nächte.

Vor der Offensive von Rommel?
Mittwoch, 8. April 1942, Kairo
Sonderkommuniqué aus dem *Hauptquartier der britischen 8. Armee:*
Die Konzentration der Streitkräfte unter dem Kommando von Rommel hält etwa seit zwei Wochen im Dreieck von Martuba–Mechili–Bomba an. Ein starker deutscher Verband steht an der Südspitze dieses Dreiecks. Im übrigen sind die deutschen und italienischen Verbände gemischt aufgestellt worden.
Nach Schätzungen hat Rommel zur Zeit zur Verfügung: zwei deutsche und eine italienische Panzerdivision sowie sechs italienische Infanteriedivisionen, von denen zwei erst kürzlich aus Italien eingetroffen sein dürften. Die Panzertruppen von Rommel verfügen über eigene ihnen zugeteilte Artillerieformationen und über Stukas.

Donnerstag, 9. April 1942
Aus dem *britischen Feldhauptquartier* in Libyen:
Die Panzerverbände von General Rommel eröffneten am Dienstag das erste größere Gefecht seit Anfang Februar. Es ist nicht ausgeschlossen, daß das Deutsche Afrika-Korps wieder zu Operationen größeren Stils übergeht. Die Absichten von Rommel lassen sich noch nicht erkennen, doch liegt die Vermutung nahe, daß er vor seinem Kampfangriff die Lage der britischen Minenfelder genau festzustellen sucht.

Schwere Sandstürme in Libyen
Montag, 13. April 1942, Kairo
Aus dem *Hauptquartier der britischen 8. Armee:*
Seit 24 Stunden haben Sandstürme von einer solchen Heftigkeit eingesetzt, daß die Sicht nur wenige Meter beträgt.

Defensivmaßnahmen Rommels
Dienstag, 14. April 1942
Aus dem *Hauptquartier der britischen 8. Armee:*
An der gesamten Front, hauptsächlich aber längs der Linie Derna–Mechili, wurde festgestellt, daß deutsche und italienische Pioniertruppen seit einigen Tagen plötzlich zu defensiven Aktionen eingesetzt sind. Eine schlüssige Erklärung dafür kann man nicht geben.
Der Gegner legt zur Zeit Minensperren an, baut Drahtverhaue und Feldbefestigungen, und im Zusammenhang mit der Errichtung einer starken Verteidigungslinie erfolgte übrigens auch die bereits gemeldete Rücknahme der vorgeschobenen Verbände des Deutschen Afrika-Korps am rechten Flügel. Am linken Flügel sind jetzt gleichfalls deutsche und italienische Truppen für Schanzarbeiten eingesetzt, die bis zu 25 Kilometer in das Niemandsland hineinreichen.

Cyrenaika, April 1942: schwerer Panzerspähwagen des Deutschen Afrika-Korps auf Erkundungsfahrt

Keine Offensive?

Dienstag, 21. April 1942, London
Die *Agentur Reuter* berichtet:
Die militärischen Kreise in London betrachten die Jahreszeit für ausgedehntere Operationen in Nordafrika bereits als sehr weit fortgeschritten. Mitte oder Ende Mai werde es zu heiß, um noch großangelegte Offensiven durchzuführen. Auch betrachten sie die bisherigen Feldzüge als Beweis dafür, daß von Mitte Mai bis zum Herbst – ja viele sagen bis zum Winter – eine durch die Hitze erzwungene Ruhepause eintreten müßte.

Sonnabend, 25. April 1942, Rom
Das *Comando Supremo* teilt mit:
In der Cyrenaika hat sich die Wetterlage verschlechtert. Es kam zu keinen nennenswerten Kriegshandlungen.

Donnerstag, 30. April 1942, Kairo
Aus dem *Hauptquartier der RAF:*
Torpedoflugzeuge der RAF erzielten beträchtliche Erfolge in Angriffsaktionen gegen die italienische Schiffahrt. Ein beladener Tanker wurde durch Torpedotreffer in Brand gesetzt. Ein Transporter, eskortiert von zwei oder drei Zerstörern, wurde durch Volltreffer schwer beschädigt, und ein mittelgroßer Frachter wurde versenkt.

Sonntag, 3. Mai 1942
Aus dem *Hauptquartier der britischen 8. Armee:*
In den letzten Tagen hat die Aufklärungstätigkeit erheblich zugenommen. Panzer patrouillieren in größerer Zahl als zu irgendeinem Zeitpunkt in den letzten Monaten. Auch die Luftkämpfe sind heftiger geworden. Die Hitze ist drückend. Wir hatten in der letzten Woche durchschnittlich 40 Grad Celsius, und die Temperaturen steigen noch.

Freitag, 15. Mai 1942, Kairo
Aus dem *Hauptquartier der RAF:*
Zu dem Angriff auf ein deutsches Luftgeschwader vor der nordafrikanischen Küste kann jetzt ergänzend mitgeteilt werden: Der deutsche Luftverband bestand aus 20 Ju-52-Transportmaschinen und 15 Messerschmitt-Jägern. Davon wurden 13 Ju 52 sowie zwei Messerschmitt abgeschossen und sieben Transportmaschinen schwer beschädigt. Die RAF-Staffel griff aus großer Höhe an und drückte den deutschen Flugverband bis auf 15 Meter über die Meeresoberfläche nieder. In zwanzig Minuten waren die 15 Maschinen abgeschossen. An Bord der Flugzeuge befanden sich deutsche Truppen.

Donnerstag, 21. Mai 1942
Aus dem *Hauptquartier der britischen 8. Armee:*
In den letzten Tagen sind bedeutende Verbände des Deutschen Afrika-Korps in die Frontstellungen gegangen, die sich gegenüber der britischen Gazala-Linie befinden. Außerdem ist festgestellt, daß bei Nacht ein sehr reger Lufttransport von Truppen erfolgt, wobei es sich um deutsche Elite-Truppen handelt, die aus Sizilien und aus Kreta kommen. Im Hafen von Bengasi ist außerdem ein sehr lebhafter Verkehr festgestellt worden.

Und so war es

Die Vorbereitungen Rommels für eine neue Operation laufen jetzt auf Hochtouren. Der Einmarsch in den Bereitstellungsraum erfolgt nur in den Nachtstunden, und die Truppen werden sorgfältig getarnt. In den letzten Tagen vor dem Angriff wird bei Helligkeit jeder Verkehr im Frontbereich verboten, ausgenommen Fahrten in das rückwärtige Gebiet. In der Nacht vor dem Angriff steckt man als Ablenkungsmanöver an der Küste einige Häuser und das Wrack eines deutschen Transporters in Brand.

Am Mittwoch, dem 21. Januar 1942, beginnt die Gegenoffensive der Panzergruppe Afrika. Ihr Ziel: die Rückgewinnung der Cyrenaika. Das überraschte britische XXX. Korps (Gen. Norrie) wird überrannt und bereits am nächsten Tag Agedabia zurückerobert.

Am Freitag, dem 23. Januar 1942, erscheint der Chef des Comando Supremo, Generaloberst Cavallero, zusammen mit Generalfeldmarschall Kesselring im Hauptquartier von Rommel, um Einwände gegen die eigenmächtige Operation zu erheben. Zur Stunde sind Rommels Panzerspitzen schon über 150 Kilometer vorgerückt, und der Gegner hat sich fast noch schneller zurückgezogen.

In der mondlosen Nacht vom 23./24. Januar 1942, kurz nach Rommels Gegenangriff zur Eroberung der Cyrenaika, versuchen 16 Commando-Männer des SAS, in der kleinen Stadt Bouerat, etwa 350 Kilometer östlich von Tripolis, einen Sabotageakt im Hafen durchzuführen mit dem Ziel, den Nachschub der Achse zu stören. Sie haben den über 1800 Kilometer von ihrer Basis entfernten Hafen erst nach einem beschwerlichen, mehrere Tage dauernden gefahrvollen Weg quer durch die Wüste erreichen können.

Dies ist die erste Operation, bei der Colonel Stirling außer von der LRDG auch von der Special Boat Section (SBS) unterstützt wird. Ihr Anführer ist Lord Jellicoe, Sohn des Admirals Earl Jellicoe, der 1916 durch die Schlacht im Skagerrak bekannt wurde. Lord Jellicoe hat sich auf Commando-Raids mit Paddelbooten, Schlauchbooten und Seglern spezialisiert.

Die SBS-Männer sollen jetzt dem SAS mit ihren Schlauchbooten und Haftminen bei der Sabotageaktion in den Häfen helfen. Doch wie das Pech es will, haben die Schlauchboote bereits bei diesem ersten gemeinsamen Unternehmen die lange Wüstenfahrt nicht heil überstanden. Dem Commando bleibt daher nichts anderes übrig, den Hafen anstatt von See her nun von Land aus zu erreichen.

Raum Bengasi, Januar 1942: Die von den englischen Panzern besonders gefürchtete deutsche 8,8-cm-Flak wird in Stellung gebracht

Alarm auf einem Wüstenflugplatz der RAF in Ägypten: rechts im Bild die in den USA gebauten Jäger vom Typ Curtiss P-40 Kittyhawk

Sie schaffen es unbemerkt, die Haftminen und Zeitbomben an mehreren Tankwagen mit Treibstoff, Öltanks, Pumpmaschinen und Lagerhäusern anzubringen. Dann treten sie wieder die über 1800 Kilometer lange Rückfahrt durch die Wüste an.

Am Sonntag, dem 25. Januar 1942, rollen die Verbände der Panzergruppe Afrika in Msus ein. Rommel beschließt, da er sich seiner verhältnismäßig schwachen Kräfte bewußt ist, zunächst nach Westen auf Bengasi zu schwenken, um jede Bedrohung aus dem Rücken auszuschalten. Zugleich täuscht er einen Vorstoß nach Osten auf El Mechili vor. Die Täuschung gelingt tatsächlich: Das britische Oberkommando beordert schnell Verstärkungen nach El Mechili, während die weit auseinandergezogene indische 4. Division (Gen. Messervy) keine Unterstützung erhält.
Der Blitzvorstoß der Panzergruppe Afrika auf Bengasi ist für Auchinleck ein Schock. Er befiehlt die überstürzte Räumung des Hafens mit allen dort angehäuften Vorräten. Die Panikstimmung ausnutzend, befiehlt Rommel zwei kleineren Kampftruppen, in Richtung Osten vorzustoßen.

Durch eine gewagte Verbindung von Vorstoß und Bedrohung durch Einkesselung zwingt man den Gegner zur Aufgabe einer Reihe guter Verteidigungsstellungen und zum Rückzug auf die Gazala-Linie. Die Engländer ahnen kaum, daß die Masse der Panzergruppe Afrika infolge Nachschubmangels noch nicht über Msus hinausgekommen ist.

Am Donnerstag, dem 29. Januar 1942, wird Bengasi zurückerobert. Dem größten Teil der Garnison, einer südafrikanischen Brigade, gelingt es zu entkommen. Aber mehr als 1000 Gefangene und 300 Fahrzeuge fallen den Deutschen in den Hände. Rommel setzt unverzüglich die Verfolgung fort, diesmal quer durch die Cyrenaika.

Am Mittwoch, dem 4. Februar 1942, erreicht die Panzergruppe Afrika Derna und stößt weiter zur Bucht von Bombar vor, unmittelbar an der Gazala-Stellung. Doch die Kräfte der Rommel-Truppen reichen weder dafür aus, die Gazala-Stellung anzugreifen noch Tobruk aus der Bewegung heraus zu nehmen.

Am Donnerstag, dem 5. Februar 1942, erkennt Rommel, der die Verfolgung persönlich geführt hat, daß der Eiltempo-Vormarsch nun eingestellt werden muß. Vor der stark ausgebauten, ehemals deutsch-italienischen El-Gazala-Stellung, wo sich der Gegner zur Verteidigung

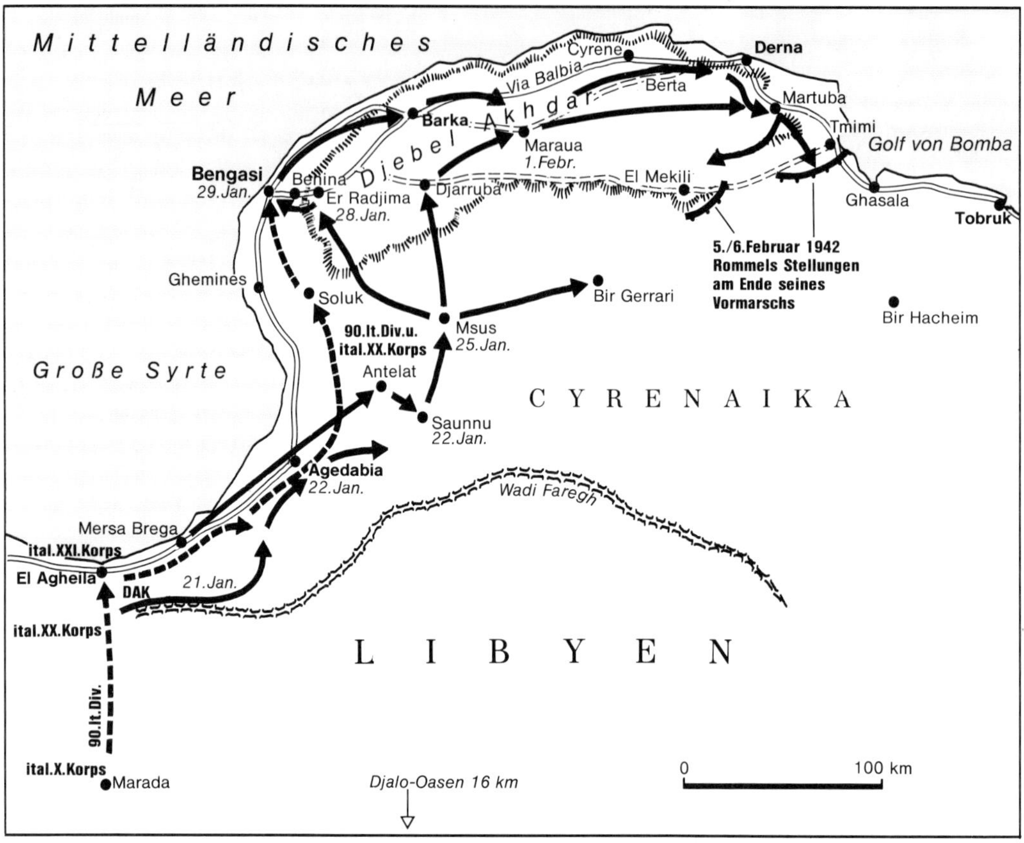

Januar/Februar 1942: Rommels zweite Offensive

einzurichten scheint, geht Rommel zu einer vier Monate dauernden Kampfpause über.
Auch das Hauptquartier in Kairo will es nicht noch einmal zu einer Belagerung von Tobruk kommen lassen. So hat man das Schwergewicht der Verteidigung westlich von Tobruk an die Gazala-Stellung gelegt. Tobruk wird mit seinem günstigen Hafen zum vorgeschobenen Nachschubstützpunkt, wo in großen Depots Vorräte gehortet werden.

In der mondlosen Nacht vom 16./17. März 1942 versuchen zehn Commando-Männer der SAS und der SBS, mit Unterstützung einer LRDG-Patrouille, erneut einen Nachschubhafen der Achse zu überfallen. Diesmal ist es Bengasi. Und wieder haben sie Pech, genauso wie im Januar 1942 bei der Aktion in Bouerat. Die Männer der SBS müssen auch in dieser Nacht feststellen, daß die Schlauchboote nach der langen Wüstenfahrt nicht mehr einsatzfähig sind.
Einige Tage lang halten sich die Commandos in einem nahe der Stadt gelegenen Wadi versteckt und versuchen ihr Glück mit Überfällen auf die Feldflugplätze. Sie finden jedoch einige davon verlassen vor, andere sind geschickt mit aufgestellten Flugzeugattrappen belegt. Endlich gelingt es ihnen in Barka, etwa 100 Kilometer nordwestlich von Bengasi, auf einem Flugfeld 15 Maschinen in die Luft zu jagen. Die Operation dauert insgesamt eine Woche und endet am 24. März 1942.

Am Mittwoch, dem 8. April 1942, erfolgt auf Malta der 2000. Luftalarm. Seit Beginn des Jahres 1942 ist die Insel, Eckpfeiler der britischen Mittelmeerherrschaft, das Ziel deutscher und italienischer Luftangriffe. Sie verfügt kaum über den Schutz von Jagdflugzeugen, es gibt keine unterirdischen Hangars oder Luftschutzanlagen für die Zivilbevölkerung. Die Hafenstadt La Valetta verwandelt sich in ein Inferno von Feuer, Rauch und Schutt.
Unterdessen bildet sich dank der Kampfpause ab Februar 1942 bei den Rommel-Truppen – seit 21. Februar 1942 in »Panzerarmee Afrika« umbenannt – ein gewisser Vorrat an Nachschubgütern, vor allem an Munition und Treibstoff. Die intensiven Bombardements auf Malta sowie die von der Luftflotte 2 (GFM Kesselring) verbesserte Sicherung der Geleitzüge bringen eine Steigerung des Nachschubs, von dem im März 1942 über 18000 Tonnen in Nordafrika eintreffen. Die Verstärkung der Panzerarmee Afrika geschieht auch durch das ihr jetzt unterstellte italienische X. und XII. Korps.
Als die beiden Gegner sich allmählich hinter gesicherten Ausgangsstellungen verschanzt haben, beginnt ein Wettrüsten, denn jeder will zuerst mit der neuen Offensive

Raum Barka, März 1942: Commando-Männer des SAS und des SBS warten in ihrem Versteck auf den Einsatz

starten. Churchill bedrängt General Auchinleck, möglichst bald seine Angriffsvorbereitungen abzuschließen. Er will damit Malta von der schweren Luftoffensive entlasten, die gegen die Insel eingesetzt hat.

Bereits Mitte April 1942 schlägt Rommel vor, Malta zu besetzen, dadurch die Voraussetzungen für eine bessere Sicherung des Nachschubs über See zu schaffen und erst danach zum Angriff auf Tobruk überzugehen: Man müsse der von ihm bereits ab Juni 1942 erwarteten neuen britischen Offensive zuvorkommen und spätestens Ende Mai 1942 eine Gegenoffensive starten.
Das Unternehmen »Herkules«, eine Luftlandeoperation zur Eroberung der Insel Malta, wird jedoch zur Enttäuschung Rommels zeitlich hinter den Angriff gegen Tobruk zurückgestellt. Damit rückt diese leidgeprüfte Hafenstadt wieder in den Vordergrund aller Pläne.

Bei längeren Kampfpausen beziehen in der Wüste die motorisierten Großverbände auf beiden Seiten nicht Stellungsfronten, wie man sie auf den europäischen Kriegsschauplätzen kennt, sondern bevorzugen meist kreisförmige, in die Tiefe gestaffelte Aufstellungen. Dabei schützen die außen aufgefahrenen Panzerfahrzeuge die innen stehenden motorisierten Truppenteile und Versorgungskolonnen. Feindwärts und in der offenen Südflanke am Rande der Sahara sichert eine starke motorisierte Aufklärungsabteilung.
Das britische Oberkommando unternimmt zur Zeit allergrößte Anstrengungen, um das Dreieck El Gazala–Bir Hacheim–Tobruk zu einem stark befestigten Raum auszubauen. Aus diesem Dreieck heraus will man den

Östliches Mittelmeer, Verstärkungen für das bedrohte Malta: der Flugzeugträger »Indomitable«, von der »Victorious« aus gesehen

geplanten Vorstoß gegen Westen antreten. Von El Gazala aus entsteht in südlicher Richtung – unter Verwendung von rund 500 000 Minen – ein starker Sperriegel mit verschiedenen großen Stützpunkten. Besonders stark wird der südliche Flügelpunkt der Stellung, der Stützpunkt Bir Hacheim, befestigt.
Das System der Festung von Tobruk und seiner verstärkten Außenwerke verschafft diesem Raum die nötige operative Tiefe. Die Aufrüstung der Verbände, vor allem mit Panzern, wird vorangetrieben. Zur Entlastung des Schiffs- und Lkw-Verkehrs läßt General Auchinleck die nordägyptische Eisenbahn von Marsa Matruh bis Tobruk verlängern.

Am Freitag, dem 8. Mai 1942, schreibt W. Churchill an den britischen Oberbefehlshaber im Mittleren Osten: »Der Verlust Maltas würde für das Britische Empire eine Katastrophe allererster Größe sein und auf die Länge der Zeit wahrscheinlich verhängnisvoll für die Verteidigung des Niltales ...«

Am Donnerstag, dem 21. Mai 1942, steht Hitlers Entschluß fest: Wenn Rommel Tobruk eingenommen hat, soll der Angriff auf Malta, die Operation »Herkules«, aufgegeben werden.
Vor seiner geplanten Offensive fliegt Rommel ins Führerhauptquartier, um sich Klarheit über die weiteren Pläne der obersten Führung hinsichtlich einer künftigen Verwendung der Panzerarmee Afrika im Rahmen der gesamten Strategie zu verschaffen: Nun sind die kühnsten operativen Ziele, die Besetzung Ägyptens, die Einnahme des Suezkanals und damit der Weg zum Indischen Ozean sowie die Fühlungnahme mit der japanischen Flotte in Reichweite gerückt.
Das Unternehmen »Seelöwe«, die Landung in England, ist seit längerem aufgegeben worden, und es bietet sich die Möglichkeit, die englische Weltmacht im Nahen Osten an einem ihrer empfindlichsten Nervenstränge zu treffen. Kreta und Griechenland als weitere Ausgangsbasen sind bereits in deutscher Hand. So hat Hitler die Chance, den Schwerpunkt der Kriegführung in den östli-

chen Mittelmeerraum und den Nahen Osten zu verlegen. Diese strategischen Zielsetzungen werden Hitler von Großadmiral Raeder wiederholt vorgeschlagen. Jetzt, angesichts der Erfolge Rommels, liegt klar auf der Hand, die Offensive weiterzutreiben, noch ehe Großbritannien mit Hilfe der USA seine Stellung im Nahen Osten wieder stabilisieren kann.
Hitler bewertet jedoch Nordafrika und den ganzen Mittelmeerraum als einen Nebenkriegsschauplatz. Er mißt diesem Weltteil zwar psychologische, aber keine entscheidende militärische Bedeutung zu.
Rommel erfährt von Hitler, daß der Ostfeldzug alle strategischen Erwägungen bestimme. In Nordafrika: »keine unerwünschten Extratouren!« Rommel kehrt ohne klaren Auftrag nach Libyen zurück. In dieser Lage entschließt er sich Ende Mai 1942 zum Angriff. Die Operation soll den Namen Unternehmen »Theseus« tragen.

Cyrenaika, Mai 1942: Panzer der italienischen Panzerdivision »Ariete« im Vorstoß auf den britischen Stützpunkt Segnali Süd, etwa 50 Kilometer westlich Bir Hacheim

Rommels Überlegungen sind hauptsächlich von der Sorge um den Nachschub bestimmt: Er beabsichtigt Tobruk zu nehmen, um über dessen Hafenanlagen die Versorgung zu erleichtern. Außerdem hofft er auch auf reiche Beute. Die Begrenzung zwischen den gegnerischen Truppen in der Wüste südwestlich von Tobruk bildet die Gazala-Linie, in der weite Flächen vermint und durch einzelne Stützpunkte verstärkt sind. Sie erstreckt sich im Süden bis Bir Hacheim, einem kaum bedeutungsvollen Wüstenfort, bei dem jedoch die Freien Französischen Verbände (Gen. König) starke Feldbefestigungen angelegt haben.
Da Rommel für einen frontalen Durchbruch der starken Verteidigungsanlagen die Möglichkeiten fehlen, beschließt er, mit allen beweglichen Kräften die Stellung südlich von Bir Hacheim zu umgehen. Danach will er im Rücken der britischen Front über Acroma an die Küste vorstoßen. Auf diese Weise soll die stehende Front von der Festung Tobruk getrennt werden. Unterdessen will Rommel mit Teilkräften durch einen Überraschungsangriff auf El Adem das Ausweichen der Garnison von Tobruk und das Heranführen von Verstärkungen unmöglich machen.

Ebenfalls am 21. Mai 1942, kurz vor Beginn des Unternehmens »Theseus«, startet eine kleine Einheit des SAS mit sechs Männern – darunter Randolph Churchill, der Sohn des Premierministers – zu einer Sabotageaktion gegen den Hafen von Bengasi. Das Ziel: die Störung des feindlichen Nachschubs. Die sechs Mann sind wie bisher von einer LRDG-Patrouille in die Nähe der Stadt gebracht worden. Von der Küste her sollen sie bei Dunkelheit mit den Schlauchbooten der Special Boat Section (SBS) ins Hafeninnere eingeschleust werden, um Sprengungen an Kaianlagen und Schiffen durchzuführen.
Auch diesmal versagen, wie bereits im Januar und März 1942, im letzten Augenblick die Schlauchboote. Die sechs Männer fassen kurzerhand den recht waghalsigen Entschluß, die mit Achsentruppen vollgestopfte Stadt zu durchqueren, um von der Landseite her in den Hafen einzudringen. Noch bevor sie im Hafengebiet sind, bricht der Tag an. Nur mit Mühe und Not gelingt es ihnen, der Feldgendarmerie-Streife zu entkommen und sich in einer nahen Hausruine zu verstecken. In der kommenden Nacht erreichen sie unbemerkt die in der Wüste auf sie wartenden Fahrzeuge der LRDG und kehren unverrichteter Dinge zu ihrer Basis zurück.

Oberlt. Hans-Joachim Marseille, mit insgesamt 158 Luftsiegen der erfolgreichste Jagdflieger in Nordafrika, schildert einen Luftkampf

Siebte Phase

26. Mai – 22. Oktober 1942

Unternehmen »Theseus«: deutsch-italienische Großoffensive

Rommels Vorstoß in Richtung Kairo

Erste Schlacht bei El Alamein

Rommels Offensive

Mittwoch, 27. Mai 1942, Kairo
United Press berichtet:
Die Truppen von General Rommel sollen gestern ihren Vorstoß begonnen haben. Es ist im Augenblick noch zu früh, um mit Sicherheit festzustellen, ob General Rommel die langerwartete Offensive nun tatsächlich aufgenommen hat, es gilt jedoch als wahrscheinlich, daß Kampfhandlungen von großer Bedeutung unmittelbar bevorstehen.

Donnerstag, 28. Mai 1942
Aus dem *Hauptquartier der britischen 8. Armee:*
Die deutsch-italienischen Truppen greifen mit ihren Hauptkräften im Raum von Bir Hacheim, etwa 80 Kilometer südwestlich von Tobruk, an. Ein zweiter gegnerischer Verband rollt an der Küste entlang und versucht, nach El Gazala durchzubrechen. Seit den frühen Morgenstunden steht eine britische Panzerdivision in schweren Kämpfen.
Soviel sich bisher übersehen läßt, hat Rommel folgende Kräfte für seine Offensive eingesetzt: Die deutsche 21. und die 15. Panzerdivision und die 90. leichte Panzerdivision. Diesen Divisionen sind beigegeben die italienische Panzerdivision Ariete sowie die motorisierten Infanteriedivisionen Trento, Bologna und Pavia. Rommels erstes Ziel dürfte Tobruk sein.
Es bestehen Anzeichen dafür, daß das Deutsche Afrika-Korps mit stärksten Angriffswaffen ausgerüstet wurde, um Tobruk schnell zu überwinden und dann in den Rücken der britischen Hauptverteidigungslinie zu gelangen. Das Wetter ist für libysche Sommerverhältnisse »nicht besonders heiß«.

Angriff auf Tobruk?
28. Mai 1942, London
Die *Agentur Reuter* meldet:
In maßgebenden militärischen Kreisen Londons hält man den Zeitpunkt für verfrüht, um über die mögliche Entwicklung der Schlacht in Libyen etwas zu sagen. Gegenwärtig deutet die Richtung von Rommels Angriff auf die Absicht, die Flanke der 8. Armee zu umfassen und möglicherweise sogar Tobruk im ersten Ansturm zu nehmen.

Tagesparole des Reichspressechefs
28. Mai 1942:
Die aus dem Ausland vorliegenden Berichte über einen deutsch-italienischen Panzervorstoß in Libyen sind bis zur Ausgabe einer amtlichen deutschen Meldung, die heute noch nicht zu erwarten ist, zurückzustellen.

OKW/Kriegstagebuch – Lagebericht
H.Gr. Afrika: Freitag, 29. Mai 1942
Panzerarmee Afrika (27. 5.)
Angriff planmäßig verlaufen. Feind leistete sehr zähen Widerstand. Nach schwerem Kampf wurde Trigh Enver Bei (Piste, die südlich El Adem in West-Ost-Richtung verläuft) erreicht. Neu aufgetreten: 3. Ind.Brig (mot.).

Heftige Kämpfe in der Wüste

29. Mai 1942, Kairo
Aus dem *Hauptquartier der britischen 8. Armee:*
Es ist unmöglich, sich ein zuverlässiges Bild vom Kampfverlauf zu machen, da dichter Staub die Panzer und Truppen einhüllt und in dem weiten Gebiet der Wüste zahlreiche kleine Panzergruppen im Gefecht miteinander stehen. General Ritchie erklärte gestern abend: »Es liegt kein Grund vor, beunruhigt zu sein. Wir müssen aber berücksichtigen, daß entscheidende Kämpfe erst bevorstehehen und daß unser Gegner geschickt und tapfer ist.«

Voller Vertrauen
Sonntag, 31. Mai 1942, Kairo
Die *Agentur Reuter* meldet:
Obwohl die Schlacht sich noch immer in einem kritischen

Raum Bir Hacheim, 28. 5. 1942: letzte Besprechung bei einer Panzereinheit des DAK vor dem Einsatz

Rechte Seite: Am Trigh Capuzzo, 2. 6. 1942: Panzeralarm bei einer deutschen 8,8-cm-Flak

Stadium befindet, ist man in Kairo voller Vertrauen und sieht der Entwicklung mit Zuversicht entgegen.

Berlin schweigt

31. Mai 1942, Berlin
Svenska Dagbladet berichtet:
Über die Offensive von Generaloberst Rommel ist in Berlin wenig zu erfahren. Der gestrige Heeresbericht zum Beispiel begnügte sich mit der lakonischen Feststellung, daß die Schlacht in Nordafrika immer noch anhalte, doch teilte das deutsche Radio mit, daß der Nachschub über das Mittelmeer reibungslos funktioniere.

Übermenschliche Leistungen

Montag, 1. Juni 1942, Kairo
Aus dem *Hauptquartier der britischen 8. Armee:*
Die Schlacht in der westlichen Wüste hat ihren Höhepunkt erreicht. General Rommel hat das gesamte Deutsche Afrika-Korps eingesetzt, und mit Ausnahme eini-

ger weniger Einheiten der 90. leichten Panzerdivision stehen alle Eliteverbände von Rommel im Angriff unter dem Befehl von General Nehring, der sich im Frontgebiet befindet.
Die Schlacht in der Wüste dürfte sich innerhalb 48 Stunden entscheiden. Die Hitze ist wesentlich gestiegen, und die Truppen auf beiden Seiten vollbringen in der Wüstenglut und einer alles einhüllenden Staubschicht übermenschliche Leistungen. Es kann sich niemand vorstellen, daß die Truppen unter diesen Bedingungen die Kämpfe mehr als zwei Tage lang ertragen können.
Die Bedeutung der Angriffsaktion von Rommel geht aus einem erbeuteten Tagesbefehl hervor. Es heißt darin: »Truppen unter meinem Kommando! Ihr seid zu einem entscheidenden Angriff gegen die britischen Truppen eingesetzt.«
Es ist Rommel gelungen, einen Durchgang durch das britische Minenfeld, etwa 25 Kilometer nördlich von Bir Hacheim, zu schaffen und damit seine Nachschubroute zu verkürzen.
Die Verluste Rommels an Panzern und Fahrzeugen aller Art sind enorm. Überall in der Wüste steigen Rauchsäulen auf, ein Zeichen dafür, daß Panzer oder Lkw in Brand geschossen sind. Ausgezeichnet haben sich die Franzosen gehalten, vor deren Stellungen von Bir Hacheim Hunderte von Auto- und Panzerwracks liegen. Die Zahl der Gefangenen steigt von Stunde zu Stunde, und sie sind alle völlig erschöpft, mit stark entzündeten Augen, zerrissenen oder verbrannten Uniformen. Auch deutsche Offiziere bestätigen, daß niemand es für möglich gehalten hätte, daß die Panzerschlacht fünf Tage lang zu ertragen sei.

General Auchinleck und Air Marshal Tedder an W. Churchill
1. Juni 1942:
In der Nacht des 26. Mai führte General Rommel das Deutsche Afrika-Korps zum Angriff vor. Aus den erbeuteten Dokumenten ergibt sich einwandfrei Rommels Absicht, unsere Panzerkräfte zu schlagen und Tobruk zu erobern.

Dienstag, 2. Juni 1942
Aus dem *Hauptquartier der britischen 8. Armee:*
Seit Sonnabend mittag versucht der Feind, seine Panzerkräfte in Westrichtung zusammenzuziehen, und benutzt dafür zwei durch unsere Minenfelder geschlagene Gassen, die in der Gegend von Trigh Capuzzo verlaufen. Ein großer Teil der feindlichen Panzerwagen sowie der übrigen Transportfahrzeuge befindet sich immer noch am Ostrand unserer Minenfelder und wird ständig von unseren Land- und Luftstreitkräften angegriffen. Ein Kommandeur des Deutschen Afrika-Korps, General Ludwig Crüwell, geriet, nachdem sein Erkundungsflugzeug über unseren Linien abgeschossen worden ist, in unsere Gefangenschaft.

Die Schlacht vor dem Höhepunkt

Mittwoch, 3. Juni 1942, Kairo
Die *Agentur Reuter* meldet:
Britische Panzerverbände nähern sich den feindlichen Stellungen und Panzeransammlungen an der östlichen Einbruchsstelle durch die Minenfelder, und zwar an der

Straßenkreuzung Trigh Capuzzo und El Gazala–Bir Hacheim. Die Kämpfe werden immer heftiger, und die Schlacht ist fast auf dem Höhepunkt. Es ist den Deutschen gelungen, die Einbruchsstelle zu erweitern. Gegenwärtig halten sie dort ihre Stellungen. Ihre Panzerwagen sind durch Artillerie gut geschützt.

Schwerste US-Panzer greifen ein
3. Juni 1942
Aus dem *Hauptquartier der britischen 8. Armee:*
Die amerikanischen 28-Tonnen-Panzer vom Typ »General Grant« sind bisher unter größten Vorsichtsmaßnahmen geheimgehalten worden. Erst am vierten Tage der Schlacht setzte General Ritchie aus getarnten Stellungen diese neue Waffe ein, aber erst in der jetzt neu entbrannten Panzerschlacht werden die »Grants« in größeren Formationen eingesetzt. Die »Grants« sind die schwersten Panzer, die General Auchinleck in der westlichen Wüste zur Verfügung stehen. Sie erwiesen sich in den ersten Tagen den deutschen Typen als ebenbürtig.

Atempause

Freitag, 5. Juni 1942
Aus dem *Hauptquartier der britischen 8. Armee:*
In den letzten 24 Stunden schöpften beide Seiten »Atem«, was bei den unglaublich belastenden Bedingungen der sommerlichen Wüste im wahrsten Sinne des Wortes zutrifft. Rommel und Ritchie haben wesentliche Verstärkungen herangebracht, und eine große Zahl schwerer britischer Panzer ist im vorderen Kampfgebiet konzentriert. Außerdem ist es gelungen, viele beschädigte britische Panzer zu reparieren.

Bir Hacheim in schwieriger Lage
5. Juni 1942
Associated Press berichtet:
Der Druck auf Bir Hacheim bleibt schwer. Bis zur Stunde (13 Uhr) ist es gelungen, die Stellungen gegen die von Norden her angreifenden deutsch-italienischen Panzer zu halten. Die Angriffe des Gegners brachen zusammen, als britische Panzerabteilungen überraschend im Rücken des Afrika-Korps auftauchten. Seit dem Nachmittag ist die Verbindung mit Bir Hacheim unterbrochen.

Sonnabend, 6. Juni 1942
Aus dem *Hauptquartier der britischen 8. Armee:*
Die gestern morgen begonnene Gegenoffensive von General Ritchie hat mit voller Gewalt eingesetzt. Einige beachtenswerte Erfolge sind zu verzeichnen. Es muß betont werden, daß sich diese Gegenoffensive nur entwickeln konnte, weil die Freien Französischen Streitkräfte bei Bir Hacheim die linke Flanke der 8. Armee gegen die schweren deutsch-italienischen Angriffe erfolgreich verteidigt haben. Die Truppen des französischen Generals Koenig bei Bir Hacheim gaben trotz der mehrere Tage dauernden Umfassung durch die gegnerischen Verbände und der fast ununterbrochenen Bombardierung durch Stukas keinen Fußbreit Boden auf.

Montag, 8. Juni 1942
Aus dem *Hauptquartier der britischen 8. Armee:*
Bei Bir Hacheim wiesen die Truppen von de Gaulle einen neuen Angriff, den der Gegner mit Panzerwagen auf ihre vorgeschobenen Stellungen unternommen hatte, zurück.

Die Schlacht um Bir Hacheim

Dienstag, 9. Juni 1942
Aus dem *Hauptquartier der britischen 8. Armee:*
Nach den letzten Frontberichten aus Bir Hacheim ist zur Zeit ein schwerer Angriff gegen die französische Stellung in vollem Gange. Gegen 20 Uhr begannen Stukas mit schwersten Bomben gegen die französischen Stellungen vorzugehen. Mehrere britische Panzerabteilungen versuchen jetzt, Bir Hacheim vom Süden her zu erreichen. Die bisherige Nordroute ist wegen des Artilleriefeuers kaum noch befahrbar.
Indische und britische Infanterie konnte sich nach Bir Hacheim durchschlagen, somit ist die Garnison verstärkt worden. Die Fliegertätigkeit über den paar Quadratkilometern der französischen Stellungen ist ungewöhnlich lebhaft. Britische und deutsch-italienische Staffeln stehen unaufhörlich in Luftkämpfen.
Es wird alles getan, um die Besatzung vor den Stukas zu schützen. Fünfmal ist bisher General Koenig vom Kommandeur der italienischen Division »Trento« zur Kapitulation aufgefordert worden. Die Franzosen haben auch heute geantwortet, daß sie lieber bis zum letzten Mann kämpfen, als daß sie die Stellungen aufgeben.

Mittwoch, 10. Juni 1942
Aus dem *Hauptquartier der britischen 8. Armee:*
Gestern haben britische Panzerkräfte und motorisierte Einheiten mit Unterstützung der Truppen von General de Gaulle in Bir Hacheim einen heftigen Angriff des Feindes zurückgewiesen, den eine große Anzahl von Panzern, Sturzkampffliegern, Infanterieeinheiten und Artillerie unternommen hatte.

Das Verdun Libyens

10. Juni 1942
Die *Agentur Reuter* meldet:
Die RAF hat sich fast mit allen zur Verfügung stehenden Staffeln in die Schlacht um Bir Hacheim geworfen.
Heute erfolgte der siebte Großangriff gegen Bir Hacheim, der nach schweren und für beide Seiten verlustreichen Kämpfen zugunsten der Franzosen ausfiel.
Unser Militärkorrespondent hat Bir Hacheim erreicht und schildert seine Eindrücke:
»Ich war überrascht, in diesem Verdun Libyens auch Männer verschiedener Nationen vorzufinden, die sich

Bir Hacheim, Juni 1942: französisches Feldgeschütz in Feuerstellung

erst vor wenigen Jahren zu einer Legion zusammengeschlossen hatten. Es sind Polen, Russen, Spanier und Franzosen, die neben der regulären Truppe unter General Koenig kämpfen. Diese Legionäre bilden einen erheblichen Teil der Besatzung von Bir Hacheim, das einen beklemmenden Eindruck macht.
Das Plateau ist durch Bombenkrater zerrissen und die Linie vom Horizont bis Bir Hacheim durch Panzerwracks, zerschossene Lkw und zerstörtes Kriegsgerät aller Art gekennzeichnet. Die Luft ist durch den Benzingestank und qualmendes Öl erstickend. Wir haben gezählt, daß alle paar Sekunden mittelschwere und leichte Granaten aus drei Richtungen in die Verteidigungsstellungen von Bir Hacheim einschlagen.«

OKW/Kriegstagebuch – Lagebericht
H.Gr. Afrika: Donnerstag, 11. Juni 1942
Panzerarmee Afrika (10. 6.)
Der Gegner führt anscheinend zum Einsatz für B. Hacheim aus Richtung El Gobi und Gegend südl. Mteifel el Chebir Kräfte heran ... Nachdem in den Vortagen die Kämpfe um das stark verminte Vorfeld der Festung B. Hacheim geführt wurden, gelang am heutigen Tage ein tiefer Einbruch in das gleichfalls minenverseuchte Hauptkampffeld. Hierbei wurde eine beherrschende Höhe gegenüber einem fanatisch kämpfenden Gegner unter stärkstem Einsatz von Artl. und Luftwaffe gestürmt.
Weiterhin wurde dem Gegner die letzte Möglichkeit zur Versorgung von außen durch lückenloses Schließen des Ringes um B. Hacheim genommen. Die Luftwaffe unterstützte wiederum durch mehrere Großangriffe unter Einsatz bis zu 130 Flugzeugen die Angriffe gegen Bir Hacheim.
Meldung des deutsch. Generals bei der ital. Wehrmacht: 13.15 Uhr Festung Bir Hacheim in den Vormittagsstunden des 11. 6. gegen sich bis zum Schluß zäh verteidigenden Feind nach hartem Kampf genommen.

Sonnabend, 13. Juni 1942
Das *Oberkommando der Wehrmacht* gibt bekannt:
In Nordafrika trat die Panzerarmee nach der Einnahme von Bir Hacheim nach Norden an. Sie steht im erfolgreichen Kampf mit den Resten der feindlichen Panzerkräfte westlich El Adem.

Gaullisten sind Freischärler
Sonntag, 14. Juni 1942, Berlin
Das *DNB* teilt mit:
Auf eine Anfrage von Pressevertretern, wie die bei den Kämpfen in Nordafrika (Bir Hacheim) in die Gefangenschaft der Achsenmächte geratenen Gaullisten völkerrechtlich zu behandeln seien, wurde der Artikel 10 des deutsch-französischen Waffenstillstandsvertrages verlesen. Aus seinem Inhalt geht u. a. hervor, daß die französische Regierung sich verpflichtete, ihren Staatsangehörigen zu verbieten, auf der Seite von Ländern zu kämpfen, die sich mit dem Deutschen Reich im Kriege befinden. Ferner heißt es darin, daß Franzosen, die dies dennoch tun, die Behandlung von Freischärlern zuteil werde. Die völkerrechtlichen Bestimmungen über die Behandlung von Freischärlern seien allgemein bekannt.

W. Churchill an General Auchinleck
14. Juni 1942:
Auf welche Linie beabsichtigt Ritchie die Gazala-Verbände zurückzunehmen? Die Aufgabe Tobruks kommt doch wohl hoffentlich nicht in Frage. Solange wir die Festung halten, kann der Gegner nicht ernsthaft in Ägypten einfallen.

Montag, 15. Juni 1942
Aus dem *Hauptquartier der britischen 8. Armee:*
Südlich von Acroma ist es General Ritchie gelungen, das Afrika-Korps aufzuhalten, nachdem es vergeblich versucht hatte, die Minensperre zu durchbrechen. Vor Tobruk herrscht Ruhe.

W. Churchill an General Auchinleck
15. Juni 1942:
Ihre Zusicherung, daß Sie Tobruk nicht zu räumen beabsichtigen, erleichtert uns.

Dienstag, 16. Juni 1942, Kairo
Aus dem *Hauptquartier der britischen 8. Armee:*
Unsere Truppen stehen in erbitterten Kämpfen um Acroma. Etwa 300 schwere und mittlere Panzer der Achsenmächte greifen aus drei Richtungen unsere Stellungen an. Eine Panzerkolonne ist in Richtung Tobruk durchgebrochen.

Schlacht um Tobruk

Mittwoch, 17. Juni 1942
Aus dem *Hauptquartier der britischen 8. Armee:*
Die Schlacht um Tobruk hat begonnen. Die drei Außenstützpunkte bei Sidi Rezegh, El Duda und Acroma, die als Außenforts von Tobruk gelten, werden zur Zeit von starken deutsch-italienischen Panzerverbänden angegriffen.

Bir Hacheim, Juni 1942: Immer wieder führt die Besatzung des Forts erbitterte Gegenangriffe

21. 6. 1942: Deutsche Truppen rücken in Tobruk ein. Die über dem Hafen liegende Rauchwolke kommt aus einem von den Engländern in Brand gesteckten Treibstofflager

Tagesparole des Reichspressechefs
17. Juni 1942:
Der Minister erteilt erneut Weisung, bei der Behandlung der Kampfhandlungen in Afrika keine angeblichen deutschen Ziele wie zum Beispiel Tobruk oder Suez zu nennen, auch nicht etwa in negativem Sinne.

Donnerstag, 18. Juni 1942, Berlin
Das *Oberkommando der Wehrmacht* gibt bekannt:
In Nordafrika ist die britische 8. Armee in zwei Teile zersprengt. Ein Teil hat sich nach Tobruk zurückgezogen. Starke deutsche und italienische Panzerverbände stoßen den in Richtung Bardia flüchtenden feindlichen Kräften nach. Im südlichen Vorfeld der Festung Tobruk wurden britische Stützpunkte und einige Wüstenforts genommen. Verbände der deutschen und italienischen Luftwaffe fügen zurückgehenden britischen Kolonnen hohe Verluste an Mannschaften und Material zu.

Freitag, 19. Juni 1942
Aus dem *Hauptquartier der britischen 8. Armee:*
Schweres Artilleriefeuer liegt auf dem äußeren Verteidigungsgürtel von Tobruk. Die Luftangriffe durch Stukas haben begonnen. Infanterieangriffe sind noch nicht erfolgt. Gegen die Küstenstraße, die nach Ägypten führt, haben an drei verschiedenen Abschnitten Verbände des Afrika-Korps ihren Angriff eröffnet.

Tobruk und Bardia genommen!

Sonntag, 21. Juni 1942
Das *Oberkommando der Wehrmacht* gibt bekannt:
(Sondermeldung) Deutsche und italienische Truppen erstürmten unter dem Befehl des Generalobersten Rommel gestern den größten Teil der stark ausgebauten Festung Tobruk. Darauf hat heute früh ein englischer Parlamentär bei einem italienischen Korpsstab die Übergabe der Festung angeboten.
Stadt und Hafen sind besetzt. Bisher wurden über 25000 Gefangene, darunter mehrere Generäle, eingebracht und unübersehbare Mengen von Waffen, Kriegsmaterial und Vorräten erbeutet. In zäher Verfolgung der geschlagenen Briten nach Osten wurden Bardia und Bir el Gobi genommen.

Montag, 22. Juni 1942, Berlin
Das *DNB* meldet:
Zur Einnahme von Tobruk teilte das Oberkommando der Wehrmacht unter anderem mit:
Die Eroberung der nach modernsten Gesichtspunkten ausgebauten starken Festung Tobruk ist ein gewaltiger Erfolg der unter dem Befehl von Generaloberst Rommel stehenden deutsch-italienischen Streitkräfte. Mit Tobruk ist der letzte und wichtigste Eckpfeiler des britischen Verteidigungssystems in der afrikanischen Wüste gefallen.

»Warten und zusehen«
22. Juni 1942, Kairo
United Press berichtet:
»Wie ist es geschehen?« fragen sich heute die hiesigen

Beobachter nach dem Fall von Tobruk. Ich habe alle Phasen der Schlacht genau verfolgt und mich selbst oft an die Front begeben, und ich beantworte die Frage wie folgt: »Zu wenig Angriffsgeist.« Das ist kein Werturteil über die kämpfenden Truppen selber. Keine Soldaten hätten entschlossener und mutiger gekämpft. Aber im allgemeinen schien der gesamte britische Kriegsapparat nach dem Grundsatz zu handeln: »Warten und zusehen.«
Zahlenmäßig waren die britischen Truppen keineswegs wesentlich schwächer als die Streitkräfte von Rommel. General Rommel hatte nicht mehr Truppen zur Verfügung als General Ritchie, doch sieht es aus, als ob die draufgängerische Taktik der Deutschen schließlich den Ausschlag gegeben habe.

Tagesparole des Reichspressechefs
22. Juni 1942:
Der Minister erklärt nach seinem Zusammentreffen mit dem Führer, daß man in der Auslandspropaganda gegenüber England alle Schuld an dem Verlust von Tobruk auf Churchill werfen solle ... Im Inland soll Ägypten in keiner Form, auch nicht durch Zitate der ausländischen Presse, behandelt werden. Der Minister gibt das Stichwort aus »Die Rache für Köln heißt Tobruk«, und ordnet an, darauf hinzuweisen, daß der Dilettant an der Spitze der englischen Regierung auf militärisch wertlose Ziele in Deutschland Flugzeuge einsetze, während militärisch entscheidende Schlachten durch den Mangel dieser Flugzeuge für England verloren gehen.

Höchste Ehrung

Dienstag, 23. Juni 1942
Das *DNB* meldet:
Der Führer hat den Oberbefehlshaber der Panzerarmee in Afrika, Generaloberst Rommel, zum Generalfeldmarschall befördert.

A. Hitler an Mussolini
23. Juni 1942:
Das Schicksal hat uns eine Chance in die Hand gegeben, wie sie sich auf dem gleichen Kriegsschauplatz kein zweites Mal wiederholt ... Die englische 8. Armee ist praktisch zerschlagen. Die Hafenanlagen Tobruks sind beinahe intakt. Sie haben damit, Duce, eine zusätzliche Nachschubbasis gewonnen, deren Bedeutung um so größer ist, als die Engländer eine Eisenbahn gebaut haben, die von diesem Platz bis fast nach Ägypten hineinführt. Wenn wir die Reste der britischen Armee jetzt nicht bis zum letzten Atemzug unserer Soldaten verfolgen, wird uns das gleiche passieren wie den Engländern, die als sie schon beinahe in Tripolis waren, um den Erfolg kamen, weil sie plötzlich anhielten, um Truppen nach Griechenland zu schicken ...
Die Schlachtengöttin lächelt dem Krieger nur einmal. Wer sie in diesem Moment nicht ergreift, greift sie niemals wieder ...

Erste Vorstöße nach Ägypten
23. Juni 1942
Aus dem *Hauptquartier der britischen 8. Armee:*
Die Schlacht um Ägypten hat begonnen. Die vorgeschobenen deutschen Panzerkolonnen unternahmen gestern die ersten für die Offensive unerläßlichen Patrouillenvorstöße, die zu einigen Gefechten 10 bis 15 Kilometer westlich der ägyptischen Grenze führten.

Die Räumung von Tobruk
Mittwoch, 24. Juni 1942, Alexandria
Die *Agentur Reuter* berichtet:
Die britischen Kriegsschiffe haben im letzten Augenblick den Hafen von Tobruk verlassen, und zwar bereits unter dem Feuer der deutschen Geschütze, die am Kai Stellung bezogen hatten. Etwa hundert Matrosen konnten noch mitgenommen werden. Unter den auslaufenden Einheiten befanden sich auch eine Anzahl Transportschiffe, Tanker und andere Fahrzeuge, die unbeschädigt dem gegnerischen Feuer entkamen. Die Matrosen erfuhren erst im letzten Augenblick vom Fall Tobruks, nämlich als sie sahen, daß deutsche Panzer durch die Hauptstraßen fuhren und anfingen, die im Hafen befindlichen Schiffe zu beschießen.

Tagesparole des Reichspressechefs
24. Juni 1942:
Der Minister ordnet an, daß die Waffenleistung der Italiener in unserer Presse betont wird. Wenn bei der Eroberung von Tobruk diejenigen englischen Stimmen zitiert werden, die die Waffentaten der deutschen Truppen hervorheben, dann sollen in den Kommentaren und Leitartikeln die Italiener herausgestrichen werden. Wir können mit gutem Gewissen die italienischen Truppen herausstellen, da die Welt ohnehin weiß, wer den Sieg errungen hat.

Donnerstag, 25. Juni 1942, Rom
Das *Comando Supremo* teilt mit:
Die Achsentruppen haben den Halfaya-Paß, Fort Capuzzo, Sollum und Sidi Barrani genommen und verfolgen den sich zurückziehenden Feind in östlicher Richtung über Sidi Barrani hinaus.

Rasches Tempo der Operationen
25. Juni 1942, Berlin
Svenska Dagbladet meldet:
Das Tempo des deutsch-italienischen Vormarsches wird durch eine heute in den militärischen Kreisen in Berlin ausgegebene Mitteilung charakterisiert, daß Rommel mit seinen schnellen Panzerkräften allein in den letzten 72 Stunden eine Entfernung von mehr als 200 Kilometern gegen fortdauernden gegnerischen Widerstand überwunden habe. Dieser Erfolg wird mit dem Hinweis erklärt, daß die glänzend ausgerüstet gewesene britische 8. Armee in den vorausgegangenen Wüstenschlachten und durch den Fall von Tobruk nahezu vollständig vernichtet worden sei.

Norddeutsche Ausgabe

173. Ausg. / 55. Jahrg. / Einzelpreis 20 Pf.

„Freiheit und Brot"

Norddeutsche Ausgabe

Berlin, Montag, 22. Juni 1942

VÖLKISCHER BEOBACHTER

Kampfblatt der nationalsozialistischen Bewegung Großdeutschlands

Rommels herrlicher Sieg: Tobruk!

Der Führer nahm Abschied von Adolf Hühnlein

Staatsakt für den Korpsführer des NSKK. in der Hauptstadt der Bewegung

Eigener FS.-Bericht des „Völkischen Beobachters"

München, 21. Juni.

Der Führer nahm am Sonntagnachmittag in einem weihevollen Staatsakt Abschied von seinem Reichsleiter und Korpsführer des NSKK., Adolf Hühnlein; er verlieh dem Verstorbenen als dritten Deutschen die höchste deutsche Auszeichnung, die oberste Stufe des Deutschen Ordens. Mit ihm hatten sich in der würdigen Szenerie des Armeemuseums in der Hauptstadt der Bewegung zahlreiche Vertreter der Partei, des Staates, der Wehrmacht und des deutschen Kraftfahrwesens versammelt. Für die Dauer der zu Herzen gehenden Abschiedsfeier verweilten noch einmal eine knappe Stunde die sterblichen Überreste des Betrauerten auf seiner letzten Fahrt vom Braunen Haus zum Münchener Nordfriedhof im Kreise der Kameraden und Mitkämpfer, der in Adolf Hühnlein einen seiner besten Aktivisten verloren hat. Die soldatische Strenge des Feierorts gemahnte die große Trauergemeinde daran, daß ein Soldat heimgegangen ist.

Seit dem Abend des Todestages war der Sarg Adolf Hühnleins im Senatorensaal des Braunen Hauses aufgebahrt. Am ...

... leiter Reichsstatthalter von Epp (zugleich im Namen des Reichsinnenministers), Amann, Dr. Ley, Fiehler, Dr. Dietrich, Buch, Bouhler, den Reichsführer SS und ...

Englischer Parlamentär bot die Übergabe der Festung an
Stadt und Hafen besetzt – Bisher über 25000 Gefangene
Unübersehbare Beute – Bardia und Bir el Gobi genommen

Wie Deutsche und Italiener stürmten

VB. Berlin, 21. Juni.

Zu der Einnahme der Festung Tobruk und den Verfolgungskämpfen in Nordafrika teilt das Oberkommando der Wehrmacht mit: Die Eroberung der nach modernsten Gesichtspunkten ausgebauten starken Festung Tobruk ist ein gewaltiger Erfolg der unter dem Befehl von Generaloberst Rommel stehenden deutsch-italienischen Streitkräfte. Mit Tobruk ist der letzte und wichtigste Eckpfeiler des britischen Verteidigungssystems in der afrikanischen Wüste gefallen.

MITTELLÄNDISCHES MEER
Tobruk
Marsa Lukk
el-Adem
Bardia
MARMARICA
Fort Capuzzo
Sollum
Bir el Gobi
Sidi Omar
Sidi Barani

VB.-Karte (Heincke)

Ein Meilenstein

Von Dr. Theodor Seibert

Berlin, 21. Juni.

Das hat sich das kleine Wüstennest an der Küste der Marmarica nicht träumen lassen, daß sein Name einmal in der ganzen Welt berühmt, daß es der Brennpunkt eines ganzen Kriegsschauplatzes werden würde. So ist es mit Tobruk: kein zweiter Platz in der fast zweitausend Kilometer langen Küstenzone Nordafrikas ist so heiß umstritten, so oft genannt worden wie Tobruk. Das begann Anfang 1941, als eine heldenmütige italienische Besatzung den Ort wochenlang gegen erdrückende britische Übermacht hielt, nachdem General Wavell seine erste Libyen-Offensive ...

»Ein gewaltiger Erfolg!« – meldet die NS-Presse am 22. 6. 1942

Unten: Raum Sidi Barrani, Juni 1942: Die britische Besatzung des US-Panzers M3 Grant ergibt sich

Freitag, 26. Juni 1942
Aus dem *Hauptquartier der britischen 8. Armee:*
Am gestrigen Abend standen bedeutende Panzerstreitkräfte, mehrere Artillerieregimenter und Hunderte von Flugzeugen in erbittertem Kampf, der sich im Gebiet südlich und westlich von Marsa Matruh abwickelt. Die Lage ist zweifellos ernst.

Sender Beromünster (Schweiz)

26. Juni 1942:
Dieser Ausgang der Schlacht in Libyen, die dem siegreichen Gegner Rommel die Beförderung zum Generalfeldmarschall eintrug, bedeutet für die britische Kriegführung einen schweren und offensichtlich nicht vorhergesehenen Schlag.

General Ritchie abgesetzt
Sonnabend, 27. Juni 1942, Johannesburg
United Press meldet:
General Ritchie ist vom Kommando der 8. Armee enthoben worden.

Sonntag, 28. Juni 1942
Das *Comando Supremo* teilt mit:
Am gestrigen Tag machten die Truppen der Achsenmächte südöstlich von Marsa Matruh weitere Fortschritte und erreichten die Küstenstraße etwa 30 Kilometer östlich von Marsa Matruh.

Bedrohung des Niltals

Dienstag, 30. Juni 1942, Berlin
Svenska Dagbladet meldet:
Die Streitkräfte von Generalfeldmarschall Rommel befinden sich, wie der Wehrmachtsbericht mitteilt, nunmehr bei Fuka, 80 Kilometer östlich von Marsa Matruh und nur noch 200 Kilometer westlich von Alexandria. Das Niltal ist damit unmittelbar bedroht.

OKW/Kriegstagebuch – Lagebericht
H.Gr. Afrika: Mittwoch, 1. Juli 1942
Panzerarmee Afrika (30. 6.)
Panzerarmee stellte sich im Laufe des 30. 6. zum Angriff gegen die El Alamein-Stellung bereit. Die mot. Verbände wurden im Laufe der Nacht zum frontalen Durchbruch durch die Verteidigungsfront – 50 Kilometer südwestlich El Alamein versammelt und traten dort um 03.00 Uhr zum Angriff nach Osten an. Im Zuge der Umgruppierung zum Angriff gegen die El Alamein-Stellung wurden im Laufe des 30. 6. durch das DAK Angriffsvorbereitungen gegen den feindlichen Südflügel vorgetäuscht.

1. Juli 1942
Das *Oberkommando der Wehrmacht* gibt bekannt:
Die Truppen von Generalfeldmarschall Rommel durchstießen gestern das Gebiet von El Daba und stehen nun im Angriff gegen die El Alamein-Stellung, die letzte britische Befestigung vor Alexandria. Sie befinden sich somit nur noch ungefähr 150 Kilometer vom Nil-Delta entfernt.

Lage sehr ernst

1. Juli 1942, Kairo
Die *Agentur Reuter* meldet:
Die Gesamtlage bleibt weiterhin sehr ernst. Die Panzervorhuten von Rommel standen gestern abend etwa 140 Kilometer vor Alexandria, nachdem sie El Daba in südlicher Umgehung passiert hatten. Bei El Daba befand sich das letzte große britische Flugfeld vor Alexandria. Jeden Augenblick wird die entscheidende Schlacht um Alexandria beginnen, die im Gebiet von El Alamein – 30 Kilometer östlich El Daba – ausgetragen werden dürfte. In diesem Sektor ist der Streifen zwischen der Küste und der Kattara-Niederung, das heißt dem natürlichen britischen Flankenschutz, am schmalsten. Er ist etwa 60 Kilometer breit.

Geheimer Bericht des *Sicherheitsdienstes der SS* zur innenpolitischen Lage:
Nr. 296 vom 2. Juli 1942 (Auszug)
I. Allgemeines ... Aufgrund des bisherigen zügigen Vorgehens der Achsenstreitkräfte in Nordafrika und der als »kaum noch ernst zu nehmend« bezeichneten Befestigungslinien vor Alexandria hofft man, daß auch diese wichtige Hafenstadt in absehbarer Zeit fallen werde. Hiermit sei dann das große strategische Ziel der Abschnürung des Suezkanals erreicht und England gezwungen, die Versorgung des gesamten Nahen und Mittleren Ostens auf dem Wege um Afrika durchzuführen.

W. Churchill vor dem Unterhaus
2. Juli 1942:
Die militärischen Mißgeschicke dieser letzten 14 Tage in der Cyrenaika und in Ägypten haben nicht nur dort, sondern auch im ganzen Mittelmeer die Lage grundlegend umgestaltet ... Rommel hat beinahe 680 Kilometer Wüste durchquert und nähert sich jetzt der fruchtbaren Niederung des Nils ... Wir stehen in diesem Moment einem katastrophalen Umschwung unserer Aussichten und Hoffnungen im Nahen Osten und im Mittelmeer gegenüber, wie wir ihn seit dem Zusammenbruch Frankreichs nicht mehr erlebt haben.

90 Kilometer bis Alexandria

2. Juli 1942, London
Associated Press berichtet:
Nach den letzten in London eingetroffenen Meldungen aus Nordafrika finden zur Zeit schwere Kämpfe in einer Entfernung von 90 Kilometern von Alexandria statt.

Raum El Daba, 1. 7. 1942: Deutsche Panzer IV rollen zum Angriff gegen die El-Alamein-Stellung

Die Mittelmeerflotte bringt sich in Sicherheit
1. Juli 1942, Rom
Die *Agentur Stefani* teilt mit:
Aus Konstantinopel wird den italienischen Abendblättern gemeldet, daß die britische Flotte Alexandria verlassen und den Suezkanal in Richtung Rotes Meer passiert habe.

Die Krise ist gemeistert
2. Juli 1942, Kairo
Der Militärkorrespondent der *Agentur Reuter* berichtet:
Die paar Tage Atempause, die bei El Alamein gewonnen wurden, zeigen hier deutlich ihre Wirkung. Ich begegnete im Nil-Delta Tausenden von Fahrzeugen auf dem Weg in die neuen Verteidigungsgebiete. Züge, vollgepackt mit Truppen und Kriegsgerät, überqueren ununterbrochen die Brücken im Nil-Delta. An den Ufern warten Panzer neben Kamelen, um übergesetzt zu werden. Hier wimmelt es von Truppen, die neue Stellungen beziehen. Das Pionierkorps baut Tag und Nacht an Schützengräben und Feldbefestigungen. Inmitten aller dieser Geschäftigkeit fahren die Ägypter fort, ihre Baumwoll- und Tabakfelder zu bestellen und die Bananengärten zu besorgen, wie sie es zu Pharaos Zeiten taten.

Ägypten den Ägyptern

Freitag, 3. Juli 1942, Berlin
Das *DNB* meldet:
Die Reichsregierung und die italienische Regierung erklären: In dem Augenblick, in dem ihre Streitkräfte auf ägyptischem Territorium siegreich vorwärtsdringen, bekräftigen die Achsenmächte feierlich ihre feste Absicht, die Unabhängigkeit Ägyptens und die Souveränität Ägyptens zu achten und sicherzustellen. Die Politik der Achsenmächte ist von dem Grundsatz geleitet »Ägypten den Ägyptern«.
Befreit von den Fesseln, die es an Großbritannien binden und die es die Folgen des Krieges haben erdulden lassen, ist Ägypten bestimmt, seinen Platz unter den unabhängigen und souveränen Nationen einzunehmen.

Der Höhepunkt vor El Alamein
3. Juli 1942, bei der britischen 8. Armee
Die *Agentur Exchange* berichtet:
Der schwere, mit stärkstem Einsatz fortdauernde Kampf um die britische Stellung von El Alamein erreichte den Höhepunkt mit einem deutsch-italienischen General-

angriff an der 60 Kilometer breiten Front. In Alexandria ist das Geschützfeuer deutlich vernehmbar.

Tagesparole des Reichspressechefs
3. Juli 1942:
Die gemeinsame Erklärung der Achsenmächte über die Unabhängigkeit Ägyptens ist gut hervorzuheben und nach den gegebenen Gesichtspunkten zu kommentieren.

Sir Stafford Cripps an W. Churchill
3. Juli 1942:
Die vielleicht schärfste Kritik geht dahin, daß uns der Gegner nach drei Kriegsjahren in wesentlichen Waffen wie Panzer und Panzerabwehrgeschützen immer noch überlegen ist und daß diese Überlegenheit das *débacle* weitgehend verursacht hat. Allgemein ist man der Ansicht, daß Rommel von einer besseren Führung hätte geschlagen werden können, besonders in jenem ausschlaggebenden Moment, da er – nach General Auchinleck – am Rand der Erschöpfung gestanden hat.

OKW/Kriegstagebuch – Lagebericht
H.Gr. Afrika: Sonntag, 5. Juli 1942
Panzerarmee Afrika (4. 7.)
»Hannibal« meldet vom 3. 7. 42:
In Kairo sind Belagerungszustand und Standrecht proklamiert. Engl. Truppen besetzten die Hauptstadt. Die ägyptischen Truppen haben Kasernenarrest. Die ägyptische Regierung, die amtierenden Botschafter und die engl. Berater haben Kairo verlassen. König Faruk und

Vor El Alamein, Juli 1942, Generalangriff an der 60 Kilometer breiten Front: deutsche 8,8-cm-Flak in deckungsloser Feuerstellung

Auch angesichts des britischen Rückzuges rollt aus Alexandria ununterbrochen Nachschub an die Front

die ägyptische Regierung sollen aufgefordert worden sein, Ägypten zu verlassen und ins Ausland zu flüchten. König Faruk soll erklärt haben, daß in dieser tragischen Stunde sein Platz Ägypten ist in der Nähe seines Volkes. Die Ankunft der Truppen der Achsenmächte wird von der ägyptischen Bevölkerung mit Ungeduld erwartet.

8. Armee reißt die Initiative an sich
Dienstag, 7. Juli 1942, Kairo
Der Sonderberichterstatter der *Agentur Reuter* bei der britischen 8. Armee meldet:
Die erste Phase der Schlacht um Ägypten scheint zu Ende zu sein. Nach mehrtägigen harten Kämpfen hat die 8. Armee die Initiative wieder an sich gerissen.

Erster Geleitzug nach Tobruk

Von Kriegsberichterstatter Kurt v. Steinitz
Ein Sternenhimmel von echt südländischer Pracht wölbt sich über der spiegelglatten See, als wir auslaufen. Deutsche und italienische Transporter, deutsche und italienische Begleitfahrzeuge bilden den ersten Geleitzug, der das kürzlich eroberte Tobruk ansteuert. Am Nachmittag wird ein englischer Aufklärer gemeldet.
Es ist 22 Uhr vorbei, da wird, etwa 20 Meilen von uns entfernt, der Himmel von einem Leuchtschirm erhellt. Noch tastet der Engländer das Meer ab, ohne uns gesichtet zu haben. Aber jetzt erstrahlt dicht vor dem Geleitzug ein Leuchtschirm, dem in sekundenlangen Abständen weitere folgen. Es ist so hell, daß man bequem Zeitung lesen könnte.
Durch geschickte Manöver und neuerliche Vernebelung führen wir den Feind so sehr an der Nase herum, daß die dritte Serie Leuchtschirme weit ab von uns die leere Wasserfläche bestrahlt. Wieder Pause, wieder Angriff. Wie ein alter Fuchs führt Fregattenkapitän G., der Führer unseres Geleitzuges, die Sonntagsjäger in die Irre. 72 Leuchtschirme zählen wir im Verlauf dieses fünfstündigen Angriffs. Wieviele Bomben gefallen sind, konnten wir nicht feststellen, aber keine traf! Um 5 Uhr ist der letzte Angriff zu Ende.
Mit freudigem Winken begrüßen wir die deutschen und italienischen Jäger, die nun bei Morgendämmerung über uns hinwegbrausen. Schon taucht die baumlose Wüste der Marmarika vor uns auf, meilenweit besät mit zerstörten englischen Panzern und Lastwagen. Geschickt steuert das Geleit zwischen den versenkten britischen Schiffen in den Hafen von Tobruk ein.
Da liegt das »unbezwingliche« Tobruk vor uns! Die Fahnen der Achsenmächte wehen über der zerschossenen Stadt. In wenigen Stunden laufen die ersten Lastwagen nach vorn, unsere Front erhält neue Verstärkung.

Die Kriegsmarine, Juli 1942

Mittwoch, 8. Juli 1942
Aus dem *Hauptquartier der britischen 8. Armee:*
Rommel hat seine im Südabschnitt der Front vorgeschobenen Streitkräfte zurückgenommen. Die britischen Linien wurden darauf unverzüglich um einige Kilometer nach Westen vorgeschoben.

Raum El Alamein: die Vorausabteilung einer DAK-Division auf dem Weg zur Front

Drückende Hitze
Donnerstag, 9. Juli 1942
Aus dem *Hauptquartier der britischen 8. Armee:*
Auf der deutschen Seite sind an der Front vor El Alamein beträchtliche Artillerieverstärkungen eingetroffen, und es ist anzunehmen, daß bedeutende Transporte von Infanterie herangeführt werden. Artilleriekämpfe sind wegen der großen Hitze am Tag nicht mehr durchzuführen. In der Nacht dagegen kommt es zu immer stärkerer Aktivität. Die Hitzewelle, die jetzt Ägypten heimsucht, ist derart niederdrückend, daß für den Augenblick Offensivoperationen größeren Ausmaßes undenkbar sind.

Wiederaufnahme der Schlacht
Sonnabend, 11. Juli 1942
Aus dem *Hauptquartier der britischen 8. Armee:*
Die heißen Sandstürme haben ebenso plötzlich aufgehört, wie sie einsetzten, und eine kühlere Brise weht von der See. Dieser Wetterumschlag hat der Kampfpause ein Ende gemacht, und schwere Gefechte sind im nördlichen Abschnitt der Front von El Alamein im Gange.

Sonntag, 12. Juli 1942
Aus dem *Hauptquartier der britischen 8. Armee:*
Die Schlacht bei El Alamein entwickelte sich in zwei unabhängig voneinander geführten Operationen: Während General Auchinleck im Nordabschnitt die Initiative ergriff, ging Rommel fast zur gleichen Zeit im Südabschnitt der Front zum Angriff über.

OKW/Kriegstagebuch – Lagebericht
H.Gr. Afrika: Dienstag, 14. Juli 1942
Panzerarmee Afrika (13. 7.)
Im Nordabschnitt stieß eigener gegen die Südostfront der Festung Alamein geführter Angriff auf tiefgestaffelte, durch Betonbunker verstärkte Stellungsanlagen und Minenfelder sowie zusammengefaßtes verstärktes Abwehrfeuer der feindlichen Artillerie. Trotz Einsatz aller verfügbaren Kräfte der Luftwaffe und Artillerie führte der Angriff zu keinem Erfolg.

Neuer Vorstoß Rommels
Donnerstag, 16. Juli 1942, Kairo
Aus dem *Hauptquartier der britischen 8. Armee:*

Der vierte Angriff von Rommel gegen die britischen Stellungen von Tel el Eisa und bis zur Küste hat gestern abend begonnen.

Neue Panzerschlacht in Ägypten

Freitag, 17. Juli 1942
Aus dem *Hauptquartier der britischen 8. Armee:*
Die Panzerschlacht bei El Alamein, von größter Bedeutung für das Schicksal des Nil-Deltas, tobt seit dem frühen Morgen ohne Pause. Rommel hat das Gros seiner schweren und mittleren Panzer eingesetzt. Es ist die erste große Panzerschlacht seit dem 13. Juni 1942. Aus den Meldungen läßt sich entnehmen, daß mit wechselndem Erfolg gekämpft wird.

Sender Beromünster (Schweiz)

17. Juli 1942:
Das sensationelle Zwischenspiel auf dem nordafrikanischen Kriegsschauplatz hat eine Unterbrechung erfahren, seitdem es den Briten und Amerikanern bei El Alamein unter der Führung von Auchinleck gelungen ist, dem unaufhaltsam scheinenden Vormarsch der Panzertruppen von Rommel einen wirksamen Widerstand entgegenzusetzen.
Nachdem sich der Durchbruch durch die El-Alamein-Stellung für die schwer strapazierten Truppen und Panzer von Rommel als zunächst undurchführbar erwiesen hatte, entschloß sich der Feldmarschall zu einer Ruhepause, aus der jedoch keine Schlüsse auf seine weiteren Absichten abgeleitet werden dürfen.
Auf alliierter Seite wurde offenbar eine Reorganisation der Truppen und ein Ausbau der Stellungen vorgenommen, ehe Auchinleck zu lokal begrenzten Gegenstößen gegen die italienischen und deutschen Stellungen überging. Nunmehr ist wieder eine größere Panzerschlacht zwischen den Achsenstreitkräften und den alliierten Truppen in der nordafrikanischen Wüste entbrannt.

Dienstag, 21. Juli 1942
Aus dem *Hauptquartier der britischen 8. Armee:*
Mildes Sommerwetter hat eingesetzt. Am Tag ist es nicht viel wärmer als an einem Hochsommertag in England. Die Nächte sind so kühl geworden, daß Decken und Schlafsäcke für die Truppen herangeschafft werden mußten. Trotz diesem Wetterumschwung, der die

Nachfolgende Seiten: Raum El Alamein, nach einem Gefecht: Gefangene Engländer werden auf einem Beutefahrzeug nach hinten gebracht

Ob Freund oder Feind, alle werden gleich behandelt: Sanitäter des DAK verbinden einen verwundeten Engländer

Kampftätigkeit wesentlich erleichtern sollte, haben die Bodenkämpfe beträchtlich nachgelassen. Dagegen hat sich die Tätigkeit in der Luft und zur See gesteigert. Die Umgruppierungen, die in den letzten 14 Tagen auf britischer Seite vorgenommen wurden, sind jetzt abgeschlossen.

Mittwoch, 22. Juli 1942
Aus dem *Hauptquartier der britischen 8. Armee:*
Lebhafte Artillerietätigkeit hielt den ganzen Tag über an der gesamten Front an. Am späten Abend hat sich bei Tel el Eisa und im Gebiet des Höhenzuges von Ruweisat das Bombardement gegen die britischen Linien noch verstärkt. Es läßt sich noch nicht übersehen, ob ein massierter Angriff von Rommel unmittelbar bevorsteht.

Britische Gegenoffensive

Donnerstag, 23. Juli 1942, Kairo
United Press berichtet:
General Auchinleck ist auf der ganzen Front von El Alamein zur Offensive gegen die Streitkräfte der Achse übergegangen.

Rückzug der Achsentruppen
Freitag, 24. Juli 1942, Kairo
Die *Agentur Reuter* meldet:
Die erste Phase des britischen Angriffs führte zur Vernichtung riesiger Mengen von Munition, die Rommel in den letzten 14 Tagen herangeschafft hatte. Die Deutschen haben auf ihrem Rückzug mehrere große Munitionsdepots gesprengt, und aus den Detonationen konnte man ermessen, daß einige hundert Tonnen Sprengstoff in die Luft geflogen sind. Auchinleck dürfte Rommel um einen oder zwei Tage in der von den Deutschen geplanten Offensive gegen Alexandria zuvorgekommen sein.

Präsident Roosevelt an W. Churchill
Donnerstag, 6. August 1942:
Der vom 6. August datierte Vorschlag des britischen Stabschefs, General Eisenhower zum Oberbefehlshaber über die Operation »Torch« zu ernennen, wird von mir und den amerikanischen Stabschefs angenommen.

W. Churchill an General Alexander
Montag, 10. August 1942:
1. Ihre unbedingt vornehmste Pflicht ist es, bei erster Gelegenheit die von Generalfeldmarschall Rommel befehligte italienische Armee zusammen mit ihrem Material und allen ihren Einrichtungen in Ägypten und Libyen zu vernichten.

OKW/Kriegstagebuch – Lagebericht
H.Gr. Afrika: Montag, 17. August 1942
Panzerarmee Afrika (16. 8.)
Ein feindl. Sabotagetrupp der Long Range Desert Group, welcher vermutlich bei dem Landungsunternehmen vom 14. zum 15. beteiligt war, wurde gefangengenommen. Über das Landungsunternehmen war folgendes gemeldet:
»In der Nacht vom 14. zum 15. 8. wurde an der Küste bei El Daba unter dem Schutze von Schnellbooten ein feindl. Stoßtrupp abgesetzt. Er richtete geringen Schaden an Kfz. an. Die Saboteure sind wahrscheinlich in die Wüste entflohen, um sich zu den britischen Linien durchzuschlagen.«

Führungswechsel

Mittwoch, 19. August 1941, London
Das *Kriegsministerium* gibt bekannt:
General Alexander ist zum Oberkommandierenden im Mittleren Osten als Nachfolger von General Auchinleck ernannt worden. General W. Montgomery wird anstelle von Lieutenant General Ritchie zum Befehlshaber der 8. Armee ernannt.

Freitag, 21. August 1942, Rom
Das *Comando Supremo* teilt mit:
Von der ägyptischen Front ist nichts von Bedeutung zu melden.

Kampfpause über Malta
21. August 1942, La Valetta
Die *Agentur Reuter* berichtet:
Die letzten 72 Stunden brachten Malta völlige Kampfruhe. Nur wenige feindliche Flugzeuge versuchten die Insel anzufliegen, warfen aber keine Bomben ab. Seit vielen Monaten waren es die ersten aufeinanderfolgenden ungestörten Nächte.

... einer Katastrophe entgangen ...

W. Churchill an das Kriegskabinett
21. August 1942:
... 2. Ich bin überzeugt, daß wir unter dem früheren Kommando einer Katastrophe entgegengingen. Die Armee hatte sich in Teile und Teilchen aufgelöst und war nervös und ratlos. Anscheinend war für den Fall eines Großangriffs der Rückzug nach Osten ins Delta beabsichtigt. Viele blickten schon hinter sich, um sich eines Platzes auf dem Lastwagen zu vergewissern. Weder ein Schlachtplan noch anfeuernde Willenskraft ging an die Einheiten hinaus.

OKW/Kriegstagebuch – Lagebericht
H.Gr. Afrika: Dienstag, 25. August 1942
Panzerarmee Afrika (24. 8.)
Besondere Meldungen liegen nicht vor. In Zusammenhang mit dem Überfall 14./15. 8. 1942 bei El Daba durch ein gelandetes Sabotagekommando wurde u. a. der Oblt. Alexander gefangengenommen. Bei der Gefangennahme trug er deutsche Afrikamütze. Gegen ihn wurde ein kriegsgerichtliches Verfahren wegen Freischärlerei eingeleitet. Alexander ist ein Neffe zweiten Grades

des jetzigen Oberbefehlshabers Mittelost, General Alexander.

Stille vor dem Sturm?
Mittwoch, 26. August 1942
Aus dem *Hauptquartier der britischen 8. Armee:*
Man erwartet, daß jeden Augenblick die Schlacht um Ägypten wieder aufgenommen werden wird. Der Neumond ermöglicht jetzt nächtliche Operationen, und diese Nachthelle ist für Operationen in der Wüste von ganz besonderer Bedeutung, da die Truppen dann durch die Hitze unbehindert operieren können. Rommel hat in den letzten Tagen bedeutende Verstärkungen an die Front gebracht. Alle diese Umstände deuten darauf hin, daß in den nächsten Tagen bereits vom Afrika-Korps ein neuer Vorstoß in Richtung Ägypten einsetzen wird.

Panzerarmee Afrika
Der Oberbefehlshaber
A.-Gef.-Stand, den 30. 8. 1942
Armee-Tagesbefehl
Soldaten!
Heute tritt die Armee, verstärkt durch neue Divisionen, zur endgültigen Vernichtung des Feindes erneut zum Angriff an.
Ich erwarte, daß jeder Soldat meiner Armee in diesen entscheidenden Tagen das Letzte hergibt!
Der Oberbefehlshaber
gez. Rommel
Generalfeldmarschall

Der deutsche Angriff
Dienstag, 1. September 1942
Aus dem *Hauptquartier der britischen 8. Armee:*
Im Gebiet der Kattara-Niederung wird heftig gekämpft. Rommel versucht, mit starken Panzerverbänden die britischen Linien zu durchbrechen.

Rückzug in Ausgangsstellungen
Sonntag, 6. September 1942
Aus dem *Hauptquartier der britischen 8. Armee:*
Die Panzerstreitkräfte des Afrikakorps – zwei Divisionen –, die an der Südfront zum Durchbruch der britischen Linien angesetzt waren, haben beträchtliche Verluste erlitten und sind in der vergangenen Nacht wieder auf ihre bisherigen Ausgangsstellungen zurückgenommen worden.

Montag, 7. September 1942
Die *Agentur Reuter* meldet:
Die fünftägigen Kämpfe waren schwerer, als aus den knappen Kommuniqués zu ersehen war, und der Erfolg der 8. Armee wurde nicht ohne Opfer errungen. Ein deutscher Offizier erklärte bei seiner Vernehmung: »Rommel besuchte uns an der Front unmittelbar vor Beginn des Angriffs. Er erklärte uns: ›Diesmal, Jungens, geht's bis Kairo!‹«
Der Offizier erklärte, daß Rommel zum erstenmal eine solche Voraussage gemacht habe.

Raum Kattara, September 1942: Nach den schweren Kämpfen treten die Deutschen den Rückzug auf ihre Ausgangsstellungen an

OKW/Kriegstagebuch – Lagebericht
H.Gr. Afrika: Dienstag, 8. September 1942
Panzerarmee Afrika (7. 9.)
Übergang zur Verteidigung unter Einbeziehung der in und westl. der Linie Qaret-el-Himeimat–Dei-el-Munafid–Deir-Umm-Khababir liegenden ausgedehnten brit. Minenfelder.

Sonntag, 13. September 1942, Rom
Das *Comando Supremo* teilt mit:
An der ägyptischen Front die übliche Aufklärungstätigkeit.

Handstreich auf Tobruk

Dienstag, 15. September 1942, London
Die *britische Admiralität* teilt mit:
In der Nacht zum Montag führten unsere leichten Seestreitkräfte in Verbindung mit Commando-Trupps der Armee einen Handstreich auf Tobruk durch. Gleichzeitig wurden Bomberverbände der RAF eingesetzt. Unsere Truppen gingen trotz erbitterten Widerstandes an Land und fügten dem Feind schwere Verluste zu, bevor sie sich wieder einschifften. Der Rückzug erfolgte nicht ohne eigene Verluste, die in Anbetracht der heftigen Gegenwehr zu erwarten waren.

Auf dem Schlachtfeld: zusammengeschossene britische Valentine-Panzer

OKW/Kriegstagebuch – Lagebericht
H.Gr. Afrika: Dienstag, 15. September 1942
Panzerarmee Afrika (14. 9.)
Die in den Morgenstunden des 14. 9. in Tobruk gelandeten brit. Kräfte wurden bei geringen eigenen Verlusten vernichtet. Hierbei wurden über 300 Gefangene gemacht, mehrere Landungsboote sowie Waffen und Gerät erbeutet. Mehrere fdl. Kriegsschiffe, Begleit- und Landungsboote wurden versenkt bzw. beschädigt.
Feststellung der Truppenzugehörigkeit der gelandeten Feindkräfte noch nicht abgeschlossen. Nach vorgefundenen Beutepapieren hatte der Gegner den Auftrag, die Hafenanlagen zu zerstören und die Schiffe im Hafen zu versenken. Nach bisher vorliegenden Nachrichten handelt es sich um Commando- oder Marinetruppen, die zuletzt in Syrien und Palästina gewesen sein sollen.
Feindl. Sabotagetrupps wurden bei Bengasi und Barce durch ital. Truppen aufgerieben. Mehrere Gefangene eingebracht, einige Lkw vernichtet. Nach bisher vorliegenden Nachrichten ist es dem Gegner gelungen, auf dem Flugplatz Barce einige Flugzeuge zu zerstören.

Aus dem Tagebuch von W. Churchill
Dienstag, 22. September 1942:
General Alexander hatte mir versprochen, bei Beginn des Angriffs das Codewort »Zip« (das ich nach der von mir so häufig getragenen Kleidung gewählt hatte) zu telegraphieren.

OKW/Kriegstagebuch – Lagebericht
H.Gr. Afrika: Freitag, 25. September 1942
Panzerarmee Afrika
Normale beiders. Späh- und Artl.-Tätigkeit. Für Generalfeldmarschall Rommel hat Gen. der Pz.Tr. Stumme in Vertretung den Oberbefehl über die deutsch-ital. Panzerarmee übernommen.

Ausbau von Verteidigungsstellungen
Mittwoch, 30. September 1942
Aus dem *Hauptquartier der britischen 8. Armee:*
An der gesamten Frontlinie von El Alamein südwärts hat Rommel nun eine starke Verteidigungsstellung errichtet, die aus Minenfeldern, frisch angelegten Drahtverhauen und einem weitverzweigten Schützengrabensystem besteht. Die Gesamtanlage läßt den Schluß zu, daß er seine Streitkräfte für defensive Operationen bereithält und die Absicht einer Offensive gegen Ägypten mindestens für die nächste Zeit aufgegeben hat.

Rommel vor der Auslandspresse
Sonntag, 4. Oktober 1942, Berlin
Svenska Dagbladet meldet:
Die Vertreter der ausländischen Presse in Berlin hatten gestern Gelegenheit, Generalfeldmarschall Rommel kennenzulernen, der von Propagandaminister Dr. Goebbels eingeführt wurde. Es wäre unrichtig, sich die persönliche Erscheinung des berühmten Soldaten als die eines Haudegens vorzustellen. Rommel macht im Gegenteil mit seinen klugen Augen den Eindruck eines überlegen und vorsichtig abwägenden Mannes.
Jedes Wort seiner kurzen Ansprache schien reiflich abgewogen zu sein. Alles in ihm drückt die ungewöhnliche Willenskraft und die sportliche Leistungsfähigkeit

aus, die ihn befähigen, in den entscheidenden Augenblicken seine Untergebenen zu größten Leistungen anzuspornen und die großen Strapazen zu ertragen, denen auch der Oberbefehlshaber einer Armee in Nordafrika ausgesetzt ist.
Rommel bemerkte, der Krieg in Afrika sei hart und werde in Zukunft noch härter sein. Aber er versicherte, daß seine Truppen allen Anforderungen gewachsen seien. Sie hätten sich bisher ihren Gegnern überall überlegen gezeigt. Von Goebbels über seine persönliche Führungsmethode befragt, bemerkte Rommel, er begebe sich selbstverständlich nicht unnötig in Gefahr, aber im modernen Krieg müsse der Oberbefehlshaber während der entscheidenden Phase im Brennpunkt der Schlacht sein. Es käme dann auf Sekunden an, die richtigen Anordnungen zu treffen, was dem höheren Führer nur an Ort und Stelle möglich sei.

OKW/Kriegstagebuch – Lagebericht
H.Gr. Afrika: Mittwoch, 7. Oktober 1942
Beiderseitige Artl.- und Spähtrupptätigkeit. Zwischen Kairo und Wadi el Natrun wesentliche Vermehrung der Zeltlager festgestellt.

Oberkommandierender der Panzerarmee Afrika
Ic Nv. 8694/42 geh.
Gef.Std., den 10. 10. 1942
Feindnachrichtenblatt
(Stand 10. Oktober 1942)
...
9.) Die britische 8. Armee dürfte damit im wesentlichen die Kampfkraft, die sie vor Beginn der deutsch-ital. Mai-Offensive hatte, zumindesten erreicht, wenn nicht überschritten haben.
Das Vorführen von Verstärkungen an Infanterie und Panzern, die zunehmende Aktivität der britischen Luftwaffe, das Vorverlegen von Versorgungslagern sowie die Einrichtung eines vorgeschobenen Armee-Gefechtsstandes (in Gegend 20 km südwestlich Hammam) und dahingehende Agentennachrichten sind Anzeichen für einen bevorstehenden britischen Großangriff.

Berlin, 3. 10. 1942: NS-Propagandaminister Dr. Goebbels (rechts) stellt Generalfeldmarschall Rommel den Vertretern der ausländischen Presse vor

Es ist anzunehmen, daß der Feind in einem solchen Falle auf der ganzen Front angreift. Die starke feindliche Aufklärungstätigkeit im Südabschnitt legt die Vermutung nahe, daß das Schwergewicht des feindlichen Angriffs südlich Ruweisat liegen wird. Außerdem ist aber auch ein Angriff stärkerer Kräfte beiderseits der Küstenstraße möglich.
Dagegen ist ein Angriff stärkerer Kräfte gegen die Südflanke der Armee wegen schlechter Gangbarkeit der Qattara-Senke unwahrscheinlich.
Eine Bedrohung der tiefen Flanke der Armee durch starke über Kufra oder Siwa vorstoßende Kräfte ist z. Zt. ebenfalls unwahrscheinlich, da die hierfür notwendige große Bevorratung bis jetzt kaum durchgeführt sein kann.
Es ist aber mit Sicherheit anzunehmen, daß der Feind vor oder nach Beginn seines Angriffs an zahlreichen Stellen der nordafrikanischen Küste versuchen wird, zu landen.
Außerdem wird der Feind wahrscheinlich seine Offensive mit einem Großangriff seiner zahlenmäßig stark überlegenen Luftwaffe verbinden. Über den Zeitpunkt der Offensive liegen mehrere sich stark widersprechende Nachrichten vor.
Da der Aufmarsch der Angriffstruppen und Artillerie mindestens ein bis zwei Tage in Anspruch nehmen wird, kann die eigene Truppe durch den Angriff nicht überrascht werden, wenn sie die Augen offen hält und alle Beobachtungsmöglichkeiten ausnutzt.

Für das Oberkommando der Panzerarmee
Der Chef des Generalstabes

OKW/Kriegstagebuch – Lagebericht
H.Gr. Afrika: Donnerstag, 22. Oktober 1942
Normale Artl.- und Auflärungstätigkeit. Feindl. Jabo-Angriffe auf Frontflugplätze im Hintergelände. Im Feindbild keine Veränderungen.

Achte Armee
Persönliche Botschaft des *Armeeoberbefehlshabers*

1. Als ich das Kommando der 8. Armee übernahm, sagte ich, unsere Aufgabe sei, Rommel und seine Armee zu vernichten, und daß dies geschehen werde, sobald wird fertig seien.

2. Jetzt sind wir fertig.
Die Schlacht, die demnächst beginnt, wird einmal als Entscheidungsschlacht in die Geschichte eingehen. Sie wird der Wendepunkt des Krieges sein. Die Augen der ganzen Welt werden auf uns gerichtet sein und gespannt beobachten, wem der Sieg sich zuwenden wird. Wir können ihnen jetzt schon die Antwort geben: »Uns wird er sich zuwenden!«
...
Je eher wir diese Schlacht gewinnen, die der Wendepunkt des Krieges sein wird, desto eher werden wir alle wieder in die Heimat und zu unseren Angehörigen zurückkommen.
Daher möge jeder Offizier und jeder Mann mit tapferem Herzen in diese Schlacht gehen, entschlossen, seine Pflicht zu tun bis zum letzten Atemzug. Und keiner darf sich ergeben, solange er noch unverwundet ist und kämpfen kann.
Laßt uns alle darum beten, daß der »mächtige Herr der Schlachten« uns den Sieg schenken möge!

Nahost-Streitkräfte
22. 10. 42

B. L. Montgomery
Lt.Gen. u. OB der 8. Armee

Rechte Seite: Raum El Gazala, 26. 5. 1942, das Unternehmen »Theseus« beginnt: Deutsche Panzer rollen dem Feind entgegen

Im Hauptquartier der britischen 8. Armee, Oktober 1942: General Montgomery erläutert seinen Kommandeuren den Operationsplan

Und so war es

Am Dienstag, dem 26. Mai 1942, beginnt um 18.30 Uhr das Unternehmen »Theseus«. Genau auf die Minute setzen sich die motorisierten Kräfte des rechten Flügels der Panzerarmee Afrika südwestlich von El Gazala in Bewegung. Gleichzeitig rückt die Nordgruppe (Gen.d.Pz.Tr. Crüwell) gegen die Gazala-Linie vor, um den Gegner durch einen Frontalangriff zu binden.
Die Propeller der auf Lkw montierten Flugzeugmotoren wirbeln zur Täuschung der britischen Truppen turmhohe Staubmassen empor. Eine gewaltige Kolonne von über 10000 Fahrzeugen startet langsam rollend in Richtung Süden »wie ein riesiger Gespensterzug«. Die Gesamtkräfte der Panzerarmee Afrika: rund 130000 Mann mit 500 schweren und leichten Panzern.
Vom Nachmittag des 26. Mai bis in die frühen Morgenstunden des 27. Mai 1942 beschatten südafrikanische Aufklärungspanzer Rommels Kolonnen. In jeweils halbstündigem Abstand funken sie an das Hauptquartier der britischen 8. Armee die feindliche Position sowie die geschätzte Stärke des Gegners. Obwohl mindestens 52 Funksprüche durchgegeben werden, erreicht General Ritchie und seine Stabsoffiziere wegen mangelnder Funkbereitschaft keine dieser Nachrichten, so daß das englische Oberkommando in Kairo nichts von Rommels Vorstoß ahnt.
In der mondhellen Nacht rollen die motorisierten Verbände in den Raum südlich Bir Hacheim: Rommel umgeht mit der 15. Panzerdivision (GenLt. v. Vaerst) und der 21. Panzerdivision (GenMaj. v. Bismarck) und der 90. leichten Division (GenMaj. Kleemann) sowie den beiden Panzerdivisionen des italienischen Korps schnell die britische Flanke. Unterdessen führen die vier nichtmotorisierten italienischen Divisionen einen Scheinangriff auf die Gazala-Linie.
Obwohl die britischen Kommandeure das Flankenmanöver mit mehr als 10000 Fahrzeugen bereits vor Sonnenuntergang und auch in der Morgendämmerung, als Bir Hacheim umgangen wird, bemerken, glauben sie immer noch, der deutsche Hauptangriff würde im mittleren Frontabschnitt erfolgen: Sie vermuten die Masse der deutschen Panzerkräfte weiterhin im Norden und betrachten diese Bewegung lediglich als ein Ablenkungsmanöver.
In derselben Nacht erkennt ein britisches Aufklärungsflugzeug ebenfalls die deutschen Marschkolonnen, doch wird es vor dem Absetzen seiner Meldung abgeschossen. Die britischen Panzerbrigaden bewegen sich daher langsam und greifen nur zögernd nacheinander in den Kampf ein. Die beiden alleinstehenden motorisierten Brigaden an der Südflanke erhalten keine Unterstützung und werden zersprengt. Auch das Hauptquartier der britischen 7. Panzerdivision wird überrollt und ihr Kommandeur, Major General F. W. Messervy, gefangengenommen.
Rommel unterschätzt jedoch die Stärke der Engländer im Raum Bir Hacheim. Er nimmt an, lediglich eine Infanteriedivision und zwei Panzerbrigaden vor sich zu haben, und weiß nicht, daß der Stützpunkt bei Sidi Muftah inzwischen ausgebaut ist. Daher hat Rommel es versäumt, die Minenfelder, die sich bis Bir Hacheim ausdehnen, in seinem Plan zu berücksichtigen.

In den ersten Morgenstunden des 27. Mai 1942 gelingt es der Panzerdivision »Ariete« (Gen. Baldassare), die indische 3. motorisierte Brigade völlig zu zerschlagen. Die 90. leichte Infanteriedivision und Panzeraufklärungseinheiten verfolgen die britische 7. motorisierte Brigade (Brig. Renton) bei Retma, etwa 30 Kilometer östlich von Bir Hachheim. Unterdessen rollt 10 Kilometer weiter nordwestlich die 15. Panzerdivision (GenLt. v. Vaerst) in die mit neuen »Grant«-Panzern ausgerüstete britische 4. Panzerbrigade (Brig. Gathouse), die sich gerade in ihrem Bereitstellungsraum befindet. Die deutschen Verbände müssen sich erbittert zur Wehr setzen, bis die 21. Panzerdivision ihnen von Westen zu Hilfe kommt und in die feindliche Flanke einbricht. Die 4. Panzerbrigade zieht sich etwa 24 Kilometer nordöstlich von El Adem zurück und läßt über ein Drittel ihrer Panzer brennend auf dem Schlachtfeld zurück.
Rommel, der die Schlacht schon als gewonnen ansieht, ist überrascht, als gegen Mittag heftige Gegenangriffe einsetzen: Die neuen Grants der britischen 2. Panzerbrigade durchbrechen die rechte Flanke der deutschen 15. Panzerdivision. Und an der linken deutschen Flanke

Raum Sidi Muftah, 27. 5. 1942: Britische Infanterie geht zum Gegenangriff über

kommt es zu einem Gefecht zwischen den stark gepanzerten Matildas und der 21. Panzerdivision (GenMaj. v. Bismarck).
Der mit Energie geführte Angriff der Engländer bringt Rommel fast an den Rand der Niederlage.
Rommel notiert in seinem Tagebuch: »Unser Plan, die britischen Truppen hinter der Gazala-Linie zu überrollen, hat nicht funktioniert ... Das Auftreten der neuen amerikanischen Panzer hat große Lücken in unsere Reihen gerissen ... Allein an diesem Tag sind weit mehr als ein Drittel der deutschen Panzer verlorengegangen.«
Bei Einbruch der Nacht befindet sich Rommel in einer prekären Situation: Über ein Drittel seiner Panzer muß er als zerstörte Wracks in der Wüste südwestlich und südlich von Tobruk zurücklassen. Die 15. Panzerdivision nördlich vom Rigel Ridge liegt ohne Treibstoff und Munition kampfunfähig. Die deutschen Nachschubkolonnen werden durch Minenfelder und Beschuß aus Sidi Muftah und Bir Hacheim von den kämpfenden Truppen völlig abgeschnitten. Das Schlimmste aber: Rommels Verbände sind zu weit zerstreut. Die Infanteriedivision (mot.) »Trieste« (Gen. La Ferla) befindet sich noch weit westlich und die 90. leichte Division bereits südlich von El Adem.

Donnerstag, der 28. Mai 1942, ist ein besonders kritischer Tag für die Panzerarmee Afrika. Der Gegner hat die für ihn tödliche Gefahr erkannt und zieht nun alle vorhandenen Kräfte zusammen, um die getrennt kämpfenden Teile der deutschen Truppen zu zerschlagen.
Trotzdem hält Rommel an seinem ursprünglichen Plan fest: Den Panzerkräften wird befohlen, ihren Vormarsch nach Norden wieder aufzunehmen. General Crüwell soll die Gazala-Linie durchbrechen und den Nachschubweg wieder freikämpfen. Generalmajor v. Bismarck marschiert nordwärts auf den Rigel Ridge, wirft die Engländer aus ihrer festen Stellung und zerschlägt eine ihrer motorisierten Kolonnen. Die Panzerdivision »Ariete« rollt inzwischen nordwärts, wird aber an beiden Flanken von britischen Panzern angegriffen.
Gegen Abend beschließt Rommel, seine Truppen am nächsten Tag zu konzentrieren. Wie schon so oft in kritischen Situationen übernimmt er jetzt persönlich die Truppenführung, denn darin liegt seine Stärke.

Freitag, der 29. Mai 1942, steht allem Anschein nach unter einem schlechten Vorzeichen: Als im Morgengrauen die Division »Sabratha« von Nordwesten her die Gazala-Linie angreift, wird sie mit schweren Verlusten von der südafrikanischen Infanterie zurückgeschlagen.
Und General Crüwell, der sich auf dem Weg ins italienische Hauptquartier befindet, wird mit seinem Fieseler Storch abgeschossen und gefangengenommen. Unterdessen führt Rommel persönlich die Nachschubkolonnen durch eine Lücke im Minenfeld, die er entdeckt hat, und gelangt bis zur 15. Panzerdivision nördlich des Rigel Ridge.
Die britische 22. Panzerbrigade (Brig. Scott-Cockburn) versucht, die von Rommel geplante Konzentration der Panzerarmee Afrika zu verhindern. Um 8.00 Uhr morgens greift sie mit Grant-Panzern die 21. Panzerdivision im Norden, die 15. Panzerdivision im Westen und die Division »Ariete« im Süden an. Während des Gefechts wird Generalleutnant v. Vaerst, Kommandeur der 15.

Panzerdivision, verwundet, und Oberst Crasemann übernimmt die Führung.
Die britischen Panzerverbände kämpfen zwar entschlossen, aber es fehlt ihnen an Unterstützung. Zwei Regimenter der 22. Panzerbrigade setzen sich sofort in Marsch, doch sie kommen zu spät. Und die 4. Panzerbrigade (Brig. Gathouse) kann bis zum späten Nachmittag ihre Reservestellungen nicht verlassen, da ein wütender Ghibli-Sandsturm ihnen jede Möglichkeit nimmt, sich auf dem Schlachtfeld zu entfalten. So hat Rommel gegen Abend seine Truppen, einschließlich der 90. leichten Division, wieder zusammengezogen.

Am Sonnabend, dem 30. Mai 1942, gelingt es Rommel am Nachmittag, einem massiven feindlichen Gegenangriff zuvorzukommen. Doch geraten seine Verbände mitten in den Minenfeldern bei Sidi Muftah auf eine von der deutschen Aufklärung nicht erkannte starke Verteidigungsstellung »Box« der britischen 150. Infanteriebrigade (Brig. Haydon). Das Panzerregiment 5 versucht, die Befestigungen im Sturm zu nehmen, wird aber zurückgeworfen und muß elf brennende Panzer zurücklassen.
Während General Ritchie davon überzeugt ist, daß Rommels Truppen soeben eine Niederlage erlitten haben und sich in vollem Rückzug befinden, gruppiert Rommel unterdessen seine Kräfte um.

Am Sonntag, dem 31. Mai 1942, werden auch die Infanteriedivision (mot.) »Trieste« (Gen. La Ferla) und die 90. leichte Division (GenMaj. Kleemann) bei Sidi Muftah eingesetzt.

Am Montag, dem 1. Juni 1942, bombardieren in den Morgenstunden Stuka-Geschwader die Verteidigungsstellung »Box« bei Sidi Muftah. Danach nehmen Rommels Truppen – an der Spitze das Infanterieregiment 104 – den Angriff wieder auf. Rommel führt persönlich den vordersten Infanteriezug, der trotz erbitterter Abwehr in die britischen Außenstellungen eindringt.
Am frühen Nachmittag sind die Engländer aus Mangel an Munition gezwungen, sich zu ergeben.
Jetzt kann die erste Nachschubkolonne mit Verpflegung, Treibstoff und Munition endlich wieder die vorderen Verbände erreichen. Noch am Abend befiehlt Rommel einer deutschen Kampfgruppe und der italienischen Infanteriedivision (mot.) »Trieste«, nach Süden vorzustoßen und die von der französischen 1. Brigade (Gen. Koenig) gehaltene Stellung und das Wüstenfort Bir Hacheim anzugreifen.

Am Dienstag, dem 2. Juni 1942, setzen die 90. leichte Infanteriedivision von Süden und die italienische Division »Trieste« von Norden her ihren Angriff auf das Wüstenfort Bir Hacheim fort. Die eingeschlossene französische 1. Brigade verteidigt sich heftig, und ihr Kommandeur, General Koenig, lehnt die Aufforderung zur Übergabe ab.
Unterdessen werden zwei große britische Panzerverbände gesichtet: Der eine rollt direkt auf die Deutschen zu, und der andere versucht, mit einer Umfassungsbewegung die Flanke zu umgehen. Nun greifen die britischen Panzer die stärksten Stellungen der Achsenmächte an, nachdem man Rommel vier Tage Zeit gelassen hat, seine Verteidigung auszubauen. Die Engländer setzen sogar

Nach dem Gefecht: britischer Crusader-Panzer neben einem brennenden deutschen Kampfpanzer IV

2. 6. 1942: deutscher Vorstoß auf das Wüstenfort Bir Hacheim

Rechte Seite: 4. 6. 1942, vor dem Sidra-Rücken: Britische Infanterie greift mit Panzerunterstützung an

die Hälfte ihrer verfügbaren Streitkräfte für diese nach ihrer Meinung entscheidende Operation ein.
Unverständlich ist jedoch, daß niemandem die Angriffsführung übertragen wird. Lieutenant General Gott, Major General Briggs und der aus der Gefangenschaft entflohene Major General Messervy können sich nicht einigen, und so übernimmt jeder zeitweise die Führung des Angriffs. Auch das Zusammenwirken zwischen britischen Panzern und der Infanterie klappt nicht, da die Panzertruppe der Meinung ist, sie sei für die Bekämpfung feindlicher Panzer und nicht zum Schutz der eigenen Infanterie zuständig.

So kommt es am Donnerstag, dem 4. Juni 1942, nicht zu der erwarteten britischen Gegenoffensive. Da durch die schlecht koordinierte Führung die britischen Panzer viel zu früh eingesetzt werden, nutzen die Divisionen »Ariete« und die 15. Panzerdivision die sich bietende Gelegenheit zum Gegenangriff. Sie zerschlagen die britische und indische Infanterie, die entweder fällt oder in Gefangenschaft gerät.
Im Nordabschnitt wiederum sind die Soldaten der 21. Panzerdivision verblüfft, als sie 70 Matildas und Valentines auf die deutschen Stellungen am Sidra Ridge zurollen sehen. Doch die deutsche Pak setzt sofort ein und veranstaltet ein regelrechtes »Scheibenschießen«. Die zurückweichenden englischen Panzerverbände geraten in ein Minenfeld, werden von den Deutschen in der Flanke angegriffen und vernichtet. Nur 20 britischen Panzern gelingt es, diesem Feuerüberfall zu entkommen.
Rommel beschließt, erst Bir Hacheim zu erobern, ehe er seinen Vormarsch gegen Tobruk wieder aufnimmt. Um die Verteidigung des Wüstenforts zu zermürben, wartet er die Stuka-Angriffe der Luftwaffe ab und holt am frühen Nachmittag zu einem vernichtenden Gegenstoß aus: Die Panzer der 21. Panzerdivision (GenMaj. v. Bismarck) und der Division »Ariete« (Gen. Baldassare)

rollen südöstlich gegen Bir el Tamar vor. Ein Sonderverband mit 8,8-cm-Flak, den Rommel persönlich anführt, und die 15. Panzerdivision (Oberst v. Crasemann) dringen von Norden her in Richtung Bir el Harmat vor.
Den südlichen Vorhuten gelingt es inzwischen, das einzige leichte Infanteriebataillon, das die linke Flankensicherung hält, zu überwältigen. Danach fallen sie bei Aslagh Ridge in den Rücken der britischen Truppen und versetzen deren Stäbe in ein hoffnungsloses Chaos.
Bereits am Abend haben Rommels Verbände die indische 10. Brigade, die Unterstützungsgruppe der 22. Panzerbrigade sowie vier Artillerieregimenter eingekesselt, die im Verlauf des nächsten Tages aufgerieben werden. Nun ist der Weg nach Bir Hacheim fei.

Am Abend des 5. Juni 1942 eröffnen vier englische Artillerieregimenter ein gewaltiges Sperrfeuer. Da aber die Stellungen der Panzerarmee Afrika weiter westlich liegen, als die Engländer vermuten, verpufft dieser Feuerüberfall und alarmiert gleichzeitig den Gegner über einen bevorstehenden Angriff.

Am Sonnabend, dem 6. Juni 1942, wird in der Morgendämmerung die italienische Infanterie in ihren Stellungen auf dem Aslagh-Rücken angegriffen. Die 156 Panzer vom Typ Grant, Crusader und Stuart geraten plötzlich in einen mörderischen Feuerhagel der zusammengezogenen deutschen Artillerie und Panzerabwehrgeschütze. 60 englische Panzer werden innerhalb kurzer Zeit in Brand geschossen. Irritiert über die fehlende Unterstützung der Infanterie, drehen die restlichen Panzer nach Norden ab.
Gegen Mittag schließt die 90. leichte Division (GenMaj. Kleemann) in einem Abstand von 1,5 Kilometern das Wüstenfort Bir Hacheim ein. Hier fährt sich der Angriff allerdings fest und wird, angesichts des hartnäckigen Widerstandes der französischen Verteidiger, am Abend eingestellt. Trotz der Belagerung gelingt es der englischen 7. motorisierten Brigade (Brig. Renton), vier Tage lang jeweils in den Abendstunden Nachschub für die Truppen von General Koenig nach Bir Hacheim zu schaffen.

In der Nacht vom 7./8. Juni 1942 ist der Himmel über Bir Hacheim von unzähligen deutschen Leuchtkugeln taghell erleuchtet, dazu ertönt ununterbrochenes MG-Geknatter. Rommel erhofft auf diese Weise, die Verteidiger mürbe zu machen. Doch als bei Sonnenaufgang die Deutschen versuchen, das Fort zu stürmen, werden sie wiederum zurückgeschlagen.
Nun verlagert Rommel den Schwerpunkt des Angriffs: Unter Pionierführer Oberst Hecker wird ein Sonderverband deutscher und italienischer Truppen zusammengestellt. Er soll von Norden her nach Bir Hacheim vorstoßen.

Am späten Nachmittag des 8. Juni 1942 erzittern die französischen Stellungen unter dem Bombenhagel der Luftwaffe. Zweimotorige mittlere Bomber vom Typ Ju 88 fliegen in mehreren Wellen insgesamt 1300 Einsätze gegen das Wüstenfort, ohne jedoch den Widerstand der Franzosen zu brechen.

In der Nacht vom 9./10. Juni 1942 nimmt Oberst Hecker seinen Vorstoß, verstärkt durch zwei schwere Bataillone des Darmstädter Schützenregiments 115 (Oberst

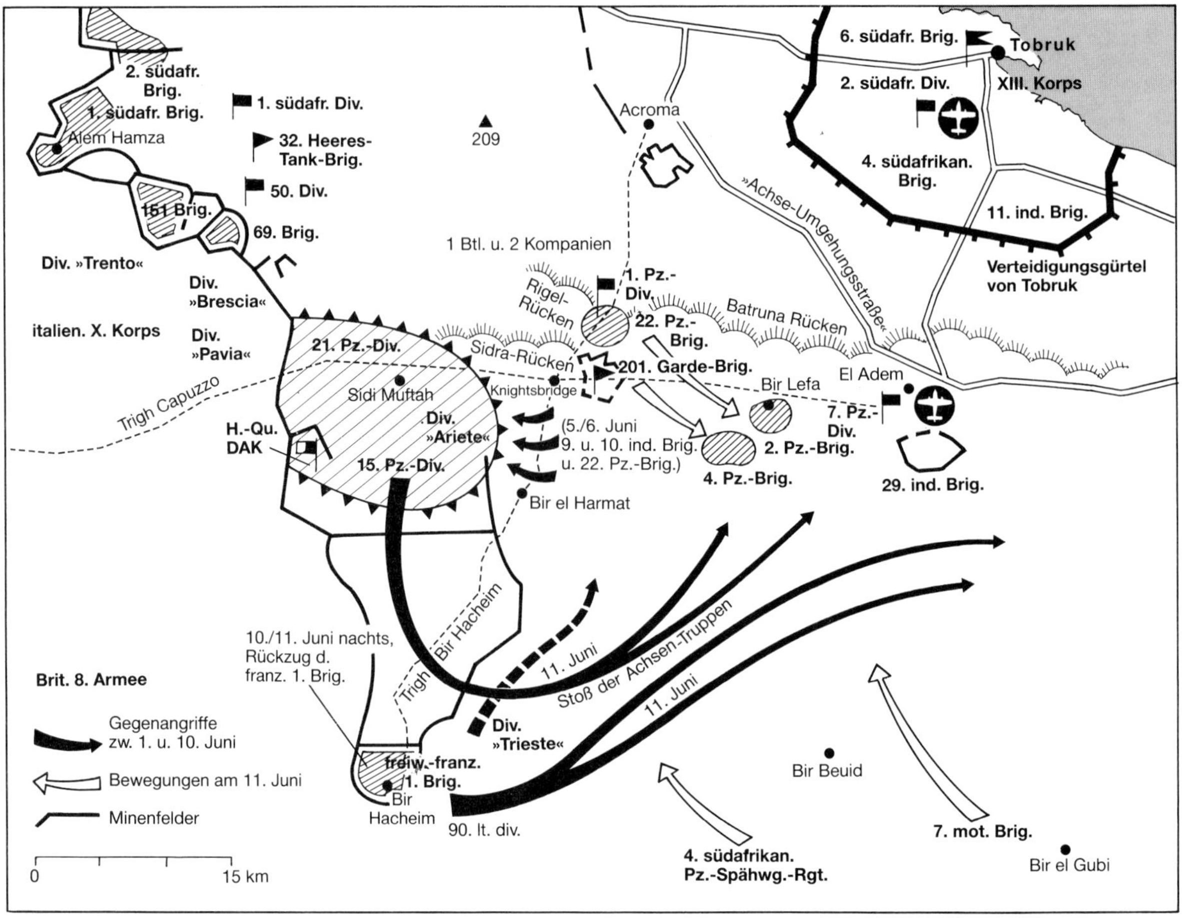

Juni 1942: die Kämpfe vor Tobruk – *Unten:* vor Bir Hacheim, 6. 6. 1942: Kanoniere der 90. leichten Division nehmen mit erbeuteten britischen 8,6-cm-Kanonen das Wüstenfort unter Feuer

Am 11. 6. 1942 besetzen deutsche Soldaten Bir Hacheim

Baade), wieder auf. Es gelingt dem Sonderverband kurz nach Tagesanbruch, von Norden her den Punkt 186, eine überragende Höhe in den französischen Verteidigungsanlagen, zu stürmen und einzunehmen.

Am Mittwoch, dem 10. Juni 1942, wird den ganzen Tag über in den einzelnen Stützpunkten, Bunkern und Widerstandsnestern gekämpft. Im Fort gibt es über 1200 Kampfstände für Schützen und schwere Waffen. General Koenig ist sich der Hoffnungslosigkeit der Lage bewußt, doch denkt er nicht daran, sich zu ergeben.
In der Nacht vom 10./11. Juni 1942 schafft es trotz deutscher Sicherungsmaßnahmen ein beträchtlicher Teil der Besatzung, unter Führung ihres Kommandeurs im Schutz der Dunkelheit auszubrechen. Mit der Waffe in der Hand erkämpfen sich die Franzosen ihren Weg durch die deutsche Umzingelung. Etwa 8 Kilometer westlich nehmen Fahrzeuge der britischen 7. motorisierten Brigade die erschöpften und vielfach verwundeten Überlebenden auf.

Am Donnerstag, dem 11. Juni 1942, besetzen die Soldaten der 90. leichten Division in den Morgenstunden die Trümmer des Wüstenforts Bir Hacheim. Sie finden in den zerschossenen Stellungen etwa 500 verwundete Franzosen und nehmen sie gefangen. Die Schlacht bei Sidi Muftah und Bir Hacheim ist beendet. Die Panzerarmee Afrika hat dabei mehr als ein Drittel ihrer Infanterie eingebüßt.
Bereits am Nachmittag setzt Rommel die im Süden freigewordenen Verbände nach Nordosten in Marsch, um dort die endgültige Entscheidung zu suchen.
Zur gleichen Stunde greifen die 21. Panzerdivision und die Division »Ariete« im Norden den durch britische Panzerverbände entstandenen Keil an, während die Division »Trieste«, die 15. Panzerdivision und die 90. leichte Division nach Nordosten schwenken, um die britische Flanke einzukreisen.
Als General Ritchie von den Bewegungen der Panzerarmee Afrika erfährt, beabsichtigt er, die britischen Panzer im Schutz der Artillerie und Panzerabwehrgeschütze in den Stützpunkten defensiv kämpfen zu lassen. Lieutenant General Norrie, Kommandeur des britischen XXX. Korps, befiehlt jedoch der 2. und 4. Panzerbrigade, direkt nach Süden zu marschieren und die 15. Panzerdivision frontal anzugreifen. Er hofft, auf diese Weise Rommels verstreute Verbände einzeln zu packen und zu zerschlagen.
Major General Messervy dagegen will, daß sich die beiden Panzerbrigaden bei Bir el Gubi konzentrieren. Hier wären sie seiner Meinung nach in der Lage, einen Stoß gegen Rommels gesamte rechte Flanke zu führen. Aber seine beiden Brigadekommandeure sind strikt dagegen: Sie weigern sich, die Befehle von Messervy auszuführen.
Messervy macht sich sofort auf den Weg, um mit Norrie und Ritchie das Vorgehen abzustimmen. Er gerät dabei in den Abschnitt der 90. leichten Division und muß den Rest des Tages in einem ausgetrockneten Brunnen verbringen, um einer erneuten Gefangennahme zu entgehen. So haben die englischen Panzertruppen an diesem Tag drei sich widersprechende Befehle und keinen Befehlshaber.

Rommel ist jedoch dank seiner Funkaufklärungskompanie 3 (Hptm. Seebohm), deren Abhördienst den Wortwechsel der gegnerischen Stäbe belauscht, über die Unstimmigkeiten zwischen den drei britischen Kommandeuren informiert. Er befiehlt nun der 15. Panzerdivision, hinhaltende Gefechte zu führen. Dann sollen die Panzer der 21. Division (GenMaj. v. Bismarck) in die rückwärtige rechte Flanke der Engländer einbrechen.

Am Freitag, dem 12. Juni 1942, schickt Generalleutnant Nehring, Kommandierender General des DAK, in den späten Vormittagsstunden die 15. Panzerdivision (Oberst Crasemann) in Richtung El Adem. Mit ihrem lauten Gerassel soll sie den Gegner in die Falle locken. Gegen Mittag rollen wie vorgesehen die 21. Panzerdivision und die Division »Ariete« auf die entblößte Flanke des britischen XXX. Korps zu, das sich im Raum westlich Knightsbridge befindet.
Inzwischen befiehlt General Norrie der im Norden stehenden britischen 22. Panzerbrigade (Maj.Gen. Lumsden), nach Süden auf die 15. Panzerdivision vorzustoßen. Lumsden, der seine Panzer gerade in den nördlichen Raum von Knightsbridge zurückziehen will, muß dem Befehl folgen. So gerät die 22. Panzerbrigade geradewegs in Rommels Hinterhalt.
Die gefürchteten 8,8-cm-Flak und Panzerabwehrgeschütze unterstützen die deutschen Panzerverbände in der mehrere Tage dauernden Schlacht. Viele britische Panzer fallen auch der von den Deutschen in der Sowjetunion erbeuteten 7,62-cm-Pak »Ratsch-Bumm« zum Opfer. Die Engländer verlieren in der Schlacht im Raum Knightsbridge mindestens 120 Panzer und sind gezwungen, sich zurückzuziehen.

Am Sonnabend, dem 13. Juni 1942, schwenkt Rommel nach Norden und drängt die britischen Verbände aus der Knightsbridge-Stellung. Unterdessen entbrennen in der Wüste immer neue Panzergefechte. Bis zum Sonnenuntergang bleiben den Engländern nur noch knapp 100 Panzer. Zum erstenmal im nordafrikanischen Feldzug ist Rommel auf dem Schlachtfeld den Engländern zahlenmäßig an Panzern überlegen; ebenso bei den Luftstreitkräften: Der Fliegerführer Afrika (Gen.d.Fl. Fröhlich) und die V. Squadra Aerea (Gen. Marchesi) verfügen zusammen über 301 Flugzeuge, während die Western Desert Air Force (Gen. Cunningham) nur 282 einsatzbereite Maschinen hat.
Für die Nacht vom 13./14. Juni 1942 hat der Special Air Service (SAS) einen von Major Stirling geplanten Überfall auf die Wüstenflugfelder im Raum Derna–Martuba, etwa 150 Kilometer westlich von Tobruk, vorbereitet. Das Ziel: Durch diesen Überraschungsangriff sollen die Luftstreitkräfte der Achse gerade in dem Augenblick geschwächt werden, als zwei britische Groß-Konvois, einer aus Alexandria, der andere aus Gibraltar (Operation »Harpoon« und »Vigorous«), mit Nachschub für Malta durch das Mittelmeer laufen.
An den Aktionen nehmen auch drei Patrouillen der Freien Franzosen (Lt. A. Jordan) teil. Um in den von starken deutschen Truppen belegten Raum Derna mög-

Für eine nächtliche Pause werden die Wagen des Special Air Service (SAS) mitten in der Wüste sorgfältig getarnt

Linke Seite: in Gefangenschaft geratene französische Verteidiger des Wüstenforts Bir Hacheim

lichst unverdächtig eindringen zu können, bekommt der SAS Unterstützung von einer geheimen Sondereinheit, der Special Interrogation Group (SIG). Die Mitglieder der SIG sind meist aus Deutschland und Österreich ausgewanderte Juden, die nach einer Sonderausbildung den Wehrmachtsdrill perfekt beherrschen. In Uniformen und mit Waffen des DAK, begleitet von ein paar antifaschistisch eingestellten deutschen Kriegsgefangenen, führen sie Einsätze im Rücken Rommels durch.
Für diesen Raid sollen einige von ihnen die Bewacherrolle der als britische Kriegsgefangene getarnten SAS-Männer spielen. Nachdem sie, als deutsche Lkw-Kolonne getarnt, vor einem der deutschen Flugplätze anhalten, werden sie von den Wachtposten sofort angegriffen. Einer der SIG-Männer, ein ehemaliger deutscher Kriegsgefangener, hat das Unternehmen verraten. Was sich dann abspielt, berichtet Luftwaffen-Leutnant v. Wilmowski: »Ich saß gerade in der Messe und hörte das Wunschkonzert, als draußen eine plötzliche Schießerei ausbrach und dann mit Karacho die Fensterscheiben und Türen durch den Raum flogen. Ich zog meine ›Walther‹ und rannte mit meinen Kameraden zum Wachhaus. Vor der Einfahrt lagen Tote und Verletzte, die Reste eines Lkw brannten lichterloh. Ein Dutzend Männer krabbelten blutig und völlig verstaubt vom Boden hoch, und auf einmal merkte ich, daß einige von ihnen fremde Overalls trugen.
Es herrschte ein wirkliches Tohuwabohu, Mannschaften rannten von überall her, die Sirenen heulten, MG und Flak eröffneten einen Feuerzauber, und die Leuchtsignale machten die Nacht taghell. Vier Leute – es waren französische Saboteure – wurden in die Messe gebracht und sofort peinlich genau untersucht, jeder von ihnen hatte zwei Pistolen, Handgranaten und ganz schöne Dolche bei sich.
Auf einmal torkelte ein Feldwebel des DAK mit blutverschmiertem Gesicht in den Raum und hinter ihm unser Wachtposten, ihn mit Füßen und Gewehrkolben traktierend. Ich wußte zuerst nicht, um was es ging und warum der arme Mann, der verletzt schien, so behandelt wurde. Ich wollte mich einmischen, da schrie der Wachhabende: ›Das ist ein Verräter, Herr Leutnant!‹ Der Mann wischte sich stöhnend das Blut aus dem Gesicht, und ich wollte meinen Augen nicht trauen: Vor mir stand Jakob Lindenbaum, mein Schulfreund und Nachbar aus Berlin. Er war schon 1938 mit seinen Eltern nach Palästina ausgewandert.
Ich war platt, er schaute mich an, und ich wußte sofort, daß er mich auch erkannt hat. Sollte ich etwas sagen, schoß es mir durch den Kopf, oder bringe ich ihn und mich selbst dadurch in eine noch peinlichere Lage? Als hätte er geahnt, was ich dachte, senkte er den Kopf und tat, als wäre ich ihm fremd. Ich holte einen Becher Wasser und drückte ihn ihm in die Hand – trotz Protest

Wo sich Generaloberst Rommel auch zeigt, wird er mit Begeisterung empfangen

des Wachsoldaten – und er guckte mich mit einem schwachen Lächeln an.
Kurz darauf schleppte man ihn zusammen mit den Franzosen in einen Wagen und brachte alle nach Derna. Am nächsten Tag wurden noch zwei Franzosen in der Nähe aufgetrieben und einige Tage später eine Gruppe von sieben weiteren Saboteuren, die sich bis zuletzt gewehrt haben. Ich hörte nachher, daß alle durch unsere Feldpolizei exekutiert wurden.«

Am Sonntag, dem 14. Juni 1942, läßt General Ritchie die in Tobruk abgeschnittenen Truppen zurück. Er gibt die Gazala-Linie auf und beginnt einen überstürzten Rückzug bis zur ägyptischen Grenze.
Nachdem man in Tobruk von dem plötzlichen Rückzug der britischen 8. Armee erfahren hat, wird mit dem Schlimmsten gerechnet. Trotz der großen Vorratslager im Festungsbereich fehlt es der Besatzung an dem, was sie zum Kampf benötigt. Noch dazu ist die total zerstörte Stadt durch die zurückweichenden Einheiten, die sich vor den Angriffen der Achsentruppen hinter die Verteidigungsanlagen der Festung zurückgezogen haben, restlos überfüllt. Der Kampfwert dieser übermüdeten, hungrigen und nur noch zum Teil für den Kampf ausgerüsteten Truppen ist gering.
Selbst die Verteidigungsanlagen befinden sich in schlechtem Zustand: Die Drahthindernisse sind vielfach defekt, die meisten Minenfelder hat man geräumt und für den Bau der Gazala-Stellung verwendet sowie den größten Teil der Gräben zugeschüttet. Die Waffenunterstände sind mit Sand gefüllt, die Geschütze kaum in Stellung gebracht.
An Kampftruppen zählt die Garnison etwa 25000 Mann, dazu rund 10000 Mann an Versorgungstruppen. Die Verteidiger bilden jedoch eine bunt zusammengewürfelte Truppe, die sich weder untereinander kennt noch auf ihre Aufgabe vorbereitet ist. Nur ganz wenige Verbände haben 1941 schon die erste Belagerung mitgemacht.

Am Montag, dem 15. Juni 1942, ernennt General Gott, inzwischen Befehlshaber des XIII. Korps, den Kommandeur der südafrikanischen 2. Division, Major General Klopper, zum Festungskommandanten der Garnison von Tobruk. Klopper ist erst seit etwa einem Monat Kommandeur der südafrikanischen 2. Division und besitzt keine Erfahrungen im Festungskrieg.
Den Angriff gegen Tobruk beginnt Rommel mit einer Täuschungsoperation: Er führt persönlich seine Offensivverbände in östlicher Richtung an Tobruk vorbei, um den Eindruck zu erwecken, er wolle die 8. Armee in Richtung Ägypten verfolgen und die Stadt wie 1941 in seinem Rücken liegenlassen.

Am Abend des 19. Juni 1942 macht Rommel bei Einbruch der Dunkelheit – für den Feind völlig unerwartet – plötzlich kehrt. Die deutschen Panzerdivisionen, die General Ritchie auf dem Marsch nach Osten vermutet,

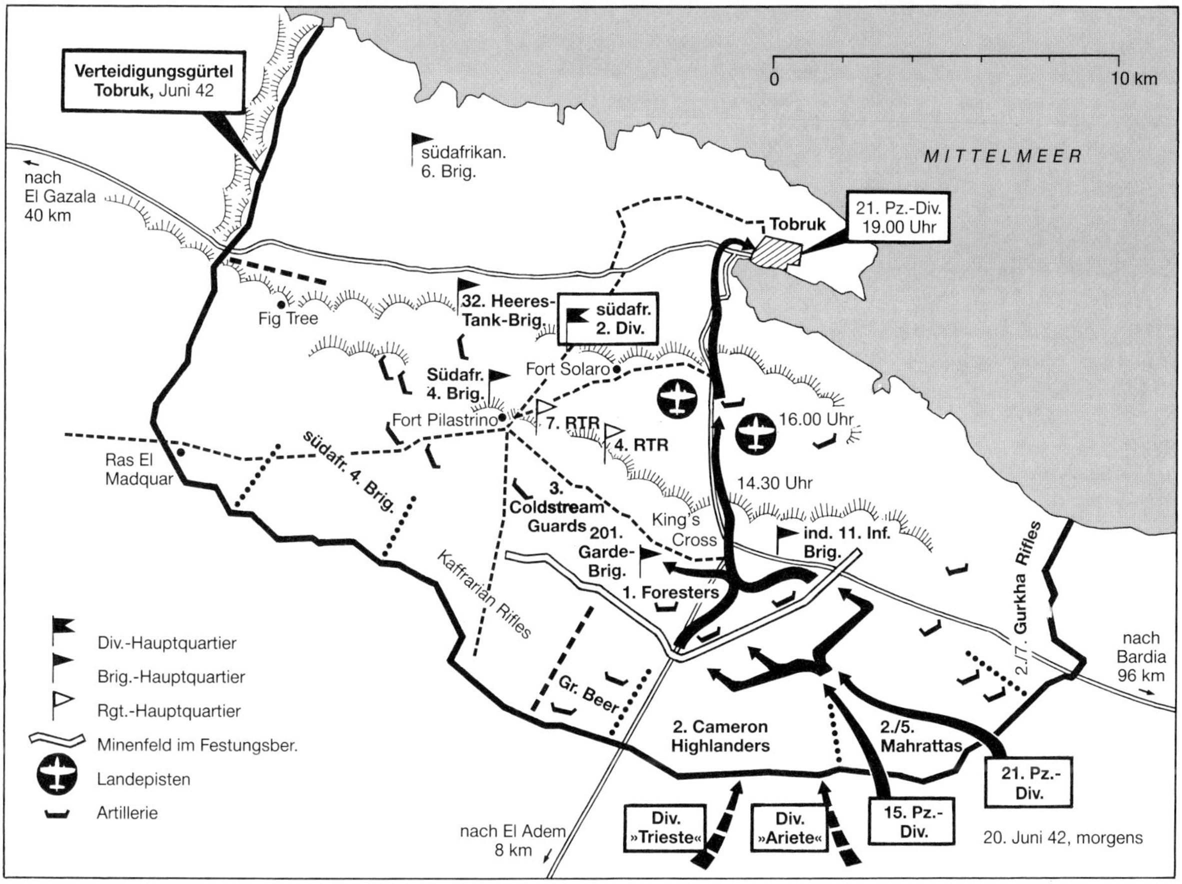

20. Juni 1942: die Einnahme von Tobruk

drehen um und rollen bei Mondschein bis an den Festungsring von Tobruk zurück. Hier findet Rommel im Ostabschnitt die ehemaligen Stellungen der deutschen Artillerie vom November 1941 völlig unberührt vor, noch dazu mit vielen tausend Schuß Munition direkt »verfügbar«. Noch in der Nacht vom 19./20. Juni 1942 werden im Schutz der Dunkelheit durch die Minenfelder Gassen freigelegt.

Am Sonnabend, dem 20. Juni 1942, um 5.20 Uhr morgens, wird der Kampf um Tobruk durch schwere Bombenangriffe auf die Einbruchsstelle im äußeren Festungsgürtel von mehreren hundert Stukas eröffnet. Der Luftangriff hat eine verheerende Wirkung. Er zerstört die Flächendrahthindernisse, beschädigt die Feuerstellungen sowie Unterstände und sprengt den Großteil der noch vorhandenen Minen.
Der Sturm auf die Festung Tobruk erfolgt genau nach dem von Rommel schon für den 23. 11. 1941 entworfenen Plan und an dessen Realisierung ihn die damalige Offensive von General Auchinleck gehindert hat.
Im Südwesten der Festungsfront führt das mit Panzern verstärkte italienische XXI. Korps (Gen. Navarrini) Täuschungsangriffe durch, während die Panzer des DAK zusammen mit dem italienischen XX. Korps (Gen. Zingales) im Süostabschnitt bei El Duda den entscheidenden Stoß einleiten sollen.
Sofort nach den Luftangriffen setzt schwerer Artilleriebeschuß ein, unter dessen Schutz die deutsche und italienische Infanterie zum Sturm übergeht. Bereits gegen 7.00 Uhr, zwei Stunden nach Eröffnung des Angriffs, gelingt es der unter künstlichem Nebel vorgehenden Infanterie, in die britischen Stellungen einzudringen. In erbitterten Nahkämpfen wird ein Stützpunkt nach dem anderen überwältigt. Trotz des dichten Abwehrfeuers schaffen es die Pioniere, die Panzergräben zu überbrücken.
Kurz nach 8.00 Uhr brechen die ersten Panzerkräfte in den Festungsgürtel ein. Jetzt versuchen die Verteidiger verzweifelt, mit ihrer 32. Heeres-Tank-Brigade einen Gegenstoß zu unternehmen. Die britischen Infanteriepanzer sind jedoch den deutschen Panzern und der 8,8-cm-Flak nicht gewachsen. Da ihr Gegenangriff ohne Infanterie- und Artillerieunterstützung improvisiert werden muß, werden die britischen Panzer bereits im Verlauf des Vormittags vollständig aufgerieben. Auch infanteristische Gegenangriffe, meist von einzelnen Gruppen unabhängig voneinander durchgeführt, haben keinen Erfolg.
Rommel konzentriert nun alle ihm zur Verfügung stehenden Angriffskräfte auf kleinstem Raum. Er läßt über

den feindlichen Stellungen Flugblätter abwerfen, mit denen er die Inder an die Lehre Gandhis von der Gewaltlosigkeit erinnert und sie zur Kapitulation auffordert.
Die Achsentruppen dringen mit ihrer Infanterie und Panzern immer tiefer in das Verteidigungssystem ein und stoßen jetzt direkt gegen die Stadt und den Hafen vor, um die Verteidigung von rückwärts aufzurollen. Die Artillerie wird nachgezogen und nimmt bald das Innere der Verteidigung unter Feuer.
Am späten Nachmittag haben die Angreifer bereits sämtliche an der Einbruchsstelle liegenden Stützpunkte genommen und sind in die Stadtruinen und den Hafen eingedrungen. Damit ist der Festungsbereich in zwei Teile gespalten. Bei Einbruch der Dunkelheit befinden sich zwei Drittel der Festung in der Hand deutscher und italienischer Kräfte.
Der wohlüberlegte Angriff richtet sich gegen die schwächste Stelle des Festungsgürtels: Während die ausgeruhten Truppen der südafrikanischen 2. Division im West- und Südwestabschnitt der Festung stehen, wo man ursprünglich die Hauptgefahr erwartet hat, befinden sich im Angriffsraum lediglich die ermüdeten Truppen der indischen 11. Infanteriebrigade.
Unterdessen fliegt die Luftwaffe rollende Bombenangriffe und nimmt die Verteidiger sogar mit MG unter Feuer. Daher sind innerhalb der Festung größere Bewegungen unmöglich. Das Hauptquartier von Major Gene-

Vor Tobruk, 20. 6. 1942: »Sofort nach den Luftangriffen setzt schwerer Artilleriebeschuß ein…«

In den Nachmittagsstunden des 20. 6. 1942 vereitelt deutsche Artillerie den britischen Entsatzversuch

ral Klopper wird mehrmals getroffen und muß immer wieder verlegt werden. Alle Verbindungen sind inzwischen unterbrochen.
Die Luftwaffe besitzt über Tobruk die totale Luftherrschaft, denn die Stützpunkte der RAF sind inzwischen so weit nach Osten verlegt worden, daß keine britischen Jäger eingesetzt werden können. Diese Tatsache wirkt sich auf die Verteidiger sehr demoralisierend aus.
Am Nachmittag unternimmt die britische 7. Panzerdivision (Maj.Gen. Messervy) vergeblich einen Entsatzversuch. Als dieser scheitert, ist an einen organisierten Ausbruch der Festungsgarnison nicht mehr zu denken. General Klopper meldet um 20 Uhr an das Hauptquartier der 8. Armee, daß keine Hoffnung mehr besteht, die Festung noch lange halten zu können. Er bekommt die Weisung, mit den dafür bereitgestellten Fahrzeugen auf eigene Faust auszubrechen. Doch diese Fahrzeuge sind bereits in die Hände der Deutschen gefallen.

Am Morgen des 21. Juni 1942 nimmt eine Abordnung von Rommel die Übergabe der Festung an. Der Kapitulationsbefehl erreicht aber nicht alle Truppen der Garnison, so kommt es bis in die Nachmittagsstunden hinein an verschiedenen Punkten immer wieder zu Schießereien.
Etwa 250 Mann, meist Angehörige der Coldstream Guards, können bei dem allgemeinen Chaos entkommen. Trotz des von General Klopper ausgegebenen Zerstörungsbefehls gelingt es den Verteidigern nicht mehr, die riesigen, in der Festung noch vorhandenen Vorräte zu vernichten.
Am Vormittag begibt sich der Festungskommandant, Major General Klopper, mit mehreren Generälen und rund 33000 Mann in Gefangenschaft. Die Beute ist gewaltig: Verpflegung für 30000 Mann für drei Monate, große Treibstofflager und Tausende von Fahrzeugen aller Art. Ohne diese Bestände wäre eine ausreichende Bevorratung der Panzerarmee Afrika in den kommenden Monaten kaum möglich.

Für General Auchinleck bedeutet der Verlust der Festung Tobruk das vorläufige Zurückstellen aller Offensivpläne. Die wichtigste Frage: An welcher Stelle kann der weitere deutsch-italienische Vorstoß aufgehalten werden? Als General Ritchie bereits sechs Stunden vor der Kapitulation von Tobruk beschlossen hat, sich hinter die ägyptische Grenze zurückzuziehen, »um mit der Entfernung Zeit zu gewinnen«, wie er General Auchinleck telegrafisch mitteilt, verfügt er noch über drei fast intakte Infanteriedivisionen und eine weitere frisch aufgestellte, die auf dem Weg dorthin ist, sowie dreimal soviel einsatzfähige Panzer wie die Panzerarmee Afrika. Durch die Lage in Tobruk jedoch schockiert, unterläßt Ritchie jeden Versuch, die Grenze zu halten.
Operativ bewirkt der Fall von Tobruk eine völlige Umstellung aller deutschen Pläne: Die Eroberung von Malta wird fallengelassen. An deren Stelle tritt die sofortige Verfolgung der 8. Armee in Richtung Ägypten.

Bereits am Montag, dem 22. Juni 1942, einen Tag nach der Eroberung von Tobruk, fliegt Feldmarschall Kesselring von Sizilien nach Nordafrika, um gegen einen weiteren Vormarsch zu protestieren. Er fordert die Rückgabe seiner Luftwaffenverbände für den geplanten Angriff auf Malta, wie es vorher vereinbart war.
Auch das italienische Oberkommando in Afrika ist gegen einen weiteren Vormarsch, und Rommel erhält noch am gleichen Tag von Marschall Bastico den Haltebefehl. Rommel erwidert aber, er werde diesen »Rat« nicht befolgen, und lädt scherzhaft Bastico zum Abendessen in Kairo ein.

Tatsächlich ist die Kampfstärke der Panzerarmee Afrika mittlerweile stark angeschlagen: Als am Dienstag, dem 23. Juni 1942, das DAK die ägyptische Grenze erreicht, besitzt es nur noch 44 einsatzfähige Panzer, und die Italiener haben nur noch 14. Dennoch beschließt Rommel, dem zurückweichenden Feind dicht auf den Fersten zu bleiben. Bei dieser Verfolgung kommen der Panzerarmee Afrika die gewaltigen Vorräte zugute, die sie in Tobruk erbeutet hat. Nach Aussage des Stabschefs, Oberst Bayerlein, stammen 80 Prozent der Fahrzeuge aus Beutebeständen.

21. 6. 1942: deutsche Truppen im Stadtkern von Tobruk mit der beschädigten Kathedrale

In der Nacht vom 23./24. Juni 1942 erhält Rommel einen Funkspruch aus Rom: »Duce billigt Absicht der Panzerarmee, den Feind nach Ägypten hinein zu verfolgen.« Noch in derselben Nacht rollen seine Panzerverbände bei Mondschein über die libysch-ägyptische Grenze.
Im Verlauf des 24. Juni 1942 legt die Panzerarmee Afrika über 160 Kilometer zurück und erreicht am Abend die Küstenstraße östlich von Sidi Barrani.

Am Donnerstag, dem 25. Juni 1942, entschließt sich General Auchinleck, wegen der kritischen Lage Major General Ritchie abzulösen und die Führung der britischen 8. Armee persönlich zu übernehmen.
An diesem Abend stehen die Truppen von Rommel bereits vor den Stellungen der britischen 8. Armee bei Marsa Matruh, teilweise sogar schon südlich davon.
Unterdessen widerruft General Auchinleck seinen Befehl, die befestigte Stellung bei Marsa Matruh zu halten, und nimmt die 8. Armee in den Raum El Alamein, die letzte Verteidigungslinie vor Alexandria, zurück. Diese 75 Kilometer langen, stark ausgebauten britischen Stellungen bei El Alamein ziehen sich vom Mittelmeer bis zur unpassierbaren Kattara-Senke. Durch die großen Entfernungen und das Fehlen von Verbindungswegen ist es kaum möglich, diese Verteidigungslinie zu umgehen.
Am selben Tag beginnt das Hauptquartier der britischen Mittelmeerflotte in Alexandria mit den Vorbereitungen für eine Evakuierung der Schiffe sowie der wichtigsten Anlagen im Seestützpunkt.

Am Freitag, dem 26. Juni 1942, setzen in den Nachmittagsstunden die drei stark zusammengeschmolzenen deutschen Divisionen, die 15. Panzerdivision, 21. Panzerdivision und 90. leichte Division, im Raum Marsa Matruh–El Daba, wo sich zahlreiche Versorgungsdepots befinden, ihren Angriff fort. Nachdem die 90. leichte Division eine Lücke in den Minenfeldern durchstoßen hat, erreicht sie die Küstenstraße und blockiert so die Rückzugslinie der Engländer von Marsa Matruh nach El Alamein.

Am frühen Morgen des 27. Juni 1942 bekommt das aus Syrien eilig herbeigeholte und jetzt in Marsa Matruh stehende britische X. Korps (Gen. Holmes) die Nachricht vom Rückzug des benachbarten XIII. Korps (Gen. Gott). Doch die Rückzugsstraße für das X. Korps ist bereits seit neun Stunden abgeriegelt. Bei einem Durchbruchsversuch gehen 40 britische Panzer verloren, und

Zwischen El Alamein und der Kattara-Senke: Brennende britische Panzer markieren den Weg der Rommel-Verbände

über 5000 Mann werden gefangengenommen: Das übersteigt sogar die Zahl der Angriffskräfte. Riesige Nachschublager fallen der Panzerarmee Afrika in die Hände.

Am Morgen des 29. Juni 1942 erobert die 90. leichte Division das zur Festung ausgebaute Marsa Matruh. Damit ist das wichtigste Hindernis auf dem Weg nach El Alamein überwunden.
Am selben Tag trifft Mussolini in Derna ein. Das Ziel der Reise: Sein triumphaler Einzug in Kairo. In einem anderen Flugzeug befindet sich ein weißer Hengst, auf dessen Rücken der Duce dieses Ereignis erleben will.
Die zurückflutenden und sich zum Teil auflösenden Verbände der 8. Armee bewirken in Ägypten fast eine Panik. Deutsche Aufklärungsflugzeuge melden umfangreiche britische Kolonnen, die sich in Richtung palästinensische Grenze bewegen. Die britische Mittelmeerflotte verläßt den Hafen von Alexandria und verlegt ihre Einheiten nach Beirut sowie Haifa. Ein im Dock befindliches Schlachtschiff wird eiligst nach Massaua am Roten Meer geschleppt.
Die britische Gesandtschaft in Kairo sowie das Hauptquartier und andere britische Institutionen verbrennen ihre Akten, der US-Verbindungsstab verlegt seinen Sitz nach Khartum (Sudan) und Asmara (Eritrea). Die nach Palästina führenden Straßen sind mit Flüchtlingen vollgestopft. Auch am ägyptischen Königshof bereitet man sich auf den Einmarsch der Deutschen und Italiener vor.

Am Dienstag, dem 30. Juni 1942, erreicht die Panzerarmee Afrika bereits den Raum zwischen El Alamein und der Kattara-Senke. Am Morgen schreibt Rommel an seine Frau: »Nur noch 150 Kilometer bis Alexandria!« Durch die intensive Unterstützung der RAF-Bomber aus den nahegelegenen Flugplätzen im Nil-Delta wird der gegnerische Widerstand jedoch immer stärker.
Gegen Mittag rücken Teile der Panzerarmee Afrika dicht an die El-Alamein-Linie heran und warten hier das Nachrücken der Italiener ab. Diese Pause kostet Rom-

Juni 1942: Rommels Stoß bis vor El Alamein

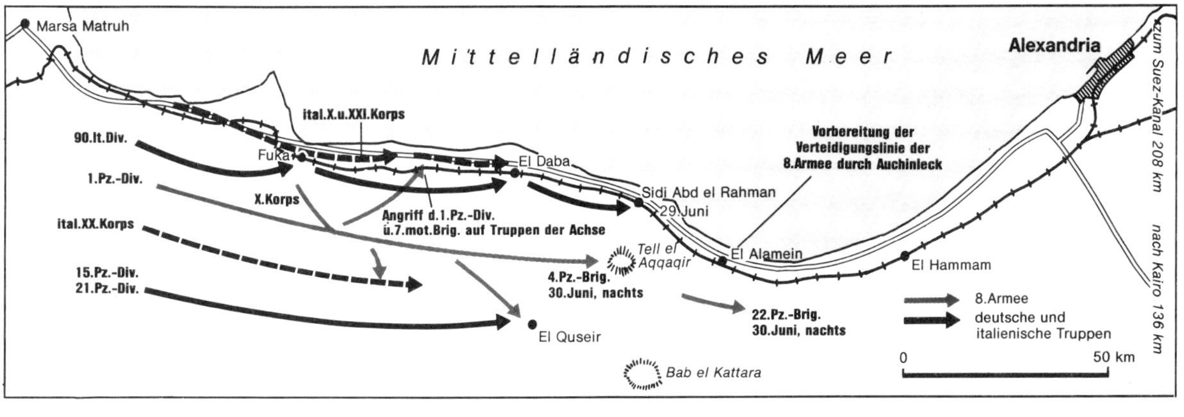

THE DAILY MAIL, Wednesday, July 1, 1942

Ask by Name for George Webb — Made by Craftsmen in Northampton

Daily Mail

NO. 14.406 ONE PENNY * FOR KING AND EMPIRE WEDNESDAY, JULY 1, 1942

LATE WAR NEWS SPECIAL

Coupons go further with BEAR BRAND STOCKINGS

100 MILES FROM ALEXANDRIA

Rommel Pushes on 30 Miles Since Monday

AUCHINLECK BATTLING AGAINST TIME

From ALEXANDER CLIFFORD, Daily Mail Special Correspondent

CAIRO, Tuesday.

ROMMEL has passed El Daba, 75 miles beyond Mersa Matruh and 100 miles by road from Alexandria. He is continuing to feel his way eastwards, it was stated authoritatively in Cairo to-night. At the same time it was emphasised that fighting continues in the whole area between the coast and the Qattara salt marsh.

Battle of

THE BATTLE AT 2 a.m. TO-DAY

SOVIETS REPULSE KURSK DRIVES

'Colossal German Losses'

From Daily Mail Special Correspondent

STOCKHOLM, Tuesday.

GERMAN forces launched against the Russian lines in Hitler's Kursk offensive suffered "colossal losses" to-day, the Soviet late communiqué announced to-night.

Attacks by powerful forces of German tanks and infantry were all repulsed. At least 150 panzers were knocked out by the Soviet troops.

The communiqué added: "On the Sebastopol (Crimea) front our troops repelled fierce attacks by large

»100 Meilen bis Alexandria« – meldet die Londoner Presse am 1. 7. 1942: »Wenn Rommel mit dem gleichen Tempo weiter vorstößt, wird er sicherlich heute nacht in Kairo sein« – heißt es im Kommentar

mel einen entscheidenden Sieg: Gerade zu dieser Stunde ziehen die geschlagenen britischen Panzerverbände südlich der Küstenstraße noch durch die Wüste, ohne zu ahnen, daß Rommels Panzer sie bereits überholt haben. Hätte die Möglichkeit bestanden, ihnen rechtzeitig den Weg zu verlegen und sie zu überrollen, wäre die britische Niederlage endgültig gewesen. Am Abend sind es nur noch 90 Kilometer bis Alexandria.

Fast den ganzen Juni 1942 hindurch haben mehrere LRDG-Patrouillen – meist 25 Mann stark – Überfälle auf motorisierte Nachschubtransporte verübt und die ganze Cyrenaika, besonders die Küstenstraße Via Balbia zwischen Tobruk und Marsa-el-Brega, unsicher gemacht. Mehrere Lkw-Kolonnen sind den nächtlichen Kommando-Raids zum Opfer gefallen. Obwohl die Maschinen der Luftwaffe sowie der Regia Aeronautica Tag und Nacht Sicherungseinsätze zum Schutz der Nachschubkonvois fliegen, gelingt es ihnen nur selten, eine LRDG-Patrouille in der Weite der Wüste auszumachen.

Nachdem Rommel die Enge von El Alamein erreicht hat, verfügt er nur noch über etwa 2000 Mann Infanterie, 55 Panzer, 15 Spähwagen, dazu 77 Geschütze und 65 Pak. Die von der 8. Armee hier zum Schutz des Nil-Deltas durch Bunkerreihen und Minenfelder verstärkte Verteidigungslinie zwischen der Küste und der Kattara-Senke ist eine von Wadis durchzogene Wüstentafel, die schon von Natur aus ein erhebliches Hindernis bildet.
Die El-Alamein-Linie besteht jetzt aus vier festungsartigen Stützpunkten, sogenannten »Boxen«. Die größte und stärkste »Box«, von der südafrikanischen 1. Division (Gen. Piennaar) besetzt, liegt an der Küste bei El Alamein. Die zweite, ähnlich starke »Box« befindet sich beim Deir el Schein und wird von der indischen 18. Brigade verteidigt. Die dritte, elf Kilometer weiter südlich, heißt Bab el Kattara, hier steht die neuseeländische 6. Brigade. Nach weiteren 22 Kilometern liegt die von der indischen 5. Division gehaltene »Box« bei Naqb el Dweis.
Die Räume zwischen den vier befestigten Stützpunkten werden von kleinen beweglichen Verbänden verteidigt, die sich aus Mannschaften der »Boxen« und aus den Resten der Marsa-Matruh-Besatzung zusammensetzen.

Am Mittwoch, dem 1. Juli 1942, unternimmt Rommel den Versuch, im Abschnitt zwischen El Alamein und Bab el Qattara die Stellungen zu durchbrechen. Seine Truppen stoßen aber auf die in den letzten Tagen fertiggestellte, festungsartig ausgebaute »Box« bei Deir el Schein und werden durch das Abwehrfeuer bis zum Abend aufgehalten.
Rommel weiß, daß trotz größter Anstrengungen die Aufrüstung seiner Panzer auf Dauer gesehen nicht mit der der britischen 8. Armee Schritt halten kann. Die einzige Chance sieht er in einem kurzfristigen Überraschungsangriff: Die El-Alamein-Front muß durchstoßen und danach der Nordflügel durch Umfassung von Süden her zerschlagen werden, um den Weg nach Kairo und Suez freizubekommen.

Am Donnerstag, dem 2. Juli 1942, setzt Rommel seine Operation fort. Die ihm noch verbliebenen 40 Panzer können allerdings keinen Durchbruch erzwingen und müssen sich unter weiteren Verlusten zurückziehen.

Am Freitag, dem 3. Juli 1942, unternimmt Rommel einen erneuten Versuch, obwohl er nur noch über 26 kampffähige Panzer verfügt. Der 15 Kilometer reichende Vorstoß wird am Nachmittag durch britische Panzer aufgehalten, und die benachbarte italienische

Gefahrvolle Überfahrt durchs Mittelmeer: Verstärkungen für Rommel

Division »Ariete« zurückgeschlagen, so daß Teile davon panikartig das Schlachtfeld verlassen.
Das Ergebnis: General Auchinleck ist fest entschlossen, mit seinen zwei kampfstarken Infanteriedivisionen und einer sich in Auffüllung befindlichen Panzerdivision die El-Alamein-Linie zu halten. Vom Deir el Schein und der »Box« Bab el Qattara im Süden bis El Alamein soll eine elastische Verteidigung die Front halten.
An diesem Abend beschließt Rommel, die Angriffe seiner geschwächten Panzerarmee Afrika einzustellen und zur Verteidigung überzugehen. Sein Plan: nach einer Besserung des Kräfteverhältnisses erneut den Durchbruch auf Alexandria zu wagen.

Beide Seiten haben zur Zeit einen toten Punkt erreicht: Wenn es General Auchinleck auch zunächst mit großer Kraftanstrengung gelungen ist, die El-Alamein-Stellung zu besetzen, so würden seine Kräfte jedoch nicht ausreichen, um die Deutschen zurückzuwerfen. Und Rommels Verbände besitzen nicht mehr die Kraft zum Nachstoßen, denn die Panzerarmee Afrika hat ständig wachsende Versorgungsprobleme. Der stark luftgefährdete Weg von Bengasi bis zur Front beträgt jetzt über 1000 Kilometer, eine Entfernung wie etwa von Bremen bis Genf. Die unbehinderte Nachschublinie der Engländer dagegen: nur etwa 100 Kilometer.
Zwischen der kämpfenden Truppe und dem ersten Nachschublager erstrecken sich 400 Kilometer Wüste. Ein Kolonnen-Umlauf von Bengasi bis zur Front und zurück nimmt sieben und mehr Tage in Anspruch, von Tripolis aus sogar die doppelte Zeit, obwohl die Lkw täglich bis zu zwölf Stunden gefahren werden. Im Juni 1942 erreichen die Panzerarmee Afrika nur 3000 Tonnen Versorgungsgut gegenüber etwa 45000 Tonnen, die erforderlich wären.
Viel zu langsam treffen auch die Verstärkungen ein: Erst Anfang Juli 1942 werden die 164. leichte Division (z. Zt. Oberst Lungershausen) aus Kreta und Ende Juli 1942 die Fallschirm-Lehrbrigade (GenMaj. Ramcke) aus Italien auf dem Luftweg nach Nordafrika verlegt, jedoch ohne Fahrzeuge und schwere Waffen.
Die Fronten erstarren allmählich. Der Kampf um El Alamein spielt sich ähnlich wie im Vorjahr bei Tobruk ab: ödes Felsgelände mit dünner Staubschicht, brütende Hitze, keine Deckung gegen Sicht oder Beschuß, keine Bewegungsmöglichkeit, schwieriges Schanzen in steinigem Boden, dazu Milliarden von Fliegen. Schlagartig mit dem Sonnenuntergang setzt beißende Kälte ein, aber

Soldatengrab auf einem Hügel des Ruweisat-Rückens

nur nachts können die Essenträger nach vorn. Und nur zu dieser Zeit kann man aus dem Deckungsloch heraus, um die Glieder zu bewegen.
Die Engländer nehmen die latente Bedrohung des Nil-Deltas und Suezkanals allmählich hin, Rommel dagegen muß in der El-Alamein-Stellung abwarten, bis der zusehends stärker werdende Gegner ihn angreift.

Am Sonntag, dem 5. Juli 1942, befiehlt General Auchinleck dem XIII. Korps (Gen. Norrie), sich nach Norden zurückzuziehen, während das XXX. Korps inzwischen einen Gegenangriff auf die italienischen Verbände vorbereiten soll.

Am Montag, dem 6. Juli 1942, ist Rommel der Ansicht, einen Durchbruch erreicht zu haben: Die gemeldeten, rückwärtigen Bewegungen des XIII. Korps in nördlicher Richtung scheinen dies zu bestätigen.

In der Nacht vom 8./9. Juli 1942, kurz bevor Rommel seinen zweiten Angriff gegen die Südfront von El Alamein eröffnet, führen rund 100 SAS-Männer eine Serie von Überfällen auf die frontnahen Flugplätze zwischen El Daba und Bagusch, westlich von Tobruk, durch. Mit dieser Commando-Operation soll die geplante britische Gegenoffensive unterstützt werden.

In der Nacht vom 9./10. Juli 1942 unternimmt die neuaufgefrischte australische 9. Division (Maj.Gen. Morshead) einen handstreichartigen Angriff auf die italienischen Stellungen im Küstenabschnitt Tel el Eisa, knapp 20 Kilometer westlich von El Alamein. Teile der italienischen Division »Sabratha« räumen eilig ihren Abschnitt, und Rommel muß, um die Lage wieder zu stabilisieren, in den Morgenstunden seine letzten Reserven dort einsetzen.

In der Nacht vom 12./13. Juli 1942 schlägt der SAS wieder zu: Wie bereits vier Nächte zuvor greift ein 100 Mann starker Commando-Trupp erneut die vorgeschobenen deutschen und italienischen Flugplätze im Raum El Daba–Bagusch, westlich von Tobruk, an. Rund 35 Maschinen werden nach eigenen Angaben zerstört.

In den Tagen zwischen dem 14. und dem 22. Juli 1942 kommt es zu wechselvollen, blutigen Gefechten zwi-

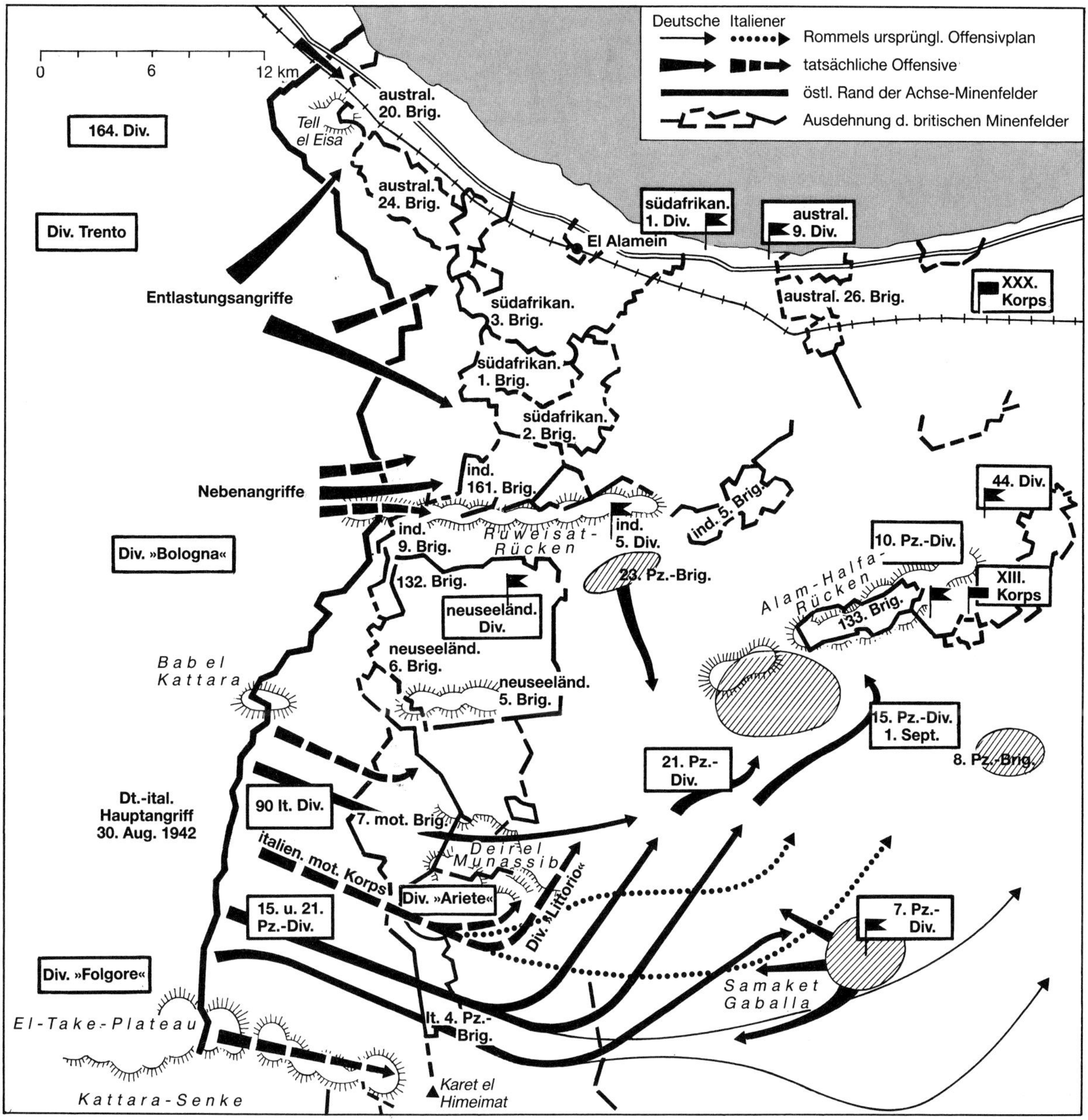

30. 8. bis 2. 9. 1942: die zweite Schlacht vor El Alamein

schen der britischen 7. Panzerdivision und den deutschen Verbänden an Rommels südlicher Flanke. Der zweite Abschnitt, wo immer wieder Kämpfe aufflammen, sind die Hügel des Ruweisat-Rückens, wo die britische 23. Panzerbrigade einige örtliche Erfolge erreichen kann.

Am Dienstag, dem 4. August 1942, trifft Churchill in Kairo ein, um sich an Ort und Stelle über die Lage informieren zu lassen. Churchill läßt General Auchinleck und Major General Ritchie ablösen. Das Hauptquartier in Kairo übernimmt jetzt General Alexander, und die Führung der britischen 8. Armee wird dem bisher kaum bekannten Lieutenant General Bernard L. Montgomery übertragen. Zwei weitere neue Befehlshaber treffen ebenfalls aus England ein: Lieutenant General Sir Oliver Leese soll ab sofort das XXX. Korps und Lieutenant General Sir Brian Horrocks das XIII. Korps befehligen.

Am Donnerstag, dem 13. August 1942, übernimmt Montgomery das Kommando über die britische 8. Armee. Es gelingt ihm innerhalb kurzer Zeit, sein Selbstvertrauen auf die enttäuschten, kampfmüden Truppen zu übertragen. Außerdem wird die 8. Armee durch Zuführung neuer Verbände aufgefrischt und mit ausreichendem Nachschub versorgt.

Mitte August 1942 ist die Krise auf britischer Seite endgültig überwunden. Die inzwischen stabilisierte 8. Armee hat erheblich die El-Alamein-Front zwischen der Küste und der steil abfallenden Kattara-Senke verstärkt. Während im August 1942 an der Verteidigungslinie bei El Alamein lediglich Spähtrupp- und Artillerietätigkeit herrscht, unternimmt ein SAS-Trupp, etwa 50 Mann stark, eine Reihe von Überfällen auf die vorgeschobenen Flugplätze der Achsenstreitkräfte im Raum Sidi Haneish–Fuka, rund 150 Kilometer westlich von El Alamein.
Zu diesem Zeitpunkt hat Colonel Stirling die Unterstützung der LRDG für den Transport seiner Männer nicht mehr nötig: Der SAS verfügt jetzt über die neuesten, geländegängigen US-Jeeps, von denen jeder mit drei schweren Maschinengewehren ausgerüstet ist. Die neuen Fahrzeuge werden bei dieser Überfallserie erstmalig eingesetzt. Zudem hat sich Colonel Stirling eine bisher nicht angewandte Taktik ausgedacht.
Anstatt Zeitbomben an den Flugzeugen anzubringen, rasen die Jeeps, nachdem die Wachmannschaften überwältigt sind, in Doppelreihen kreuz und quer über die Flugfelder. Die 68 Maschinengewehre der 18 Jeeps entfachen eine dermaßen starke Feuerkraft, daß die abgestellten Maschinen wortwörtlich von Kugeln durchsiebt werden.
Obwohl die deutschen und italienischen Sicherungseinheiten in der Regel sofort alarmiert werden und mit Flak sowie Mörsern gegen die Commandos vorgehen, können sie die rasant fahrenden Jeeps kaum an ihrem Einsatz hindern. Nach eigenen Angaben der SAS-Männer werden bei diesen Überfällen etwa 50 Maschinen und mehrere Fahrzeuge, bei nur geringen eigenen Verlusten, zerstört.

Am Sonntag, dem 30. August 1942, beginnt Rommel in den Abendstunden einen neuen Versuch, die El-Alamein-Front zu durchbrechen. Vorgesehen ist, die britischen Truppen im Norden durch Scheinangriffe abzulenken, damit die Hauptkräfte der Panzerarmee Afrika die britischen Stellungen im Süden am Rande des El-Taka-Plateaus umgehen können. Rommel will auf diese Weise an die Ostseite des Alam-el-Halfa-Rückens gelangen und die 8. Armee einkesseln.
Die neue Offensive bleibt jedoch in den ausgedehnten Minenfeldern des kampfbereiten und entschlossenen Gegners stecken, und aus der geplanten Umfassung entwickelt sich ein mehrtägiges frontales Gefecht. Rommels Panzer und Lkw werden von den britischen Panzern zerschossen und zwei Tage und Nächte lang von der RAF schwer bombardiert. Gleich zu Beginn des Angriffs ist der Befehlshaber des DAK, General Nehring, verwundet worden, so daß sein Stabschef, Oberst Bayerlein, die Führung übernehmen muß.

Am Morgen des 1. September 1942 bleibt die Angriffsgruppe trotz einzelner örtlicher Erfolge vor der starken Abwehrlinie des Gegners liegen und muß zur Verteidigung übergehen. Durch die rollenden Luftangriffe der RAF sind weitere Bewegungen kaum noch möglich.
Am Nachmittag gibt General Montgomery in Kairo die Weisung, Pläne für eine Operation auszuarbeiten, »die uns die Initiative zurückgeben würde«.

Am Mittwoch, dem 2. September 1942, befiehlt Rommel, die Schlacht abzubrechen. Er hat am frühen Morgen erfahren, daß die Engländer den erwarteten Tanker mit 8000 Tonnen Treibstoff vor Tobruk versenkt haben. Und die vorhandenen Reserven gestatten in den nächsten drei bis vier Tagen nur noch ein abschnittsweises Absetzen auf die Linie El Taka–Bab el Kattara. Damit wird lediglich eine örtliche Verbesserung der Stellung auf dem Südflügel erreicht.

Deutsche Maschinengewehr-Einheit auf dem Weg in die Bereitstellung

Während die Zahl der deutschen und italienischen Panzer von Tag zu Tag sinkt, treffen in Alexandria Hunderte der modernsten US-Panzer Sherman ein

Nach dem Verlust von beinahe 3000 Mann, 50 Panzern, 55 Geschützen und Pak entschließt sich Rommel zum Rückzug. Damit ist sein letzter Versuch, die strategische Initiative in Nordafrika wiederzugewinnen, gescheitert.
Unterdessen entscheidet General Alexander, der neue Befehlshaber für den Mittleren Osten, daß eine Serie größerer Commando-Raids (Operation »Agreement«) die Entlastung der bei El Alamein hart bedrängten britischen 8. Armee herbeiführen könnte.
Im Gegensatz zu den bisherigen Praktiken der LRDG werden diese Überfälle bis ins kleinste Detail vom Hauptquartier in Kairo festgelegt. Ihr Nachteil: zu kompliziert und unrealistisch. Schlimmer noch, es mangelt an strengster Geheimhaltung, so daß der Gegner außer dem Zeitplan der Ausführung und den Anfahrtswegen über alles Bescheid weiß.

In der Nacht vom 13./14. September 1942 beginnt der erste Commando-Raid (Operation »Hyacinth«), den zwei LRDG-Patrouillen von insgesamt 50 Mann auf den Flugplatz und die Stadt Barka, rund 850 Kilometer westlich von El Alamein und nordöstlich von Bengasi, im Rahmen der Operation »Agreement« durchführen. Dieser Überfall gilt allerdings als Ablenkungsmanöver für die beiden anderen Aktionen in derselben Nacht: die Operation »Snowdrop« gegen Bengasi und die Operation »Daffodil« gegen Tobruk.
Eine der LRDG-Patrouillen soll auf dem Flugplatz von Barka nach Art der SAS-Commandos aus den Fahrzeugen heraus im Vorbeirasen die in Reihen aufgestellten Flugzeuge in Brand schießen. 32 italienische Maschinen werden dabei zerstört.
An der zur gleichen Zeit durchgeführten Operation »Snowdrop« gegen Bengasi nehmen insgesamt 220 Männer des SAS, der LRDG und von den Commandos der 1. Special Service Squadron (SSS) teil. Dieses Unternehmen hat jedoch wenig Glück: Die rechtzeitig in Alarm versetzte Garnison von Bengasi kann alle Angreifer aus dem Hafengebiet zurückwerfen. Der Raid wird daraufhin abgebrochen, und die Commandos müssen unverrichteter Dinge zurückkehren. Durch mehrere Tieffliegerangriffe erleiden sie auf der Rückfahrt erhebliche Verluste.
Besonders tragisch verläuft das Hauptunternehmen gegen Tobruk, die Operation »Daffodil«. An diesem Raid nehmen die 1. Special Service Squadron, Royal Marines sowie die LRDG und Sondereinheiten der Royal Navy mit insgesamt rund 600 Männern teil. Die LRDG-Patrouille übernimmt dabei Pfadfinderdienste und die Royal Navy den Transport der Landungstruppen. Laut Plan des Hauptquartiers von Kairo sollen die Commandos aus der Wüste und auch von See her in den Hafen eindringen, um dort Schiffe, Nachschublager und Hafenanlagen in die Luft zu jagen.
Die Angehörigen der geheimen Sondereinheit Special Interrogation Group (SIG), aufgestellt aus deutschsprechenden, ausgewanderten Juden, mit Uniformen sowie Waffen des DAK ausgestattet, spielen bei diesem Unternehmen die Bewacher einer als britische Gefangene getarnten Gruppe. Sie sollen den anderen Commandos ermöglichen, ungestört den Hafen von Tobruk zu erreichen. Es gelingt den Commando-Männern tatsächlich,

Operation »Tulip«, der LRDG-Raid gegen das Wüstenfort Jala: Rast inmitten der Wüste

unbemerkt im Hafenbereich die italienische Besatzung einer der wichtigsten Batterien auszuschalten. Doch die anderen Küstenbatterien eröffnen sofort das Feuer, so daß die Landungsversuche von See her mit wenigen Ausnahmen vereitelt werden.
Die am Ufer eingekreisten Commandos müssen sich daraufhin bei Sonnenaufgang ergeben. Währenddessen erleidet die Flottille, die laut Plan alle Commandos nach dieser Aktion an Bord nehmen soll, schwere Verluste: Der Flakkreuzer »Coventry«, zwei Zerstörer, drei Schnellboote und fast alle Landungsboote werden durch Stukas oder Artillerie versenkt. Deutschen Minenräumbooten gelingt es, ein Schnellboot zu kapern. Von den SIG-Männern überleben nur zwei. 576 britische Soldaten und Seeleute werden gefangengenommen.

Am Dienstag, dem 15. September 1942, beginnt der fünf Tage dauernde Commando-Raid (Operation »Tulip«) gegen das italienische Wüstenfort Jalo in der Sahara. Drei LRDG-Patrouillen und 100 Soldaten der Eingeborenen-Truppe Sudan Defence Force (SDF) sind daran beteiligt. Durch die Einnahme des Forts Jalo soll den Commandos der Operation »Snowdrop« der ungestörte Rückzug vom Raid gegen Bengasi ermöglicht werden.
Die als Besatzung für Jalo vorgesehenen LRDG-Männer und Soldaten der SDF treffen jedoch erst am Fort ein, nachdem die Verteidiger bereits alarmiert sind. Während der erbitterten Kämpfe um Fort Jalo gelingt es den aus Bengasi zurückkehrenden Commandos immerhin, das Fort unbemerkt zu passieren. Das Ergebnis der unglücklichen Gesamt-Operation »Agreement«: General Alexander verbietet in Zukunft alle Commando-Raids größeren Umfangs.

Am Mittwoch, dem 23. September 1942, fliegt Rommel auf dringenden Rat seines Arztes zur Behandlung nach Deutschland. Die Führung der Panzerarmee Afrika übernimmt in der Zwischenzeit General Stumme, Befehlshaber des DAK wird Generalleutnant Ritter v. Thoma. Die beiden Generäle haben allerdings kaum Erfahrung im Wüstenkrieg.

Etwa Mitte Oktober 1942 verstärken sich die Anzeichen, daß mit einem baldigen britischen Angriff gerechnet werden muß, besonders durch die immer schwerer werdenden Luftangriffe auf Flugplätze und Rollbahnen im rückwärtigen Frontgebiet. Montgomery beabsichtigt, mit einer starken Angriffsgruppe in den Nordteil der Stellungen einzubrechen und dann durch nachfolgende neue Panzerverbände den Durchbruch zu erweitern. Er will damit die endgültige Vernichtung der deutsch-italienischen Kräfte einleiten.

Achte Phase

23. Oktober – 6. November 1942

Operation »Lightfoot«, die dritte britische Offensive

Zweite Schlacht bei El Alamein

Das Codewort

General Alexander an W. Churchill
Freitag, 23. Oktober 1942:
»Zip!«

DAK – Abt. Ia Kriegstagebuch

24. 10. 1942
Während der Nacht entwickelt sich die Lage wie folgt: Nach Meldungen der 15. Pz.Div. ist es dem Feind gelungen, in die H.K.L. gegenüber den Minenkästen L und J einzubrechen. Die Front der drei Btlne. des I. R. 62 der Div. Trento sowie des I./Pz.Gren.Rgt. 382 der 104.10.Div. scheint durchbrochen. Der stellv. O.B. gibt Befehl, daß 15.Pz.Div. die Lage im Gegenangriff bereinigen soll. Der Befehl wird kurze Zeit darauf widerrufen, die Div. Trento mit der Durchführung des Gegenangriffs beauftragt. Dieser Angriff gelingt nicht, der Feind tritt im Morgengrauen aus dem Minenkasten L heraus zum weiteren Angriff nach SW an.
05.30 befiehlt A.O.K. nach einer Besprechung des O.B. mit dem Kdr. General Gegenangriff der 15. Pz.Div. und der Div. Littorio mit dem Ziel der Wiedergewinnung der H.K.L. 15. Pz.Div. ist für Zusammenarbeit verantwortlich. – Nach Verbindungsaufnahme mit dem XX.A.K. wird der Angriff befohlen.
07.15 meldet 21.Pz.Div. über die Lage im Südabschnitt: A.A. 33 hat Angriff eines Btl. aus SO gegen Himeimat abgewiesen. Nördlich Himeimat ist der Feind in Gegend P. 103 mit 30 Panzern in die Minenfelder im Abschnitt des X.A.K. eingedrungen und im Vorgehen gegen P 155. Die Armee-Artl. hat den Kampf gegen die eingedrungenen Panzer bereits aufgenommen. Weitere 40 Panzer werden ostwärts der Minenfelder gemeldet. Die Div. hat eine Erkundung durch den Führer ihrer Kampfgruppe Süd angesetzt, um sich ein genaues Bild über die Lage beim X.A.K. zu verschaffen.
07.45 befiehlt A.O.K., daß 21.Pz.Div., falls die Lage es erfordert, aus selbständigem Entschluß gegen diese Panzer antreten soll. Es ist unbedingt zu verhindern, daß Feind Westrand der Minenfelder nördlich Himeimat überschreitet. Außer diesem Einbruch finden im Süd- und Mittelabschnitt der Front keine besonderen Kampfhandlungen statt.

OKW/Kriegstagebuch – Lagebericht
H.Gr. Afrika (24. 10.): Sonntag, 25. Oktober 1942
Feind griff 23.10. abends nach sehr starker Artl.-Vorbereitung in etwa 10 Kilometer Breite Nordabschnitt der Alamein-Front südl. der Eisenbahn, unterstützt von etwa 150 Panzern und zahlreichen Nachtbombern, an. Es gelang ihm, an mehreren Stellen in das Hauptkampffeld einzubrechen ... Es gelang im Laufe des Tages, durch Einsatz von Teilen 21. Pz.Div. und Div. »Ariete« den Angriff vor dem Hauptkampffeld zum Stehen zu bringen.

Montag, 26. Oktober 1942, Rom
Das *Comando Supremo* teilt mit:
An der ägyptischen Front sind weitere heftige Angriffe des Feindes, die von Panzern unterstützt wurden, gescheitert.

Minenfelder aufgebrochen!

26. Oktober 1942
Aus dem *Hauptquartier der britischen 8. Armee:*
Auf breiter Front steht nun die 8. Armee mit dem Afrikakorps und den italienischen Streitkräften im Gebiet von El Alamein im Kampf. In zwei Tagen schwerer Kämpfe ist die erste Aufgabe vollendet worden: Das Minenfeld des Gegners ist an fünf Stellen aufgebrochen worden und Korridore wurden gelegt und gesäubert, in denen bereits Panzer operieren.

Geheimer Bericht des *Sicherheitsdienstes der SS* zur innenpolitischen Lage:
Nr. 329 vom 26. Oktober 1942 (Auszug)
I. Allgemeines: ... Vielfach besteht die Befürchtung, daß es den Anstrengungen unserer Gegner gelingen könne, eine »zweite Front« in Afrika tatsächlich zu errichten und dadurch die Achsentruppen in die Defensive zu drängen. Über die Art der befürchteten Entwick-

El Alamein, in der Nacht vom 23./24. 10. 1942: das wohl schwerste Trommelfeuer seit dem Ersten Weltkrieg

lungen in Afrika im einzelnen bestehen noch keine klaren Vorstellungen.

Energische Gegenangriffe

Donnerstag, 29. Oktober 1942
Aus dem *Hauptquartier der britischen 8. Armee:*
Am frühen Mittwochmorgen erfolgten die ersten energisch durchgeführten deutsch-italienischen Gegenangriffe, die von gemischten deutsch-italienischen Panzerverbänden geführt wurden. Es wird hier als ein besonders wichtiges Moment angesehen, daß die Panzer von Rommel, die aus gut gedeckten Stellungen vorstießen, glatt aufgehalten werden konnten und schließlich den Kampf abbrachen.

An der Front von El Alamein
Freitag, 30. Oktober 1942
United Press meldet:
Trotz den energischen Gegenangriffen der Achsentruppen haben die britischen Streitkräfte nun den gesamten Raum konsolidiert, den sie seit dem Beginn der Offensive eroberten. Nach dem Fehlschlag der mit großer Wucht vorgetragenen Gegenangriffe der deutsch-italienischen Streitkräfte ist das Schlachtfeld mit zerstörten und außer Gefecht gesetzten feindlichen Panzern bedeckt.

Sonntag, 1. November 1942
Das *Comando Supremo* teilt mit:
Heftige Kämpfe flammten im Nordabschnitt der ägyptischen Front wieder auf, wo der Feind neue Angriffe mit stärkerer Unterstützung von Panzerstreitkräften unternahm. Die sofort aufgehaltene britische Operation wurde danach durch einen energischen Gegenangriff abgebrochen.

Zweite Phase der Schlacht

Montag, 2. November 1942, Kairo
Aus dem *Hauptquartier der britischen 8. Armee:*
Die zweite Phase der Schlacht von El Alamein hat begonnen. Die Schlacht entwickelte sich unweit der Küste gegen die am stärksten ausgebauten Verteidigungsstellungen der Achsenmächte. Die Kämpfe finden jetzt mitten in den Dünen statt, die bis anderthalb Kilometer breit sind. Jede dieser Dünen verläuft parallel zur Küstenstraße und zur Eisenbahn, die sich etwa einen halben Kilometer nördlich der Straße hinzieht. Das schwer zu überblickende Küstengebiet enthält viele hundert kleine, sehr starke Stützpunkte, die von den Pionie-

ren der Achsenstreitkräfte in den letzten Monaten zu einem »Westwall der Wüste« ausgebaut wurden.

Aus den Aufzeichnungen von Generalfeldmarschall Rommel
Dienstag, 3. November 1942
... Um die Mittagszeit kehrte ich zu meinem Gefechtsstand zurück. Auf dem Rückweg konnten wir gerade noch in rasender Fahrt einem Bombenteppich ausweichen, der von 18 britischen Maschinen gelegt wurde. Um 13.30 Uhr traf ein Führerbefehl ein, der folgendermaßen lautete:
An GFM Rommel
Mit mir verfolgt das deutsche Volk in gläubigem Vertrauen auf Ihre Führerpersönlichkeit und auf die Tapferkeit der Ihnen unterstellten deutsch-italienischen Truppen den heldenhaften Abwehrkampf in Ägypten. In der Lage, in der Sie sich befinden, kann es keinen anderen Gedanken geben als auszuharren, keinen Schritt zu weichen und jede Waffe und jeden Kämpfer, die noch freigemacht werden können, in die Schlacht zu werfen ... Es wäre nicht das erste Mal in der Geschichte, daß der stärkere Wille über die stärkeren Bataillone des Feindes triumphierte. Ihrer Truppe aber können Sie keinen anderen Weg zeigen als den zum Sieg oder zum Tode.
Adolf Hitler

Der Rückzug hat begonnen
Mittwoch, 4. November 1942, Kairo
United Press meldet:
Nach den neuesten von der Front hier eingetroffenen Berichten hat Rommel begonnen, seine Stellungen an der Front von Alamein aufzugeben und sich in westlicher Richtung zurückzuziehen. Der Rückzug der deutsch-italienischen Truppen an der Küstenstraße entlang hat, wie soeben gemeldet wird, vor einigen Stunden begonnen.

OKW/Kriegstagebuch – Lagebericht
H.Gr. Afrika (4. 11.): Donnerstag, 5. November 1942
In den Vormittagsstunden wiesen Panzerdivision

General Montgomery mit seinen Stabsoffizieren

»Ariete«, DAK und 90. lei. Afrika-Division einschließlich 164. lei. Afrika-Division mehrere Angriffe von Infanterie und starken Panzerkräften ab. Dagegen gelang es dem Feind in den frühen Mittagsstunden bei erneutem Anlauf, mit zahlreichen schweren Panzern unter sehr starker Artillerieunterstützung die Front des DAK an drei Stellen zu durchbrechen. Eine Beseitigung dieser Durchbrüche war mangels Reserven nicht möglich ... Ob es gelingen wird, dort eine neue Front zu bilden und zu halten, läßt sich zur Zeit noch nicht übersehen. Der mit der Führung des DAK beauftragte General der Panzertruppen Ritter von Thoma fiel bei dem Versuch, mit seiner Kampfstaffel einen Einbruch feindlicher Panzerkräfte zu verhindern, nach Vernichtung der Kampfstaffel vor der vordersten Linie anscheinend in Feindeshand.

Unsere Verluste sind erheblich
5. November 1942, Rom
Das *Comando Supremo* teilt mit:
Im Wüstengebiet zwischen El Alamein und Fuka spielten sich gestern seit den frühen Morgenstunden bis tief in die Nacht hinein schwere und blutige Kämpfe zwischen unseren Panzer- und Infanterieeinheiten und denen des Gegners ab. Nach äußerst erbittert geleistetem Widerstand der italienisch-deutschen Armee zogen sich unsere Truppen gegen Abend auf weiter westlich gelegene neue Stellungen zurück. Die vom Feind an Menschen und Material erlittenen Verluste sind sehr groß. Auch unsere Verluste sind erheblich.

Rückzug der Achsenkräfte

5. November 1942, Kairo
Das *britische Hauptquartier* gibt in einem Sonderkommuniqué bekannt:
Nach zwölf Tagen und Nächten unaufhörlicher Angriffe unserer Land- und Luftstreitkräfte befinden sich die Truppen der Achse in der westlichen Wüste in vollem Rückzug. Ihre in Unordnung geratenen Kolonnen werden von unseren Landstreitkräften und der RAF Tag und Nacht rücksichtslos angegriffen. Es wurde bekannt,

Zwischen El Alamein und Fuka, 4. 11. 1942: Panzer- und Infanterieeinheiten liefern sich blutige Gefechte

Die neuen US-Sherman-Panzer spielen eine Schlüsselrolle bei den Kämpfen vor El Alamein

daß General von Stumme, der während des Aufenthalts von Rommel in Deutschland das Oberkommando geführt haben soll, getötet worden ist. Bis heute wurden über 260 deutsche und italienische Panzer zerstört oder erbeutet.

Geheimer Bericht des *Sicherheitsdienstes der SS* zur innenpolitischen Lage:
Nr. 332 vom 5. November 1942 (Auszug)
I. Allgemeines: Das Interesse der Bevölkerung konzentriert sich z. Zt. auf die Kämpfe in Nordafrika. ... Als entscheidend wird überall die Frage des Nachschubs bezeichnet und darauf hingewiesen, daß Engländer und Amerikaner im Laufe der letzten Monate gewaltige Mengen an Truppen und Kriegsmaterial an die Ägyptenfront geschafft hätten. Nach wie vor sieht man jedoch in Generalfeldmarschall Rommel den Garanten für einen letzten Endes günstigen Ausgang der Schlacht in Nordafrika. Kennzeichnend hierfür ist z. B. die Äußerung eines Arbeiters: »Solange Rommel unten ist, kann uns nichts passieren.«

Tagesparole des Reichspressechefs
5. November 1942:
Der Minister weist in sehr scharfen Worten die Presse und den Rundfunk an, äußerste Zurückhaltung bei der Behandlung der Nordafrikakämpfe an den Tag zu legen. Die englischen Sondermeldungen und Berichte über die Siege werden nicht beachtet.

Neue Phase in Nordafrika
Freitag, 6. November 1942, Berlin
Ergänzend zum heutigen Wehrmachtsbericht meldet das *DNB:*
Die Schlacht in Afrika ist in eine neue Phase eingetreten. Unter dem Schutz kampfkräftiger Einheiten und schwerer Waffen hat Feldmarschall Rommel seine nie verlorengegangene Bewegungsfreiheit ausgenutzt, sich vom Feinde abgesetzt und ihn zwischen Fuka und Marsa Matruh angegriffen.

Schneller Vormarsch der 8. Armee
6. November 1942
Die *Agentur Reuter* berichtet:
Der schnelle Rückzug der Streitkräfte von Rommel längs der Küstenstraße geht unter ständiger Verfolgung der 8. Armee vor sich. General Montgomery erklärte den Kriegsberichterstattern, daß sich die feindlichen Panzer und Fahrzeuge auf der verhältnismäßig schmalen Küstenstraße in Viererreihen zurückziehen, so daß sie den alliierten Fliegern, die ihre Angriffe aus niedriger Höhe durchführen, ein unfehlbares Ziel bieten. Es ist noch nicht genau festzustellen, wie weit die Spitzenverbände der Verfolgungsarmee von General Montgomery bereits vorgestoßen sind.

Tagesparole des Reichspressechefs
6. November 1942:
Der Minister spricht über die Ereignisse in Nordafrika und legt allen seinen Mitarbeitern die Verpflichtung auf, in diesen kritischen Tagen keinen Pessimismus nach außen hin in Erscheinung treten zu lassen. Er erläutert in kurzen Zügen die militärische Lage und gibt der Hoffnung Ausdruck, daß Generalfeldmarschall Rommel wieder, wie so oft, die Lage meistern werde.

General Alexander an W. Churchill
6. November 1942:
Lassen Sie die Glocken läuten! Gefangene jetzt schätzungsweise 20000, Panzer 350, Geschütze 400, mehrere tausend Lkw. Unsere vorgeschobenen motorisierten Kräfte stehen südlich von Marsa Matruh. 8. Armee im Vormarsch.

Die Zeichen des Rückzugs: gewaltige Explosion bei der Sprengung eines Munitionsdepots der Achsentruppen bei Marsa Matruh

Sender Beromünster (Schweiz)

6. November 1942:
Ähnlich wie Rommel im vergangenen Mai sich während der beiden ersten Wochen seiner Offensive in Libyen Schritt für Schritt durch britische Minenfelder den Weg bahnen mußte, begann auch der Angriff von Montgomery, des neuernannten britischen Befehlshabers in Nordafrika, mit einem Trommelfeuer seiner Artillerie, unterstützt durch einen intensiven Einsatz der Luftstreitkräfte.
In der ersten Phase dieser Operation spielte die Panzerwaffe sozusagen noch keine Rolle. In die vom Geschützfeuer geschlagenen Breschen rückten zunächst Pionier- und Infanterieabteilungen langsam vor, die mit dem Wegschaffen von Minen und anderen Hindernissen beschäftigt waren, bis die Panzer nachrücken konnten ...
Zu einem Durchbruch und infolgedessen zu einer Wiederaufnahme des Bewegungskrieges kam es an der 60 Kilometer breiten Front zwischen der Meeresküste und der Kattara-Senke am Anfang dieser Woche. Die Berichte und Kommentare aus Berlin und Rom verhehlten bei aller Zurückhaltung nicht die außerordentliche Schwere und Härte dieser Kämpfe.

Und so war es

Nur ein Wort: »Zip!« steht auf dem Telegramm, das Winston Churchill am Nachmittag des 23. Oktober 1942 von General Sir Harold Alexander, dem Oberbefehlshaber im Nahen Osten, bekommt. Das verabredete Codewort, daß die seit Monaten mit äußerster Sorgfalt vorbereitete Operation »Lightfoot«, die Offensive der britischen 8. Armee (Lt.Gen. Montgomery) bei El Alamein, wie geplant noch am gleichen Abend beginnt.

Die britischen Verbände zählen insgesamt rund 195000 Mann mit 1029 Panzern, davon über 500 schwere US-Panzer vom Typ Sherman und Grant, sowie 750 Flugzeuge. Die deutsch-italienischen Kräfte sind 104000 Mann stark, darunter 54000 Italiener. Sie haben 489 Panzer, davon 278 restlos veraltete italienische Kampfwagen und nur 30 der neuen Panzer IV mit dem langen 7,5-cm-Schnellfeuergeschütz, dem neuen US-Panzer gleichwertig.
Durch den akuten Treibstoffmangel stehen jedem Panzer lediglich drei Tankfüllungen zur Verfügung, während 30 als Mindestreserve gelten. Die Luftstreitkräfte der Achse verfügen nur noch über 372 einsatzbereite Flugzeuge: 129 Bomber, 65 Stukas, 55 Schlachtflugzeuge und 123 Jagdmaschinen. Der erfahrene Oberbefehlshaber, Generalfeldmarschall Erwin Rommel, weilt zur Zeit im österreichischen Kurort Simmering und wird von

El Alamein, am Abend des 23. 10. 1942: Kurz vor Eröffnung des Trommelfeuers räumen britische Pioniere Gassen durch die eigenen Minenfelder

dem von der Ostfront nach Nordafrika versetzten General Georg Stumme vertreten.
Um 21.40 Uhr wird an der gesamten britischen Front der Befehl »Feuer frei!« gegeben. Das ohrenbetäubende Trommelfeuer läßt stundenlang die Erde erzittern. Ein einziges Flammenband zeichnet den Frontverlauf. Auf einer Frontbreite von 60 Kilometern feuern nun 1500 britische Geschütze und Werfer, darunter 540 mit Kalibern über 10,5 cm, ihre Granaten auf den Abschnitt zwischen Küste und Kattara-Senke. Noch in dem 100 Kilometer entfernten Alexandria vibrieren die Fensterscheiben. Die Verbände der RAF unterstützen das Trommelfeuer der Artillerie durch Bomben, die sie im Flächenwurf abladen.
Die deutschen und italienischen Soldaten liegen in einem Inferno von Explosionen und Staub. Vor allem im Nordabschnitt der Front, wo Montgomery den entscheidenden Durchbruch erzwingen will, ist die wahre Hölle ausgebrochen. Alle Nachrichtenverbindungen werden zerschlagen. An welcher Stelle die Engländer angreifen, ist aus den einlaufenden ersten Meldungen kaum zu erkennen.
Nach 15 Minuten massivstem Feuer, wohl dem heftigsten seit dem Ersten Weltkrieg, beginnt der Infanterieangriff. Eine Feuerwalze setzt sich in Bewegung, die alle fünf Minuten um 100 Meter vorrückt. Die deutsche und italienische Artillerie schweigt: sie hat den strikten Befehl, Munition zu sparen. Die Granaten beginnen nun, die vor den deutsch-italienischen Stellungen angelegten Minensperren umzupflügen. Hinter dieser von Schwärmen von Kampfflugzeugen verstärkten Feuerwalze rücken ganz im Norden das XIII. Korps (Maj. Gen. Leese), daran anschließend das X. Korps (Maj. Gen. Lumsden), weiter südlich das XIII. Korps (Gen. Horrocks) sowie ganz im Süden die französische 1. Brigade vor.
Unterdessen herrscht an der gesamten deutsch-italienischen Front immer noch völlige Verwirrung. Bei den Granateinschlägen – 900 pro Minute – gehen ständig Minen hoch. Sand, Felsbrocken und zerfetzte Drahtsperren wirbeln durch die Luft. Auf dem Gefechtsstand des Deutschen Afrika-Korps (Gen. Ritter v. Thoma) und des italienischen XX. Korps (Gen. Orlando), etwa in der Mitte der Alamein-Front, hat man weiterhin kaum eine Übersicht. Außerdem liegen die deutschen gepanzerten und motorisierten Verbände, die von hier aus geführt werden sollen, im Norden und im Süden der Front.
Die Kanoniere der britischen 8. Armee sind fast taub vom Krachen der Abschüsse. Ihre dicken Lederhandschuhe schmoren an den glühenden Verschlüssen. Inzwischen überrennt die britische Infanterie die in den Minenfeldern versteckten, vorgeschobenen Maschinen-

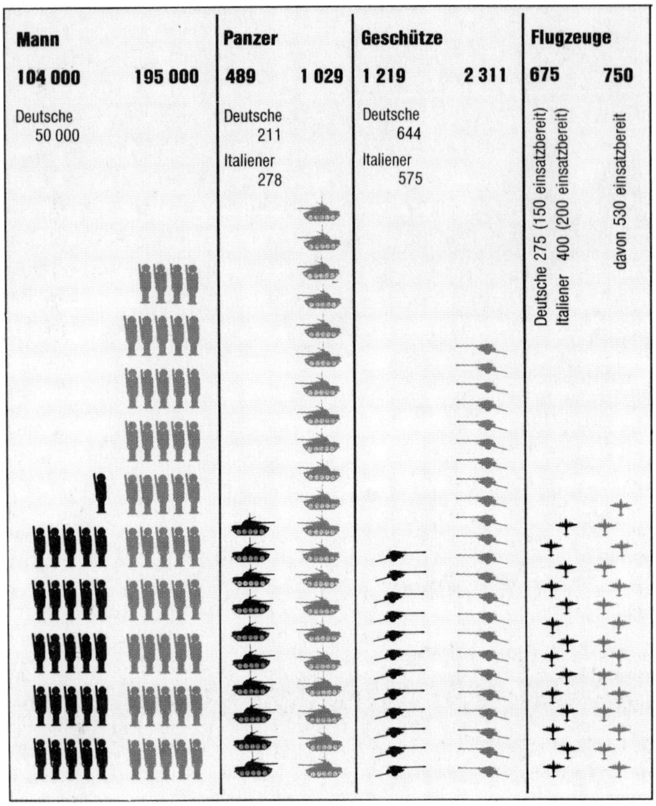

Das Kräfteverhältnis im Oktober 1942

gewehr- und Widerstandsnester. Von Zeit zu Zeit durchdringt den Kanonendonner schrille Musik: Ungeachtet des dichten Feuers marschieren bei der schottischen 51. Highland-Division die Dudelsack-Pfeifer voraus.
Das britische XXX. Korps versucht, an einer Angriffsfront von vier Divisionen zwei Breschen durch den feindlichen Befestigungsgürtel zu schlagen. Und während bei Nacht die Infanterie der Feuerwalze folgt, arbeiten die Minenräumkommandos fieberhaft. Westlich von Tel el Eisa stoßen die Infanteriedivisionen des XXX. Korps auf die Reste der Bataillone und Kompanien des Panzergrenadierregiments 125. Der britische Angriff wird zwar an diesem Abschnitt gestoppt, doch weiter südlich, im Abschnitt des Panzergrenadierregiments 382, wo die schottische 51. Highland-Division und die australische 9. Division vorstoßen, verlassen drei italienische Bataillone des Regiments 62 panikartig ihre Stellungen. Die Verbände des XXX. Korps brechen hier durch. Mit größter Mühe gelingt es einem Bataillon des Regiments 433, unterstützt durch eine Abteilung Divisionsartillerie, den Vorstoß erst hinter der Hauptkampflinie abzuriegeln.
Auch im mittleren Frontabschnitt, nördlich des Ruweisat-Rückens, können britische Panzerverbände sowie indische, neuseeländische und südafrikanische Divisionen die umfangreichen starken deutschen Minenfelder überwinden.

Entgegen allen strategischen Grundsätzen greift Montgomery die Alamein-Front an der stärksten Stelle, nicht wie naheliegend an der schwächsten an. Logischerweise hätte er den Hauptstoß im Süden führen müssen. Statt dessen setzt er im Norden an, dort wo die deutsch-italienischen Minenfelder am breitesten und am dichtesten sind.
Der britische Oberbefehlshaber hat sich eine neue Taktik ausgedacht: Erst die deutsch-italienische Infanterie in einer gewaltigen Materialschlacht in ihren Verteidigungsstellungen vernichten, dann mit Panzerkräften durchbrechen, um die feindlichen Panzerdivisionen zu zerschlagen.
Die Minenräumtrupps arbeiten sich unterdessen mühsam vorwärts: Die Pioniere bemühen sich ungeachtet der hohen Verluste, mehrere breite Gassen zu räumen, durch die zwei Panzer nebeneinander rollen können. Jede dieser Gassen wird mit weißem Markierungsband und farbigen Punktleuchten gekennzeichnet, die freie Durchfahrt signalisieren. Dank neuartiger Minensuchgeräte, die auf vergrabene Metallgegenstände reagieren, können die Pioniere bei etwas Glück pro Stunde sogar bis zu 200 Meter Wüste räumen.

In der Nacht vom 23./24. Oktober 1942, genau eine Stunde nach Mitternacht, gehen die vier britischen Infanteriedivisionen des XXX. Korps an der Nordfront zum Angriff über. Eine fünfte Infanteriedivision soll ein Ablenkungsmanöver durchführen. Als die vorstoßende Infanterie durch unerwarteten Widerstand aufgehalten wird, setzt Montgomery zwei Panzerdivisionen in Marsch: 700 Kampfwagen rollen nun durch zwei in den Minensperren geöffnete Gassen. Es gelingt ihnen jedoch nicht, den Durchbruch bis zur Morgendämmerung zu schaffen. Die Angreifer bleiben im starken Sperrfeuer der deutsch-italienischen Artillerie liegen.
Auch im Süden haben die vom XIII. Korps durchgeführten Scheinangriffe zur Bindung gegnerischer Reserven kaum Erfolg.
Rommel, zur Stunde in einem Sanatorium in Simmering, wird durch ein Blitzgespräch von Generalfeldmarschall Keitel über die britische Offensive unterrichtet. Kurz darauf befiehlt ihm Hitler persönlich, auf seinen Posten zurückzukehren.
Bis zum Sonnenaufgang kann die britische Infanterie immerhin mehrere tiefe Einbrüche erzielen. Doch wenn auch hinter den Angriffsspitzen die Pioniere sofort weitere Minenfelder säubern, so ist diese Arbeit noch lange nicht abgeschlossen, und es besteht für die britischen Panzer wenig Aussicht, kurzfristig durchzubrechen: Die Tiefe und Dichte der Minenfelder ist ein größeres Hindernis als erwartet, so daß sich bei Tagesanbruch das Gros der britischen Panzer immer noch in den Schneisen befindet.
Auch im Südteil der Front bemühen sich die Verbände des britischen XIII. Korps vergeblich, einen Durchbruch zu erzwingen. Es gelingen ihnen mit größter Mühe nur zwei Einbrüche in die östlichen Minenfelder, aber die Hauptkampflinie, verteidigt von der deutschen 21. Pan-

Bei Sonnenaufgang am 24. 10. 1942: Britische Panzer warten auf den Befehl zum Vorstoß

Unten: An den Durchbruchsstellen stoßen die britischen motorisierten Verbände sofort nach

Raum El Alamein, 1. 11. 1942: Trotz Überlegenheit gelingt es der britischen Infanterie nicht, den entscheidenden Durchbruch zu erreichen

zerdivision, der italienischen Division »Ariete«, den Bersaglieri-Bataillonen und den Verbänden der Divisionen »Brescia« und »Folgore«, hält hier stand. Ganz im Süden ist die französische 1. Brigade bei ihrem Vorstoß auf die Ebene beim Karet el Himeimat unerwartet im lockeren Sand steckengeblieben.
Zu dieser Zeit beschließt der von seinen Truppen abgeschnittene General der Panzertruppe Stumme, selbst die Lage an der Front zu erkunden. Er macht sich mit Oberst Andreas Büchting, dem Armee-Nachrichtenführer, und seinem Fahrer auf den Weg zu den vorderen Linien. Nach einigen Kilometern gerät sein Befehlswagen plötzlich in das MG-Feuer einer australischen Einheit. Büchting sackt tödlich getroffen zusammen, und der Fahrer rast zurück. Er bemerkt dabei nicht, daß General Stumme in diesem Augenblick einen Herzanfall erlitten hat und tot aus dem Fahrzeug fällt. Jetzt, wenige Stunden nach dem Ausbruch der Schlacht, haben die Achsenstreitkräfte keinen Oberbefehlshaber mehr. Vorläufig übernimmt Generalmajor Wilhelm Ritter v. Thoma die Führung der deutsch-italienischen Panzerarmee Afrika.

Gegen Mittag des 24. Oktober 1942 landet Rommel in Rom und erfährt von General v. Rintelen, dem Deutschen General in Rom im Hauptquartier des Comando Supremo, vom Fortschreiten der britischen Offensive. Er drängt auf sofortiges Auslaufen der Nachschubtransporte mit Treibstoff und Munition, da die Achsentruppen nur noch über einen Treibstoffvorrat von drei Tagessätzen verfügen.
Kurz nachdem Rommel in Derna eingetroffen ist, erreicht ihn ein Funkspruch von Generalfeldmarschall Kesselring, der ihm bestätigt, daß fünf Versorgungsschiffe ausgelaufen seien und spätestens in 72 Stunden in Nordafrika eintreffen müßten.

Am Montag, dem 26. Oktober 1942, können die britischen Panzerverbände trotz erneuter Angriffe die Einbruchsstelle nicht ausweiten. Der Panzerkeil fährt sich in einem starken Ring deutscher Pak-Nester fest. Erst nach unterstützenden Angriffen der Infanterie gelingt es den vier Panzerbrigaden, wenn auch unter großen Verlusten, etwa zehn Kilometer vorzustoßen. Selbst der Ablenkungsangriff des XIII. Korps im Südabschnitt an der Kattara-Senke muß abgebrochen werden.
Am gleichen Tag erhält Rommel die Nachricht, daß der Tanker »Proserpina« mit 4500 Tonnen Treibstoff und der Dampfer »Tergestea« mit 1000 Tonnen Treibstoff und derselben Menge an Munition – dem so dringend erwarteten Nachschub – vor der Hafeneinfahrt von Tobruk versenkt wurden.

In der Nacht vom 28./29. Oktober 1942 unternimmt Montgomery mit einem Verband aus dem starken Panzerkeil, der in die Verteidigungslinie der Achsentruppen eingebrochen ist, einen neuen Angriff nach Norden zur Küste. Er beabsichtigt, die feindliche »Tasche« im Küstengebiet hinter Tel el Eisa zu liquidieren und dann entlang der Küstenstraße nach Westen bis El Daba und Fuka vorzustoßen. Doch auch diese Operation läuft sich in den Minenfeldern fest.
Rommel nutzt die Gelegenheit und greift den steckengebliebenen Verband von der Flanke her mit der 90. leichten Panzerdivision an. Die Reserven der Panzerarmee sind allerdings fast erschöpft: Das DAK verfügt nur noch über 90 Panzer, während die britische 8. Armee dagegen zur Stunde mehr als 800 Panzer zählt.
Nur durch das überragende taktische Geschick Rommels und das operative Können seines Stabschefs, Oberst Westphal, kann eine sofortige Niederlage der Achsenkräfte verhindert werden. Trotz massiver Überlegenheit gelingt es Montgomery in den ersten Angriffstagen nicht, den entscheidenden Durchbruch zu erringen. Die Deutschen und Italiener erleiden zwar im britischen Trommelfeuer schwere Verluste, aber ihre Front hält im wesentlichen stand.

Am Montag, dem 2. November 1942, beginnt Montgomery die Operation »Super Charge«, den Durchbruch durch die Stellungen der Panzerarmee Afrika. Um der Gefahr einer Einkreisung zu entgehen, entschließt sich Rommel, seine Verbände zurückzunehmen.
Am Abend informiert Rommel das Führerhauptquartier, daß der Rückzug aus dem El-Alamein-Gebiet unumgänglich sei. Gleichzeitig leitet er den Abmarsch seiner Truppen ein, die sich in zwei Etappen auf die Fuka-Stellung zurückziehen sollen. Nach dem Verlust der El-Alamein-Stellung besteht für Rommel nur noch die Möglichkeit einer hinhaltenden Kampfführung, aber keiner Verteidigung. Daher muß der Rückzug ein weit gestecktes Ziel haben, denn es ist nicht damit zu rechnen, daß Rommel genügend Verstärkungen und Nachschub bekommt, um den sich anbahnenden Durchbruch der britischen 8. Armee in den nächsten Tagen zu verhindern.

THE DAILY MAIL, Thursday, November 5, 1942

Ask by Name for ... Made by Craftsmen in Northampton

Daily Mail

LATE WAR NEWS SPECIAL

and then— BEAR BRAND STOCKINGS

NO. 14,515 ONE PENNY * FOR KING AND EMPIRE THURSDAY, NOVEMBER 5, 1942

ROMMEL RETREATS IN DISORDER

His Deputy Killed, Chief of Africa Corps a Prisoner

MERCILESS PURSUIT OF BROKEN ARMY

ROMMEL'S Africa Corps—pride of the German Army —and their Italian allies are in full and disorderly retreat. His second-in-command has been killed, the commander of the Africa Corps (General von Thoma) is in our hands with other high officers and 9,000 prisoners; and 260 of his tanks and 270 of his guns have been captured or destroyed.

Flight to the West

MAP illustrates Rommel's sensational flight to the west, recorded by Cairo G.H.Q. last night. His line has been broken on both flanks, and his columns are being bombed as they go.

'They're Running' —Pilot Radios

From PAUL BEWSHER, Daily Mail Special Correspondent

CAIRO, Wednesday.

ABOUT one o'clock yesterday afternoon a British airman, peering down on the smoking battlefield near Sidi Abd el Rahman, saw a sight to take the breath away.

He gazed down with tense, drawn eyes to make sure he was right—for it was a sight which has not been seen in the Libyan campaign for 11 long months

The King Tells Eighth Army

WELL DONE!

It was announced late last night that the King has sent the following message to General Alexander:

THE Eighth Army, magnificently supported by the R.A.F. and units of the Royal Navy, has dealt the Axis a blow of which the importance cannot be exaggerated.

For the last fortnight we have all been following with anxious interest the progress of the hard-fought battle, and I can assure all three Services, embracing as they do the many representa-

President Faces Big Opposition

'Win-War' Poll

UNITED STATES elections yesterday showed a big swing-over to the Republican Party.

Republicans gained eight seats in the Senate, 39 in the House of Representatives, and four governorships.

Don Iddon, *Daily Mail* New York Correspondent, cabled last night that the Administration is now faced with the most formidable opposition it has had since its rise to power ten years ago.

The result will probably be a better and bigger American war

»Rommels Rückzug gerät in Unordnung« – berichtet in britischer Sachlichkeit die Londoner Presse am 5. 11. 1942

Am Dienstag, dem 3. November 1942, rollen die Fahrzeuge der Panzerarmee Afrika in dichten Kolonnen nach Westen. Der Rückzug wird Montgomery bereits in den Morgenstunden von der RAF-Luftaufklärung gemeldet; er gibt den Befehl zur Verfolgung. Dabei gerät der Kommandeur des DAK, General Ritter v. Thoma, in Gefangenschaft.
Um 13.30 Uhr erhält Rommel einen Funkspruch aus dem Führerhauptquartier: Hitler verbietet jedes Ausweichen und schließt seinen Befehl mit den Worten: »... Es wäre nicht das erste Mal in der Geschichte, daß der stärkere Wille über die stärkeren Bataillone des Feindes triumphierte ... Ihrer Truppe aber können Sie keinen anderen Weg zeigen, als den zum Siege oder zum Tode.«
Daraufhin muß Rommel seinen Operationsplan ändern, und er entschließt sich zu einem Kompromiß: Er beläßt die 90. leichte Division sowie die italienische Infanterie in ihren Stellungen. Die Reste des DAK (z.Zt. Oberst Bayerlein) und des italienischen II. Korps sollen sich 50 Kilometer bis Fuka zurückziehen.

Bereits 24 Stunden später, am 4. November 1942 um 15.30 Uhr, als der Gegner an vier Stellen durchgebrochen ist, zwingt die kritische Lage Rommel endgültig, die Panzerarmee Afrika vom Feind zu lösen und den Rückzug nach Westen zu befehlen. Hitler billigt Rommels Entschluß nachträglich. Rommel notiert: »Diese beiden Tage entschieden unser weiteres Schicksal, denn wir verloren in diesem kurzen Zeitraum nahezu 200 Panzer – den Rest unserer Panzerwaffe – und einen Großteil der italienischen Verbände. Damit war uns die Möglichkeit beweglicher Kampfführung auf dem Rückmarsch von vornherein genommen. Denn die Armee war jetzt so zerschlagen worden, daß es nichts anderes als weiteres Ausweichen geben konnte.«

Das DAK verfügt jetzt nur noch über 24 Panzer, die Reste des italienischen X. Korps (Gen. Nebia), des XX. Korps (Gen. Orlando) und des XXI. Korps (Gen. Marghinotti) haben lediglich Bataillons- oder Regimentsstärke.
Die Schlacht von El Alamein ist beendet und damit das Schicksal der deutsch-italienischen Truppen in Nordafrika besiegelt. Montgomery hat seit Eröffnung dieser Schlacht 30000 Gefangene gemacht, 350 Panzer und über 400 Geschütze erbeutet oder vernichtet. Nun beginnt der große Rückzug, unterstützt durch ein neu zugeführtes Jagdgeschwader und Verbände der Luftwaffe aus Griechenland und Kreta. Keiner, der sich zum Abmarsch rüstet, ahnt, daß der Weg 2900 Kilometer lang sein wird und einer Entfernung von Moskau bis zu den Pyrenäen entspricht.
Montgomery könnte jetzt die verzweifelte Lage der Panzerarmee Afrika ausnutzen und in einer überholenden Verfolgung Rommels Truppen den Rückzug abschneiden, um sie vernichtend zu schlagen. Warum er es nicht getan hat, bleibt für immer sein Geheimnis.
Als die deutsch-italienischen Verbände sich entlang der schmalen Küstenstraße gegenseitig den Weg blockieren und es zu kilometerlangen Stauungen kommt, befiehlt Montgomery seinen drei Panzerdivisionen, lediglich 16 Kilometer weit nach Norden gegen die Küstenstraße vorzustoßen. Diese Einschränkung ermöglicht Rommel, seine Truppen am ersten Tag des Rückzugs fast ungehindert abzuziehen.

Auch am Donnerstag, dem 5. November 1942, unternehmen die Verfolger keinen Überholungsversuch: Ihre Bewegungen zum Abschneiden des Rückzugs der Panzerarmee Afrika sind viel zu langsam und zu eng angesetzt. So treffen zum Beispiel die Spitzen der britischen 1. Panzerdivision und der 7. Panzerdivision erst gegen Mittag bei El Daba ein, gerade rechtzeitig, um zu sehen, wie die letzten Fahrzeuge der Rückzugskolonnen hinter Staubwolken verschwinden.

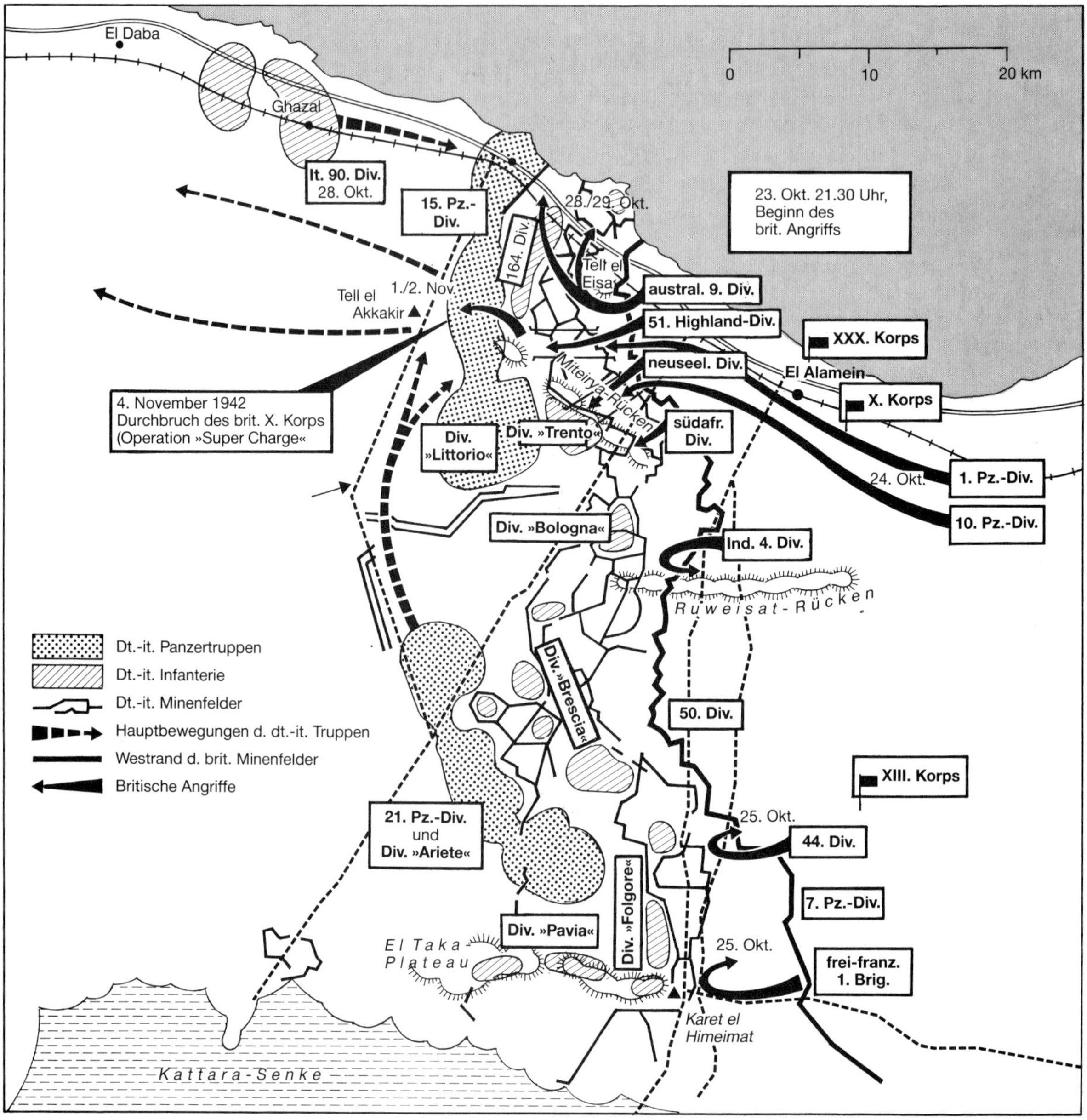

23. Oktober bis 4. November 1942: Entscheidung vor El Alamein

Die Spitzen der indischen 10. Division, die 25 Kilometer weit in Richtung Galar vorstoßen, erreichen gerade noch die allerletzte Nachhut der Italiener. Ihre Beute: etwa 40 leichte italienische Panzer, denen der Treibstoff ausgegangen ist.

Am Freitag, dem 6. November 1942, dauern den ganzen Tag über die Schießereien zwischen Nachhuten und Vorhuten beider Gegner an.

Am Nachmittag setzt im ganzen Küstenbereich starker Regen ein, so daß die Verfolgung immer langsamer wird und die Reste der Panzerarmee entweichen können. Am Abend des 6. November 1942 läßt Rommel das noch vor Monaten heiß umkämpfte Marsa Matruh räumen. Er ahnt nicht, daß Montgomery seiner 1. Panzerdivision den Befehl erteilt hat, die sich zurückziehenden Verbände abzufangen. Die 1. Panzerdivision soll im weiten Bogen durch die Wüste ausholen und dann von Süden her die Küstenstraße westlich von Marsa Martruh abschneiden. Der Verband von General Lumsden muß seinen Vorstoß jedoch zweimal wegen Treibstoffmangel stoppen, das zweite Mal in Sichtweite der Küstenstraße, über die sich die feindlichen Kolonnen in westlicher Richtung absetzen.

Neunte Phase

7. November 1942 – 22. Februar 1943

Operation »Torch«, alliierte Landung in Nordafrika
Rückzug der Panzerarmee Afrika
Abwehrerfolge in Tunesien

US-Landung in Nordafrika!

Sonntag, 8. November 1942, Washington
Das *US-Kriegsministerium* gibt bekannt:
Unsere Armee-, Marine- und Luftstreitkräfte haben in den Nachtstunden mit Landeoperationen an zahlreichen Stellen der Küste Französisch-Nordafrikas begonnen, die wegen zunehmender Bedrohung durch die Achsenmächte zum Schutz dieses Gebietes notwendig waren. Es sind Schritte unternommen worden, um das französische Volk durch Radio und Flugblätter von unserem Vorhaben in Kenntnis zu setzen. Diese kombinierten Operationen der US-Streitkräfte mit Einheiten der britischen Marine und Air Force unterstehen dem Oberkommandierenden der alliierten Streitkräfte, General Eisenhower.

Alliierte Landung zurückgeschlagen
8. November 1942, Vichy
Das *Internationale Informationsbureau* (INTERINF) teilt mit:
Heute früh, um 3.30 Uhr, fand im Raum Algier nach vorangegangener heftiger Bombardierung ein alliierter Landungsversuch statt. Um 4.00 Uhr wurden die feindlichen Schnellboote zurückgeschlagen. Weitere Versuche, an verschiedenen Punkten der nordafrikanischen Küste, vor allem bei Oran, Truppen zu landen, sind unter schweren Verlusten zurückgewiesen worden. Admiral Darlan und General Juin, die die Operationen leiten, haben auf Befehl von Marschall Pétain die erforderlichen Maßnahmen getroffen.

Tagesparole des Reichspressechefs
8. November 1942:
Die Landung in Nordafrika soll als ein infamer Rechtsbruch des Gangsterpräsidenten gebrandmarkt werden. In einer amerikanischen Verlautbarung werde betont, daß die Initiative und der Plan zu diesem Unternehmen bei den Amerikanern gelegen und daß England seine Zustimmung zu der Wegnahme europäischen Kolonialbesitzes gegeben hat.

OKW/Kriegstagebuch – Lagebericht
H.Gr. Afrika: (8. 11.) Montag, 9. November 1942
1. Dt. Afrikakorps, 90. lei.Div. und Pz.Gren.Rgt. Afrika gingen nach Abwehr mehrerer Angriffe starker Inf. gegen Marsa Matruh unter hohen Feindverlusten in der Nacht 7./8. 11. nach Westen zurück und entzogen sich dadurch der Umfassung durch starke feindl. Panzerkräfte ...
3. Die Führung der Truppen wird außer dem bereits gemeldeten starken Ausfall an Nachrichtenmitteln neuerdings auch durch starke Störsender erschwert.
4. Der Feind wandte beim Angriff auf die El-Alamein-Stellung folgende Methoden an: Angriff gegen Stellungen, mehrstündige Artl.-Vorbereitung unter stärkstem Mun.-Einsatz, hinter einer Feuerwand und reichlichem Schießen von Nebel Vorschieben der Angriffsinf. zum Räumen von Minen und Beseitigen von Hindernissen. Häufiger Wechsel der Stoßrichtung unter Einnebeln an ungünstigen Stellen. Die eigene Artl. war wegen Mun.-Mangel nicht in der Lage, Bereitstellungen zu zerschlagen und feindl. Artl. wirksam zu bekämpfen. Nach Legen von Minengassen Angriff schwerster Durchbruchspanzer, denen die Infanterie dichtauf folgte. Der Feind ist besonders geschult und geschickt in Nachtangriffen, wobei er auch schwerste Panzer als Sturmartl. verwendete.

Die Briten wieder in Libyen

9. November 1942
Aus dem *Hauptquartier der britischen 8. Armee:*
In den Operationen der letzten 24 Stunden hat Rommel nahezu die gesamte Verteidigungsstellung verloren, die an der libysch-ägyptischen Grenze zum Schutz des italienischen Besitzes errichtet worden war. Lediglich der Halfaya-Paß ist noch im Besitz der Achsenmächte. Die britischen Truppen haben aber die Stellung bereits umgangen.

Raum Algier, 8. 11. 1942, »... ein infamer Rechtsbruch des Gangsterpräsidenten«: US-Soldaten, unterstützt durch Einheiten der britischen Armee, landen an der Küste Französisch-Nordafrikas

Algier genommen

9. November 1942
Aus dem *Hauptquartier von General Eisenhower:*
In drei wichtigen Küstengebieten Französisch-Nordafrikas haben die in der Nacht zum Sonntag gelandeten amerikanischen Truppen Brückenköpfe errichtet und von diesen aus bereits zum Teil beträchtliche Operationen gegen das Innere des Landes begonnen. Französische Flotteneinheiten leisteten an mehreren Stellen heftigen Widerstand, und es kam zu Gefechten, die zu Ungunsten der Franzosen entschieden wurden.

Vormarsch gegen die tunesische Grenze
Dienstag, 10. November 1942
Aus dem *Alliierten Hauptquartier* in Nordafrika:
Die in Philippeville (zwischen Algier und der Grenze Tunesiens) gelandeten Verbände marschieren auf die Grenze von Tunesien zu und haben Bereitschaftsstellungen bezogen. Von Algier sowie von Oran aus sind drei amerikanische Kolonnen tiefer ins Innere des Landes vorgestoßen. Sie trafen nur auf geringen Widerstand.
Im Gebiet von Casablanca sind schwere Land-, See- und Luftkämpfe im Gange. Der amerikanische Kommandant in dieser Operationszone, Generalmajor George Patton, verhandelte am Montag über einen Waffenstillstand, der von den französischen Behörden abgelehnt wurde.

Nachhutkämpfe bei Sidi Barrani und Sollum
10. November 1942
Aus dem *Hauptquartier der britischen 8. Armee:*
Die alliierten Truppen stehen im Kampf mit der feindlichen Nachhut bei Sidi Barrani und bei Sollum.

Deutscher Einmarsch ins unbesetzte Frankreich
Mittwoch, 11. November 1942, Vichy
Die *Agentur Havas* berichtet:
Wie Radio Paris heute morgen bekanntgab, haben deutsche Truppen den Befehl erhalten, in die nicht besetzte Zone einzumarschieren. Der Sender verbreitete auch eine Botschaft Hitlers an Marschall Pétain.

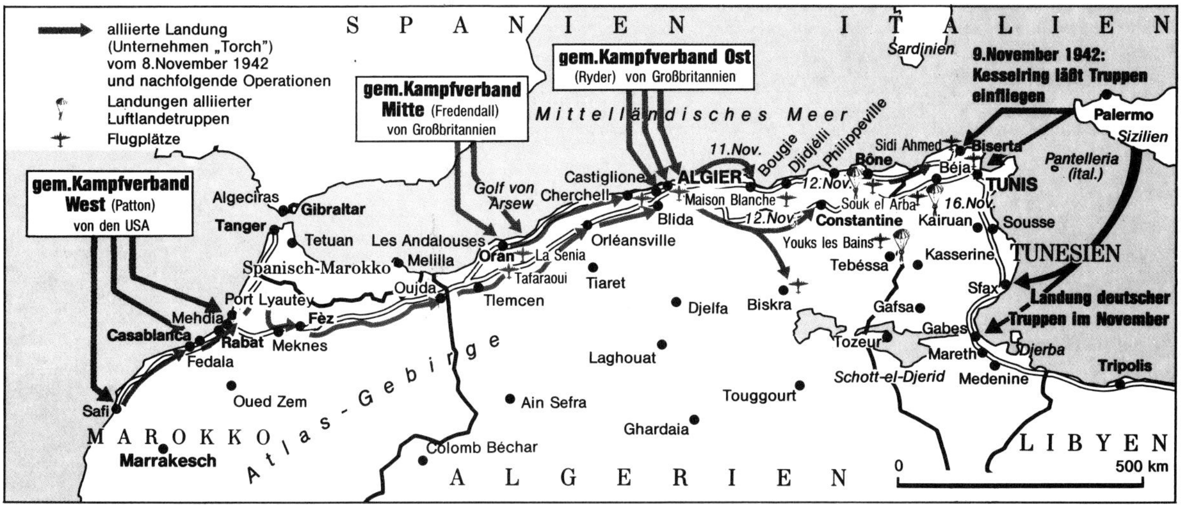

8. 11. 1942: Die Alliierten landen in Marokko und Algerien

Libyen, 10. 11. 1942: Nach dem Rückzug der deutschen Nachhuten rollen die Verbände der britischen 8. Armee in Sidi Barrani ein

Ein Verband Transportmaschinen Junkers Ju 52 nimmt Kurs auf Tunesien

Rechte Seite: Raum Bardia, 13. 11. 1942: Obwohl die Verbände von Generalfeldmarschall Rommel unter akutem Treibstoffmangel leiden, fallen den Engländern immer wieder Treibstofflager der Achsentruppen in die Hände

Einstellung der Kämpfe in Französisch-Nordafrika
11. November 1942, London
Aus dem *Alliierten Hauptquartier* in Nordafrika:
Die Feindseligkeiten zwischen unseren und den französischen Truppen sind eingestellt worden.

Wettlauf um Tunesien

11. November 1942
Aus dem *Alliierten Hauptquartier* in Nordafrika:
Der Kampf um Tunesien hat begonnen. Deutsche Luftgeschwader, darunter eine große Zahl Junkers JU 52 (Transportmaschinen), eskortiert von Bombern und Jägern, sind auf mindestens zwei Flugplätzen in Tunesien gelandet. Die französischen Garnisonen leisten keinen Widerstand, so daß die Landungen glatt erfolgen konnten.

OKW/Kriegstagebuch – Lagebericht
H.Gr. Afrika: Donnerstag, 12. November 1942
Tunesien
Für die Bildung eines ersten Brückenkopfes in Tunis sind deutsche und ital. Kräfte im Luft- und Seetransport in Zuführung. Zuführung im Seetransport infolge Blockierung der Häfen Tunis und Bizerta durch versenkte Schiffe (anscheinend Sabotage) erschwert.

Amerikaner auf dem Vormarsch
12. November 1942, Algier
Die *Agentur Exchange* berichtet:
Amerikanische Truppen nähern sich in ihrem Vorstoß entlang der nordafrikanischen Küste der algerisch-tunesischen Grenze. Ihre Vorhuten stehen bereits rund 160 Kilometer östlich von Bougie, das am Mittwoch von britisch-amerikanischen Streitkräften besetzt worden war.

Überstürzter Rückzug Rommels

12. November 1942, Kairo
Die *Agentur Reuter* meldet:
Das Vorrücken der 8. Armee an der Küste entlang und das Umgehungsmanöver im Süden führten im Verlauf der Nacht zum überstürzten Rückzug der leichten Schutztruppen, die Marschall Rommel bei Bukbuk zurückgelassen hatte.

Geheimer Bericht des *Sicherheitsdienstes der SS* zur innenpolitischen Lage:
Nr. 334 vom 12. November 1942 (Auszug)
I. Allgemeines: ... Vor allem die Landung der Amerikaner in Französisch-Nordafrika habe bei der gesamten Bevölkerung gewaltiges Aufsehen erregt und zum Teil schockartig die Stimmung beeinflußt. Über den Ernst der Situation seien die Ansichten noch unterschiedlich.

In Tunesien
Von Kriegsberichterstatter Leutnant Geissler
Seit dem frühen Morgen warten wir mit vielen anderen Kameraden aller Wehrmachtteile auf den nächsten Transport nach Tunesien. In der Dämmerung ist bereits der erste gestartet, eine Schar von grauen Vögeln, die sich zur festen Formation gefunden haben, um schließlich, von wendigen Jägern begleitet, die gerade Richtung zum jenseitigen Ufer zu nehmen. Von irgendwoher sind dann neue Flugzeuge eingefallen, haben rasch getankt und warten nun auf den Startbefehl, wie so viele Pulks in den Tagen vorher. Der große Fliegerhorst im südlichen Raum der Festung Europa ist buchstäblich über Nacht zu einem wichtigen Platz unserer Wacht geworden. Ein Hauch von Abenteuer weht immer über jenen Männern, die den Sprung nach drüben tun.
Gegen Mittag sitzen wir endlich in der Ju. Im flimmernden Dunst versinkt die eigene Küste. Eine kleine Strecke fliegt der Verband allein über die grenzenlose Fläche, dann tauchen in der Ferne die grauen Schatten tunesischer Berge auf. Das andere Ufer ist erreicht.
Als die Dunkelheit vollends hereingebrochen ist und nur zuweilen das ferne langgezogene Heulen der zahllosen Araberhunde in den nahen Siedlungen die lastende Stille unterbricht, kündigt sich auch der erwartete Luftangriff an. Dumpfe Schüsse der Flak hallen zu uns herüber. Die Fensterläden beginnen zu klirren, durch das Glas schillert bereits der Schein von Leuchtbomben. Unter der Explosion der ersten Bomben scheint das Gebäude zu erbeben.
Am frühen Morgen fahren wir wieder zum Platz. Die amerikanischen Nachtbomber haben keine bedeutenden Schäden anrichten können. Der Flugbetrieb geht ungestört weiter. Auf dem Weg zur nahen Stadt begegnen wir den endlosen Zügen neugieriger Araber, die sich immer wieder mit beschwörenden Gesten zur Mitarbeit anbieten. Viele von ihnen gehören bereits zum festen Personal des Platzes. Ihr freundliches Element bestimmt die ersten Eindrücke im Häusermeer am Rand des Golfs von Tunis. *Völkischer Beobachter, November 1942*

Der Halfaya-Paß genommen
Freitag, 13. November 1942
Die *Agentur Reuter* meldet:
Die letzten, um Mitternacht eingetroffenen Berichte besagen, daß die Hauptpanzerkräfte der 8. Armee gestern die ägyptische Grenze überschritten haben und

sich rasch auf Tobruk zubewegen, Bardia seitlich liegenlassend. Die Forts Capuzzo und Maddalena wurden eingeschlossen, ebenso Bardia. Welches Tempo der Vormarsch der alliierten Streitkräfte gegenwärtig hat, geht schon daraus hervor, daß die Streitkräfte der 8. Armee in den letzten beiden Tagen mehr als 200 Kilometer vorgedrungen sind.

Tobruk und Bardia besetzt
13. November 1942, London
Die *Agentur Reuter* teilt mit:
Von zuständiger Seite wird gemeldet, daß Tobruk und Bardia heute morgen von der 8. Armee besetzt worden sind. Die 8. Armee ist in neun Tagen 500 Kilometer weit vorgestoßen.

Alliierter Einmarsch in Tunesien
13. November 1942, Algier
Die *Agentur Exchange* berichtet:
Eine britisch-amerikanische Armee ist an der algerisch-tunesischen Grenze in Aktion getreten. Der Einmarsch in Tunesien ist an mehreren Stellen erfolgt.

Sender Beromünster (Schweiz)

13. November 1942:
Während die Aufmerksamkeit noch völlig auf die Vorgänge in Ägypten gerichtet war, wo seit dem von der britischen 8. Armee erzwungenen Durchbruch bei El Alamein die Armee Rommels sich auf dem Rückzug nach Westen befand, kam letzten Sonntag die Nachricht von der Landung amerikanischer Truppen in Französisch-Nordafrika ... In militärischer Hinsicht ist es zweifellos eine große organisatorische, technische und taktische Leistung gewesen, eine so umfangreiche militärische Macht mit all dem gewaltigen Zubehör, das der moderne Krieg erfordert, unbemerkt vom Feind über große Distanzen über das Meer zu schaffen und an weit auseinanderliegenden Punkten gleichzeitig an den ausersehenen Küstenstreifen zu landen.

Kämpfe zwischen französischen und deutschen Truppen
Sonnabend, 14. November 1942
Aus dem *Alliierten Hauptquartier* in Nordafrika:
Die Truppen der französischen Garnisonen in Tunesien stehen im Kampf gegen die dort befindlichen deutschen Streitkräfte.

Tagesparole des Reichspressechefs
14. November 1942:
Der Minister beschäftigt sich in grundsätzlichen Ausführungen mit dem Wehrmachtsbericht. Er übt bittere und scharfe Kritik daran, daß zum Beispiel der Fall von Tobruk deutscherseits bisher nicht bekanntgegeben sei, während jeder Deutsche ohne gegen Abhörverbote zu verstoßen, auf dem Deutschlandsender die deutschen Nachrichten in englischer Sprache abhören und dadurch erfahren könne, daß Tobruk gefallen ist.

Vorhutkämpfe in Biserta
Montag, 16. November 1942
Der *Sender Marokko,* der sich in den Händen der Alliierten befindet, meldet:
Die neuesten aus Tunesien eintreffenden Berichte bestätigen, daß die Vorhut der britischen 1. Armee in der Gegend von Biserta bereits in Fühlung mit den Streitkräften der Achsenmächte stehe. General Anderson, Oberbefehlshaber der 1. Armee, gab inzwischen folgende Erklärung ab: »Wir setzen unseren Vormarsch in östlicher Richtung so rasch wie möglich fort. Unsere Ziele, die Flugplätze, befinden sich gegenwärtig noch in feindlichen Händen. Die Deutschen verfügen dort bereits über beträchtliche Luftstreitkräfte, die in größter Eile auf dem Luftweg überführt wurden. Ihre Stärke kann auf 10000 Mann geschätzt werden.«

Dienstag, 17. November 1942, London
Die *Agentur Reuter* teilt mit:
Aus einem hier in den Abendstunden des Montag bekanntgewordenen Aufruf an die Bevölkerung Französisch-Nordafrikas geht hervor, daß die Achsentruppen von General Nehring befehligt werden. Der Aufruf von General Nehring wendet sich an die Bevölkerung von Algerien, Tunesien und Marokko sowie an die französischen Soldaten der Garnisonen in Französisch-Nordafrika.

Panzerspitzen vor Derna
17. November 1942
Aus dem *Hauptquartier der britischen 8. Armee:*
Die Panzervorhuten der 8. Armee haben Derna erreicht.

Tunesische Flugplätze in britischer Hand
Donnerstag, 19. November 1942
Aus dem *Hauptquartier von General Eisenhower:*
An zahlreichen Punkten sind tief in tunesischem Gebiet britische Fallschirmtruppen abgesetzt worden, die Flugfelder und andere wichtige Objekte besetzten. In Zentraltunesien wurde ein wichtiger Flugplatz genommen, der den Alliierten bei den künftigen Operationen gute Dienste leisten dürfte.

Bengasi geräumt

Freitag, 20. November 1942, Berlin
Das *DNB* meldet:
Bengasi ist nach Zerstörung aller militärischer Anlagen von den deutsch-italienischen Truppen planmäßig geräumt worden.

Erste Gefechte in Tunesien
20. November 1942, Rabat
Der *Sender Marokko* berichtet:
Wie das Hauptquartier der britischen 1. Armee bekanntgab, sind am 17. November 1942 starke Patrouillen der 1. Armee in der Nordzone von Tunesien ins Gefecht mit deutschen motorisierten Abteilungen gekommen. Von

Bengasi, 19. 11. 1942: vorstoßende britische Einheiten bei der Säuberung der Außenbezirke

den 30 am Kampf beteiligten feindlichen Panzern wurden acht zerstört.

Sender Beromünster (Schweiz)

20. November 1942:
Im östlichen Mittelmeer hat Rommel aus seiner Niederlage in Ägypten und aus der Bedrohung, die infolge des alliierten Unternehmens in Algerien entstanden war, die Konsequenz gezogen, indem er die ganze Cyrenaika dem Feind preisgab und sich mit den Überresten seiner Panzerarmee in raschem Tempo nach Westen zurückzog ...
In umgekehrter Richtung begann der Vormarsch alliierter Truppen, die von Algerien aus operieren. Am 13. November 1942 besetzten sie an der Küstenstraße, die von Algier nach Tunis führt, die Hafenstadt Bône. Damit setzte der Wettlauf um Tunesien ein, denn am 16. November 1942 bestätigte Berlin die Besetzung von Tunis durch Achsentruppen.

Sonnabend, 21. November 1942
Aus dem *Feldhauptquartier von General Anderson:*
Der deutsche Widerstand ist hartnäckig. In fieberhafter Eile wirft die deutsche Heeresleitung Elitekampfverbände in den nordöstlichen Zipfel Tunesiens. Die meisten Transporte erfolgen auf dem Luftweg, einige auch über die See, und am Freitagabend wurden deutsche Truppen und Panzer in Biserta gelandet.

Schwacher Widerstand
Montag, 23. November 1942, Berlin
Das *Internationale Informationsbureau* (INTERINF) teilt mit:
Die deutsch-italienischen Sicherungen, die gegen die tunesisch-algerische Grenze vorrücken, fanden nur an wenigen Stellen stärkeren Widerstand bei amerikanischen Vorhuten. Die deutsch-italienischen Verbände konnten eine Reihe von wichtigen Stellungen kampflos besetzen.

Erste Gefechtsberührung mit Amerikanern
Von Kriegsberichterstatter Oberleutnant Kürbis
Seit vier Tagen lagen die beiden Flakzüge zur Sicherung des vorgeschobenen Flugplatzes an Ort und Stelle. Seit vier Tagen waren sie ohne jede Feindberührung geblieben.

Es war 15.30 Uhr. Da entdeckten die Flakzüge auf der vor ihnen liegenden Höhe zwei Panzer, die sie zunächst für deutsche hielten. Zu näherer Erkundung blieb ihnen keine Zeit, da einige Spitfires, plötzlich aus den Wolken brechend, ihren Platz mit Bordwaffen anzugreifen versuchten. Sie jagten die ersten Schüsse aus ihren Rohren. Jagdflugzeuge stiegen gleichzeitig auf, und kaum wahrgenommen, waren die feindlichen Flieger vertrieben.
Im gleichen Augenblick erkannten sie etwa 20 Panzer, die, auseinandergestaffelt, nicht weit davon entfernt gegen sie anrollten. Feindliche Panzer! Das hatten sie hier noch nicht erlebt. Alle Mann an die Geschütze! Eine Staubwolke lag wie eine Nebelwand hinter den vorrükkenden Panzern. Klar zeichneten sich sechs davon ab. Dort, auf etwa 400 Meter, erkannten sie den gelben Stern an den Drehtürmen und sofort hämmerten ihre Geschütze ihr exaktes, beruhigendes Tak-tak-tak gegen die erdfarbenen, sich vorwühlenden Fahrzeuge.
Aber stur rollten die unheimlichen Ungetüme gegen sie an. Maschinengewehrgarben zischten den Kanonieren entgegen, Kanonengeschosse hämmerten dazwischen. Doch sie schossen eisern weiter, und der Stahl ihrer Granaten schlug auf nächste Distanz in die feindlichen Panzer. Entfernung 60 Meter – und wieder blieb einer auf der Strecke. Da drehte der erste ab und ein zweiter folgte ihm.
Schließlich sehen sieben andere Wagen die Hoffnungslosigkeit ihres Unternehmens ein. Im Abdrehen zeigten sie ihre Breitseite, und da sah man auf ihrem Leib bunt aufgemalt das Sternenbanner. Das war die erste Begegnung zweier Flakzüge mit Amerikanern.

Völkischer Beobachter, November 1942

Verstärkungen der Achse in Tunesien
Mittwoch, 25. November 1942, Berlin
Das *Internationale Informationsbureau* (INTERINF) meldet:
Die Verstärkung der italienischen und deutschen Truppen in Tunesien macht von Tag zu Tag schnellere Fortschritte. Neben den Luftstreitkräften legt man auf seiten der Achsenmächte dabei vor allem Wert auf die Heranführung von Panzerverbänden und Sturmgeschützabteilungen sowie motorisierten Einheiten, deren Beweglichkeit eine operative Kriegführung in großen Räumen ermöglicht.

Geheimer Bericht des *Sicherheitsdienstes der SS* zur innenpolitischen Lage:
Nr. 338 vom Donnerstag, 26. November 1942 (Auszug)
I. Allgemeines: Die Mehrzahl der Volksgenossen vermag die Vorgänge im Mittelmeerraum noch immer nicht klar zu übersehen und beurteilt daher die derzeitige Kriegslage mit einem Gefühl des Unbehagens.

Siegeszeichen für den geschlagenen Gegner

Tebourba, 4. 12. 1942: Deutsche Vorhuten marschieren in die von den Amerikanern geräumte, strategisch wichtige Stadt ein

Freitag, 27. November 1942
Aus dem *Alliierten Hauptquartier* in Nordafrika:
Die britische 1. Armee, die in nordöstlicher Richtung vorstößt, hat den Gegner von Medjez el Bab in Tunesien vertrieben, nachdem hartnäckiger Widerstand überwunden worden war.

Verbindung abgeschnitten
Mittwoch, 2. Dezember 1942, New York
Die *Agentur Reuter* meldet:
Französische und amerikanische Truppen haben die Küste zwischen Sfax und Gabes erreicht und damit die Landverbindung des Feindes zwischen dem Nordosten Tunesiens und Tripolitanien abgeschnitten.

Schwere amerikanische Verluste in Tunesien
Donnerstag, 3. Dezember 1942, Berlin
Das *Internationale Informationsbureau* (INTERINF) teilt mit:
Die Kämpfe bei Tebourba, westlich von Tunis, hielten heute den ganzen Tag mit unverminderter Heftigkeit an. Dabei wurden die starken amerikanischen Panzerkräfte durch konzentriertes Vordringen der Kampfwagenverbände und deutschen Luftwaffeneinheiten auf immer enger werdendem Raum zusammengedrückt. Die Amerikaner erlitten, zumal ihnen jede Unterstützung durch eigene Fliegerkräfte fehlt, dabei außerordentlich schwere Verluste.

Ein voller Erfolg der Achsentruppen
Sonntag, 6. Dezember 1942, Berlin
Das *DNB* meldet:
Der erste größere Angriff der Achsenmächte in Tunesien brachte einen vollen Erfolg. Ihre Truppen nahmen nach mehrtägigen heftigen Kämpfen den wichtigen Straßen- und Eisenbahnknotenpunkt Tebourba, machten dabei 1100 Gefangene und erbeuteten über 70 Panzer sowie 40 Geschütze.

Nehrings Offensive
Montag, 7. Dezember 1942
Aus dem *Feldhauptquartier von General Anderson:*
Die Gegenoffensive von General Nehring hat in den letzten zwölf Stunden im Dreieck von Mateur–Djedaida-Tebourba an Wucht zugenommen.

Tebourba, 9. 12. 1942: Gefangene US-Soldaten warten auf den Abtransport in das KG-Sammellager

Vor schweren Kämpfen in der Cyrenaika
7. Dezember 1942:
Aus dem *Hauptquartier der britischen 8. Armee:*
General Montgomery erklärte dem Militärkorrespondenten der Agentur Reuter:
Die 8. Armee hat sich zwischen Bengasi und El Agheila nicht zur Ruhe gesetzt. Wir stehen inmitten einer außerordentlich harten Arbeit. Vor uns befindet sich nicht nur das reorganisierte Afrika-Korps und eine Befestigungszone, die mit Artillerie, MG-Nestern und Minen versehen ist, sondern auch ein äußerst schwer passierbares Gelände, das durch seinen weichen Sand uns viele Probleme auferlegt. Wir sind auf sehr schwere Kämpfe vorbereitet.

Geheimer Bericht des *Sicherheitsdienstes der SS* zur innenpolitischen Lage:
Nr. 342 vom Donnerstag, 10. Dezember 1942 (Auszug)
I. Allgemeines: Besorgnisse macht man sich noch um die deutsch-italienische Panzerarmee in Libyen, zumal Generalfeldmarschall Rommel in letzter Zeit nicht mehr erwähnt worden sei. Dieser Umstand hat vielfach den Gerüchten um eine angebliche Krankheit oder Gefangennahme des Generalfeldmarschalls Rommel neue Nahrung gegeben.

Freitag, 11. Dezember 1942
Aus dem *Feldhauptquartier von General Anderson:*
Strömende Winterregen haben die Gebirgsstraßen im Kampfgebiet in Bäche verwandelt und alle größeren Operationen in Tunesien vorerst zum Stillstand gebracht.

Alliierter Rückzug in Tunesien gestoppt
Sonnabend, 12. Dezember 1942
Aus dem *Feldhauptquartier von General Anderson:*
General Anderson hat nunmehr den Rückzug an der Front Tebourba–Mateur eingestellt. Die deutsch-italienischen Truppen sind im Verlauf dieser Woche bis zu 30 Kilometer vorgerückt.

Den Gegner zurückgeworfen
Montag, 14. Dezember 1942, Berlin
Das *Internationale Informationsbureau* (INTERINF) meldet:
Die westlich Tebourba operierenden motorisierten Truppen der Achse errangen gestern gegen eine starke feindliche Gruppe einen neuen bedeutenden Erfolg. In planmäßiger Fortsetzung ihrer Operationen stießen sie weiter nach Südwesten vor und warfen den Gegner aus zwei festungsartig ausgebauten Ortschaften.

Rommels Rückzug in Tripolitanien
14. Dezember 1942, Kairo
United Press berichtet:
Nachdem die Panzerarmee Afrika ihre Stellungen bei El Agheila aufgegeben hat, glaubt man, daß sie sich bis Misurata, 450 Kilometer nordwestlich von El Agheila, zurückziehen werde. Misurata liegt 170 Kilometer von Tripolis entfernt.

Sonnabend, 19. Dezember 1942
Aus dem *Hauptquartier der britischen 8. Armee:*
Es ist einem größeren Teil der im Gebiet von Matratin

Raum Tripolis, Dezember 1942: Volltreffer! Ein von britischen Jagdbombern angegriffener deutscher Panzer explodiert

eingeschlossenen deutsch-italienischen Streitkräfte gelungen, nach dem Westen durchzubrechen. General Montgomery hat es nicht verhindern können, daß die Verbände des Gegners sich den Weg an der Küste bahnen konnten.

Der Wüstenfuchs läßt sich nicht fangen
Sonntag, 20. Dezember 1942, Kairo
Die *Agentur Reuter* teilt mit:
Der größte Teil der Nachhuttruppen von Rommel, darunter auch die Panzereinheiten, konnte infolge der größeren Stärke an Panzern aus der Umzingelung entkommen.

Langsames Vordringen in Richtung Tripolis
Dienstag, 22. Dezember 1942, Kairo
Die *Agentur Reuter* berichtet:
Die Vorhuten von General Montgomery haben sich näher an den Ort Syrte herangeschoben und befinden sich jetzt rund 250 Kilometer westlich von El Agheila. Trotz schwerer Behinderung durch Minen und Panzerfallen sind die britischen Truppen in der letzten Zeit täglich durchschnittlich 20 Kilometer vorgedrungen und haben die Fühlung mit der feindlichen Nachhut nie verloren. Es liegen keine Anzeichen dafür vor, daß die Deutschen Syrte verteidigen werden.

W. Churchill an den Kriegsminister
Mittwoch, 23. Dezember 1942:
General Anderson beklagt sich, daß seine Panzer gegen die deutschen nicht aufkommen. Es ist die gleiche Geschichte wie vor einem Jahr in der Schlacht bei El Gazala.

Sonntag, 27. Dezember 1942, Kairo
Aus dem *Hauptquartier der britischen 8. Armee:*
Die britische 8. Armee setzte gestern ihren Vormarsch in Richtung Tripolis fort und befindet sich bereits westlich von Syrte.

Kampfpause in Tunesien
Dienstag, 29. Dezember 1942
Die *Agentur Reuter* teilt mit:
An der tunesischen Front herrscht verhältnismäßig Ruhe. Beide Seiten entfalten nur lebhafte Spähtrupptätigkeit.

Deutsche Panzer gegen französische Truppen
Montag, 4. Januar 1943
Aus dem *Alliierten Hauptquartier* in Nordafrika:
Mit der leichten Besserung des Wetters an der tunesischen Front hat die Kampftätigkeit zugenommen, und zwar haben die Deutschen die Initiative ergriffen. Deutsche Panzerverbände stehen in schwerem Angriff gegen französische Streitkräfte bei Fondouk, neun Kilometer südöstlich von Pichon.

Kampfpause bei Montgomery
Dienstag, 5. Januar 1943, Kairo
United Press meldet:
Von der tripolitanischen Front treffen nur spärliche Berichte über die Operationen der britischen 8. Armee ein. Die Kriegsberichterstatter melden, daß das Wetter äußerst ungünstig sei.

Januar 1943, in dem von der britischen 8. Armee besetzten Misurata

Abwehrlinie Rommels in Tripolitanien?
Mittwoch, 6. Januar 1943, Bengasi
Die *Agentur Reuter* berichtet:
Zwischen dem Wadi Bei el Chebir und Buerat haben die Deutschen zum erstenmal seit dem Rückzug aus El Agheila eine Art Abwehrlinie errichtet. Artilleriegeschütze sind in dem zerklüfteten Gebiet in Stellung gebracht worden, Sturzkampfbomber stehen zum Angriff bereit, und Schützengräben werden ausgehoben. Zu eigentlichen Kämpfen ist es bisher nicht gekommen.

Deutscher Erfolg in Tunesien
Donnerstag, 7. Januar 1943
Aus dem *Hauptquartier der britischen 1. Armee:*
Der Höhenzug, den britische Truppen Anfang der Woche westlich von Mateur (Tunesien) eroberten, ist nach heftigen Kämpfen wieder in deutsche Hand gefallen.

Französischer Vorstoß in der Sahara
7. Januar 1943, London
Die *Agentur Reuter* berichtet:
Die frei-französischen Streitkräfte des Generals Leclerc, die vom Gebiet des Tschad-Sees nach Norden vorrükken, haben den wichtigen Stützpunkt Um el Araneb, 150 Kilometer östlich von Mursuk, nach heftigen, dreitägigen Kämpfen erobert.

Buerat besetzt
7. Januar 1943
Aus dem *Hauptquartier der britischen 8. Armee:*
Die 8. Armee hat Buerat besetzt und steht damit 100 Kilometer westlich von Syrte und 50 Kilometer vor Misurata. Der Kampf gegen die Verteidigungslinie des Afrika-Korps am Wadi Zemzem hat begonnen. Es ist dies die letzte Stellung, die den strategisch wichtigen Ort Misurata schützt.

200 Kilometer vor Tripolis
Sonntag, 17. Januar 1943, Kairo
Aus dem *Hauptquartier der britischen 8. Armee:*
Die offensiven Operationen, die am Freitag begannen, haben sich erfolgreich entwickelt. Gestern wurde die gesamte Buerat-Stellung der Achsenstreitkräfte durchbrochen, und der Gegner befindet sich in vollem Rückzug. Gestern abend standen unsere Truppen im Kampf gegen die feindlichen Positionen bei Sedada und Birscala, westlich von Buerat.

Reiche Beute
Dienstag, 19. Januar 1943
Die *Agentur Reuter* teilt mit:
Der Rückzug des Afrika-Korps erfolgt so schnell, daß selbst die Flugfelder der Achse völlig unbeschädigt in Besitz genommen werden konnten. Auf den Wüstenpfaden liegen zwar noch viele Minen, doch fand Rommel

keine Zeit mehr, zwischen Buerat und der neuen Front nördlich vom Wadi Sofeggin ein kompaktes und wirkungsvolles Minenfeld zu errichten.

Deutscher Vorstoß in Tunesien
Mittwoch, 20. Januar 1943
Aus dem *Alliierten Hauptquartier* in Nordafrika:
Die von Pont du Fahs aus in südwestlicher Richtung vorstoßenden feindlichen Truppen sind etwa elf Kilometer vorgedrungen.

Rückzug Rommels aus Tripolitanien?
20. Januar 1943, London
Die *Agentur Reuter* meldet:
Sollte Tripolis fallen, womit hier vielfach gerechnet wird, würde wahrscheinlich die Mareth-Linie, etwa 150 Kilometer westlich der tunesisch-tripolitanischen Grenze, eine neue Stellung der deutsch-italienischen Truppen bilden. Diese Linie ist von den Franzosen lange vor Kriegsausbruch zum Schutze Tunesiens gegen einen Einfall von Osten angelegt worden.

Deutsch-italienischer Vorstoß in Tunesien geht weiter
Freitag, 22. Januar 1943, Algier
Die *Agentur Reuter* berichtet:
Die deutschen Panzerverbände und die deutsche motorisierte Infanterie haben nach dem Einbruch in die französischen Linien den Ort Souk-Robaa erreicht.

Tripolis geräumt

Sonnabend, 23. Januar 1943, Berlin
Das *Oberkommando der Wehrmacht* gibt bekannt:
Die deutsch-italienische Panzerarmee in Tripolitanien setzte sich nach Abwehr schwerer feindlicher Angriffe in der vergangenen Nacht planmäßig vom Gegner ab. Mit dieser Bewegung nach Westen wurde Tripolis kampflos geräumt, nachdem alle Vorräte und das gesamte Kriegsmaterial aus der Stadt fortgeschafft und der Hafen zerstört worden waren. Im tunesischen Kampfraum nehmen die eigenen Kampfhandlungen einen günstigen Verlauf. Eine stärkere feindliche Kräftegruppe wurde eingeschlossen, Entsatzversuche abgewiesen.

Montag, 25. Januar 1943
Aus dem *Hauptquartier der britischen 8. Armee:*
Auf dem tunesischen Kampfplatz setzen die Panzerver-

Raum Pont du Fahs, 21. 1. 1943: Deutsche Soldaten nehmen einen erbeuteten US-Schützenpanzerwagen in Besitz

bände der Armeegruppe v. Arnim mit beträchtlichem Einsatz die Angriffe fort, die dem Ziel dienen, den für die abziehenden Truppen von Rommel gesicherten Korridor zu verbreitern. Dabei erzielten die Deutschen gestern einige begrenzte Erfolge. So fiel Djebel Bou Dabousse in feindliche Hand.

Vorhuten Leclercs in Tripolis
Dienstag, 26. Januar 1943, Brazzaville
Die *Agentur Exchange* meldet:
Das Hauptquartier von General Leclerc meldet, daß gestern Vorhuten der französischen Truppen unter Captain Farret Tripolis erreicht haben, wo die Fühlung mit dem britischen Oberkommando aufgenommen wurde. Die Streitkräfte der Freien Franzosen haben somit die nahezu 2500 Kilometer lange Strecke von Fort Lamy im Tschad-Gebiet bis nach Tripolis in nur 39 Tagen bewältigt.

Aufmarsch an der Mareth-Linie
Mittwoch, 27. Januar 1943
Aus dem *Hauptquartier der britischen 8. Armee:*
Im Vorfeld der Mareth-Linie an der Grenze Tripolitaniens und Tunesiens stehen bereits britische und deutsche Batterien in heftigen Kämpfen. Rommel hat den Widerstand beträchtlich verstärkt, um seinen Truppen genügend Zeit zu verschaffen, sich in der Mareth-Linie festzusetzen. Das Gros der 8. Armee nähert sich der tunesischen Grenze.

Erster Berichterstatter aus Moskau
Montag, 1. Februar 1943, Kairo
Die *Agentur Reuter* meldet:
Der erste sowjetische Kriegskorrespondent, der seit Ausbruch des Krieges den britischen Truppen zugeteilt wurde, ist in Kairo eingetroffen. Er wird sich unverzüglich zur 8. Armee begeben, um von der Front über die Kampfhandlungen der Armee zu berichten. Der Journalist hat noch vor wenigen Wochen im Range eines Oberst an der Front bei Stalingrad gekämpft.

Dienstag, 2. Februar 1943
Aus dem *Alliierten Hauptquartier* in Nordafrika:
Der Kampf um den Faid-Paß (westlich von Sfax) wird mit immer größerem Truppeneinsatz von beiden Seiten fortgeführt. Die Ortschaft Faid wurde nach harten Kämpfen am Montagabend von deutschen Panzertruppen besetzt. Gleichzeitig nahmen Abteilungen der deutschen 10. Panzerdivision die Angriffe im Gebiet von Pont du Fahs wieder auf.

Raum Sfax, Februar 1943: Deutsche Fallschirmjäger bekämpfen mit Granatwerfern die Stellungen der feindlichen Infanterie

Tunesien, in der Nähe von Hammamet, 9. 2. 1943: Fahnenübergabe an das im Rahmen der Deutsch-Arabischen Lehrabteilung aufgestellte Freiwilligenbataillon »Tunesien«. Zweiter von links, dessen Führer, Oberstleutnant Meyer-Ricks. Die einheimischen Soldaten tragen eine Armbinde mit der Aufschrift »Deutsche Wehrmacht«

Alliierte Lagebeurteilung optimistisch
Donnerstag, 4. Februar 1943
Aus dem *Hauptquartier von General Eisenhower:*
Im Verlauf der letzten Kämpfe ist es den Panzertruppen von General Nehring zwar gelungen, einige örtliche Erfolge zu erzielen, aber im Hauptquartier von General Eisenhower wird die Gesamtlage nach wie vor mit voller Zuversicht beurteilt. Zu einer entscheidenden Wendung dürfte es jedoch erst kommen, wenn Montgomery mit seinen kampferprobten Truppen der 8. Armee Tunesien in voller Stärke erreicht haben wird.

Vorhuten der 8. Armee an der tunesischen Grenze
Dienstag, 9. Februar 1943, Kairo
United Press berichtet:
Nach den letzten Meldungen haben die Vorhuten der 8. Armee im Küstengebiet die tunesische Grenze an mehreren Stellen überschritten.

Schwere Kämpfe in Zentraltunesien
Dienstag, 16. Februar 1943, Algier
United Press teilt mit:
Die Kämpfe in Zentraltunesien dauerten gestern östlich von Sbeitla den ganzen Tag über an, wobei auf beiden Seiten starke Panzerverbände, Artillerie und Sturzbomber eingesetzt wurden. Am Vormittag gingen amerikanische Panzerabteilungen östlich von Sbeitla zum Gegenangriff über, um die beiden am Sonntag vorgestoßenen Verbände der Achse zurückzutreiben und ein weiteres Vorrücken des Feindes auf Sbeitla zu verhindern. Über den Ausgang dieser Operationen ist bis jetzt noch nichts bekanntgegeben worden.

Anmarsch gegen die Mareth-Linie
Mittwoch, 17. Februar 1943, Kairo
Die *Agentur Reuter* berichtet:
Die Spitzen der britischen 8. Armee stehen schon weit von Ben Gardane entfernt und rücken fast ungehindert gegen die Mareth-Linie vor.

Donnerstag, 18. Februar 1943
Aus dem *Hauptquartier der britischen 8. Armee:*
Gestern besetzten unsere Truppen im Nordabschnitt Medenine. Schlechtes Wetter behinderte wieder die Luftoperationen.

Freitag, 19. Februar 1943
Aus dem *Hauptquartier von General Eisenhower:*
Die Deutschen haben die Bahnlinie Sousse-Gassa unter ihre Kontrolle gebracht, was für die Alliierten von großem Nachteil ist. Die amerikanischen Truppen sind auf Stellungen im Hügelland westlich der Straße Feriana –Kasserine–Sbeitla zurückgenommen worden. Es wird hier ohne Beschönigung zugegeben, daß die Verluste,

Soldaten des Freiwilligenbataillons »Tunesien«. Sie sollen für den Küstenschutz im Raum Hammamet – Enfidaville sowie für den Kleinkrieg und bei Sonderunternehmen eingesetzt werden. Diese deutsch-arabische Formation geht in den Wirren der Endkämpfe um Tunesien – ähnlich wie die Freiwilligenbataillone »Algerien« und »Marokko« – unter. Gesamtstärke: etwa 3000 Mann

welche die amerikanischen Verbände an Kriegsmaterial wie auch an Mannschaften erlitten, sehr beträchtlich sind.

Neue Erfolge der Achse in Mitteltunesien
Montag, 22. Februar 1943
Aus dem *Alliierten Hauptquartier* in Nordafrika:
Der deutsche Angriff gegen die amerikanischen Stellungen westlich von Kasserine ist am Sonnabend wieder aufgenommen worden, und es gelang einer Einheit schwerer Tiger-VI-Panzer von neuem, die amerikanischen Linien zu durchbrechen. Daraufhin mußten sich die Amerikaner aus dem vier Kilometer breiten und zehn Kilometer langen Kasserine-Paß, der einen Zugang nach Tebessa deckt, zurückziehen und ihre Gebirgspositionen räumen.

Und so war es

Zur Stunde steht Rommel der Wettergott zur Seite: Durch heftige, wolkenbruchartige Regenfälle können die Truppen von Montgomery nur schwer vorwärtskommen.
Die ganze Nacht hindurch, vom 6./7. November 1942, rollen die Reste der Panzerarmee Afrika in Richtung Sidi Barrani. Ihre verstärkten Nachhuten halten inzwischen den nachdrängenden Gegner einige Stunden auf. Dieser Widerstand ermöglicht es den Rückzugskolonnen, den Halfaya-Paß in Richtung Sollum trotz ständiger RAF-Luftangriffe zu überwinden. Die durch britische Jabos verursachten Ausfälle bewirken gewaltige Verkehrsstauungen, die wiederum Tiefflieger anlocken.
Der Mangel an Treibstoff zwingt Rommel, viele Fahrzeuge stehenzulassen und zu vernichten. Die sich auf der Küstenstraße vorwärtsschiebende Schlange ist zeitweise über 45 Kilometer lang.

Während am Sonntag, dem 8. November 1942, die deutsch-italienischen Truppen dank der energischen Verkehrsregelung durch die Feldpolizei des DAK die

ägyptisch-libysche Grenze erreichen, erfolgt in den ersten Morgenstunden die Landung der Alliierten in Marokko und Algerien (Operation »Torch«) unter dem Oberbefehl von General Eisenhower.
Rund 107000 alliierte Soldaten werden an drei Hauptpunkten, vor allem in Algier, Oran und Casablanca, abgesetzt. Sie sind mit schweren Waffen sowie Kampffahrzeugen aller Art ausgestattet und werden laufend durch nachfolgende Transporte versorgt. Ihr Ziel: Tunis zu besetzen und Nordafrika von den Achsentruppen zu befreien. Die alliierten Einheiten treffen jedoch unerwartet auf den Widerstand französischer Vichy-Truppen.
Die Operation »Torch« ist unter größter Geheimhaltung vorbereitet worden: In London haben Stabsoffiziere von General Eisenhower systematisch Gerüchte verbreitet, daß eine Landung in Norwegen oder gegen Dakar/Westafrika geplant sei. Zur Täuschung der deutschen Führung werden außerdem im Mittelmeer die Luftangriffe auf Kreta verstärkt.

Nachdem das OKW von der Vichy-Regierung ultimativ gefordert hat, einer Verlegung deutscher Truppen nach Tunesien zuzustimmen, treffen am Montag, dem 9. November 1942, die ersten Flugzeuge mit deutschen Einheiten auf dem strategisch wichtigen Flugplatz El Aouina bei Tunis ein.
Die von Generalfeldmarschall Kesselring nach Tunis beorderten Kräfte sollen dort unter dem neuernannten Fliegerführer Afrika (Oberst M. Harlinghausen) den ersten Brückenkopf bilden, um eine alliierte Besetzung zu verhindern und den Rückzug Rommels zu decken.
Als die auf dem Flugstützpunkt El Aouina gelandeten 284 Soldaten mit Unterstützung von Teilen des 11. Fallschirmjägerpionierbataillons (Maj. Witzig) und des Fallschirmjägerregiments 5 (OberstLt. Koch) mit dem Bau einer Verteidigungslinie beginnen, zieht sich die etwa 25000 Mann starke französische Tunesien-Division zurück.

Innerhalb von einer Woche hat sich Rommels Panzerarmee, kaum mehr eine halbe Division stark, unter dem heftigen Druck der britischen 8. Armee (Lt.Gen. Montgomery) von El Alamein bis zur ägyptisch-libyschen Grenze zurückgezogen. Mit der gelungenen Operation »Torch« erkennt Rommel, daß der nordafrikanische Kriegsschauplatz in absehbarer Zeit endgültig verloren sein wird.
Die derzeitige Kampfstärke der Panzerarmee Afrika: 5000 Deutsche, 2500 Italiener, 11 deutsche und 10 italienische Panzer, 35 deutsche Pak, 65 deutsche und einige italienische Feldgeschütze. Mit diesen Kräften kann Rommel weder an der ägyptisch-libyschen Grenze noch weiter westlich in der Cyrenaika eine neue Verteidigungslinie bilden.

Am Dienstag, dem 10. November 1942, räumt die Panzerarmee Afrika Sidi Barrani, den letzten Hafen in Ägypten. Am selben Tag nehmen deutsche Luftlandetruppen den wichtigen Flugplatz Sidi Ahmed bei Bizerta (Tunesien).

PERCHÈ MORIRE PER HITLER?

Tu, soldato italiano, non hai nessun interesse a combattere questa guerra.

Come te milioni di uomini, donne e bambini italiani, cioè l'Italia, hanno tutto da perdere se questa guerra continua.

Questa è la guerra di Hitler.

Nessuno ha provocato l'Italia; nessuno ha aggredito l'Italia; nessuno dichiarò guerra all'Italia.

Hitler si fa scudo dell'Italia contro la superiorità schiacciante delle Nazioni Unite, riconosciuta dagli stessi bollettini dell'Asse. Questo significa la morte, la rovina e la desolazione per gl'italiani.

Ieri Hitler condannò al sacrificio gl'italiani d'Africa. Oggi sacrifica gl'italiani d'Italia.

La Germania combattera fino all'ultimo... italiano

Nessuno ti ha chiesto se volevi questa guerra. Ma ti hanno mandato a morire. Ti hanno detto:

"CREDERE, OBBEDIRE, COMBATTERE"

Perchè? Per chi? Per quanto?

I.26

»Wozu sterben für Hitler... Deutschland kämpft bis zum letzten Italiener« – verkünden alliierte Flugblätter den italienischen Truppen

Am Mittwoch, dem 11. November 1942, beginnt in den Morgenstunden das handstreichartige Unternehmen »Anton«: Deutsche Truppen der 1. Armee (GenOberst Blaskowitz) und die italienische 4. Armee (GenOberst Vercellino) marschieren unter dem größten Protest der Vichy-Regierung in die bisher noch unbesetzte Zone Frankreichs ein. Gleichzeitig landen zwei italienische Divisionen auf Korsika.
Die Luftbrücke von Italien nach Tunis wird jetzt erheblich verstärkt. Und aus Marseille sowie Neapel laufen Frachter mit Panzern, schweren Waffen, Lkw und Versorgung nach Bizerta aus. Unterdessen werden Teile der französisch-tunesischen Division, die um den Flugplatz El Aouina einen Sperrgürtel gebildet haben, entwaffnet.

Am selben Tag landen in Bougie an der ostalgerischen Küste Commandos des 6. Bataillons vom Regiment Royal West Kent. Sie sollen die wichtigen Flugplätze in Algerien vor dem erwarteten Eintreffen der Luftwaffe sichern. Wegen der heftigen Brandung müssen die Commandos rund 65 Kilometer von ihrem Einsatzziel entfernt an Land gehen. Sie schaffen es nicht mehr, den Flugplatz von Bougie noch am Abend zu erreichen.

Am Donnerstag, dem 12. November 1942, erfolgt die Luftlandung der insgesamt 800 Mann des britischen 6. Commandos und des 3. Parachute Bataillons auf dem Flugplatz Bône in Ostalgerien.
Im Verlauf des Tages wird eine Stuka-Gruppe nach Tunis verlegt, und aus der Reserve des DAK in Neapel läßt man kleine Einheiten mit Luft- und Seetransporten nach Tunis und Biserta überführen.
Rommels Truppen haben inzwischen Sollum, Fort Capuzzo sowie Bardia geräumt und befinden sich weiter auf dem Rückzug.
Eine der Ursachen, warum der Vormarsch der 8. Armee so langsam vor sich geht: die von deutschen Pionieren raffiniert ausgelegten Minenfallen entlang der Rückzugswege. In jedem der italienischen Kolonistenhäuser, in den Wracks zu beiden Seiten der Straßen und unter den Fahrbahnen lauert der Tod. Holzpfähle, die harmlos aussehen, lösen, von einem britischen Panzer angefahren, eine gewaltige Explosion aus. Umgestürzte Telegraphenmasten, die mit Knäueln von Drähten quer über die Pisten ein Hindernis bilden, fliegen mit den britischen Räumtrupps in die Luft.
Einfache Tellerminen werden in zwei oder drei Schichten ausgelegt. 100- und 500-kg-Fliegerbomben schachbrettartig in den Sand eingebuddelt und mit Autowracks und Stolperdrähten bedeckt, warten nur auf die Berührung. Beutemunition und Handgranatenbündel werden mit Zugzünder versehen. Ein Bild, das an der Wand eines Wohnzimmers schief hängt, wartet auf einen ordnungsliebenden britischen Offizier, der versuchen wird, es zurechtzurücken: Ein haarfeiner Draht führt vom Bilderrahmen zur Sprengladung in Brusthöhe hinter der Gipswand. Auf den Toiletten ist die Wasserspülung oft mit Zugzünder gekoppelt. Tafeln mit der Aufschrift »Buildings Booby Trapped« warnen überall die völlig verunsicherten britischen Truppen vor diesen teuflischen Fallen.
In der Nacht vom 12./13. November 1942 muß die Panzerarmee Afrika Tobruk räumen, das Rommel wenigstens so lange halten wollte, bis ein Großteil der dort lagernden 12000 Tonnen Versorgungsgüter abtransportiert ist.

Am Freitag, dem 13. November 1942, landet die britische 36. Brigadetruppe in Bougie, 200 Kilometer östlich

Vor dem Flugstützpunkt El Aouina, 10. 11. 1942: Gelandete deutsche Kräfte gehen mit ihrer Pak in Stellung

Tunesien, November 1942: Großraumtransporter Messerschmitt Me 323 Gigant sind soeben mit schwerem Material gelandet

Algier, und beginnt sofort mit ihrem Vorstoß in das Landesinnere. Damit ist der östliche Teil Algeriens weitgehend in alliierter Hand. Ein Teil der Vorhuten befindet sich im Anmarsch auf die algerisch-tunesische Grenze.

Am Sonntag, dem 15. November 1942, wird bei Tebessa, etwa 170 Kilometer südlich von Bône, ein US-Fallschirmjägerbataillon abgesetzt. Es soll die rechte Flanke der zur tunesischen Grenze vorstoßenden alliierten Truppen decken und einen in der Nähe liegenden Flugplatz besetzen.
Inzwischen rücken die Verbände der britischen 1. Armee (Lt.Gen. Anderson) in die Hafenstadt Tabarga im Nordwesten Tunesiens ein.
Am selben Tag trifft der frühere Befehlshaber des Deutschen Afrika-Korps, General der Panzertruppe Nehring, in Tunis ein. Er soll den Befehl über die sich bereits im Brückenkopf Tunesien befindlichen rund 3000 Mann übernehmen und daraus das LXXXX. Armeekorps bilden.

Am Montag, dem 16. November 1942, landet ein britisches Fallschirmjägerbataillon bei Souk el Arba zwischen Tabarka und Le Kef im tunesisch/algerischen Grenzgebiet.

Am nächsten Tag, dem 17. November 1942, wird die Hafenstadt Gabes an der Südostküste Tunesiens von einer Kompanie des deutschen Fallschirmjägerregiments 5 und der Wachkompanie des Oberbefehlshabers Süd fast kampflos besetzt.
Zur gleichen Stunde stößt das 3. Fallschirmjägerbataillon des Fallschirmjägerregiments 5 mit 300 Mann unter Hauptmann Knoche auf der Straße Tunis–Algier nach Westen vor. Die französische Garnison zieht sich bis Medjez el Bab, 60 Kilometer südwestlich von Tunis, auf die strategisch wichtige Brücke über den tunesischen Hauptfluß Medjerda zurück.
Unterdessen marschiert die Kampfgruppe Major Witzig mit einigen Panzern von Biserta aus an der Küste entlang nach Westen. Nach etwa 50 Kilometern trifft sie auf Vorhuten der britischen 36. Infanteriebrigade (Brig. Kent-Lemon). Es ist das erste Gefecht zwischen deutschen und alliierten Truppen in Tunesien.
Am gleichen Tag stoßen kleinere behelfsmäßig gebildete deutsch-italienische Gruppen nach Süden vor und besetzen die wichtigen Hafenstädte Sousse und Sfax an der tunesischen Ostküste.

Am Donnerstag, dem 19. November 1942, kommt es zwischen den von Bône in Richtung Biserta vorgehenden alliierten Verbänden und dem Pionierbataillon Witzig zu harten Kämpfen. Es gelingt Major Witzig, die britische 11. Infanteriebrigade (Brig. Cass) der 78. Infanteriedivision mit Unterstützung von Stuka-Verbänden zum Stehen zu bringen.

Tunesien, November 1942: deutscher Fallschirmjäger in einer Stellung an der Südostküste bei Gabes

Rechte Seite: Libyen, November 1942, bei der Verfolgung von Rommels Panzerarmee Afrika: Zwei britische Vorausabteilungen treffen sich beim Marsch durch die Wüste

In der Zwischenzeit greift das Fallschirmjägerregiment 5 (Oberstlt. Koch) den Flußübergang von Medjez el Bab an, nachdem General Barré die Freigabe abgelehnt hat. Das Regiment 5 stößt dabei auf Teile der 1. US-Panzerdivision (Maj.Gen. Harmon). Es ist die erste Kampfberührung deutscher und amerikanischer Truppen im Zweiten Weltkrieg. Den Fallschirmjägern gelingt es jedoch nicht, den Brückenkopf über den Medjerda-Fluß zu erobern.

Nachdem am 20. November 1942 die Panzerarmee Afrika Bengasi kampflos geräumt hat, trifft zwei Tage danach der vom Comando Supremo entsandte Marschall Bastico bei Rommel ein, um ihn zur Unterbrechung des Rückzugs zu bewegen. Doch Rommel erwidert ihm: »Der Befehl, Widerstand bis zum letzten zu leisten, bedeutet in diesem Wüstenkrieg den sicheren Untergang der verbliebenen Truppen. Entweder wir verlieren die Stellung vier Tage früher und retten die Armee, oder wir verlieren sowohl die Stellung als auch die Armee vier Tage später.«
In diesen Tagen gelingt es der Roten Armee, die an der Wolga um Stalingrad kämpfende deutsche 6. Armee (GenOberst Paulus) einzukesseln.

Am Dienstag, dem 24. November 1942, beziehen Rommels Truppen die Paßstellung bei Marsa el Brega. Sie sollen diese Linie »unter allen Umständen« halten. Hitler und Mussolini hoffen, daß Rommel hier den britischen Vormarsch nach Tripolitanien stoppen kann. Es kommt zu einer Kampfpause von mehreren Tagen: Montgomery wartet auf Verstärkungen und Nachschub für einen Angriff auf die Marsa-el-Brega-Linie.

Erst am Donnerstag, dem 26. November 1942, sondiert ein britischer Panzerspähtrupp das Vorfeld von Marsa el Brega. Die Paßstellung ist jedoch inzwischen von deutschen und italienischen Einheiten recht gut verschanzt worden.

Die ruhigen Tage ausnutzend, fliegt Rommel am 28. November 1942 kurz entschlossen ins Führerhauptquartier nach Rastenburg. Hitler fragt mißtrauisch, wie Rommel dazu käme, ohne Befehl die ihm anvertraute Armee zu verlassen. Rommel: »Die Lage erfordert es, daß ich dem Führer meine Ansicht persönlich vortrage: Entweder muß man die Panzerarmee ausreichend verstärken oder den afrikanischen Kriegsschauplatz aufgeben.«
Rommel rät zu letzterem, um die guten Divisionen für die Verteidigung von Sizilien und Süditalien zu retten. Generaloberst Jodl meint trocken, Afrika sei durchaus zu halten, wenn man nur kämpfen wolle, statt einfach davonzulaufen.
Hitler weigert sich brüsk, auf Rommels Vorschläge einzugehen. Er teilt ihm mit, daß man künftig den Nachschub über Tunis leiten würde. Reichsmarschall Göring soll Rommel auf der Reise nach Rom begleiten, um dort auf eine Reorganisation des Nachschubs zu drängen.

Vor seinem Abflug aus Rom erhält Rommel das Einverständnis von Mussolini zur rechtzeitigen Vorbereitung einer vorläufigen Stellung bei Buerat und Verlegung der nichtmotorisierten italienischen Infanterie dorthin. Rommel beschließt allerdings, die Marsa-el-Brega-Linie zu räumen, sobald er erste Anzeichen der Vorbereitungen für einen britischen Angriff wahrnimmt.
Zu diesem Zeitpunkt befinden sich in Tunesien bereits 15000 Mann an deutschen und italienischen Truppen mit etwa 100 Panzern. Dies entspricht zwar der Stärke einer Division, doch sind darunter zum großen Teil Versorgungseinheiten, die den Brückenkopf ausbauen sollen. Der einzige Lichtblick: die Überführung von sechs Panzern vom neuen Typ »Tiger«, von denen allerdings zwei durch technische Schäden ausfallen. »Diese Tiger sind feldzugentscheidend«, meint Hitler.

Auch während des Rückzugs wird die Panzerarmee Afrika nicht von Commando-Überfällen verschont. LRDG-Patrouillen, SAS-Trupps und die neuformierte Commando-Einheit »No. 1 Long Range Demolition Squadron«, besser bekannt unter »Popski's Private Army (PPA)«, führen fast jede Nacht ihre Störangriffe durch.

Am Montag, dem 30. November 1942, gehen westlich von Biserta (Tunesien) in einer überraschenden Landeoperation rund 400 Mann vom britischen 1. Commando an Land. Sie sollen die inzwischen bei Tunis stabilisierte deutsche Front vom Rücken her angreifen und so den geplanten frontalen Vorstoß des II. US-Korps (Gen. Bradley) erleichtern.
Drei Tage lang schaffen es die Commandos, die deutschen Kräfte zu binden. Als jedoch die erwartete Operation von General Bradley ins Stocken gerät und sich bei den Commandos Verpflegungsmangel bemerkbar macht, schlagen sie sich zu den eigenen Linien durch.

Am Donnerstag, dem 3. Dezember 1942, beläßt General Nehring nur einige Truppenteile in der Stadt Tunis und greift mit allen verfügbaren deutschen Einheiten des LXXXX. Panzerkorps das etwa 30 Kilometer westlich gelegene Tebourba an.
Am nächsten Tag gelingt es den deutschen Verbänden, trotz des erbitterten Widerstandes der 1. US-Panzerdivision und der britischen 11. Brigade, Tebourba einzunehmen. Über 1000 Gefangene und mehr als 50 Panzer fallen den Deutschen in die Hände.

Am Sonntag, dem 6. Dezember 1942, zwingen weitere deutsche Vorstöße im Raum Tebourba das britische V. Korps (Lt.Gen. Allfrey), sich ebenfalls nach Westen abzusetzen.
An diesem Abend trifft Generalmajor Gause in Tunis ein, um im Auftrag des Oberbefehlshabers Süd die dem französischen Admiral Dérrien unterstellten rund 14000 Mann der Küstenbatterien von Biserta zu entwaffnen. Zwei Tage später nimmt Admiral Dérrien unter dem

Eindruck des Erfolges bei Tebourba das deutsche Ultimatum an. Er bittet lediglich um Zustimmung, die französische Flagge unter militärischer Ehrenbezeigung einer Kompanie einholen zu lassen. Der Truppe bleibt nach ihrer Auflösung die Wahl, entweder im Lande zu bleiben oder nach Frankreich zurückzukehren.

Am Mittwoch, dem 9. Dezember 1942, übernimmt Generaloberst v. Arnim, von Hitler zum Oberbefehlshaber der Achsenstreitkräfte in Tunesien ernannt, die neugebildete 5. Panzerarmee, die zunächst die Stärke eines Korps hat, und gleichzeitig das Kommando von General Nehring.

In Libyen tritt in der Nacht vom 11./12. Dezember 1942 die britische 8. Armee gut vorbereitet zum Angriff gegen die Marsa-el-Brega-Stellung an. Die Panzerarmee Afrika weicht unter Nachhutkämpfen schrittweise nach Westnordwest auf die 400 Kilometer entfernte neue Buerat-Verteidigungslinie aus.
Rommel vereitelt damit den Plan von Montgomery, mit einem am 14. Dezember 1942 beginnenden Frontalangriff die Achsenkräfte bei Marsa el Brega zu zerschlagen. Auch spätere Versuche der britischen 8. Armee, den Rückweg durch Umfassung von Süden her abzuschneiden, haben keinen Erfolg.
Das langsame Vorgehen der Alliierten von Algier nach Osten gestattet es General v. Arnim, den Brückenkopf Tunesien zu festigen und ihn nach Westen auszuweiten. Allmählich gelingt es, Teile von zwei Panzer- und drei Infanteriedivisionen nach Tunesien zu überführen.

Mitte Dezember 1942 schafft es die deutsche 5. Panzerarmee, aus den beiden Abschnitten um Tunis und Biserta einen großen Brückenkopf zu bilden. Er ist durch eine insgesamt 150 Kilometer lange Kette von Verteidigungsstützpunkten gesichert, die sich von der Küste etwa 30 Kilometer westlich Biserta bis Enfidaville an der Ostküste erstreckt.
Der Brückenkopf Tunesien ist in drei Abschnitte unterteilt: den nördlichen, gehalten durch die improvisierte »Division von Broich«, den mittleren, verteidigt von der 10. Panzerdivision (Gen. Fischer), und den Südabschnitt, den die italienische Infanteriedivision »Superga« (Gen. Conte Gelich) hält.

Während sich am 13. Dezember 1942 die Panzerarmee Afrika kampflos aus El Agheila zurückzieht, wird der verstärkte Ausbau der Buerat-Stellung unter Einsatz aller verfügbaren Kräfte in Tag- und Nachtarbeit durchgeführt.

Am Sonnabend, dem 19. Dezember 1942, führt Hitler ein Gespräch mit Generaloberst Cavallero, dem Chef des Comando Supremo, und dem italienischen Außenminister Graf Ciano. Das Thema: die militärische und politische Lage in Nordafrika. Auf Hitlers Drängen hin beschließt man, diesen Kriegsschauplatz weiterhin zu halten.

Zu dieser Zeit verfügen die sich in die Buerat-Stellung zurückziehenden motorisierten Verbände der Panzerarmee Afrika nur noch über so viel Treibstoff, daß sie gerade die vorgesehenen Abschnitte der Verteidigungslinie erreichen können.

Bis zum 24. Dezember 1942 hat die alliierte Führung in Tunesien es nicht geschafft, mit genügend starken Kräften so schnell wie möglich Tunis und Biserta einzunehmen. Auch ist kein energischer Vorstoß auf Sfax oder Gabes unternommen worden, um der Panzerarmee Afrika den Rückzug nach Tunesien unmöglich zu machen.
In Libyen meldet am Nachmittag des 24. Dezember 1942 die Luftaufklärung etwa 4500 britische Kraftfahrzeuge, die quer durch die Wüste, etwa 50 Kilometer südlich von Syrte, in einem großen Bogen in westlicher Richtung vorstoßen. Und Rommel erkennt, daß der Gegner eine weit südlich ausholende Umfassung der Buerat-Stellung beabsichtigt.

Am nächsten Tag, dem 25. Dezember 1942, erreicht die Panzerarmee Afrika die Buerat-Linie. Durch den fehlenden Nachschub an Treibstoff ist sie fast unbeweglich und könnte einem feindlichen Umfassungsversuch nicht standhalten.

In Tunesien stellen die Alliierten zwischen Weihnachten und dem Jahresende 1942 ihre Offensivhandlungen nach und nach ein. Der Grund: durch Unwetter erschwerter Einsatz der Luftstreitkräfte sowie eine noch ungenügende Kooperation zwischen den amerikanischen, britischen und französischen Truppen. Gerade zu dieser Zeit gelingt es den Verbänden der 5. Panzerarmee, ihre Stellungen durch örtliche Kampfhandlungen zu verbessern und Sicherungseinheiten in das südliche Tunesien vorzuschieben.

Bis zum 29. Dezember 1942 haben alle Verbände der Panzerarmee Afrika die Buerat-Verteidigungslinie erreicht. Rommel soll hier laut Mussolinis Befehl vom 19. Dezember 1942 »Widerstand bis zum äußersten« leisten.

Am Mittwoch, dem 30. Dezember 1942, ändert das Comando Supremo diesen Befehl und ermöglicht damit der Panzerarmee Afrika, sich bei drohender Vernichtungsgefahr nach Westen abzusetzen. So erhält Rommel Operationsfreiheit bis zur rund 750 Kilometer weiter westlich liegenden Mareth-Stellung, der die Insel Djerba vorgelagert ist.
Zur Jahreswende 1942/43 steht die Panzerarmee Afrika ohne ausreichende Versorgung noch in der Buerat-Linie. Sie muß in einer Verteidigungsstellung mit offener Südflanke ausharren, in der eine wirkungsvolle Abwehr

Buerat-Stellung, Dezember 1942: Deutsche Pioniere legen ein Minenfeld

Tunesien, Dezember 1942: Sicherungseinheiten der 5. Panzerarmee auf dem Vormarsch im Süden des Landes

feindlicher Angriffe kaum möglich ist und die lediglich als Sprungbrett für einen weiteren Rückzug dienen kann.

Bis Ende Dezember 1942 sind nach Tunesien insgesamt 47000 Deutsche, 18000 Italiener sowie 330 Panzer und 360 Geschütze überführt worden. Die Stärke der alliierten Kräfte beträgt hier inzwischen 330000 Mann mit überlegener Bewaffnung und Ausrüstung.

In den ersten Januartagen herrscht an der Front in Libyen Ruhe, die nur ab und zu durch Patrouillengefechte und Artillerietätigkeit unterbrochen wird.

Am Mittwoch, dem 6. Januar 1943, nehmen die Truppen der Freien Franzosen (Gen. Leclerc), die vom Tschad-See nach Südlibyen vorstoßen, unter schweren Kämpfen das italienische Wüstenfort Oum el Arameb.

Sechs Tage später, am 12. Januar 1943, erobert General Leclerc mit den Einheiten der Freien Franzosen den Ort Fezzan. Damit unterliegt der gesamte Südteil von Libyen der französischen Kontrolle.

Am Mittwoch, dem 13. Januar 1943, beordert Rommel vorsorglich die 21. Panzerdivision (Oberst Hildebrandt) von der Buerat-Linie nach Gabes (Tunesien), um dort die Enge für den Rückzug der Panzerarmee Afrika offenzuhalten.
Am selben Tag gelingt es in Tunesien den Verbänden der 5. Panzerarmee, Pont du Fahs, knapp 60 Kilometer südlich von Tunis, und den heiß umkämpften Two Tree Hill zu besetzen.

Bis Mitte Januar 1943 hat Montgomery den Aufmarsch seiner 8. Armee zum Angriff auf die Buerat-Linie abgeschlossen. Acht Divisionen mit rund 700 Panzern sollen im Frontalangriff den Gegner im Mittelabschnitt in Kämpfe verwickeln, während Montgomery mit seinen anderen Verbänden in einem Flankenmanöver den Südflügel der Stellung durch die Wüste umgehen will, um der Panzerarmee Afrika den Rückweg abzuschneiden. Doch Rommels Funkaufklärung erfährt noch rechtzeitig, daß Montgomery am 15. Januar 1943 seine Offensive beginnen wird.

Wladimir Peniakoff (Popski), in Belgien geborener Russe, als Chef einer britischen Commando-Einheit

Während in der Nacht vom 15./16. Januar 1943 die britischen Verbände bereits ihren Angriff auf die Buerat-Linie eröffnen, erteilt Rommel den Befehl zum Rückzug. Er will damit den hoffnungslosen Kampf vermeiden, der nur mit einer endgültigen Zerschlagung seiner restlichen Truppen enden würde.

Am Sonnabend, dem 16. Januar 1943, treffen die Vorhuten der britischen 8. Armee auf die aus Südlibyen vorstoßenden Truppen der Freien Franzosen.

Am Montag, dem 18. Januar 1943, beginnt eine Commando-Operation, die entscheidend zur Einnahme der Mareth-Linie durch Montgomery beitragen soll. Das Ziel: die Vormarschverhältnisse südlich und westlich der Mareth-Linie zwischen Matmata und El Hamma erkunden sowie den Stand der Verteidigungsvorbereitungen feststellen.
Der Mann, der dieses schwierige Unternehmen führt, ist ein Russe namens Wladimir Peniakoff (Popski). Er hat die No. 1 Long Range Demolition Squadron gebildet, die den Namen Popski's Private Army (PPA) trägt. Die PPA, dem Hauptquartier Mittelost direkt unterstellt, etwa 200 Mann stark und mit Jeeps ausgestattet, hat sich auf Geländeerkundung, Straßenbeobachtung und Nachschubstörung spezialisiert.
Peniakoff, 1893 in Belgien als Sohn einer wohlhabenden russischen Familie geboren, hat in Cambridge studiert und läßt sich 1924 in Ägypten nieder, um als Ingenieur in einer Zuckerraffinerie bei Kairo zu arbeiten.
Das Hauptziel seines Commando-Raid ist die Erkundung der Höhen des Djebel Tebaqa. Peniakoff soll dort einen für die Panzerverbände passierbaren Weg finden. Erst dies bietet Montgomery die Möglichkeit, die gefährliche Mareth-Linie von Süden her zu umgehen.
Der kleine Trupp ist auf vier gut bewaffneten Jeeps untergebracht. Peniakoff: »Wir wußten, daß im Hauptquartier der 8. Armee die Generalstäbe auf die Ergebnisse unserer Erkundung warteten, und wir beeilten uns, so gut es ging ... Am Ende des vierten Tages unserer Erkundungsfahrt hatten wir die Antwort auf die wichtigste Frage der 8. Armee: Wir hatten einen Weg gefunden. Er führte vom Wilders Paß zum westlichen Ende der eigentlichen Mareth-Linie. Bis El Hamma war nach unseren Feststellungen das Gelände frei von größeren natürlichen oder künstlichen Hindernissen, mit Ausnahme eines Wadis. Außerdem hatten wir noch die Lage der zur Zeit im Ausbau befindlichen Stellungen in Erfah-

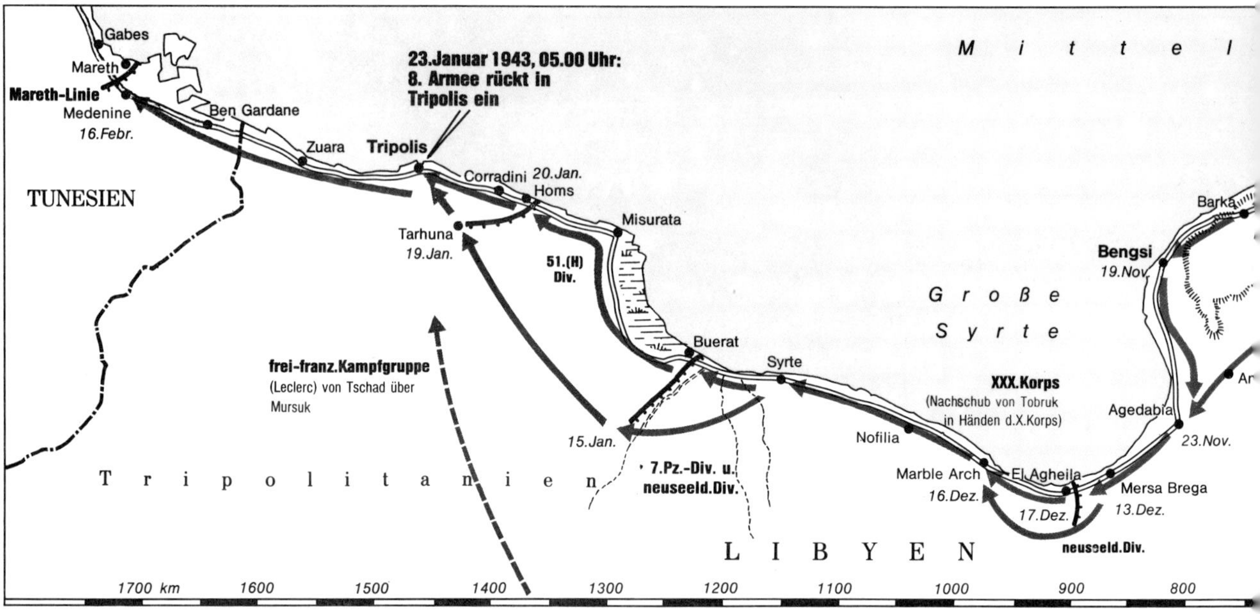

November 1942 bis Februar 1943: Der Vormarsch der britischen 8. Armee

rung gebracht ... Wir begaben uns sogleich auf den Weg zu unserer Funkstelle bei Qaret Ali.«
Unterdessen sind die Truppen der Panzerarmee Afrika starken Angriffen der britischen Panzerkräfte ausgesetzt und müssen mehrere Umfassungsversuche des Gegners abwehren. Die sich zurückziehenden deutsch-italienischen Verbände erreichen bis zum 18. Januar 1943 eine Stellung zwischen Tarhuna und Homs, östlich von Tripolis.

Bereits am nächsten Tag, dem 19. Januar 1943, versucht Montgomery, Rommels Truppen dort durch einen Frontalangriff zu binden und ihnen mit einem Umfassungsvorstoß über Garian den weiteren Rückzugsweg zu verlegen.
Im Verlauf des Tages führen in Tunesien die Kräfte der 5. Panzerarmee einen überraschenden Vorstoß ins Ousseltia-Tal, etwa 60 Kilometer westlich von Kairouan. Sie werden jedoch von der französischen Fremdenlegion und der US-Kampfgruppe B (Maj.Gen. Robinett) eingeholt. Zur gleichen Zeit sind im Abschnitt von Bou Arada zum erstenmal auf dem nordafrikanischen Kriegsschauplatz die neuen deutschen Panzer vom Typ »Tiger« im Einsatz.

Am Donnerstag, dem 21. Januar 1943, beginnt die 1. US-Panzerdivision (Maj.Gen. Harmon) ihren Vormarsch auf das Ousseltia-Tal, um die deutschen Truppen dort zu verdrängen.
In der darauffolgenden Nacht ist Rommel gezwungen, auch die Stellung zwischen Tarhuna und Homs zu räumen und sich weiter nach Westen in Richtung Tripolis abzusetzen. Gleichzeitig wird Tripolis im Eiltempo evakuiert und mit Sprengungen im Hafengebiet begonnen. Die Stärke der Panzerarmee Afrika beträgt jetzt nur noch 36 deutsche und 57 italienische Panzer, 17 deutsche und 16 italienische Panzerspähwagen, 111 deutsche und 66 italienische Pak, dazu 72 deutsche und 98 italienische Geschütze. Daher beschließt Rommel, Tripolis ohne Kampf aufzugeben und sich direkt bis zur tunesischen Grenze, 160 Kilometer westlich von Tripolis, zurückzuziehen.

In den ersten Morgenstunden des 23. Januar 1943 marschieren britische Truppen in Tripolis ein. Der Verlust der größten und schönsten Stadt ihres Kolonialreiches hat bei den Italienern weitere starke Entmutigung hervorgerufen.

Zwei Tage danach, am 25. Januar 1943, gelingt es den US-Verbänden in Tunesien, bis Maknassy zwischen Sfax und Gabes vorzustoßen.
An diesem Tag schließt sich General Leclerc mit seinen Freien Franzosen der britischen 8. Armee an.

Am Dienstag, dem 26. Januar 1943, kann Rommel trotz aller britischen Überholversuche rechtzeitig Südtunesien erreichen und seine Truppen, die Reste der 15. und 21. Panzerdivision sowie der 90. und 164. leichten Division, mit denen der 5. Panzerarmee vereinen. In seinem neuen Gefechtsstand erfährt Rommel noch am selben Tag durch einen Funkspruch vom Comando Supremo, daß er angesichts seines schlechten Gesundheitszustandes nach Konsolidierung der neuen Stellung an der Mareth-Linie seines Kommandos enthoben werde.
Die Panzerarmee Afrika soll die Bezeichnung italienische 1. Armee erhalten und General Giovanni Messe den Befehl übernehmen. Es bleibe Rommel jedoch überlassen, das Datum der Übergabe und der Abreise selbst zu bestimmen.

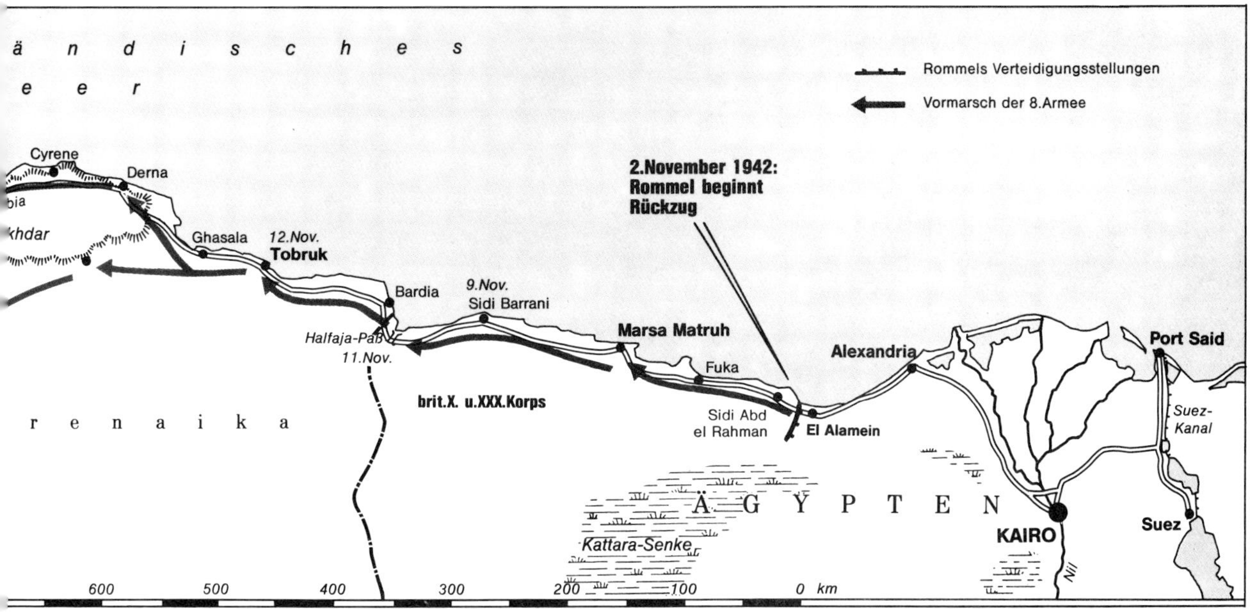

In einer Schlucht des Djebel Tebaqa: Popskis Trupp macht Marschpause bei einem Erkundungseinsatz

Tunesien, Abschnitt Bou Arada, Januar 1943, erster Einsatz in Nordafrika: deutscher schwerer Kampfpanzer VI Tiger, Hitlers große Hoffnung

Am Donnerstag, dem 28. Januar 1943, steht Rommel bereits an der Mareth-Linie, 130 Kilometer westlich der libysch-tunesischen Grenze. Die alten, Ende der dreißiger Jahre erbauten französischen Grenzbefestigungen, die sich von der Küste bei Mareth über etwa 50 Kilometer nach Süden bis zum Matmata-Gebirge erstrecken, sind für die moderne Kampfführung kaum geeignet.

Ende Januar 1943 kann Rommel durch verstärkten Nachschub die stark geschwächte 15. Panzerdivision (GenMaj. v. Vaerst) und die 21. Panzerdivision (Oberst Hildebrandt) zum erstenmal seit Monaten auffüllen. Er erhält sogar die aus Europa nach Tunesien verlegte voll ausgerüstete 10. Panzerdivision (GenMaj. v. Broich). Rommel verspricht sich auch einiges durch den Einsatz der bereits in Tunesien befindlichen schweren Panzer VI »Tiger«, denen die Alliierten nichts Gleichwertiges entgegenstellen können.

Am Sonntag, dem 31. Januar 1943, besetzt die britische 8. Armee Zuara, den letzten libyschen Hafen vor der tunesischen Grenze. Jetzt folgt eine fast zwei Wochen dauernde Kampfpause, da strömender Regen das Gelände in Morast verwandelt und größere Truppenbewegungen unmöglich macht.

In den ersten Tagen des Februar 1943 zieht Rommel die Masse der Panzerarmee Afrika hinter die Mareth-Stellung zurück. Sein Vorschlag, gleich auf die zur Verteidigung besser geeignete, etwa 60 Kilometer weiter westlich gelegene Akarit-Stellung zwischen dem Schott el Djerid und dem Golf von Gabes auszuweichen, wird vom Comando Supremo abgelehnt.
Montgomery, dessen Nachschubbasen jetzt mehrere hundert Kilometer hinter der Front liegen, leidet unter akuten Versorgungsschwierigkeiten. Der Mangel an Munition und Treibstoff ist so groß, daß die britische 8. Armee zu dieser Zeit nicht in der Lage ist, einen entscheidenden Angriff auf die Mareth-Linie zu unternehmen.
Inzwischen gelingt es der 5. Panzerarmee durch geschickte Schwerpunktbildung bei Fondouk, Bou Arada, am Faid-Paß sowie bei Sidi Bou Zid örtliche Erfolge zu erzielen. Mit dem Einrücken der Panzerarmee Afrika in Tunesien werden jetzt in verstärktem Maße Angriffe auf die Alliierten geplant, um sie aus Tunesien zurückzudrängen.
Das Comando Supremo und das OKW stimmen daher dem Plan von Rommel zu, die britische 1. Armee (Gen. Anderson) anzugreifen (Unternehmen »Frühlingswind«). Rommel beabsichtigt, unter Zusammenfassung von drei deutschen und einer italienischen Panzerdivision, mit Unterstützung durch die Luftwaffe, einen Vorstoß aus Südtunesien zwischen dem amerikanischen und französischen Abschnitt in nordwestlicher Richtung auf die Linie Kasserine–Tebessa zu führen.
Das nachfolgende Ziel soll die Einnahme von Bône und Constantine sein. Rommel will die alliierte Front bis zur Küste in Ostalgerien aufrollen. Erschwerend ist, daß ein Teil der zum Angriff vorgesehenen Panzerverbände nicht dem Kommando von Rommel, sondern dem von Generaloberst v. Arnim untersteht, der dieses Unternehmen durch einen Frontalangriff unterstützen soll.

Genau wie vorgesehen, am 14. Februar 1943, beginnt morgens um 4 Uhr das Unternehmen »Frühlingswind«, die letzte Offensive der Achsenstreitkräfte in Nordafrika, mit dem Angriff der Kampfgruppe Generalleutnant Ziegler, die aus der 10. Panzerdivision und der 21. Panzerdivision zusammengestellt worden ist. Die Kampfgruppe stößt westlich vom Faid-Paß auf das II. US-Korps (Maj.Gen. Fredendall) und bringt ihm schwere Verluste bei. Danach gelingt es den deutschen Panzerverbänden, östlich von Kasserine Sidi Bou Zid zu erobern und die amerikanischen Streitkräfte bei Djebel Lessouda und Ksaira einzukreisen.

Am nächsten Tag, dem 15. Februar 1943, trifft Rommel mit seinen Angriffsverbänden, ohne auf nennenswerten französischen oder amerikanischen Widerstand zu stoßen, gegen Abend in Gafsa ein, das die Alliierten nach dem Debakel bei Sidi Bou Zid und einem mißlungenen Gegenangriff der 1. US-Panzerdivision bereits geräumt haben.
In der Nacht vom 15./16. Februar 1943 schaffen es die bei Djebel Lessouda abgeschnittenen US-Truppen, die Umklammerung zu durchbrechen und sich zurückzuziehen.
Inzwischen hat die britische 8. Armee Ben Gardane, etwa 30 Kilometer westlich der libysch-tunesischen Grenze, eingenommen.

Am Dienstag, dem 16. Februar 1943, rollt die zur 5. Panzerarmee gehörende Kampfgruppe Ziegler auf Sbeitla zu, während Rommels Verbände in Richtung Feriana vorstoßen.

Bereits am nächsten Tag, dem 17. Februar 1943, besetzen Teile des DAK Feriana, den wichtigsten Schlüsselpunkt auf der Straße von Gafsa nach Tebessa. Rommel beabsichtigt, die alliierte Hauptnachschubbasis Tebessa zu erobern und danach nach Norden einen tiefen Vorstoß in den Rücken der alliierten Armee zu führen.

Am Donnerstag, dem 18. Februar 1943, sind Sbeitla und Feriana von den deutsch-italienischen Verbänden überrollt. Und das nächste Ziel ist der strategisch wichtige Kasserine-Paß, das Tor ins tunesische Bergland. Doch Generaloberst v. Arnim entschließt sich plötzlich, die ihm unterstellte kampfstarke 10. Panzerdivision nach Norden gegen Sbiba und Thala einzusetzen.

Am darauffolgenden Tag, dem 19. Februar 1943, ändert auch Rommel seine Stoßrichtung: Er geht zusammen mit der 21. Panzerdivision in Richtung Sbiba vor, während die inzwischen zurückbeorderte 10. Panzerdivision Thala angreifen soll. Das Ziel heißt jetzt Le Kef. Und auf der Straße nach Tebessa wird von den Verbänden des Deutschen Afrika-Korps ein Ablenkungsangriff geführt, den die 1. US-Panzerdivision (Maj.Gen. Harmon) abwehren soll. Die Verteidigung des bedrohten Abschnitts Sbiba–Thala übernimmt die britische 6. Panzerdivision (Maj.Gen. Keightley).

Tripolitanien, 21. 1. 1943: Die britische 8. Armee hat Homs erreicht

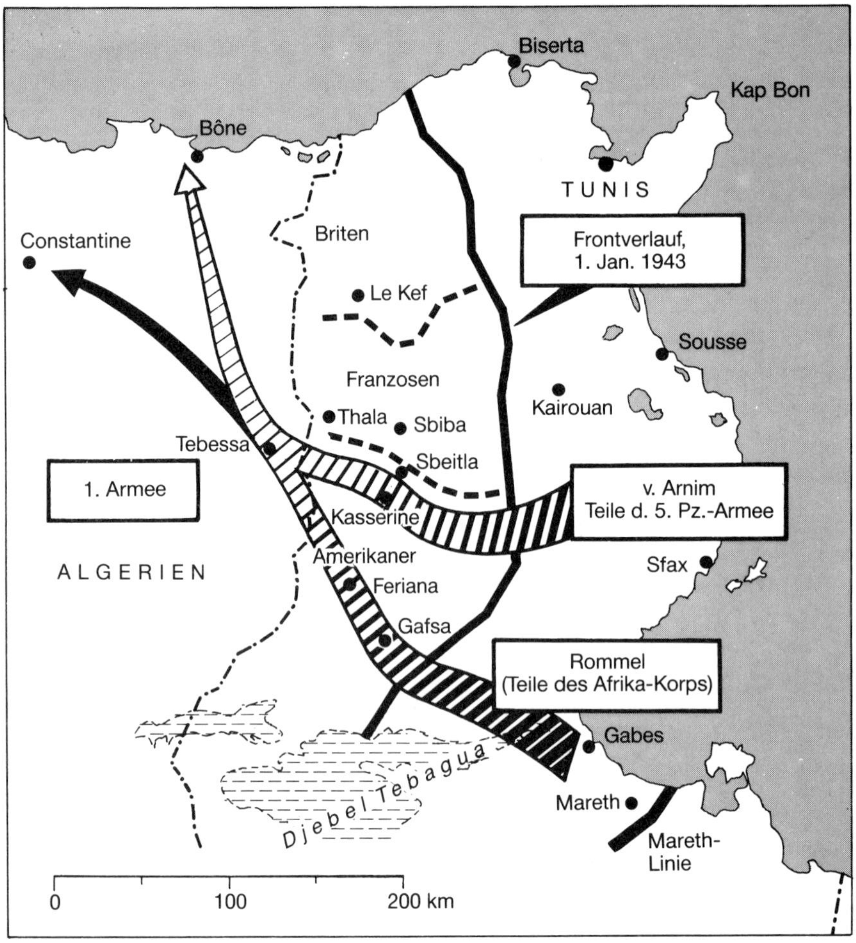

Anfang 1943: Plan für Rommels letzten Vorstoß

Rechte Seite, oben: Tunesien, 17. 2. 1943: Generalfeldmarschall Rommel begrüßt seine Soldaten, die zum Teil in erbeuteten US-Schützenpanzern in Richtung Feriana rollen

Rechte Seite, unten: »Achsentruppen nahmen den Schlüsselpaß in Tunesien« – meldet am 22. 2. 1943 die britische Presse

Am Nachmittag des 20. Februar 1943 gelingt es den Verbänden des DAK, nach einem massiven Angriff den Kasserine-Paß zu besetzen. Der Verlust dieses wichtigen Übergangs wirkt sich bis in den Rücken der alliierten Frontlinie aus, und man erwartet nun einen Handstreich Rommels auf Tebessa, denn die kritische Nachschublage der Achsentruppen ist bekannt und Tebessa mit seinen riesigen Versorgungslagern ein verlockendes Ziel.
Zur gleichen Stunde rücken die Truppen der britischen 8. Armee auf ihrem Vormarsch in Medenine (Osttunesien) ein.

Tags darauf, am Sonntag, dem 21. Februar 1943, stößt Rommel tatsächlich in Richtung Tebessa vor. Um die vor der Stadt liegenden Gebirgshügel einzunehmen, rollt die 10. Panzerdivision auf Thala vor, während die 21. Panzerdivision das Gebirge umgehen soll. Es gelingt zwar, Thala für einige Stunden zu besetzen, doch können die britischen Truppen, darunter Teile der 6. Panzerdivision und die Einheiten des Brigadier Dunphie, den deutschen Angriff wieder zurückwerfen.
In dieser Situation versucht Colonel Peniakoff, die verworrene Lage am Kasserine-Paß zu erkunden, um den alliierten Stäben ein klares Bild zu verschaffen. Peniakoff (Popski): »Die letzten Nachrichten aus Kasserine waren so entmutigend, daß eine Räumung unvermeidlich erschien. Es war daher schon beschlossen worden, die in Tebessa lagernden 8000 Tonnen an Munition, Treibstoff und sonstigen Vorräten zurückzuführen.«
In der Tat, die deutschen und italienischen Verbände sind nur noch 50 Kilometer von Tebessa entfernt, und wenn sie die vom Paß nach Kasserine hinunterführende Straße erzwingen, gibt es kein natürliches Hindernis mehr, das sie aufhalten kann, nach Tebessa und darüber hinaus vorzustoßen.
Popski beschließt nun auf eigene Faust und ohne einen Auftrag, mit seinen Leuten ein operativ durchaus wichtiges Spähtruppunternehmen, 30 Kilometer hinter der Front des Gegners, am Kasserine-Paß durchzuführen. Auf sechs Jeeps verteilt, startet er mit seiner kleinen Einheit zu diesem gewagten Raid.

Am Montag, dem 22. Februar 1943, erscheint in Rommels Gefechtsstand am Kasserine-Paß Generalfeldmarschall Kesselring. Während der Lagebesprechung erfahren sie, daß der soeben geführte Angriff des DAK von der US-Kampfgruppe B (Maj.Gen. Robinett) aufgehalten wird. Der starke Gegner läßt vermutlich weder einen Vorstoß auf Tebessa noch in Richtung Thala – Le Kef zu. Schlimmer noch: Die sich der Mareth-Stellung bedenk-

Daily Mail

LATE WAR NEWS SPECIAL

NO. 14,606 ONE PENNY — FOR KING AND EMPIRE — MONDAY, FEBRUARY 22, 1943

AXIS CAPTURE KEY PASS IN TUNISIA

American Base Town in Algeria Threatened

FIRST ARMY'S TANKS ARE IN ACTION

From Daily Mail Special Correspondent — ALLIED H.Q., North Africa, Sunday.

GERMAN tanks and infantry in Central Tunisia have captured the vital Kasserine Pass, and have opened the way to Tebessa, in Algeria, in the rear of the Allied front, and presumably the American base. The town lies little more than 30 miles from the pass.

DNIEPER DRIVE SPEEDS UP

More Towns Fall in Donetz Bend

From HAROLD KING, Reuter's Special Correspondent — Moscow, Sunday.

THE RED ARMY has made rapid strides in the past 24 hours in its drive for the Dnieper. Forces advancing from Lozovaya down the Kharkov-Crimea railway stand to-night only 35 miles east of the river at Dnepropetrovsk.

Pushing swiftly south-

THE KING'S SWORD OF HONOUR

For Stalingrad

STALINGRAD is to receive from the King a Sword of Honour.

Announcement of this last night came at the end of a day on which ceremonies in salute to the Red Army had been held through-

Doctors to Gandhi: 'End Fast or Die'

Appeal to P M

BOMBAY, Sunday.

Popski während des Erkundungseinsatzes nahe dem Kasserine-Paß, hinter ihm Yunes Yusef Abdallah, ein libyscher Araber aus seiner Commando-Einheit

lich nähernde britische 8. Armee schafft eine erhebliche Bedrohung im Rücken. Diese Erkenntnis veranlaßt Rommel, seine Offensive am Kasserine-Paß abzubrechen.

Unterdessen befindet sich in diesem unwegsamen Gelände der Spähtrupp des Colonel Peniakoff auf seiner Erkundungsfahrt. Popski: »Die Entfernung von Bir el Ater bis zur Straße Kasserine–Feriana–Gafsa beträgt Luftlinie nur etwa 35 Kilometer, aber ich brauchte für diese Strecke anderthalb Tage ... Die ganze Zeit über regnete es in Strömen ... Wir verbrachten eine Nacht völlig durchnäßt und arbeiteten uns am nächsten Morgen weiter voran ... Der Regen durchweichte unsere Karten und drang unter das Glas des Kompasses.

... In dem höher gelegenen Gelände machten wir ganz gute Fahrt; in einer Mulde ließ ich unsere Fahrzeuge halten und ging mit Yunnie auf eine Kuppe. Von dort aus konnten wir die Straße, die Eisenbahngleise und daneben das Stationsgebäude vor Borj Ma'aden bel Abes sehen. Lange Zeit beobachteten wir und warteten auf die Dämmerung. Ich glaubte nicht, daß die Deutschen am Tage aus Furcht vor Fliegern größere Bewegungen durchführen würden.

... Schnell brach die Nacht an ... Nach einer Weile war von Norden her ein gewaltiges Rumpeln zu hören, es wurde immer lauter und war schließlich als das wohlbekannte Klirren von Panzern auf dem Marsch zu erkennen: weitere Teile von deutschen Panzerdivisionen, die zur Mareth-Linie verlegt wurden.«

Die rechtzeitige Nachricht von der Rücknahme der gefürchteten deutschen Verbände vom Kasserine-Paß ermöglicht den alliierten Stäben, die Lage im rückwärtigen Gebiet wieder in den Griff zu bekommen und Schritte zu ergreifen, diesen wichtigen Paß wieder in Besitz zu nehmen.

Zehnte Phase

23. Februar – 13. Mai 1943

Wechselvolle Kämpfe in Tunesien
Am Medjerda – die letzte Schlacht in Nordafrika
Das Ende

Weitere Erfolge der Achse

Dienstag, 23. Februar 1943
Associated Press berichtet:
Eine der drei deutschen Kolonnen, die vom Kasserine-Paß aus in nördlicher Richtung vorrückt, hat zum Teil beträchtliche Erfolge erzielen können. Sie steht jetzt sechs Kilometer südlich von Thala und besitzt damit das Einfallstor in die Ebene hinter der Frontlinie der britischen 1. Armee. Die deutschen Panzervorhuten standen vor Mitternacht nur noch 15 Kilometer vor der wichtigen Eisenbahnstrecke, die Tebessa mit Nordtunesien verbindet. Die zweite deutsche Kolonne, die gegen Westen in Richtung Tebessa marschiert, dürfte vor Mitternacht die algerische Grenze überschritten haben. Im Verlauf der Kämpfe der letzten zehn Tage haben die Alliierten zweifellos Rückschläge erlitten. Man führt dies hier auf ungenügende Unterstützung aus der Luft und auf Mängel in der Technik des Panzerkampfes zurück.

Vor dem Kasserine-Paß
Donnerstag, 25. Februar 1943
Die *Agentur Reuter* teilt mit:
In Zentraltunesien haben britische und amerikanische Streitkräfte nach dreitägiger Schlacht die deutsch-italienischen Truppen aus der Umgebung von Thala um 27 Kilometer bis dicht vor den Kasserine-Paß zurückgetrieben.
Über den Verlauf der Schlacht wird gemeldet, daß es den britischen und amerikanischen Panzerverbänden, die von motorisierter Artillerie und Infanterie unterstützt werden, zunächst gelungen war, die deutschen Panzerabteilungen vor Thala und an der Straße vom Kasserine-Paß nach Tebessa aufzuhalten.

Freitag, 26. Februar 1943
Aus dem *Hauptquartier von General Eisenhower:*
Amerikanische Truppen haben den Kasserine-Paß gestern wieder besetzt.

Angriff an sechs Stellen
26. Februar 1943
United Press meldet:
Heute morgen griffen die Deutschen in Tunesien mit rund 70 Panzern und etwa 5000 Mann Infanterie die britischen Stellungen im Norden an sechs Frontabschnitten an. Gegen Abend war es den Deutschen gelungen, an drei Stellen in die britischen Linien einzudringen.

General Alexander an W. Churchill
Sonnabend, 27. Februar 1943:
Bin eben nach dreitägiger Inspektion der amerikanischen und französischen Frontlinie zurückgekehrt.
Ich gliedere die Armee in drei Teile: Briten und Franzosen unter Anderson, alle Amerikaner unter Fredendall, 8. Armee unter Montgomery.
Es tut mir leid, Sie enttäuschen zu müssen, aber der endgültige Sieg in Nordafrika liegt nicht gleich um die Ecke. Sowohl zu Land als auch in der Luft muß noch sehr viel getan werden. General Eisenhower könnte sich nicht entgegenkommender zeigen.
Ich freue mich, daß es Ihnen besser geht. Meine besten Wünsche.

Deutsche Vorstoßversuche
Donnerstag, 4. März 1943
Aus dem *Alliierten Hauptquartier* in Nordafrika:
Nachdem die Truppen von Arnim innerhalb von fünf Tagen zehn Angriffe gegen den Raum von Mateur und Beja durchgeführt haben, verlegten die Deutschen ihre Operationen plötzlich gegen Sedjenane. Ein Vorstoß von Nordosten her brachte ihnen einige Kilometer Bodengewinn.

Rommels Gegenoffensive
Sonntag, 7. März 1943
Aus dem *Hauptquartier von General Eisenhower:*
Rommel hat mit starken Infanterie- und Panzerkräften (Teile der 15. und 21. Panzerdivision) die britische 8.

Raum Beja, März 1943: deutsche Vorausabteilung im Stützpunkt Merkle

Weiter wird aus dem Alliierten Hauptquartier gemeldet, es herrsche dort der Eindruck vor, daß Rommel seine gesamten Kräfte in den Angriff an der Mareth-Linie geworfen habe, da er von dem entscheidenden Charakter der Operation überzeugt gewesen sei.

Armee angegriffen. Die Offensive begann gestern morgen in der Dämmerung und wurde durch einen konzentrierten Panzerangriff eingeleitet. Es entwickelten sich harte Kämpfe, die sich heute mittag noch steigerten. Nach den bisherigen Berichten erlitten die deutsch-italienischen Verbände hohe Verluste im Sperrfeuer der britischen Artillerie. 21 deutsche Panzer wurden abgeschossen.

Rommels Niederlage vor der Mareth-Linie
Montag, 8. März 1943, Algier
United Press berichtet:
Die Niederlage Rommels vor der Mareth-Linie ist schwerer als der Rückschlag, den der Gegner vorher an anderen Fronten erlitten hatte. Die Einbußen Rommels an Mannschaften und Material sind erheblich. Es ist zweifelhaft, ob Rommel nach den schweren Schlägen, die er von der britischen 8. Armee empfangen hat, noch in der Lage sein wird, ernst zu nehmende Operationen durchzuführen. Seine Niederlage an der Mareth-Linie ist sicher folgenschwerer als die bei Kasserine, und ihre Auswirkungen werden in den kommenden Operationen festzustellen sein.

Schwere Kämpfe in Tunesien
Freitag, 12. März 1943
Aus dem *Hauptquartier von General Eisenhower:*
An der südlichsten Flanke der Mareth-Linie ist es zu schweren Kämpfen gekommen, die zur Zeit noch anhalten. Rommel hat einen neuen massierten Angriff unternommen, um die Gefahr, von Süden her umgangen zu werden, abzuwenden.

Mareth-Stellung durchbrochen!

Mittwoch, 24. März 1943
Aus dem *Hauptquartier von General Montgomery:*
Nach drei Tage dauernden außerordentlich schweren Kämpfen hat die 8. Armee einen ersten entscheidenden Erfolg errungen: Die erste und gleichzeitig stärkste Verteidigungslinie, die Mareth-Stellung, ist durchbrochen.

Erfolgreicher deutscher Gegenangriff
24. März 1943, London
Die *Agentur Reuter* meldet:
Nach den letzten von der tunesischen Front eingegange-

In der Nacht vom 19./20. März 1943 eröffnet die britische 8. Armee ihre Offensive gegen die Mareth-Linie mit schwerem Artilleriefeuer

»Mit vereinten Kräften« – britische Daily-Mail-Karikatur zur Lage in Tunesien

nen Berichten hätten die Deutschen bei einem Gegenangriff den größten Teil des von der 8. Armee besetzten Geländes wieder erobert und ihre Hauptverteidigungslinie in großem Ausmaß neu errichten können.

Geheimer Bericht des *Sicherheitsdienstes der SS* zur innenpolitischen Lage:
Nr. 370 vom Donnerstag, 25. März 1943 (Auszug)
I. Allgemeines: Die letzten Meldungen von der tunesischen Front haben die, längere Zeit nur geringere Aufmerksamkeit für den afrikanischen Kriegsschauplatz wieder stärker belebt ... Die Meinung, daß der afrikanische Brückenkopf auf die Dauer nicht gehalten werden könne, sei häufiger zu hören als die Ansicht, daß es gelingen könnte, die anglo-amerikanischen Streitkräfte aus Nordafrika zu vertreiben.

Die Mareth-Stellung in britischer Hand
Montag, 29. März 1943
Aus dem *Alliierten Hauptquartier* in Nordafrika:
An der Front der 8. Armee hat der am 26. März eingeleitete Angriff auf den feindlichen Stützpunkt südlich von El Hamma den Feind gezwungen, sich aus dem Gebiet von Mareth zurückzuziehen. Jetzt ist das gesamte System der stark ausgebauten Verteidigungslinien der Mareth-Stellung in unseren Händen.

Mareth-Linie von Süden her umgangen
Dienstag, 30. März 1943
United Press meldet:
Die Umgehung der Mareth-Linie, die zur Eroberung von El Hamma und Gabes führte, stellt weitaus das gewagteste Unternehmen dar, das General Montgomery während seiner sich über 2900 Kilometer erstreckenden Verfolgung Rommels durchgeführt hat. Die Umgehungskolonne hat mehr als 300 Kilometer im Wüstensand und in den Matmata-Bergen zurückgelegt. Zehn Tage lang rollten bei Wind und Hitze Tausende von Fahrzeugen und Panzerabteilungen vom Feind unbemerkt durch den tiefen Sand.

Treff des ersten US-Soldaten der aus Algerien nach Tunesien vorstoßenden alliierten Verbände und eines britischen Soldaten der aus Libyen vordringenden 8. Armee

Raum Sedjenane, April 1943: Britischer Infanterie-Panzer Valentine Mark III rollt nach Überwindung der improvisierten deutschen Stellungen weiter nach Norden

Erste Fühlung mit Amerikanern

Mittwoch, 31. März 1943, Algier
Die *Agentur Reuter* berichtet:
Wie hier verlautet, haben Vorausabteilungen der britischen 8. Armee die Fühlung mit der amerikanischen 5. Armee aufgenommen. Viele Anzeichen lassen darauf schließen, daß die Deutschen sich nach dem Nordosten Tunesiens zurückziehen. Zahlreiche Lastwagen überqueren den Paß östlich des Djebel Chemsi im Osten von El Guettar. Die Luftstreitkräfte der Alliierten fügen den feindlichen Kolonnen im Norden der Straße El Guettar–Gabes schwere Verluste zu.

Elastischer Widerstand
Donnerstag, 1. April 1943, Vichy
Das *Internationale Informationsbureau* (INTERINF) meldet:
Im Nordabschnitt des tunesischen Kriegsschauplatzes setzte die deutsch-italienische Kampfgruppe im Raum von Abiod und Sedjenane ihren elastischen Widerstand mit so viel Geschick fort, daß die britischen und französischen Streitkräfte auch am Mittwoch keine Gelegenheit fanden, sich einheitlich zu entfalten.

Montag, 5. April 1943
Aus dem *Hauptquartier von General Eisenhower:*
Die 8. Armee hat die Kampftätigkeit an der Südfront beträchtlich intensiviert, und vom Wadi Akarit bis zur Küste sind britische Patrouillen in Kampffühlung mit dem Feind.
Die Amerikaner haben von El Guettar aus in östlicher Richtung eine Reihe von deutschen Feldbefestigungen besetzt und mehrere hundert Kriegsgefangene eingebracht.
An der Nordfront gehen französisch-britische Truppen von Kap Serrat in östlicher Richtung vor. Am Kap Serrat wurden die deutschen Munitions- und Verpflegungslager sowie zwei fahrbare Rundfunkstationen unversehrt vorgefunden. Der deutsche Rückzug erfolgte so eilig, daß nicht nur diese Bestände, sondern auch die Feldpost

Vorausabteilung der britischen 8. Armee auf der Straße Gafsa–Gabes

und wertvolles Kartenmaterial zurückgelassen werden mußten.

Geheimer Bericht des *Sicherheitsdienstes der SS* zur innenpolitischen Lage:
Nr. 373 vom 5. April 1943 (Auszug)
I. Allgemeines: Die besondere Aufmerksamkeit der Volksgenossen gilt zur Zeit den Kampfhandlungen in Nordafrika. Obwohl die Wehrmachtsberichte in den letzten Tagen nur schwächere Angriffe des Feindes meldeten, werde in der Bevölkerung vielfach die Ansicht vertreten, daß der »Brückenkopf« nicht mehr lange zu halten sei. Man spreche schon von einem »Kampf auf verlorenem Posten«, von einem drohenden »2. Stalingrad« oder einem »deutschen Dünkirchen«.

Dienstag, 6. April 1943
Aus dem *Hauptquartier von General Eisenhower:*
Die in Nordafrika stationierten Luftstreitkräfte der Alliierten zerstörten gestern insgesamt 48 feindliche Transportmaschinen, von denen 31 einem vor der tunesischen Küste abgefangenen »Luftgeleitzug« angehörten.

Offensive der 8. Armee
Mittwoch, 7. April 1943, London
United Press berichtet:
Churchill teilte heute dem Unterhaus mit: »Gestern morgen um halb vier Uhr, in der Dunkelheit einer mondlosen Nacht, befahl General Montgomery dem Gros seiner Streitkräfte den Angriff auf die Stellung am Wadi Akarit nördlich von Gabes. Der Feind schien durch diesen Angriff, der in dichter Finsternis erfolgte, überrascht worden zu sein. Seine befestigten Positionen wurden überwältigt, und um die Mittagszeit waren alle beherrschenden Schlüsselpunkte in unseren Händen. Diese erfolgreiche Schlacht ermöglicht es der 8. Armee, sich mit den amerikanischen Streitkräften zu vereinigen, die im Westen einen unaufhörlichen Druck auf den Gegner ausüben.«

W. Churchill an J. W. Stalin
7. April 1943:
Feind in voller Flucht nach Norden, Montgomerys Panzer folgen ihm auf den Fersen. Bis jetzt 6000 Gefangene.

Donnerstag, 8. April 1943
Das *Oberkommando der Wehrmacht* gibt bekannt:
An der tunesischen Südfront leisteten deutsche und italienische Truppen dem mit großer Überlegenheit angreifenden Feind zähen Widerstand. Durchgebrochene feindliche Panzerkräfte wurden in erbitterten Kämpfen zum Stehen gebracht, Umfassungsversuche vereitelt. Neue Stellungen wurden planmäßig bezogen.

Treff der Briten und Amerikaner in Südtunesien
8. April 1943
Aus dem *Hauptquartier von General Eisenhower:*
Im Laufe des Mittwochs haben die 8. Armee und die amerikanischen Truppen in Südtunesien die Verbindung aufgenommen. Die Vereinigung der 8. Armee mit dem amerikanischen II. Armeekorps erfolgte südlich des Djebel Chemsi ungefähr 25 Kilometer östlich von El Guettar, an der Straße Gafsa–Gabes.

Geheimer Bericht des *Sicherheitsdienstes der SS* zur innenpolitischen Lage:
Nr. 374 vom 8. April 1943 (Auszug)
I. Allgemeines: Hinsichtlich der Kampflage in Tunesien setze sich die Auffassung immer mehr durch, daß die Aufgabe der nordafrikanischen Position nur noch eine Frage der Zeit sei. Urlauber oder Verwundete, die von diesem Kriegsschauplatz gekommen sind, hätten berichtet, daß der Nachschub jetzt nunmehr auf dem Luftwege erfolgen könne. Es fehle vor allem an Munition, auf hundert feindliche Granaten komme eine deutsche. Auch von einer zunehmenden Erbitterung (»verbissene Wut«) der deutschen Truppen gegen die Italiener wüßten die Angehörigen des Afrikakorps zu berichten.

Sonnabend, 10. April 1943
Das *Oberkommando der Wehrmacht* gibt bekannt:
An der tunesischen Front hält die schwere Abwehrschlacht gegen den mit immer neuen Kräften angreifenden Feind an. Zahlreiche Angriffe wurden von unseren unerschütterlich kämpfenden Truppen abgewiesen, mehrere Einbrüche abgeriegelt. An der Südfront gehen die planmäßigen Ausweichbewegungen weiter. Deutsch-italienische Kampfgruppen stellten sich immer wieder zum Kampf und wichen dem Druck des weit überlegenen Feindes.

8. Armee gegen Sfax
10. April 1943
Aus dem *Hauptquartier von General Montgomery:*
Der Vormarsch der 8. Armee hat in den letzten zwölf Stunden schnelle Fortschritte gemacht. Die 1. Armee steht indessen in schweren Kämpfen gegen die deutschen Höhenstellungen, die einen wirksamen Schutz der Straße Medjez el Bab–Beja sichern.

Der Ring um Biserta und Tunis
Sonntag, 11. April 1943
Aus dem *Hauptquartier von General Eisenhower:*
Der Ring der Alliierten um die Berg- und Seefestungen von Biserta und Tunis ist in den letzten 24 Stunden erheblich enger gezogen worden.

Zusammenbruch in Mitteltunesien?

Montag, 12. April 1943
Aus dem *Hauptquartier von General Montgomery:*
Marschall Rommel hat seine letzten Verteidigungsstellungen, in denen eine starke Nachhut der 8. Armee südlich und alliierten Streitkräften westlich von Sousse Widerstand leisten sollte, verloren. Die feindlichen Truppen befinden sich auf einem schnellen Rückzug, der nur noch als Flucht bezeichnet werden kann.

Geheimer Bericht des *Sicherheitsdienstes der SS* zur innenpolitischen Lage:
Nr. 375 vom 12. April 1943 (Auszug)
I. Allgemeines: Während die Lage an der Ostfront das Interesse der Bevölkerung derzeit nur in geringerem Maße beansprucht, werden die Kämpfe und Rückzugsoperationen in Tunesien weiter mit steigender Besorgnis verfolgt ... Allgemein wird den Italienern die Schuld am Rückzug in Afrika zugeschrieben, da sie es weder fertiggebracht hätten, die afrikanische Position allein zu verteidigen, noch den Nachschub genügend durchzuführen bzw. zu schützen.

Deutsche Gegenangriffe
Mittwoch, 21. April 1943
Aus dem *Alliierten Hauptquartier* in Nordafrika:
Die Energie, mit der die deutschen Gegenangriffe geführt wurden, läßt keinen Zweifel darüber, daß Rommel entschlossen ist, um jede Höhe und um jede Schlucht zu kämpfen, die den Zugang zu der Ebene rings um Tunis schützt.

Durchbruch bei Enfidaville
21. April 1943
Aus dem *Hauptquartier von General Eisenhower:*
Die 8. Armee ist in der Nacht vom Sonntag auf den Montag zum Angriff übergegangen und hat das feindliche Verteidigungssystem bei Enfidaville durchbrochen.

Deutscher Landser!

Das Schicksal der deutschen Armeen in Afrika ist besiegelt In einen Kessel getrieben, gibt es fuer sie keinen Ausweg!

« Bis zum letzten Mann kaempfen! », wird wohl die Parole sein. Deine Fuehrer koennen von Dir nur noch eines verlangen — dein Leben.

Aber Dein persoenliches Schicksal ist noch nicht besiegelt!

Die Toten kommen nicht nach Haus! Aber die Gefangenen bleiben am Leben, und sehen die Heimat wieder!

Komm zu uns, deutscher Landser! Wir wollen Dir nicht das Leben nehmen! Wir wollen unnoetiges Blutvergiessen vermeiden!

Willst Du Deine Lieben, Deine Heimat wiedersehen? Willst Du dereinst wieder zu Haus friedlich leben und arbeiten?

Oder willst du Dein Leben umsonst wegschmeissen, und Deine Knochen in Afrika lassen?

DU HAST DIE WAHL!

»Deutscher Landser! ... Du hast die Wahl!« Alliiertes Flugblatt, das über den deutschen Linien niedergeht

Großraumtransporter Messerschmitt Me 323 Gigant im Geschoßhagel einer alliierten Jagdmaschine

Deutscher Luftkonvoi vernichtet

Freitag, 23. April 1943
Aus dem *Hauptquartier der RAF:*
Kittyhawks und Spitfires der Tactical Air Force, die über der Meerenge von Sizilien patrouillierten, entdeckten knapp über dem Meeresspiegel einen deutschen Verband von 20 sechsmotorigen Großraumtransportmaschinen vom Typ Me 323, begleitet von 40 bis 50 Jägern. Die Kittyhawks und Spitfires griffen unverzüglich an, und im Luftkampf, der nur knapp 10 Minuten dauerte, wurden sämtliche Transportmaschinen abgeschossen, und von den Begleitjägern stürzten acht Me 109 und zwei italienische Flugzeuge ab. Die Großraum-Transporter waren mit Truppen und Treibstoff an Bord auf dem Weg von Sizilien nach Tunesien.

Angriff an der gesamten Front
Sonnabend, 24. April 1943
Aus dem *Hauptquartier von General Eisenhower:*
An der gesamten 200 Kilometer langen Front von Kap Serrat an der Nordküste bis nördlich von Enfidaville an der Ostküste Tunesiens hat die Offensive der alliierten Armeen mit außerordentlicher Stoßkraft eingesetzt.

Sonntag, 25. April 1943
Aus dem *Alliierten Hauptquartier* in Nordafrika:
Nach heftigen Bajonettkämpfen ist britische Infanterie in die Ortschaft Sidi Medien, 13 Kilometer östlich von Medjez el Bab, eingedrungen. Die Deutschen unternahmen mehrere Gegenangriffe, nach denen sich der größte Teil der britischen Truppen wieder zurückziehen mußte.

Donnerstag, 29. April 1943
Das *Oberkommando der Wehrmacht* gibt bekannt:
In Tunesien wurde nordöstlich Medjez el Bab ein überlegener feindlicher Panzerverband, dem es gelungen war, in unsere Stellungen einzubrechen, von deutschen Reserven zum Kampf gestellt, geschlagen und im Gegenangriff unter schweren feindlichen Verlusten über seine Ausgangsstellungen zurückgeworfen. An der übrigen Front wurden örtliche Angriffe zum Teil im Gegenangriff abgewiesen.

Heftige Gegenangriffe
Freitag, 30. April 1943
Die *Agentur Reuter* meldet:
Die tunesische Front steht im Zeichen eines wesentlich verschärften deutschen Widerstandes. Heftige Gegenangriffe halten an verschiedenen Frontabschnitten des von General v. Arnim gehaltenen Gebietes an, und es ist dem Gegner durch den Einsatz schwerer und schwerster Panzer gelungen, einen Durchbruch der alliierten Sturmverbände zu verhindern.

Sender Beromünster (Schweiz)

30. April 1943:
Den Truppen Feldmarschall Rommels war es gelungen, nach der raschen Räumung von Sousse und Kairouan sich nach Nordtunesien zurückzuziehen und dort den Anschluß an die Truppen des Generals v. Arnim zu finden. Seither besteht eine kontinuierliche Front, die im Halbkreis die Hafenstädte Biserta und Tunis schützt und die den Achsentruppen erlaubt, sich auf Berg- und Hügelketten zu stützen, deren Eroberung für die alliierte Armeegruppe eine schwere Aufgabe ist ... Der große Nachteil für die Achsentruppen besteht darin, daß sie mit dem Rücken gegen das Meer kämpfen müssen.

Schwere Kämpfe an der Zentralfront
Sonnabend, 1. Mai 1943
Aus dem *Hauptquartier von General Eisenhower:*
Im Zentralabschnitt hat General v. Arnim mit zahlreichen Panzern, darunter schwere und schwerste Typen, weitere Gegenangriffe eingeleitet, und die 1. Armee verlor gestern einige Stellungen. Die Kämpfe, die in dieser Zone im Gange sind, gehören zu den blutigsten des tunesischen Feldzuges.

Geheimer Bericht des *Sicherheitsdienstes der SS* zur innenpolitischen Lage:
Nr. 380 vom Montag, 3. Mai 1943 (Auszug)
I. Allgemeines: Nach einigen Meldungen spricht es sich in der Bevölkerung, vor allem kleiner Orte, schnell herum, wenn Soldaten des Afrikakorps »Abschiedsbriefe« (»Wir sehen vor uns nur die Vernichtung oder das Wasser«), teilweise unter Beifügung ihrer Wertsachen, nach Hause schicken. Im Zusammenhang mit der Entwicklung in Tunesien habe die Haltung der Bevölkerung gegen die Italiener teilweise schon einen ausgesprochen feindseligen Charakter angenommen.

Mittwoch, 5. Mai 1943
Aus dem *Alliierten Hauptquartier* in Nordafrika:
Während die auf Biserta vorrückenden Amerikaner nur auf verhältnismäßig schwachen feindlichen Widerstand stießen, hatte die 1. Armee, deren vorderste Einheiten im Medjerda-Tal noch etwa 32 Kilometer von Tunis entfernt sind, südlich des Djebel Bou Aoukas ziemlich schwere deutsche Gegenangriffe abzuwehren.

OKW/Kriegstagebuch – Lagebericht
H.Gr. Afrika: Donnerstag, 6. Mai 1943
Versorgungslage: Betriebsstoffmäßig können die für die Nacht angeordneten Bewegungen gerade noch durchgeführt werden. Weiteres Absetzen nicht mehr möglich. Letzte Munitions-Bestände sind ausgegeben.

Freitag, 7. Mai 1943, Rom
Das *Comando Supremo* gibt bekannt:
Am Donnerstag herrschten in Tunesien schwere Kämpfe. Die Truppen der Achse hielten dem neuen Angriff der mächtigen feindlichen Infanterie- und Panzermassen stand. Im Nordabschnitt haben sich die Truppen der Achse auf neue Stellungen zurückgezogen.

Das Ende zeichnet sich ab

7. Mai 1943
Aus dem *Alliierten Hauptquartier* in Nordafrika:
Nachdem die britische 1. Armee jetzt tief in die Ebene von Tunis eingedrungen ist und nach den letzten Frontmeldungen weiter vorrückt, können die Verteidigungslinien des tunesischen Brückenkopfes als endgültig zusammengebrochen bezeichnet werden. Die Besetzung von Tebourba ist stündlich zu erwarten, und in Anbetracht der Entwicklungen, die sich in den letzten 24 Stunden vollzogen haben, wird im Hauptquartier angenommen, daß v. Arnim gezwungen sein wird, seine Truppen auch im Südabschnitt der Front zurückzunehmen.

Britische Einheiten verfolgen die sich in nördlicher Richtung zurückziehenden Achsentruppen

Abschied von einer Stadt
Von Kriegsberichterstatter Leutnant Büchner
Das Leben in der Stadt ging seinen gewohnten Gang, auf den Straßen herrschte noch mehr als sonst die übliche Lebhaftigkeit. Empört standen überall Gruppen der Zivilbevölkerung vor zerstörten Wohnhäusern. Am Vortage hatten amerikanische Bomber wieder einmal einen Terrorangriff gegen die Wohnviertel unternommen.
Am Morgen dieses Tages erhielten die in Tunis ansässigen deutschen Dienststellen den Befehl, Tunis zu verlassen. Die Papiere wurden verbrannt, Kraftfahrzeuge, die nicht bewegt werden konnten, gesprengt. Lastkraftwagen, beladen mit Soldaten und Material, verließen die Stadt in Richtung Süden. Mit eiserner Ruhe regelten die Feldgendarmen und französischen Polizisten den lebhaften Verkehr.
Auf der Reede qualmten drei kleine Versorgungsschiffe, die von Feindbombern getroffen worden waren. Vom westlichen Stadtrand grummelte unaufhörlich der Donner der letzten Abwehrkämpfe. Über der Stadt stand der schwarze Rauch brennenden Materials, das nicht mitgenommen werden konnte. An den Straßenecken standen die Menschen und winkten unseren Kraftwagen zum Abschied zu.
Völkischer Beobachter, Mai 1943

OKW/Kriegstagebuch – Lagebericht
H.Gr. Afrika: Sonnabend, 8. Mai 1943
5. Pz.-Armee: Letzte Reste der Armee kämpfen in den Räumen ostwärts und südostwärts des Sees von Biserta und nördlich Djedaida ... Der Feind hat an allen Stellen an Panzern und Artillerie erdrückende Überlegenheit. Die eigenen Gruppen verfügen über keinen Betriebsstoff mehr. Fast alle Panzerabwehrwaffen und Geschütze sind vernichtet, Munition fast verbraucht. Versorgung kann den Resten der 5. Pz.-Armee nicht mehr zugeführt werden ... Die gestern eingetroffenen K.T. konnten wegen hohen Seegangs und dauernder Fliegerangriffe nicht entladen werden. Sie treiben, von ihrer Mannschaft verlassen, auf hoher See.

Die Alliierten in Tunis und Biserta
8. Mai 1943
Aus dem *Hauptquartier von General Eisenhower:*
Die alliierten Streitkräfte haben Tunis und Biserta genommen. Beide Städte sind jetzt vollständig in der Hand der Alliierten.

OKW/Kriegstagebuch – Lagebericht
H.Gr. Afrika: Sonntag, 9. Mai 1943
5. Pz.-Armee: ... Um 15.23 Uhr geht letzte Meldung des Pz.-AOK. 5 ein: »Unterlagen und Gerät vernichtet. Auf Wiedersehen, es lebe Großdeutschland und sein Führer.«
DAK: Rege feindliche Fliegertätigkeit. Nach Abzug der eigenen Luftstreitkräfte und Einsatz fast aller schweren Flak zum Erdkampf ist fast keine nennenswerte Luftabwehr vorhanden ...

9. Mai 1943
Das *Oberkommando der Wehrmacht* gibt bekannt:
In Tunesien leisteten auch gestern die deutsch-italienischen Truppen dem von allen Seiten mit weit überlegenen Kräften angreifenden Feind heldenhaft Widerstand. Im Raume südlich Biserta halten sich mehrere Kampfgruppen in vorbildlicher Pflichterfüllung bis zur letzten Patrone.

9. Mai 1943
Aus dem *Alliierten Hauptquartier* in Nordafrika:
Nach den letzten Frontmeldungen hat der organisierte Widerstand der zwischen Biserta und Tunis sowie im Gebiet von Tebourba und im Djebel Zeghouan eingeschlossenen feindlichen Gruppen so gut wie völlig aufgehört. Nur die größte, in Richtung Kap Bon zurückweichende feindliche Gruppe versucht noch, in Nachhutgefechten die nachdrängenden britischen Panzerverbände aufzuhalten.
Auch ein Evakuierungsversuch über die See ist durch v. Arnim unternommen worden. Alliierte Flugzeuge entdeckten einen Konvoi feindlicher Motorkähne und anderer kleiner Schiffe 70 Kilometer von der Westspitze Siziliens entfernt, die alle mit Truppen voll beladen waren. Aus diesem Geleitzug sind zehn Schiffe versenkt worden. Vermutlich befinden sich noch weitere solcher Konvois auf dem Weg zur Westspitze von Sizilien.
Die Nacht ist sehr dunkel. Von der Nordküste aus kann man beobachten, daß britische Flotteneinheiten mit Scheinwerfern das Meer ableuchten. Hunderte von alliierten Flugzeugen kreisen über der Meerenge und werfen Leuchtbomben ab.

Kein Fluchtweg mehr
9. Mai 1943
United Press meldet:
Die von den Einsätzen gegen die nach Kap Bon strebenden deutsch-italienischen Truppenmassen zurückgekehrten Piloten berichten über die schweren Angriffe alliierter Bomber.
Captain Dean Draemel, der Pilot einer »B 25«: »Wir konnten beobachten, wie ein ununterbrochener Strom von Lastwagen mit Anhängern in Richtung auf Kap Bon über die Straßen raste. Es war ein Wettrennen nach der Küste, aber es wird nichts nützen, denn wir haben alle dort liegenden Schiffe vernichtet. Es gibt für die Deutschen keinen Fluchtweg mehr.«

OKW/Kriegstagebuch – Lagebericht
H.Gr. Afrika: Montag, 10. Mai 1943
DAK: Betriebsstoff nicht mehr vorhanden, Munition und Verpflegung knapp.

In Freiheit gesetzt
10. Mai 1943, Vichy
Das *Office Français d'Information* (OFI) meldet:
Das deutsche Oberkommando hat verfügt, daß alle aus Tunesien stammenden französischen Soldaten, die während des Feldzuges in Frankreich gefangengenommen

Verwundete der Heeresgruppe Afrika, die noch mit einem der letzten Schiffe Tunesien verlassen können

wurden, in Freiheit gesetzt werden. Sie werden nach Frankreich zurückbefördert. Ihre Freilassung erfolgt mit Rücksicht auf die gute Haltung der tunesischen Bevölkerung während des Feldzuges in Tunesien.

Dienstag, 11. Mai 1943
Das *Oberkommando der Wehrmacht* gibt bekannt:
Südöstlich Tunis führte der Feind zahlreiche frische Infanterie- und Panzerverbände zum Angriff gegen die Stellungen der deutschen und italienischen Truppen heran. Trotz größten Entbehrungen und wochenlang ununterbrochenem Kampfeinsatz setzten die heldenmütig kämpfenden Soldaten aller Truppengattungen auch gestern dem pausenlosen Ansturm des Feindes härtesten Widerstand entgegen. Die schweren, für beide Seiten verlustreichen Kämpfe gehen mit unverminderter Heftigkeit weiter.
Auf dem afrikanischen Kriegsschauplatz haben sich die 90. leichte Afrikadivision unter der Führung von Generalleutnant Graf Sponeck und die 15. Panzerdivision unter Führung von Generalmajor Borowitz besonders ausgezeichnet. Beide Divisionen haben sich seit Beginn des Afrika-Feldzuges hervorragend geschlagen. Eine Flakdivision der Luftwaffe unter Führung des Generalmajors Reusser vernichtete noch mit ihren letzten Granaten 37 feindliche Panzer.

Kein Dünkirchen in Tunesien
11. Mai 1943
Die *Agentur Reuter* teilt mit:
Tausende von deutsch-italienischen Mannschaften sind an der Südküste der Halbinsel von Kap Bon angesammelt und hoffen, in kleinen Fahrzeugen über die Straße von Sizilien zu entkommen. Der Strand wird von alliierten Flugzeugen dauernd angegriffen.
In der Nähe der Küste ist das Meer mit Schiffstrümmern übersät, während viele der am Strand liegenden Boote in Brand geschossen oder zertrümmert wurden. Soweit sich erkennen läßt, handelt es sich nicht um einen organisierten Evakuierungsversuch, sondern um individuelle Bemühungen, die angesichts der zahlreichen vor der Küste patrouillierenden britischen Zerstörer, Kanonenboote und Korvetten von vornherein zum Scheitern verurteilt sind.
General Borowitz, der Kommandeur der 15. deutschen Panzerdivision, gab am Montag Korrespondenten der alliierten Presse ein Interview, in dem er erklärte, General v. Arnim befinde sich immer noch in Tunesien, während Feldmarschall Rommel bereits seit zwei Wochen in Deutschland weile, wohin er sich wegen einer schweren Erkrankung habe begeben müssen.

OKW/Kriegstagebuch – Lagebericht
H.Gr. Afrika: Mittwoch, 12. Mai 1943
Der Endkampf des Heeres-Gruppen-Stabes und des DAK muß etwa seit den Mittagsstunden als abgeschlos-

Mai 1943: französische Truppen auf dem Marsch in Richtung Biserta

sen gelten. Der letzte Funkspruch des DAK vom 12. 5., 0.40 Uhr, lautet:
»Munition verschossen. Waffen und Kriegsgerät zerstört. Das DAK hat sich befehlsgemäß bis zur Kampfunfähigkeit geschlagen. Das DAK muß wieder erstehen. Heia Safari! gez. Kdr. Gen. DAK Cramer«

1. ital. Armee kämpft den ganzen Tag über. Gegen Abend wird Verschuß der gesamten Art.-Munition und die vollzogene Sprengung der Geschütze gemeldet.
Die durch Funk von Armeegeneral Messe angebotene ehrenhafte Übergabe hat der Gegner mit der Forderung bedingungsloser Übergabe beantwortet. General Messe hat diese Forderung nicht angenommen.

Britische Panzer am Kap Bon
12. Mai 1943
Aus dem *Alliierten Hauptquartier* in Nordafrika:
Nach soeben eingegangenen Frontmeldungen hat die Vorhut der britischen 6. Panzerdivision gestern um 14 Uhr Kap Bon an der äußersten Spitze der Halbinsel besetzt.
Die Teile der deutschen 10. Panzerdivision, die bis zuletzt aushielten und den Engländern noch vorgestern das letzte Panzergefecht lieferten, sind jetzt vernichtet. Bei den französischen Truppen herrscht große Freude, weil es diese Division war, die vor genau drei Jahren die alliierten Linien in Frankreich durchbrochen hatte. Die letzte größere feindliche Einheit, die noch Widerstand leistet, besteht aus Teilen der italienischen 1. Panzerdivision, die nördlich von Enfidaville von der 8. Armee und von den Franzosen eingeschlossen ist; auch sie dürfte wohl im Lauf des Tages die Waffen strecken.

12. Mai 1943
Aus dem *Alliierten Hauptquartier* in Nordafrika:
Die Truppen der Achsenmächte, die noch bei Enfidaville standhalten, sind auf einem kleinen Kreis von 22 Kilometer Durchmesser zusammengedrängt. Ihr Bestand wird auf etwa 30000 Mann geschätzt, zur Hälfte Deutsche und zur Hälfte Italiener. Ihr Widerstand kann jetzt nur noch nach Stunden gezählt werden; sie verfügen weder über Flugzeuge noch über größere Mengen von Proviant und Munition, und jeder Nachschub ist ausge-

Das Ende: eine der letzten von alliierten Panzern überrollten deutschen Stellungen in Tunesien

schlossen. Im Hauptquartier rechnet man mit Bestimmtheit damit, daß der tunesische Feldzug in den nächsten 24 Stunden endgültig beendet ist.

General Alexander an W. Churchill
12. Mai 1943:
Das Ende steht nahe bevor. Von Arnim ist in unserer Hand; die Zahl der Gefangenen dürfte wahrscheinlich 150000 überschreiten. Der geordnete Widerstand ist überall zusammengebrochen; es halten nur noch etliche feindliche Widerstandsnester aus. Anscheinend haben wir über 1000 Geschütze, davon 180 88-mm-Geschütze, 250 Panzer und viele tausend motorisierte Fahrzeuge, darunter viele gebrauchsfähige, erbeutet. Deutsche Gefangene, die ihre eigenen Fahrzeuge steuerten, bildeten den ganzen Tag hindurch auf der Straße von Grombalia nach Medjez el Bab eine kompakte Kolonne.
Mein nächstes Telegramm mit der offiziellen Meldung über die Beendigung des Feldzugs wird, wie ich hoffe, in ein paar Stunden folgen.

Die letzte Panzerschlacht
12. Mai 1943
Aus dem *Hauptquartier von General Alexander:*
Eine kurze Panzerschlacht, wahrscheinlich die letzte des afrikanischen Feldzuges, fand am Dienstag zwischen Panzern der 8. Armee und einer Formation der deutschen 10. Panzerdivision in der Nähe von Grombalia statt. Nach diesem Gefecht, das 40 Minuten dauerte, hißten die Deutschen die weiße Flagge und fuhren dann in ihren eigenen Panzern als Kriegsgefangene zu den nächsten Sammellagern.

Donnerstag, 13. Mai 1943
Das *Oberkommando der Wehrmacht* gibt bekannt:
Der Heldenkampf der deutschen und italienischen Afrikaverbände hat heute sein ehrenvolles Ende gefunden. Die letzten in der Umgebung von Tunis fechtenden Widerstandsgruppen, seit Tagen ohne Wasser und Verpflegung, mußten nach Verschuß ihrer gesamten Munition den Kampf einstellen. Durch ihren Widerstand, der dem Feind in monatelangem Ringen jeden Fußbreit Boden streitig machte, fesselten sie in Nordafrika stärkste Kräfte des Gegners und brachten ihm schwerste Menschen- und Materialverluste bei. Die damit

erreichte Entlastung an anderen Fronten und die gewonnene Zeit kamen der Führung der Achsenmächte in höchstem Maße zugute.

13. Mai 1943, Rom
Das *Comando Supremo* teilt mit:
Die italienische 1. Armee, welche die Ehre hatte, den letzten Widerstand auf afrikanischer Erde zu leisten, stellte heute früh auf Befehl des Duce das Feuer ein. Der Feldzug in Afrika, der unter wechselndem Kriegsglück 35 Monate gedauert hat, ist damit zu seinem Abschluß gekommen.

13. Mai 1943, Algier
Aus dem *Alliierten Hauptquartier* in Nordafrika:
Die letzte Botschaft von General v. Arnim an das deutsche Oberkommando wurde von den Alliierten aufgefangen. Darin heißt es unter anderem: »Der Befehl zur Verteidigung Tunesiens ist bis zur letzten Patrone ausgeführt worden.«

Kapitulation

13. Mai 1943
United Press meldet aus dem Hauptquartier der britischen 1. Armee:
Soeben ist der erste Bericht über die Gefangennahme von General v. Arnim im Hauptquartier der 1. Armee eingelaufen. Danach drangen Panzerpatrouillen der britischen 6. Panzerdivision am Mittwoch mittag bis zu v. Arnims Hauptquartier vor, das sich tief in den Bergen, etwa 29 Kilometer westlich vom Hammamet, in eingegrabenen und eingesprengten Unterständen befand. Ein britischer Offizier ließ sich bei dem General melden, der ihn stehend empfing – jeder Zoll ein preußischer Offizier.
Andere gefangengenommene deutsche Generäle, wie auch ein italienischer General, kamen im Hauptquartier der 1. Armee an. Oberst v. Broich, Kommandant einer deutschen Panzerdivision, erkannte sofort einen der Offiziere, mit dem er in Friedenszeiten in Davos Skitouren unternommen hatte.

13. Mai 1943
Aus dem *Alliierten Hauptquartier* in Nordafrika:
Das Oberkommando der Alliierten gibt am Mittwochabend folgendes Sonderkommuniqué heraus:
Der organisierte Widerstand des Feindes in Tunesien hat, mit Ausnahme isolierter Widerstandsnester, aufgehört.

General Alexander an W. Churchill
13. Mai 1943, 2.15 Uhr:
Sir, pflichtgemäß erstatte ich Meldung, daß der Feldzug in Tunesien beendet ist. Jeder feindliche Widerstand hat aufgehört. Wir sind die Herren der Küsten Nordafrikas.

Und so war es

Am Dienstag, dem 23. Februar 1943, wird die Heeresgruppe Afrika gebildet. Ihr sind sämtliche Verbände des Heeres, der Flakartillerie sowie die italienischen Truppen in Tunesien unterstellt. Den Oberbefehl erhält Generalfeldmarschall Rommel. Die an der Mareth-Front stehende, bisher von Rommel geführte Panzerarmee Afrika übernimmt jetzt die italienische 1. Armee (GenOberst Messe).
Rommel hat damit eine Front von rund 625 Kilometern zu verteidigen, was etwa der Länge der Westfront im Ersten Weltkrieg entspricht. Davon sind 550 Kilometer nur sehr schwach oder gar nicht besetzt. Die Stärke der Heeresgruppe Afrika: 120000 Mann und 150 Panzer. Die Alliierten verfügen bei eindeutiger Luftüberlegenheit über 210000 Mann und 1300 Panzer.
Bis zu diesem Zeitpunkt haben die Alliierten in den Kämpfen bei Faid, Sidi Bou Zid und am Kasserine-Paß rund 10000 Mann eingebüßt, davon allein das II. US-Korps (Gen. Bradley) 3000 Tote und Verwundete, 4000 Gefangene, dazu 235 Panzer und andere gepanzerte Fahrzeuge. Die Verluste der Achsentruppen betragen 2000 Mann. Der Kommandierende General des II. US-Korps wird durch den energischen General George S. Patton ersetzt.

Am Donnerstag, dem 25. Februar 1943, besetzen die britischen und amerikanischen Verbände wieder den Kasserine-Paß.
Rommel erkennt nach dem Rückzug vom Kasserine-Paß, daß man in Tunesien eine derart weit auseinandergezogene Frontlinie auf Dauer nicht verteidigen kann. In Übereinstimmung mit Generaloberst v. Arnim und Generaloberst Messe schlägt Rommel eine möglichst umgehende Frontverkürzung auf etwa 150 Kilometer vor: Räumung des größten Teils von Tunesien und Zurücknahme der italienischen 1. Armee auf die Höhen von Enfidaville in enger Anlehnung an die deutsche 5. Panzerarmee. Damit müßte allerdings die Aufgabe wichtiger Flugplätze und ein Zusammenschluß der alliierten Armeen in Kauf genommen werden. Hitler lehnt diese Frontverkürzung kategorisch ab.
Nun rüstet sich Rommel auf den bevorstehenden Kampf mit der britischen 8. Armee, um eine gegnerische Offensive zu verzögern. Montgomery, durch Ergebnisse der Operation »Ultra Secret« über die Absichten von Rommel informiert, stellt den geplanten Sturmangriff auf die Mareth-Linie zurück und verlegt unterdessen sehr starke Artilleriekräfte in die vorgeschobenen Stellungen um Medenine. Er läßt hier sofort die Minenfelder verbreitern und eine Reihe von Pak-Stellungen ausbauen. Medenine ist nämlich das Ziel des von Rommel geplanten Angriffs.

Am Freitag, dem 26. Februar 1943, soll Generaloberst v. Arnim auf Befehl aus Rom, jedoch ohne Wissen von Generalfeldmarschall Rommel, mit seiner 5. Panzerar-

Tunesien, Februar 1943: deutsche Kampfgruppe in Sidi Nsir

mee das Unternehmen »Ochsenkopf«, den Angriff auf die alliierte Versorgungsstraße Beja–Medjez el Bab, durchführen. Gelingt es, das Becken von Medjez el Bab zu nehmen, verschafft dies der 5. Panzerarmee recht gute Verteidigungsstellungen zur Abwehr des in der nächsten Woche vermuteten Großangriffs der Alliierten.

An diesem Frontabschnitt zwischen Kap Serrat im Norden und Bou Arada, südlich von Medjez el Bab, sind beteiligt: die Division v. Manteuffel, die Panzerkampfgruppe Oberst Lang, die Korpsgruppe Weber, Teile der Division »Hermann Göring« und die italienische Division »Superga« (Gen. Benigni).

In den frühen Morgenstunden des 26. Februar 1943 eröffnen nach schwerem Gewitter und bei strömendem Regen die Division v. Manteuffel und die Korpsgruppe Weber ihre für den Gegner völlig überraschende Operation. Nach örtlichen Erfolgen versteift sich jedoch der Widerstand der Alliierten, die am Nachmittag zum Gegenangriff übergehen. In dem aufgeweichten Gelände können selbst die deutschen Zugmaschinen nicht vorwärtskommen, so daß die schweren Waffen liegenbleiben müssen. Weiter südlich gelingt es dem III. Bataillon (Hptm. Schirmer) des Fallschirmjägerregiments 3, wichtige, von den Engländern panikartig geräumte Geländepunkte und einen Paß zu nehmen.

Am Sonnabend, dem 27. Februar 1943, wird der Widerstand des Gegners zusehends stärker. Erneuter wolkenbruchartiger Regen macht das Verlegen von Panzern und schweren Waffen kaum möglich. Am Nachmittag tritt der Gegner im Abschnitt der Division »Hermann Göring« nach halbstündigem Trommelfeuer von Norden her zum Angriff an. Gleichzeitig bombardieren alliierte Kampfflugzeuge in rollenden Einsätzen die Verteidigungsstellungen der Fallschirmjäger auf dem Paß.

Am Sonntag, dem 28. Februar 1943, dauern die Kämpfe an der Front zwischen Kap Serrat und Bou Arada den ganzen Tag hindurch mit wechselndem Erfolg an. Die Fallschirmjäger verteidigen weiterhin ihre Paß-Stellung. Generaloberst v. Arnim lehnt Rommels Vorschlag ab, die etwa 15 Kilometer nordöstlich von Beja nur langsam vorankommende Kampfgruppe Oberst Lang mit ihren Tiger-Panzern in den südlichen Frontabschnitt zu verlegen.

In den Morgenstunden des 1. März 1943, dem dritten Tag des Unternehmens »Ochsenkopf«, drängt Rommel vergeblich, die Operation am Nordflügel der Front zu einem erfolgreichen Abschluß zu bringen.

Gegen Mittag meldet Oberst Lang, daß von den 14 eingesetzten Tiger-Panzern nur noch einer einsatzbereit ist. Gleichzeitig benachrichtigt Rommel die 5. Armee, daß sie nicht mit einer Unterstützung der 10. und 21. Panzerdivision rechnen kann, da diese sich auf dem Marsch in die Mareth-Stellung befinden.

Bei den Truppen und in der Führung der 5. Panzerarmee macht sich eine Erschöpfung immer deutlicher bemerkbar. Die Fallschirmjäger müssen ihre heißumkämpften Stellungen auf dem Paß räumen und sich nach Vernichtung sämtlicher eigener Panzerfahrzeuge und Pak zu den eigenen Linien zurückziehen.

Am Dienstag, dem 2. März 1943, toben am Nordflügel der 5. Armee schwere Kämpfe. Es gelingt den Deutschen, trotz des zähen gegnerischen Widerstandes, unter hohen eigenen Verlusten kleine Geländegewinne zu erzielen. Am Nachmittag stoßen die Alliierten mit Panzern und Infanterie aus Medjez el Bab nach Norden vor und führen laufend Verstärkungen heran. Ihre Gegenoffensive wird durch schwere und schwerste Artillerie wirkungsvoll unterstützt.

Am fünften Tag des Unternehmens »Ochsenkopf«, dem 3. März 1943, schafft es die Division v. Manteuffel, bis in die Nähe des Bahnhofs Sedjenane, etwa 20 Kilometer vom Kap Serrat entfernt, vorzustoßen. Dagegen müssen weiter südlich, im Abschnitt der Korpsgruppe Weber, verschiedene Truppenteile unter heftigem Artilleriefeuer schwerster Batterien vom Kaliber 30 cm nach großen Verlusten zurückgenommen werden. Die Korpsgruppe zählt allein 900 Verwundete.

Kurz nach Mitternacht, in den ersten Stunden des 4. März 1943, meldet das Armeeoberkommando 5 an Generalfeldmarschall Kesselring, daß man beabsichtigt, in den im Rahmen des Unternehmens »Ochsenkopf« erreichten Linien zur Verteidigung überzugehen. Die Korpsgruppe Weber soll unterdessen zur Täuschung des Gegners in Richtung Qued Zarga, 17 Kilometer westlich Medjez el Bab, vorstoßen und die alliierte Nachschubstraße sperren. Den ganzen Tag über sind die Achsentruppen mit der Verteidigung und dem Ausbau der Stellungen beschäftigt.

Am Freitag, dem 5. März 1943, dem siebten Tag des Unternehmens »Ochsenkopf«, werden die eigenen Angriffe im Abschnitt der Korpsgruppe Weber eingestellt. Am gesamten nördlichen Frontabschnitt ist es relativ ruhig. An diesem Tag wird der von den Engländern am Kap Serrat errichtete RAF-Luftstützpunkt für Nachtjäger von einer italienischen Kompanie in einem überraschenden Handstreich genommen. Dabei verlieren die Engländer neben mehreren gepanzerten Fahrzeugen, Lkw und Flakgeschützen auch das wertvolle Nachtjagdleitgerät.

Während am Sonnabend, dem 6. März 1943, die Division v. Manteuffel kleine Geländeverbesserungen erringen kann, geht die Kampfgruppe Weber endgültig zur Verteidigung über. Das mit nur ungenügenden Kräften durchgeführte Unternehmen »Ochsenkopf« ist damit endgültig gescheitert.

Ebenfalls am 6. März 1943 greifen nach Artillerievorbereitung drei deutsche Panzerdivisionen, zwei leichte Divisionen und Teile von drei italienischen Divisionen aus den Matmata-Bergen der Mareth-Stellung in Richtung Medenine an. Sie bleiben aber bereits beim Durchbruchsversuch im Minengürtel unter dem heftigen Artilleriefeuer der britischen 8. Armee stecken. Auch der zweite Angriff am Nachmittag muß wegen schwerer Verluste eingestellt werden. Rommel büßt hier 55 seiner ihm noch verbliebenen 150 Panzer ein, dazu 500 Tote und Verwundete. So scheitert Rommels Versuch, durch einen Angriff auf Medenine Zeit zu gewinnen, um die Alliierten inzwischen aus Westtunesien zu verdrängen.

Am Dienstag, dem 9. März 1943, wird Rommel aus Gesundheitsgründen abberufen und die Führung der Heeresgruppe Afrika Generaloberst v. Arnim übertragen. Den Befehl über die 5. Panzerarmee erhält General der Panzertruppe v. Vaerst.

März 1943: die Kämpfe an der Mareth-Linie

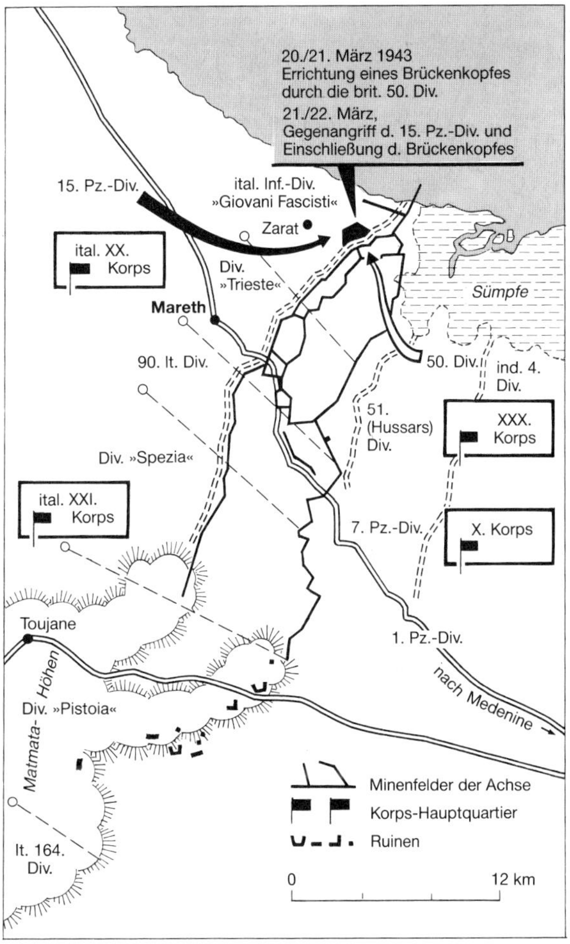

Linke Seite: Tunesien, März 1943: ein Feldflugplatz mit deutschen Transportmaschinen während des Angriffs alliierter Bomber

Nachfolgende Seiten: Über eine der letzten noch intakten Eisenbahnverbindungen werden Verwundete vom Hauptverbandsplatz nach Tunis transportiert, wo man versucht, sie noch nach Europa zu bringen

In der Nacht vom 19./20. März 1943 beginnt Montgomery seine Offensive (Operation »Pugilist«) gegen die italienische 1. Armee (GenOberst Messe) an der Mareth-Linie. Er hat dafür das X. Korps (Gen. Horrocks) und das XXX. Korps (Gen. Leese) mit etwa 160000 Mann, 610 Panzern und 1410 Geschützen zusammengezogen. Den rechten Angriffsflügel bildet das XXX. Korps, den linken die durch Kampfwagen verstärkte neuseeländische 2. Division und ein Verband der Freien Franzosen unter General Leclerc. Das für die Operation aufgestellte neuseeländische Korps unter General Freyberg stößt über das einige Wochen zuvor von Colonel Peniakoff (Popski) erkundete Gelände westlich der Matmata-Höhen mit starken Panzerkräften zur Umfassung vor.

In den Morgenstunden des 21. März 1943 steht das neuseeländische Korps nach gewagten nächtlichen Märschen durch die Dahar-Wüste vor der Tebaga-Schlucht. Die deutsche 164. leichte Division (GenMaj. v. Liebenstein) muß von der Mareth-Linie zurückgenommen werden. Sie soll jetzt das von der deutschen Führung nicht erwartete Vordringen einzelner Teile der britischen 8. Armee in die El Hamma-Ebene stoppen.

In der Nacht vom 21./22. März 1943 befiehlt Montgomery der 50. Infanteriedivision (Maj.Gen. Kirkman) den frontalen Hauptangriff gegen die Mareth-Stellung. Durch starkes Artilleriefeuer unterstützt, gelingt es Teilen der 50. Division, einen Brückenkopf zu errichten.

Doch bereits im Verlauf des 22. März 1943 führt die deutsche 15. Panzerdivision (GenMaj. Borowietz) einen derart energischen Gegenangriff auf den Brückenkopf durch, daß die Engländer ihn unter schweren Verlusten fluchtartig räumen. Auch die neuseeländische 2. Division hat an diesem Tag wenig Glück: Sie wird in der Tebaga-Schlucht von der deutschen 164. leichten Division und der 21. Panzerdivision aufgehalten.
Montgomery befiehlt nun dem X. Korps, verstärkt durch die britische 1. Panzerdivision, ebenso wie die neuseeländische 2. Division quer durch die Dahar-Wüste westlich der Matmata-Höhen vorzustoßen, um die Mareth-Linie von Westen und Nordwesten her zu umfassen.

Am Freitag, dem 26. März 1943, kann General Horrocks trotz der starken deutschen Abwehr die Tebaga-Schlucht in ihrer gesamten Länge durchqueren und El Hamma erreichen.

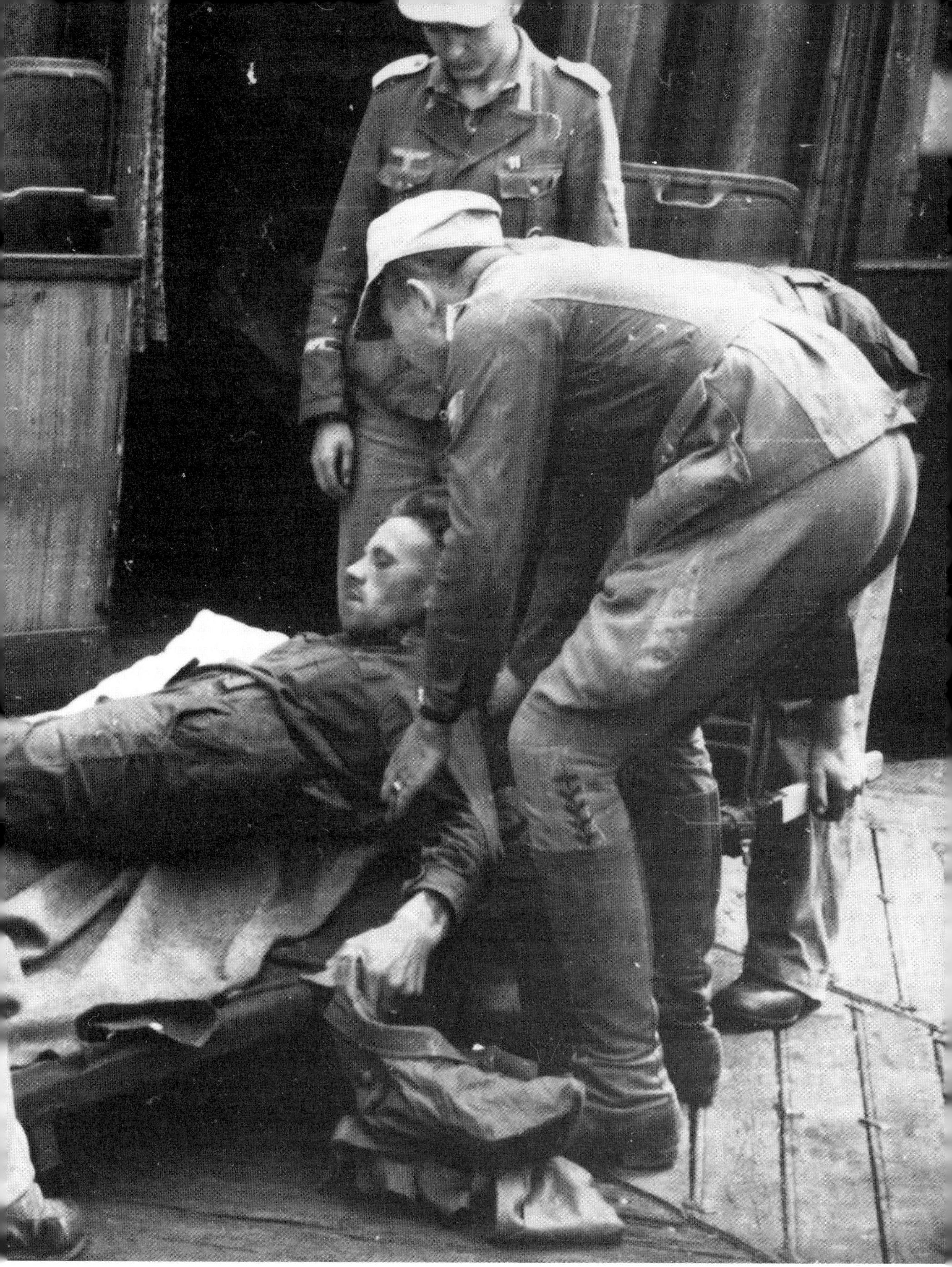

Am nächsten Tag, dem 27. März 1943, schaffen es die deutsch-italienischen Verteidiger bei El Hamma, trotz der gewaltigen Übermacht, dank gut plazierter Pak-Stellungen und durch einen Gegenangriff von 30 Panzern, das britische X. Korps am weiteren Vormarsch zu hindern.

Zwei wertvolle Tage muß General Horrocks mit seinen Verbänden vor El Hamma stehenbleiben. Damit haben die Verteidiger der Mareth-Linie 48 Stunden Zeit gewonnen und können in Fußmärschen auf die 60 Kilometer nordwestlich liegende Stellung am Wadi Akarit, der ein vorzügliches Naturhindernis bildet, zurückweichen.
Der nur knapp sechs Kilometer breite Geländestreifen an der Küste ist von tiefen Schluchten durchzogen. Landeinwärts erhebt sich eine Kette steil emporragender Hügel, die bis zu den Salzsümpfen reicht. Die Entscheidung, die Mareth-Linie aufzugeben, fällt jedoch so spät, daß nur wenig Zeit bleibt, die neue Stellung zu befestigen und tief genug auszubauen.
Montgomery zieht nun seine Kräfte zusammen und bereitet sich auf einen Angriff gegen die Akarit-Stellung zwischen dem Schott el Djerid und dem Golf von Gabes für die Nacht vom 5./6. April 1943 vor.

In den Morgenstunden des 6. April 1943 bittet Generaloberst Messe den Oberbefehlshaber der Heeresgruppe Afrika, Generaloberst v. Arnim, ihm umgehend Verstärkungen zuzuführen, da er mit den vorhandenen Kräften nicht imstande sei, die Stellungen zu halten. Doch v. Arnim verfügt über keine Reserven und gibt Messe die Zustimmung zu einem weiteren Rückzug auf die 240 Kilometer nördlich liegende nächste Verteidigungslinie zwischen Enfidaville und Pont du Fahs. Hier ist der ebene Küstenstreifen schmal und in der Flanke von einer Bergkette geschützt.
Bereits am Abend des 6. April 1943 beginnt die italienische 1. Armee ihren Rückzug aus der Akarit-Stellung. Die Truppen müssen zum größten Teil zu Fuß und mit voller Ausrüstung marschieren.

Am Nachmittag des 7. April 1943 treffen sich die Panzerspähwagen der am weitesten nach Westen vorgedrungenen Patrouille der britischen 8. Armee mit den Vorhuten des II. US-Korps unter Colonel Benson auf der Straße Gafsa–Gabes, südlich von Maknassy. Damit beginnt die Umklammerung der Heeresgruppe Afrika.

Am Morgen des 11. April 1943 erreichen die letzten Einheiten der sich in Eilmärschen aus der Akarit-Stellung zurückziehenden italienischen 1. Armee ungehindert die neue Verteidigungslinie bei Enfidaville.

Erst am Dienstag, dem 13. April 1943, erscheinen die Panzerspitzen der britischen 8. Armee vor Enfidaville, obwohl sie voll motorisiert und den schwachen deutschen Nachhuten weit überlegen sind.
Der Rückzug auf Enfidaville war unvermeidlich, denn in dem offenen Gelände zwischen dem Golf von Gabes und den Höhen von Enfidaville ist an eine erfolgversprechende Verteidigung nicht zu denken. Jetzt steht auch einer Vereinigung der britischen 8. Armee mit den am 7./8. November 1942 in Algerien gelandeten (Operation

Operation »Pugilist«, 20. 3. 1943: Sherman-Panzer der britischen 8. Armee rollen gegen die Mareth-Linie vor

Irgendwo in Tunesien: Generalmajor v. Vaerst spricht zu Soldaten seiner 15. Panzerdivision

»Torch«) und nun in Tunesien kämpfenden alliierten Truppen nichts mehr im Wege.

Unterdessen schließen sich die Verbände von Generaloberst v. Arnim mit der italienischen 1. Armee zusammen, um gemeinsam den 130 Kilometer langen und 60 Kilometer tiefen Raum von der Nordküste Tunesiens, östlich Biserta, bis Enfidaville zu verteidigen. Da keine Besserung der Lage zu erwarten ist, muß sich die Heeresgruppe Afrika in der jetzigen Brückenkopfstellung auf den Endkampf vorbereiten. Eigene Angriffe größeren Ausmaßes sind nicht mehr möglich. Auch die unter erheblichen Opfern der Luftwaffe durchgeführte Versorgung bringt keine entscheidende Entlastung.

In der zweiten Aprilhälfte 1943 sind die Vorbereitungen der Allierten für eine letzte Offensive in Tunesien abgeschlossen. Die Stärke der britischen und US-Truppen in Nordafrika beträgt zu dieser Zeit 500000 Mann. Außerdem besitzen die Alliierten die uneingeschränkte Luftherrschaft. Im östlichen Tunesien stehen die kampfbereiten Verbände der britischen 8. Armee und der Freien Franzosen. Die Achsentruppen verfügen lediglich über Reste von ehemals 13 Divisionen mit 48 Panzern und 300 Geschützen.

Am Montag, dem 19. April 1943, beginnt die alliierte Offensive: Die 8. Armee greift mit drei Infanteriedivisionen bei Enfidaville an, stößt aber in den Hügeln am Rande des Küstenstreifens sofort auf zähen Widerstand und wird unter erheblichen Verlusten aufgehalten. Die Italiener kämpfen hier genauso entschlossen wie die Deutschen.
Weiter landeinwärts gelingt es den massierten Panzerangriffen des britischen IX. Korps (Gen. Crocker), die feindliche Front nordwestlich Pont du Fahs in einer Tiefe von 13 Kilometern zu durchstoßen. Dann bringt die dezimierte 10. Panzerdivision (GenMaj. Fischer), die weniger als ein Zehntel der etwa 360 angreifenden Panzer besitzt, den britischen Vormarsch zum Stehen.

Am Dienstag, dem 20. April 1943, unternehmen deutsche Verbände zwar energische Gegenangriffe zwischen Goubellat und Medjez el Bab, doch werden sie von der britischen Übermacht zurückgedrängt. Auch am nächsten Tag bleibt der erneute Vorstoß deutscher Kräfte bei Goubellat und Medjez el Bab erfolglos.

Nachdem am Donnerstag, dem 22. April 1943, drei britische Divisionen, die bei Enfidaville versagt haben,

der britischen 1. Armee eingegliedert werden, beginnt das II. US-Korps (Gen. Patton) mit seiner 9. Infanteriedivision den Angriff auf Biserta, und die Verbände des zur britischen 1. Armee (Lt.Gen. Anderson) gehörenden X. Korps (Gen. Allfrey) greifen Tunis an. Es entbrennen in dem gebirgigen Gelände mehrere Tage dauernde harte Kämpfe. Trotz pausenloser, massiver Luftunterstützung bleiben die beiden Angriffskeile in den Bergen stehen.
Selbst mit der letzten Munition leisten die Deutschen und Italiener noch verbissenen Widerstand. General Allfrey: »Die deutschen Besatzungen dieser Bergfestungen waren bereit, kämpfend zu sterben. Sie wehrten sich mit einer Entschlossenheit, die man nicht für möglich hielt und mit der nicht gerechnet wurde.«

In der Nacht vom 26./27. April 1943 nimmt im Nordabschnitt das II. US-Korps seinen Angriff gegen Biserta wieder auf. In den folgenden vier Tagen stößt der Vormarsch der 9. US-Infanteriedivision (Gen. Eddy), der 34. US-Infanteriedivision (Maj.Gen. Ryder) und der 1. US-Panzerdivision (Gen. Ward) durch das hügelige Gelände immer wieder auf hartnäckigen Widerstand. Der akute Munitionsmangel zwingt jedoch die Truppen der Heeresgruppe Afrika, sich auf eine leichter zu verteidigende Stellung östlich von Mateur zurückzuziehen.

In den beiden Nächten zwischen dem 1. und 3. Mai 1943 gelingt es den deutsch-italienischen Kräften, sich ungehindert abzusetzen. Die neue Stellung bei Mateur ist jetzt nur noch 25 Kilometer vom Hafen Biserta entfernt und hat kaum noch Rückendeckung. In ähnlicher Lage befinden sich die Verteidiger des Abschnitts Medjez el Bab, südwestlich von Tunis. Zwei Wochen lang können jedoch die deutsch-italienischen Truppen der Übermacht des Gegners standhalten.

Am späten Abend des 5. Mai 1943 entbrennt die letzte Schlacht der Operation »Vulcan«. Mit rund 1000 Panzern, unterstützt durch Bombenangriffe, setzt sich die britische 1. Armee in Bewegung. Ein gewaltiges Trommelfeuer geht auf die deutschen Linien südöstlich von Djebel Bou Aoukas nieder. Kurz danach dringen die Engländer in die Stellungen der 5. Panzerarmee ein.

Eine britische Vorausabteilung hat nach harten Kämpfen Enfidaville erreicht

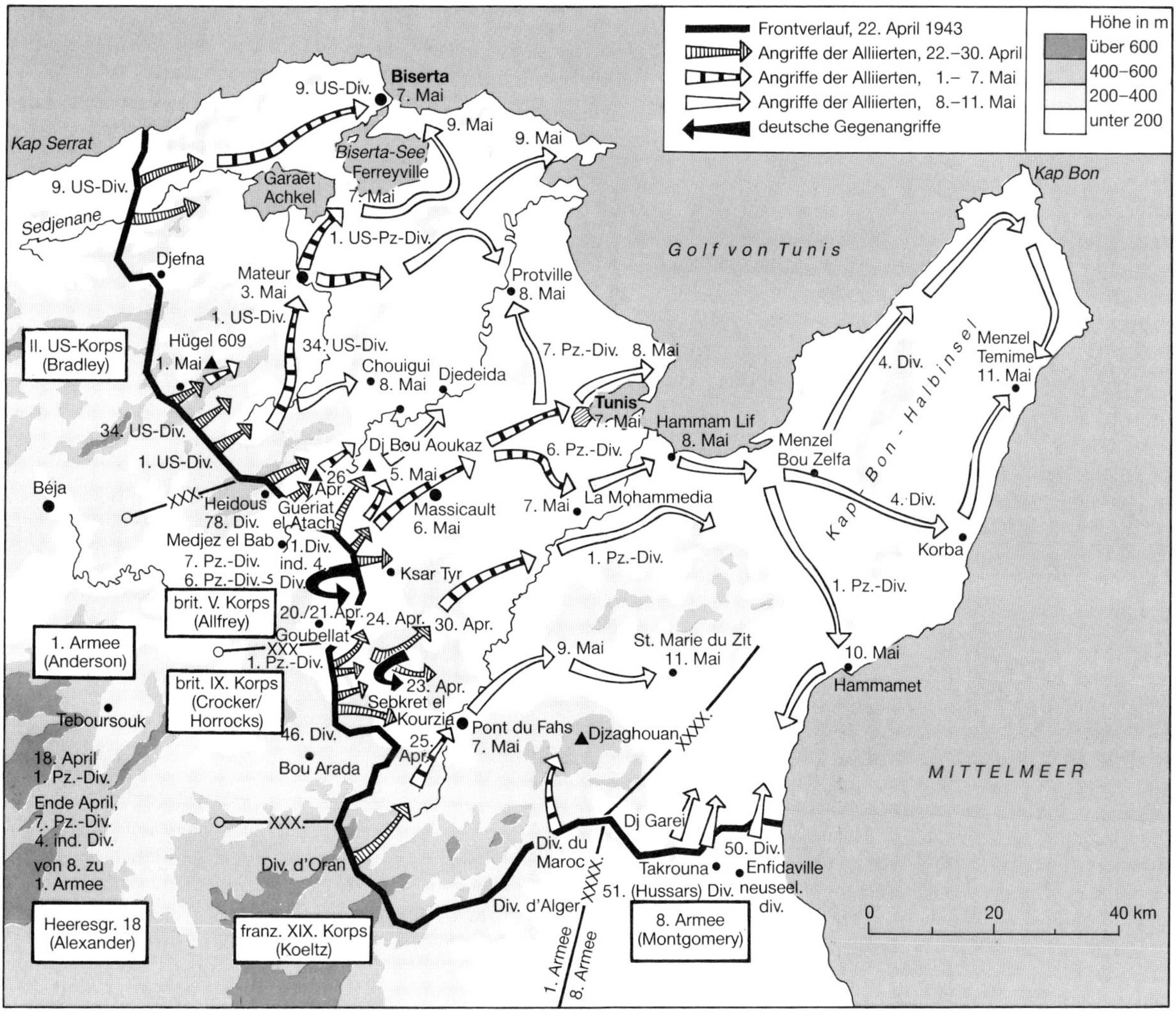

April/Mai 1943: Das Ende in Tunesien

In den frühen Morgenstunden des 6. Mai 1943, nachdem die Reste der 15. Panzerdivision (GenMaj. Borowietz) mit ihren 20 Panzern überrollt sind, stoßen die britische 6. Panzerdivision (Maj.Gen. Keightley) und die 7. Panzerdivision (Maj.Gen. Horrocks) nach starker Artillerievorbereitung in das Medjerda-Tal vor. Da die Funkstellen der Heeresgruppe Afrika durch Artilleriebeschuß ausgefallen sind, können die noch kampfbereiten deutsch-italienischen Truppen keinen wirksamen Gegenangriff führen. Auch General Patton hat mit seinem II. US-Korps den Angriff im Nordabschnitt wieder aufgenommen. An diesem Tag sind jedoch die Fortschritte wegen des zähen Widerstandes noch gering.

Am Freitag, dem 7. Mai 1943, rollen die britische 6. und 7. Panzerdivision in Richtung Tunis. Sie werden bis zum Nachmittag von einer Handvoll deutscher Truppen mit zehn Panzern und ein paar Geschützen nahe St. Cyprien aufgehalten. Erst um 15.15 Uhr erhalten sie den Befehl, bis zum Hafen von Tunis vorzudringen. Eine halbe Stunde später fahren britische Panzerspitzen in die Vorstädte ein.

Am Nachmittag stellen die Aufklärungstrupps der 9. US-Infanteriedivision fest, daß die Straße nach Biserta frei ist. Kurz nach 16 Uhr rücken die Amerikaner in Biserta ein, nachdem die Achsentruppen die Stadt geräumt und sich nach Südosten zurückgezogen haben. Den festlichen Einzug in die Stadt überläßt man dem französischen »Corps Franc d'Afrique«, das am nächsten Tag eintreffen soll.

Nun ist die Heeresgruppe Afrika in zwei Teile gespalten. Sie steht jetzt im Norden und Süden des Brückenkopfes in harten Einzelkämpfen. Die Alliierten befürchten, daß die italienische 1. Armee sich auf die Halbinsel von Kap Bon zurückzieht und hier eine feste Stellung für den »Widerstand bis zum Letzten« aufbauen wird.

Sofort nach der Einnahme von Tunis erhält die britische 6. Panzerdivision den Befehl, nach Südosten in Richtung Hammam Lif, dem nächstgelegenen Ort am Fuß der Halbinsel Kap Bon, vorzugehen. Auch die britische 1.

Panzerdivision soll dieselbe Richtung einschlagen. Bei Hammam Lif erstrecken sich die Hügel fast bis zum Meer, so daß der flache Küstenstreifen nur 300 Meter breit ist. In dieser engen Passage hat sich eine deutsche Einheit verschanzt. Noch zwei Tage lang verhindert sie alle Versuche, die Durchfahrt zu erzwingen.
Die Verteidiger kapitulieren erst, als britische Infanterie die Hügel über Hammam Lif einnimmt, Artillerie die Straßenzüge systematisch zerstört und eine Panzerkolonne direkt am Strand entlang vorstößt.

Am Sonntag, dem 9. Mai 1943 um 9.30 morgens, meldet General der Panzertruppe v. Vaerst, Befehlshaber der 5. Panzerarmee, an das Hauptquartier der Heeresgruppe Afrika: »Unsere Panzer und unsere Artillerie sind vernichtet, wir sind ohne Munition und Treibstoff. Wir werden bis zum Letzten kämpfen.«

Am Montag, dem 10. Mai 1943, wird mit dem Vorstoß der britischen 1. und 6. Panzerdivision in Richtung Hammamet die Halbinsel Kap Bon isoliert und den Resten der aus Treibstoffmangel noch südlich dieser Linie stehenden deutschen und italienischen Truppen der weitere Rückzug abgeschnitten.

Am Dienstag, dem 11. Mai 1943, legen die Achsentruppen auf der Halbinsel Kap Bon ihre Waffen nieder. An diesem Tag erreicht die in den Rücken der italienischen 1. Armee nach Süden vorstoßende britische 6. Panzerdivision die Stellungen deutscher Truppen, die bei Enfidaville immer noch die britische 8. Armee in Schach halten. Angesichts der hoffnungslosen Lage strecken auch sie die Waffen.

Bis zu diesem Tag werden teils mit Flugzeugen, teils mit Schnellbooten 638 Offiziere, Unteroffiziere, Spezialisten und Geheimnisträger, darunter die Generäle Gause, Bayerlein und Sogno, zusammen mit der geheimen Sondertruppe »Brandenburger«, einigen Franzosen und Arabern, Agenten der deutschen und italienischen Nachrichtendienste sowie Geheimpapiere und das Kriegstagebuch des Oberkommandos der Heeresgruppe Afrika nach Sizilien evakuiert.

Am Mittwoch, dem 12. Mai 1943, nehmen indische Truppen auf dem Flugplatz St. Marie du Zit, etwa 30 Kilometer westlich von Hammamet, den deutschen Oberbefehlshaber, Generaloberst v. Arnim, gefangen. Zur selben Zeit legen auf der Halbinsel Kap Bon die Reste der 5. Panzerarmee ihre Waffen nieder.
Am späten Nachmittag, um 18.35 Uhr, trifft bei Generaloberst Messe folgender Funkspruch von Mussolini ein: »Kampf einstellen. Sie sind zum Marschall ernannt. Alle Achtung vor Ihrer Leistung.«

Am Donnerstag, dem 13. Mai 1943, ergeben sich die letzten Kommandeure der Heeresgruppe Afrika mit den Resten der berühmten 90. leichten Division (GenLt. Graf v. Sponeck).

Reste der Lufttransportverbände, die der Heeresgruppe Afrika in Tunesien zum Sieg verhelfen sollten

Rechte Seite: »Tunesien kapituliert: Arnim gefangengenommen« – meldet die Londoner Presse am 13. Mai 1943

Rund 252000 Deutsche und Italiener sind in Gefangenschaft geraten, die genaue Zahl der Gefangenen ist bis heute jedoch nicht bekannt. Zehn kampferprobte deutsche Divisionen, darunter die 10., 15. und 21. Panzerdivision, die 90. und 164. leichte Division sowie Teile der 20. Flakdivision des Generalmajors Neuffer sind damit für die weitere Kriegführung verloren. Bis zuletzt haben die Reste der Afrikakämpfer darauf gehofft, die italienische Flotte würde sie rechtzeitig evakuieren.

BEAR BRAND STOCKINGS

Daily Mail

LATE WAR NEWS

HP SAUCE – it's precious!

NO. 14.674 ONE PENNY FOR KING AND EMPIRE THURSDAY, MAY 13, 1943

TUNISIA SURRENDERS: ARNIM TAKEN

Last Divisions Captured in Mountains

HAUL OF PRISONERS ALREADY 150,000

From G. WARD PRICE

ALLIED HEADQUARTERS, North Africa, Wednesday.

ALL organised resistance ceased in Tunisia at 8.15 to-night, it is officially announced at Allied Headquarters. Colonel-General von Arnim, the Axis Commander-in-Chief, at least eleven other generals, and 150,000 German and Italian troops are in Allied hands.

PEERS AND M.P.s DEMAND:

'Empire Civil Air Talks NOW'

Official Apathy

Premier is to Give Broadcast To-morrow

Wavell in Talks

Mr. Churchill, it was announced last night, is to broadcast at 9 p.m. to-mor-

CONVOY BATTLES 8 DAYS IN GALE

10 of U-pack Sunk by the Escorts

TEN U-boats, out of a pack of 25 which carried out 30 attacks on a gale-lashed Atlantic convoy, fell victims to escort ships of the Navy and planes of the Royal Canadian Air Force. The story of this tremendous sea battle which went on almost continuously for eight days and nights is told in an Admiralty communiqué issued last night.

In the last days of April, says the communiqué, attacks of some eight U-boats were concentrated on this westbound convoy. A series of attacks were made, the majority of which were

THE SHIPS THAT BEAT

Epilog

Jetzt schweigen die Waffen in Nordafrika. Die Südküste des Mittelmeeres ist nun völlig in den Händen der Alliierten. Nach der Katastrophe von Stalingrad Anfang 1943 und dem Zusammenbruch der deutschen U-Boot-Kriegführung bedeutet dies die große Wende: Für die Welt wird erkennbar, daß die Achsenmächte den Krieg nicht mehr gewinnen können.
Damit findet der mehr als zweijährige Kampf um Nordafrika nach schweren Krisen, erregenden Höhepunkten und schmerzlichen Verlusten auf beiden Seiten ein für die deutschen und italienischen Truppen tragisches Ende.
Bei strahlendem Himmel befinden sich Mitte Mai 1943 rund 130000 Deutsche und etwa 180000 Italiener auf dem Weg in die Gefangenschaft. Viele von ihnen passieren das Tor des Kriegsgefangenen-Sammellagers nahe Tunis unter den Klängen eines Wiener Walzers: Ein bereits vor mehreren Wochen mit allen Instrumenten in Gefangenschaft geratenes deutsches Musikkorps spielt für seine Kameraden.

18594 deutsche Soldaten bleiben jedoch für immer in Nordafrika. Ihre Gräber liegen zwischen El Alamein und Biserta verstreut. Über 3400 sind als vermißt gemeldet. Die Zahl der Verbrannten und Versunkenen auf der Fahrt oder beim Flug über das Mittelmeer kennt niemand genau. Die Italiener zählen 13748 Tote und 8821 Vermißte.
Die Engländer haben insgesamt 35476 Tote zu beklagen. Und die Amerikaner büßen fast ausschließlich während der Kämpfe um Tunis rund 16500 Mann ein.
Zählt man dazu noch die gefallenen Franzosen, so sind es über 100000 Tote, die den Traum des Duce vom Afrika-Imperium mit ihrem Leben bezahlen mußten.

Die wohl bedeutsamste Auswirkung der Niederlage in Nordafrika: Hitler und Mussolini haben das Gros ihrer kampferprobten Truppen im Mittelmeerraum verloren. Ihr Fehlen ermöglicht den Alliierten die Invasion Siziliens, den ersten und entscheidenden Akt des westalliierten Wiedereintritts nach Europa.

Ende mit Musik: Das Musikkorps des DAK spielt für die gefangenen Kameraden

Bibliographie

Agar-Hamilton, J. A. I. und Turner, L. C. F. (Hrsg.): The Sidi Rezeg Battles, Oxford 1957
Aglion, R.: War in the Desert, London 1941
Alexander of Tunis: The Alexander Memoirs 1940–45, London 1961
Altieri, J.: The Spearheaders, New York 1960
Audoin-Dubreuil, L.: La Guerre de Tunisie, Paris 1945
Austin, A. B.: Birth of an Army, London 1943
Badoglio, P.: Italy in the Second World War, London 1976
Barclay, C. N.: Against Great Odds; the Story of the First Offensive in Libya, London 1955
Barnett, C.: The Battle of El Alamein; Decision in the Desert, London 1958
Barnett, C.: Wüstengenerale, Hannover 1960
Barré, G.: Tunisie 1942–1943, Paris 1950
Bartimeus: East of Malta, West of Suez, New York 1944
Bartimeus: The Turn of the Road, London 1946
Bayerlein, F./Nehring, W. u. a.: Marsch und Kampf des DAK, München 1945
Blacker, J. R.: Behind the Lines, London 1956
Blumenson, M.: Kasserine Pass, New York 1967
Blumenson, M.: The Patton Papers, 1940–1945, New York 1974
Bradley, O. N.: A Soldier's Story, New York 1974
Bragadin, M.: The Italian Navy in World War II. U. S. Naval Institute, 1957
Bryant, A.: Kriegswende 1939–43, Düsseldorf 1957
Burdick, Ch. B.: Unternehmen Sonnenblume. Der Entschluß zum Afrika-Feldzug, Neckargemünd 1972
Butcher, H. C.: Drei Jahre mit Eisenhower, Bern 1946
Caccia-Dominioni, P.: Alamein, an Italian Story, London 1969
Cameron, I.: Red Duster, White Ensign, London 1960
Canevari, E.: Graziani mi ha detto, Rom 1947
Carell, P.: Die Wüstenfüchse, Hamburg 1961
Carver, M.: El Alamein, London 1962
Chamberlain, P.: Afrika Korps, London 1970
Churchill, W. S.: Der Zweite Weltkrieg, 5 Bde., Zürich 1949–1953
Ciano, G. Graf: Tagebücher, 1939–43, Bern 1947
Clifford, A.: Three Against Rommel, London 1943
Cocchia, A.: The Hunter and the Hunted, London 1975
Connell, J.: Auchinleck. A Biography of Field-Marshall Sir Claude Auchinleck, London 1959
Connell, J.: Wavell, London 1964
Cowie, D.: The Campaigns of Wavell, London 1942
Cowles, U.: The Phantom Major: The Story of David Stirling, London 1958
Crichton-Stuart, M.: G-Patrol, London 1958
Cruickshank, Ch. G.: Deception in World War II, London 1979
Cunningham, A.: A Sailor's Odyssey, London 1951
D'arcy-Dawson, J.: Tunisian Battles, New York 1943
De Guingand, Maj.Gen. Sir F.: Operation Victory, London 1947
Destruction of an Army. His Majesty's Stationery Office, London 1941
Dixon, N. F.: On the Psychology of Military Incompetence, London 1976
Eisenhower, D. D.: Kreuzzug in Europa, Amsterdam 1948
Esebeck, H. G. v.: Afrikanische Schicksalsjahre, Wiesbaden 1950
Esebeck, H. G. v.: Das Deutsche Afrika-Korps, Wiesbaden 1975
Evans, G. C.: The Desert and the Jungle, London 1949
Farago, L.: Patton: Ordeal and Triumph, New York 1964
Fearnside, G. H.: Sojourn in Tobruk, London 1944
Forty, G.: The Desert Rats at War, London 1975
Fuller, J. F.: Der Zweite Weltkrieg 1939–1945, Wien 1952
Gause, A.: Der Feldzug in Nordafrika im Jahre 1941/42/43. In: Wehrwissenschaftliche Rundschau, 1962, H. 10, S. 594–618, H. 11, S. 652–680, H. 12, S. 720–728
Goebbels, J.: Tagebücher 1942–1943. Hrsg. L. P. Lochner, Zürich 1948
Halder, F.: Kriegstagebuch, Bd. 5, Stuttgart 1962–1964
Haswell, J.: British Military Intelligence, London 1973
Haupt, W./Bingham, J. K. W.: Der Afrika-Feldzug, Dorheim 1968
Heckstall-Smith, A.: Tobruk, London 1959
Hill, R.: Desert Conquest, London 1944
Holmes, R.: Bir Hacheim: Desert Citadel, New York 1971
Horrocks, B.: A Full Life, New York 1960
Howard, M.: The Mediterranean Strategy in the Second World War, London 1968
Howe, G. F.: Northwest Africa: Seizing the Initiative in the West, London 1957
Hubatsch, W.: Hitlers Weisungen für die Kriegsführung, Frankfurt/Main 1962
Jackson, W. G. F: The Battle for North Africa, 1940–1943, New York 1975
Jacob A.: A Traveller's War, New York 1944
Jacobsen, H.-A./Rohwer, J.: Entscheidungsschlachten des Zweiten Weltkrieges, Frankfurt/Main 1960
Jewell, D. (Hrsg.): Alamein and the Desert War, New York 1967
Jones, V.: Operation Torch, New York 1972
Jordan, Ph.: Jordan's Tunis Diary, London 1943
Kay, R. L.: Long Range Desert Group in Libya 1940/41, Wellington, NZ. 1956
Kemnade, F.: Die Afrika-Flottille, Stuttgart 1978
Kesselring, A.: Soldat bis zum letzten Tag, Bonn 1953
Keyes, E.: Geoffrey Keyes, London 1956
Koeltz, L.: Une Campagne que nous avons gagnée; Tunisie 1942/43, Paris 1953
Kriegstagebuch des Oberkommandos der Wehrmacht (Wehrmachtführungsstab) 1940–1945, geführt von Helmuth Greiner und Percy Ernst Schramm, im Auftrage des Arbeitskreises für Wehrforschung herausgegeben von Percy Ernst Schramm in Zusammenarbeit mit Hans-Adolf Jacobsen, Andreas Hillgruber und Walter Hubatsch, 4 Bde., Frankfurt/M. 1961–1965
Landsborough, G.: Tobruk Commando, London 1956
Langer, W. L.: Our Vichy Gamble, London 1958
Lewin, R.: Montgomery as Military Commander, London 1971
Lewin, R.: Rommel, Stuttgart 1969
Liddell Hart, B. H.: The Rommel Papers, London 1953

Long Gavin: To Benghazi. Australian War Memorial, Canberra 1952
Macksey, K.: Beda Fomm, New York 1971
MacLean, F.: Eastern Approaches, London 1949
Majdalany, F.: The Battle of El Alamein, New York 1965
Maravigna, P.: Come abbiamo perduto la guerra in Africa, Roma 1949
Maughan, B.: Tobruk and El Alamein, Australian War Memorial, Canberra 1966
Maule, H.: Out of the Sand, London 1966
Mellenthin, F. v.: Panzerschlachten, Stuttgart 1963
Messe, G.: Come fini la guerra in Africa, Band I und II, Rom 1949
Michie, A.: Retreat to Victory, G., London 1942
Montgomery, B. L.: Memoiren, München 1958
Moorehead, A: The March to Tunis, New York 1943
Moorehead, A.: Montgomery, London 1967
Morison, S. E.: Operations in North African Waters, New York 1975
Mussolini, B.: Memoirs, 1942–1943, London 1949
Nalder, R. F. H.: The History of British Army Signals in the Second World War, London 1953
Owen, D. L.: The Desert my Dwelling Place (Long Range Desert Group), London 1957
Paillole, P.: Services Spéciaux 1935–1945, Paris 1978
Peniakoff, W.: Popski's Private Army, London 1959
Phillips, C. E. L.: Alamein, London 1962
Piekalkiewicz, J.: 8,8 Flak im Erdkampf-Einsatz, Stuttgart 1976
Piekalkiewicz, J.: Ju 52 im 2. Weltkrieg, Stuttgart 1976
Piekalkiewicz, J.: Luftkrieg 1939–1945, München 1978
Piekalkiewicz, J.: Seekrieg 1939–1945, München 1980
Piekalkiewicz, J.: Krieg der Panzer 1939 bis 1945, München 1981
Piekalkiewicz, J.: Rommel und die Geheimdienste in Nordafrika 1941–1943, München 1984
Playfair, Maj.Gen.I.S.O.: The Mediterranean and the Middle East – Volumes III and IV (HMSO, London 1960)
Potter, E. B.: Nimitz, Annapolis: U. S. Naval Institute 1976
Rame, D.: Road to Tunis, New York 1944
Rintelen, E. v.: Mussolini als Bundesgenosse. Erinnerungen des deutschen Militärattachés in Rom 1936–1943, Tübingen 1951
Rommel, E.: Krieg ohne Haß, Heidenheim 1950
Rosenthal, E.: Fortress on Sand, London 1943
Santoni, A.: II Vero Traditore, Rom 1980
Schmidt, H.-W.: Mit Rommel in Afrika (1941–1943), München 1951
Schreiber, G./Stegemann, B./Vogel D.: Der Mittelmeerraum und Südosteuropa (Das Deutsche Reich und der Zweite Weltkrieg – Band 3), Stuttgart 1984
Shaw, W. B. K.: Long Range Desert Group. The Story of its Work in Libya 1940–1943, London 1945
Stevens, W. G.: Bardia to Enfidaville, London 1962
Strawson, J.: The Battle for North Africa, London 1969
Sündermann, H.: Tagesparolen, Deutsche Presseanweisungen 1939–1945, Leoni 1973
Sykes, C.: Orde Wingate, London 1956
Talbot, G.: Speaking from the Desert, New York 1944
Truscott, L. K.: Command Missions, New York 1953
Verney, G. L.: The Desert Rats, London 1954
Walker, R.: Alam Halfa and Alamein. Historical Publications Branch, New Zealand Department of Internal Affairs 1967
Warlimont, W.: Die Entscheidung im Mittelmeer. In: Entscheidungsschlachten des Weltkrieges, hrsg. von H. A. Jacobsen/ J. Rohwer, Frankfurt/M. 1960
Wavell, A. P.: Speaking Generally, London 1957
Westphal, S. (Redaktion): Schicksal Nordafrika, Döffingen 1954
Willison, A. C.: The Relief of Tobruk, London 1948
Wilmot, C.: Tobruk, 1941, London 1953
Wisdom, T. H.: Triumph over Tunisia, London 1949
Woolcombe, R. M.: The Campaigns of Wavell, London 1956
Young, D.: Rommel, London 1950

Archive

Archivio Centrale dello Stato, Rom
Bibliothek für Zeitgeschichte, Stuttgart
Britannic Majesty's Stationery Office, London
Bundesarchiv, Koblenz
Cabinet Office, London
Institut für Zeitungsforschung, Dortmund
Ministry of Defence, London
National Archives, Washington D.C.
Public Record Office, London
State Maggiore dell'Aeronautica, Rom
Stato Maggiore della Marina, Rom
Zentralbibliothek der Bundeswehr, Düsseldorf

Zeitungen und Zeitschriften

Das Reich
Der Adler
Die Kriegsmarine
Die Wehrmacht
La Domenica del Corriere
Völkischer Beobachter

Bildquellen

Bundesarchiv, Koblenz
E.C.P.A., Fort D'Ivry
Imperial War Museum, London
National Archives, Washington D.C.
US Army, Washington D.C.
Archiv B. Johnson. BBC, London
Archiv M. R. de Launay, Paris
Archiv J. S. Middleton, London
Archiv Col. Dr. M. Mlotek, London
Archiv K. Kirchner, Erlangen
Archiv J. K. Piekalkiewicz

Ein Wort des Dankes

Ich möchte für ihre freundliche Hilfe meinen herzlichen Dank sagen:

Herrn Dr. A. Hofmann, Herrn M. Nilges, Herrn W. Held, Bundesarchiv Koblenz
Oberstleutnant i.G. Dr. H. Rohde, Militärgeschichtliches Forschungsamt, Freiburg
Frau Dr. M. Lindemann, Frau H. Rajkovic, Institut für Zeitungsforschung, Dortmund
Herrn Professor Dr. J. Rohwer, Herrn W. Haupt und ihren Mitarbeitern, Bibliothek für Zeitgeschichte, Stuttgart
Herrn Dr. J. Sack und seinen Mitarbeitern, Zentralbibliothek der Bundeswehr, Düsseldorf
Herrn K. Kirchner, Verlag D+C, Erlangen
Oberst (Bw) a. D. Dr. phil. C. H. Hermann, Euskirchen
Oberstleutnant i. G. W. G. V. Kenney, Britische Botschaft, Bonn
Mr. J. S. Lucas und allen Herren des Dept. of Photographs, Imperial War Museum, London
Mr. P. H. Reed, Dept. of Documents, Imperial War Museum, London
Mr. J. Westmancoat, The British Library, Newspaper Library, London
Maj. R. Dembinski, Präses des Polski Institut i Muzeum im gen. Sikorskiego, London, und Capt. St. Zurakowski
Mrs. J. C. North, Ministry of Defense, London
Mr. C. Smith, Cabinet Office, London
Mrs. J. Howard (GC&CS), London
Colonel W. D. Kasprowicz, London
Colonel Dr. M. Mlotek, London
Mr. B. Johnson, BBC, London
Lt.Col. Dousset, Mr. G. Rolland (E.C.P.A.), Paris
Service Historique de l'Armée, Paris
Col. E. Ripamonti, Stato Maggiore dell'Aeronautica, Rom
KAdm. R. Fadda, Stato Maggiore della Marina, Rom
M. P. Mariana, Archivio Centrale dello Stato, Rom
Captain C. L. Blische, Dept. of the Army, US Army Audio-Visual Activity, Pentagon, Washington D.C.
Mr. W. H. Leary, National Archives, Washington D.C.
Colonel B. J. Morden, Center of Military History, Dept. of the Army, Washington D.C.
Herrn U. Schefold, Herrn H. Becker, Südwest-Verlag, München
Herrn H. Limmer, München

Mein besonderer Dank gilt den Herren

Dr. phil. D. Bradley, Münster
Brigadier R. L. Walton, O.B.E., London
Colonel B. D. Samuelson, Washington D.C.

für ihre großzügige Bereitschaft, mir mit ihrem umfangreichen Wissen zur Seite zu stehen.

Namen, Orte und wichtigste Begriffe